房地产行业培训

◇房地产企业财税人员案头操作指南◇

房地产企业
财税实战与风险防范

主　编◎詹光远　周文全　汪永华
副主编◎袁　剑　郜景业　高　扬　张　鹃

中国经济出版社
CHINA ECONOMIC PUBLISHING HOUSE
·北京·

图书在版编目（CIP）数据

房地产企业财税实战与风险防范/詹光远，周文全，汪永华主编．--北京：中国经济出版社，2021.8
ISBN 978-7-5136-6519-3

Ⅰ.①房… Ⅱ.①詹… ②周… ③汪… Ⅲ.①房地产企业-财务管理-研究-中国②房地产企业-税收管理-研究-中国 Ⅳ.①F299.233.3②F812.423

中国版本图书馆 CIP 数据核字（2021）第 131789 号

策划编辑　崔姜薇
责任编辑　葛　晶
责任印制　马小宾
封面设计　任燕飞装帧设计工作室

出版发行　中国经济出版社
印 刷 者　北京富泰印刷有限责任公司
经 销 者　各地新华书店
开　　本　710mm×1000mm　1/16
印　　张　27
字　　数　560 千字
版　　次　2021 年 8 月第 1 版
印　　次　2021 年 8 月第 1 次
定　　价　88.00 元
广告经营许可证　京西工商广字第 8179 号

中国经济出版社　**网址** www.economyph.com　**社址** 北京市东城区安定门外大街 58 号　**邮编** 100011
本版图书如存在印装质量问题，请与本社销售中心联系调换（联系电话：010-57512564）

编 委 会

主　编　詹光远　高级会计师、贵州省综合评标专家库专家、华北水利水电大学硕士研究生校外导师

周文全　高级会计师、税务师、房地产会计网专家委员会专家、潍坊市代理记账行业协会专家委员会专家、潍坊科技创新发展促进会财务咨询专家、华北水利水电大学硕士研究生校外导师

汪永华　高级会计师、注册高级税务筹划师、北京交通大学兼职教授、北京铁路局管理会计专家组专家、天津市高端会计工作委员会企业工作组专家成员、华北水利水电大学硕士研究生校外导师

副主编　袁　剑　高级会计师、华北水利水电大学硕士研究生校外导师

部景业　注册会计师、税务师

高　扬　注册会计师

张　鸮　高级会计师、税务师、华北水利水电大学硕士研究生校外导师

编　委　颜进勇　李富祥　王　健　许立武　吴燕妮　胡奇哲　段舒宇

周　洋　杜志勇　卢雅琴　韩　俊　毛伟峰　李　季

前　言

众所周知，20 世纪 90 年代以来，我国房地产行业得到了迅猛发展，其生产经营活动具有资金密集、管理密集、产品生产周期长和高风险等特点。土地市场、资本市场门槛的提高，加上房地产行业内部竞争激烈，使得国家宏观政策不断调整，房地产企业要想在管理上加大集中控制和协调，就必须走降耗节能、加强内控的发展道路。因此，做好房地产开发企业的会计处理、涉税处理和风险防范尤为重要。

近年来，随着我国房地产行业的发展，涉及房地产行业财税的法律法规正在逐步修改完善。财政部先后于 2006 年发布了《企业会计准则——应用指南》并不断修改完善，2013 年印发了《企业产品成本核算制度（试行）》（财会〔2013〕17 号），2016 年颁布了《关于印发〈增值税会计处理规定〉的通知》（财会〔2016〕22 号）等重要会计规定。

2009 年，国家税务总局针对房地产开发业务颁布了《关于印发〈房地产开发经营业务企业所得税处理办法〉的通知》（国税发〔2009〕31 号）；2016 年，财政部、国家税务总局颁布了《关于全面推开营业税改征增值税试点的通知》（财税〔2016〕36 号）。营改增后，财政部、国家税务总局颁布了《关于营改增后契税 房产税 土地增值税 个人所得税计税依据问题的通知》（财税〔2016〕43 号）等相关土地增值税规定。2019 年，党中央、国务院决策部署减税降费，财政部、税务总局、海关总署颁布了《关于深化增值税改革有关政策的公告》（财政部 税务总局 海关总署公告 2019 年第〔2019〕39 号）等相关规定。2020 年，财政部、税务总局颁布了《关于明确国有农用地出租等增值税政策的公告》（财政部 税务总局公告 2020 年第 2 号）等规定。2021 年 3 月 15 日，财政部、税务总局颁布了《关于延长部分税收优惠政策执行期限的公告》（财政部 税务总局公告 2021 年第 6 号）等规定。

《中华人民共和国土地管理法》《中华人民共和国城市房地产管理法》《中华人民共和国城乡规划法》《中华人民共和国建筑法》《城市商品房预售管理办法》等法律法规也随着房地产行业的发展逐步得到完善。

根据以上最新法规，结合房地产开发企业生产经营特点，为提高房地产企业财税管理水平，规范会计处理、涉税处理和风险防范，实现企业价值最大化，加强经济管理，提高经济效益和社会效益，我们组织编写了《房地产企业财税实战与风险防范》，希望这本书能够让您对房地产开发企业财税处理和风险防范有一个更深刻的认识，也给您的工作提供更多帮助。

本书具有以下三个特点：

一、内容新、案例新

本书涉及的财税法规、法律法规截止时间为 2021 年 3 月 15 日，内容全部依据最新财税法规、法律法规编写，对房地产开发企业项目运作全流程做了较为系统和简明的论述，书中所举案例涉及的法规均为最新政策。

二、以项目运作全流程为主线

本书摒弃了传统的以所有行业资产、负债等会计六要素为线索的会计模式，没有对一般的会计核算，特殊的债务重组业务，外币业务，或有事项等业务进行介绍，而是以房地产开发企业开发全流程为主线，让读者身临其境，深刻体会公司设立与项目管理、项目测算与目标成本、土地使用权的获取、立项与规划设计、项目招投标与施工建设、预收与销售、竣工验收与结算、项目移交、项目清算与后期持有等业务。同时，介绍了在建工程资产收购、股权收购、代建开发、合作开发等特殊业务，使读者能够有的放矢，将所学知识应用到实务中去。

三、实操性较强

本书不做纯理论探讨，案例均源于实战。编写团队成员均具有 20 年以上财税工作经验和 10 年以上房地产开发企业财税实战经验、理论研究经验，并持有高级会计师证书或注册会计师证书，有的甚至具有 30 年以上财税工作经验，且均为大型房地产开发企业的财务总监，对财税工作和相关政策非常熟悉。

本书结合房地产开发企业实务，以增值税一般纳税人所在的 A 房地产开发企业为例（以下简称 A 企业），对房地产项目开发各阶段涉及的会计处理、税务处理进行分析、介绍，列举大量的实务工作中涉及的会计和涉税业务实例。对产生的税会差异、法律风险、税收风险进行深入分析，提供判例并解答，同时对做好风险防范的关键点进行归纳。本书既是房地产开发企业生产经营的必备工具书，也是企业财税人员理想的实务操作指南。

本书由詹光远担任主编，负责拟定全书提纲并对全书进行总纂和修改，其中，周文全、郜景业、高扬负责第一章的编写，詹光远负责第二章、第五章、第七章、第八章、第九章的编写，詹光远、高扬、张鹍负责第三章的编写，汪永华负责第四章、第六章的编写，周文全负责第十章的编写，周文全、袁剑负责第十一章的编写。编委颜进勇、李富祥、王健、许立武、吴燕妮、胡奇哲、段舒宇、周洋、杜志勇、卢雅琴、韩俊、毛伟峰、李季参与相关内容的编写审核。

本书在编写过程中得到了碧桂园鲁东区域投资拓展部高级经理孙振兴、美的地产集团财务总监王健、宝龙地产集团财务总监卢雅琴以及恒大地产集团、万科地产集团、融创地产集团、中梁地产集团、新城地产集团等部分百强房地产开发企业和其他大型房地产开发企业多位财务总监的中肯建议；同时，也获得了房地产社群内多位朋友以及财经院校、税务师事务所及税务局等多位朋友的意见和建议，在此一并表示诚挚的感谢。

本书适合具有一定会计、税务基础的读者学习，既可作为财务人员、税务人员、内审人员、会计（税务）师事务所等社会中介人员业务学习和培训用书，也可作为院校财税相关专业教学用书，以及房地产开发企业、施工企业培训教材。

由于市场经济的发展和财税改革的不断深化，会计实务中还会不断出现新的问题，加之水平有限，本书对某些问题的讲解不尽完善，不足之处敬请读者批评指正。可发送邮件至 gzzhgy@ 163. com 与编写团队进行沟通。

编 者

2021 年 3 月

目　录

第一章　房地产相关概念

房地产是土地和房屋财产的总称，它作为基本生产要素和短缺资源，是人类赖以生存的基础。房地产有狭义和广义之分。狭义的房地产是指土地、建筑物和固着在土地、建筑物上不可分离的部分及其衍生的权利与义务关系的总和。房地产中的土地是人类社会赖以生存和发展的重要物质基础，是一切生产的源泉，这是人类社会产生以后，就达成的共识。房地产中的建筑物分为房屋和构筑物。其中，房屋是指直接供人们在其内部进行生产、生活或其他活动的场所，是经人工建造，由建筑材料、构配件与房屋设备（如给排水、采暖、照明、煤气、消防、通信、电梯、安全监控等）组成的整体物，如住宅、写字楼、商场、宾馆、工业厂房、仓库以及文化、教育、体育、卫生等各类用房等。构筑物是指人们一般不直接在其内部进行生产、生活或进行其他活动的建筑物，如道路、桥梁、大坝、电视塔等。固着在土地、建筑物上不能分离，或分离后会破坏土地、建筑物的完整性、使用价值或功能，或使土地、建筑物的使用价值或环境受到影响的部分，通常被视为土地或建筑物的组成或附属部分，因此，房地产本质上包括土地和建筑物两大部分。广义的房地产还包括除上述内容以外，诸如水、矿藏、森林等自然资源。本书所述的房地产是狭义的房地产。

房地产虽然包括土地和建筑物两大部分，但并不意味着只有土地与建筑物在空间上成为统一体时才称房地产。归纳起来，房地产存在以下三种形态：土地、建筑物和房地合一情形。①土地。一种情形是一块空地，这块空地可以是没有任何投入的土地，也可以是经过了一定的投入，如进行了土地平整、敷设了地下管线、修筑了道路等的土地；另一种情形是地上已有部分建筑物或附着物，但无视其建筑物或附着物的存在，把土地设想为无建筑物的空地。②建筑物。建筑物虽然必须建造在土地之上，在实物形态上与土地连为一体，但建筑物有很强的独立性，在许多情况下要把它单独作为一项资产看待。③房地合一情形。当土地与建筑在其上的建筑物合为一体时，体现了房地产的完整实物形态。在物质形态上房产与地产总是联结在一起的，不论土地和建筑物是以独立的形式存在，还是以结合的形式存在，都属于房地产，是房地产的一个组成部分，也是房地产开发企业研究的对象和内容。《城市房地产开发经营管理条例》中的房地产开发经营是指房地产开发企业在城市规划区内国有土地上进行基础设施建设、房屋建设，并转让房地产开发项目或者销售、出租商品房的行为。根据《国民经济行业分类》（GB/T 4754—2017）规定，房地产业包括房地产开发经营、物业管理、房地产中介服务、房地产租赁经营及其他房地产业。

房地产业是指从事房地产投资、开发、经营、管理和服务等业务的经济实体所组成的产业部门。房地产开发是指以房屋、土地为对象的生产经营活动。房地产开发企业是指按照城市房地产管理法律的规定，以营利为目的，从事房地产开发和经营的企业或集团企业。本书中所指的房地产开发企业是房地产业的一部分，是指从事房地产开发、经营、管理以及接受委托承包维修、装饰等业务，具有独立法人资格，实行自主经营、自负盈亏、独立核算的经济组织。

第一节 房地产业务概述

一、房地产业发展简史

第一阶段：理论突破与起步阶段（1978—1991 年）

1978 年理论界提出了住房商品化、土地产权等观点。1980 年 9 月北京市住房统建办公室率先挂牌，成立了北京市城市开发总公司，拉开了房地产综合开发的序幕。1982 年国务院在 4 个城市进行售房试点。1984 年广东、重庆开始征收土地使用费。1987—1991 年是中国房地产市场的起步阶段。1987 年 11 月 26 日，深圳市政府首次公开招标出让住房用地。1990 年上海市房改方案出台，开始建立住房公积金制度。1991 年开始，国务院先后批复了 24 个省市的房改总体方案。

第二阶段：快速发展与调整阶段（1992—1994 年）

1992 年房改全面启动，住房公积金制度全面推行。1993 年“安居工程”开始启动。1992—1993 年，出现了“房地产过热”的问题。1993 年底宏观经济调控后，房地产业投资增长率普遍大幅回落。1994 年 7 月 5 日，我国第一部房地产法律《中华人民共和国城市房地产管理法》出台。1994 年 7 月 18 日，《国务院关于深化城镇住房制度改革的决定》（国发〔1994〕43 号）颁布。房地产市场在经历一段时间的低迷之后开始复苏。

第三阶段：相对稳定与协调发展阶段（1995—2002 年）

随着住房制度改革的不断深化和居民收入水平的提高，住房成为新的消费热点。1997 年，我国房地产业受席卷东南亚的金融风暴的影响。1998 年，《国务院关于进一步深化城镇住房制度改革加快住房建设的通知》（国发〔1998〕23 号）颁布，房地产投资进入平稳且快速发展时期，房地产业逐步成为国民经济的支柱产业之一。

第四阶段：发展与持续调整阶段（2003—2016 年）

《国务院关于促进房地产市场持续健康发展的通知》（国发〔2003〕18 号）明确房地产成为国民经济的支柱产业。2003 年以来，房屋价格持续上扬，大部分城市房屋销售价格上涨明显。随之而来，国家出台了多项针对房地产业的调控政策。2008 年金融危机，国家启动积极财政政策和货币政策，拿出 40000 亿元刺激经济发展，房地产行业受益明显。

第五阶段：房住不炒，促进房地产市场平稳健康发展阶段（2017 年至今）

国家于 2016 年 12 月提出房住不炒，坚持房子是用来住的、不是用来炒的定位。2017 年将其写入中国共产党第十九次全国代表大会报告中。2019 年 12 月 10—12 日的中央经济工作会议指出，要加大城市困难群众住房保障工作，加强城市更新和存量住房改造提升，做好城镇老旧小区改造，大力发展租赁住房。要坚持房子是用来住的、不是用来炒的定位。全面落实因城施策，稳地价、稳房价、稳预期的长效管理调控机制，促进房地产市场平稳健康发展。2019 年 12 月 18 日，住房和城乡建设部会议提出，目前房地产市场总体平稳，成绩来之不易。保持房地产市场稳定，是对宏观经济平稳健康发展的重要贡献。要坚持因城施策，落实城市政府主体责任，紧紧围绕稳地价、稳房价、稳预期的目标，完善长效管理调控机制。

二、房地产业的通用术语及会计涉及有关术语

（一）2015 年 10 月住房和城乡建设部公告（第 941 号）发布行业标准《房地产业基本术语标准》

1. 房地产　（real estate）

可开发的土地及其地上建筑物、构筑物，包括物质实体和依托于物质实体上的权益。

2. 房屋　（housing）

供人们生产、居住或者作为其他用途的建筑物的总称。

3. 房产　（house property）

在一定的土地所有制关系下，具有一定经济价值和使用价值的房屋及权益。

4. 土地　（land）

地球陆地表面一定高度和深度的土壤、岩石和相关水文、气候、植被等要素构成的自然综合体。

5. 地产　（estate in land）

在一定的所有制关系下，具有一定经济价值和使用价值的土地及权益。

6. 房地产业　（real estate industry）

从事房地产开发、经营、管理、投融资和服务等经济活动的总称。

7. 房地产开发　（real estate development）

按照城乡规划和社会经济发展的要求，在依法取得国有土地使用权的土地上进行基础设施建设、房屋建设的行为。

8. 房地产投资　（real estate investment）

法人或自然人等投资主体，直接或间接地投入资金用于房地产开发、经营、管

理和服务的行为。

9. 房地产开发企业 （real estate enterprise）

从事房地产开发和经营的企业。

10. 房地产开发项目 （real estate development project）

房地产开发企业在依法取得土地使用权的国有土地上进行基础设施建设、房屋建设的项目。

11. 房地产登记 （real estate registration）

房地产登记机构依法对建设用地使用权、房屋所有权、房地产抵押权、地役权和其他依法登记的房地产权利以及其他应当记载的事项在登记簿上予以记载的行为。

12. 房地产市场 （real estate market）

房地产交易中一切经济关系的总和。

13. 房地产交易 （real estate trade）

民事主体之间就房地产的所有权、使用权或其他权利的取得或转让而产生的民事行为，包括房地产转让、房地产抵押和房屋租赁等。

14. 物业 （property）

已经竣工和正在使用中的各类建筑物、构筑物及附属设备、配套设施、相关场地等组成的房地产实体以及依托于该实体上的权益。

15. 物业管理 （property management）

业主通过选聘物业服务企业，由业主和物业服务企业按照物业服务合同约定，对房屋及配套的设施设备和相关场地进行维修、养护、管理，维护物业管理区域内的环境卫生和相关秩序的活动。

16. 房屋修缮 （housing repair）

房屋从建成到拆除的整个在役过程中，对其所进行的查勘、设计、维修、更新等修葺活动。

17. 商品房 （commodity housing）

由房地产开发企业开发建设并通过房地产交易实现出售、出租的各类房屋。

18. 保障性住房 （indemnificatory housing）

政府在对城镇住房困难人群实行按家庭收入等分类保障过程中，提供的限定供应对象、建设筹措标准、销售价格或租赁价格的社会保障性质的各类住房。

19. 经济适用住房 （affordable housing）

政府提供政策优惠，限定套型面积和销售价格，按照合理标准建设，面向城市低收入住房困难家庭供应，具有保障性质的政策性住房。

20. 公共租赁住房 （public rental housing）

限定建设标准和租金水平，面向符合规定条件的城镇中等偏下收入住房困难家庭、新就业无房职工和在城镇稳定就业的外来务工人员出租的保障性住房。

21. 廉租住房 （low- rent housing）

政府以租金补贴或实物配租的方式，向城镇低收入住房困难家庭提供的，具有社会保障性质的住房。

22. 限价商品住房　（price restricted commodity housing）

按照限定销售价格、销售对象、套型面积标准等要求，政府采取招标、拍卖、挂牌方式出让土地，由建设单位取得土地后，进行开发建设和定向销售的普通商品住房。

23. 房地产金融　（real estate finance）

围绕房地产开发、经营、流通和消费等环节进行的筹资、融资及相关金融服务等的总称。

24. 房地产信贷　（real estate loan）

金融机构或受委托的金融机构向房地产开发、经营、流通、消费领域投放贷款的总称。

25. 住房公积金　（housing provident fund）

用人单位及其在职职工缴存的具有保障性和互助性的职工个人住房储金。

26. 房地产信托　（real estate trust）

以融资、融物与财产管理相结合，受托人一般是银行或非银行信托机构，标的物是房屋、土地或与其相关的财产和权利的信托业务。

27. 房地产保险　（real estate insurance）

在房屋设计、建造、销售、消费和服务等环节中，以房屋及其相关利益与责任为保险标的的保险。

28. 土地增值税　（land value increment tax）

对有偿转让国有土地使用权及地上建筑物和其他附着物并取得增值额的单位和个人征收的一种税。

29. 城镇土地使用税　（tax on using urban land）

以城镇土地为课税对象，向拥有土地使用权的单位和个人征收的一种税。

30. 房产税　（house property tax）

以房产为课税对象，向产权所有人征收的一种税。

31. 住宅产业化　（housing industrialization）

以住宅建筑体系和住宅部品体系为主体，将住宅建设全过程的开发、设计、施工、部品生产、管理和服务等环节联结为一个完整的产业链系统的过程。

（二）会计涉及有关术语

1. 公建总用地

公建总用地是指小区内部公共建筑占地面积的总和。

2. 房屋基底面积

房屋基底面积是指建筑物底层勒脚以上外围水平投影面积。

3. 总建筑面积

总建筑面积是指小区内住宅、公共建筑、人防地下室面积总和。

4. 住宅建筑面积

住宅建筑面积亦称建筑展开面积，是指住宅建筑外墙外围线测定的各层平面面积之和。它是表示一个建筑物规模大小的经济指标，包括三项，即使用面积、辅助面积和结构面积。

5. 公用建筑面积

公用建筑面积是指各产权主体共同占有或共同使用权的建筑面积，是各套（单元）以外为各户共同使用，不可分割的建筑面积。

6. 建筑容积率

建筑容积率是指项目规划建设用地范围内全部建筑面积与规划建设用地面积之比。

7. 平均每平方米造价

平均每平方米造价=建筑物总造价/建筑面积。

8. 商品房均价

商品房销售价格相加以后的和除以单位建筑面积的和，即得出每平方米的价格，也称为商品房均价。

9. 基价

基价是指经过核算而确定的每平方米基本价格，商品房的销售价一般以基数增减楼层和朝向差价后得出。

10. 定金

定金起担保债权的作用，在开发商违约不签订合同的情况下，可以得到双倍返还；如果业主违约，则无权要求返还定金。

11. 订金

订金只是预付款的一部分，起不到担保债权的作用，在开发商违约不签订合同的情况下，无法得到双倍返还，只能单倍返还。

12. “五证”

商品房“五证”包括《建设用地规划许可证》《国有土地使用权证》《建设工程规划许可证》《建设工程施工许可证》《商品房预售许可证》。

13. “三书”

“三书”是指住房和城乡建设部为了加强对商品房的质量管理与监督，要求发展商必须提供的《住宅质量保证书》《住宅使用说明书》和《建筑工程质量认定书》。

14. “一证”

“一证”是指房地产开发建设项目竣工验收合格证。

15. “一表”

“一表”是指《竣工验收备案表》。

三、房地产开发企业主要业务范围

（一）土地开发

土地是城市建设及房地产开发的前提和首要条件。土地开发和建设是指对征用或受让的土地按城市总体规划进行地面平整，建筑物拆除，地下管道铺设和道路、基础设施的建设，将“生地”变为“熟地”，以便扩大对土地的有效使用范围，提高土地的利用程度，满足不断发展的社会生产和人民生活的需要。企业将有偿获得的土地开发完成后，既可有偿转让给其他单位使用，也可自行组织建造房屋和其他设施，然后作为商品作价出售；还可以开展土地出租业务。

（二）房屋、建筑物的开发建设和经营

房屋、建筑物的开发建设是指在已开发完工的土地上进行的房屋和建筑物的建设。其工作内容主要包括可行性研究、规划设计、工程施工、竣工验收、交付使用等。

房地产开发企业对已开发完成的房屋，按用途可分为商品房、出租房、周转房和代建房等。

房地产的经营从狭义上讲是指对已建成的房地产进行出售、租赁和抵押。目前，我国房地产经营主要是指房地产的出售和房地产的租赁业务。

（三）城市基础设施和公共配套设施的开发

城市基础设施和公共配套设施的开发是指根据城市建设总体规划开发建设的大配套设施项目，包括：开发小区内营业性公共配套设施，如商店、银行、邮局等；开发小区内非营业性公共配套设施，如小学、文化站、医院等；开发项目外为居民服务的给排水、供电、供气的增容增压、交通道路等；开发小区内开发建设的公共配套设施，如居委会、自行车棚、车库、幼儿园等。

（四）代建工程

代建工程是指房地产开发企业接受当地政府和其他单位的委托，代为开发的各种工程项目，包括土地开发工程、房屋建设工程、道路铺设工程，供热、供气、供水管道及其他公用的设施等。

（五）房地产物业的经营和管理

有些房地产企业也从事物业经营。房地产物业的经营和管理是指对出售或租赁后的房地产所进行的各种管理和服务，包括房屋和基础设施的维修与保养、房屋的装饰与装潢，住宅小区的清洁、绿化及治安、通信等。

四、房地产开发企业的开发模式

定向开发，即事先与购买方签订合同，按照合同的约定进行开发建设。

投标开发，即参加招投标项目进行投标，获得开发项目，开发建成后定向销售或自行销售。

自行开发，即经当地政府主管部门审批之后，在总体规划指定的区域内自行开发、自行销售。

限地价、竞配建开发，即对公开出让的商品用地设定最高限制地价，竞买人报价不超过最高限制地价；当竞买人报价达到最高限制地价后，竞价转为竞配建保障性住房的建筑面积，报出配建面积最大者为竞得人。

合作开发，广义的合作开发包括以各类形式联合开发土地、建设房屋等行为，且不限于商业性房地产开发，开发主体不一定是房地产开发企业；狭义的合作开发主要是指商业性开发，即双方（或多方）当事人约定，由一方提供建设用地，另外一方提供资金、劳务和技术等，合作开发房地产项目，共担风险、共享收益的一种房地产开发模式，最为常见的是以房地产开发企业为主体的联合开发。

五、房地产开发企业的经营特点

房地产开发企业从事的开发经营活动包括征地拆迁、组织规划设计、组织施工、竣工验收、产品销售开发经营的全过程，并在这一过程中形成了房地产开发产品，也叫房地产商品。房地产开发企业的开发经营活动不同于一般的建设单位或施工企业，也不同于一般的工商企业，主要是因为房地产企业所开发的产品具有以下特点。

（一）房地产产品的独特性

房屋是建筑工人按照规划和特定设计图纸的要求，通过建筑安装等施工活动建造完成的。由于城市规划的艺术性对房屋长高、外形、结构、用途的要求各异，以及购房者对房屋性能、结构和内部装饰等千差万别的需求，房屋不可能像其他工业产品那样，按照同一设计图纸大量地复制。即使按同一设计图纸建造的住宅，也会因建造时间、地点、气候条件等不同而有所不同。土地是一种自然资源，每一块土地因其所在的水文和工程地质条件不同，以及土地用途不同，其开发过程也有很大差别，不会存在完全相同的房地产开发经营过程。房地产必须以每栋房屋和每宗土地为单位单独地组织设计、开发和经营，会计核算也要提供各单位建筑产品的成本及其成果。

（二）开发经营业务的复杂性

所谓复杂性包括以下两个方面：

（1）经营业务内容复杂。企业除了土地和房屋开发外，还要建设相应的基础设施和公共配套设施。经营业务囊括了从征地、拆迁、勘测、设计、施工、销售到售后服务全过程。

（2）涉及面广，经济往来对象多。企业不仅因购销关系与设备、材料物资供应单位等发生经济往来，而且因工程的发包和招标与勘测设计单位、施工单位发生经济往来，还会因受托代建开发产品、出租开发产品等与委托单位和承租单位发生经济往来。

（三）房地产产品生产投入大、周期长

土地和房屋等建筑产品的开发建设，与一般工业产品的生产不同。土地价格尤其是城市土地价格逐年增长，每亩地价格达数百万元乃至数千万元，每平方米房屋综合造价达数千元乃至数万元。因此，房地产开发建设每一个阶段都需要投入大量资金且周转率极低，一个大中型开发项目往往要花费几千万元、上亿元甚至上百亿元的资金。

房地产项目的开发建设一般需要经过可行性研究、勘察设计、工程施工、竣工验收等几个阶段。在整个项目开发过程中，需要由房地产企业、建筑施工企业、物资供应部门、市政和勘察设计等单位共同协作才能完成。这样，客观上决定了房地产产品开发生产的周期相对较长，一般都要跨年度施工，一个大中型开发项目往往需要几年、十几年甚至更长的时间才能建成。

（四）经营风险大

开发产品单位价值高、建设周期长、负债经营程度高、不确定因素多，一旦决策失误，销路不畅，将造成大量开发产品积压，企业资金周转不灵，导致企业陷入困境。

（五）房地产产品位置的固定性

房地产产品位置的固定性又称不可移动性，一般来说，即使土地表面的泥土、砂石可以搬走移动，但作为立体空间的完整意义上的土地是不可移动的，从而决定了任何一种房地产只能就地开发、租用或消费。房地产产品位置的固定性，说明房地产本身是不能移动的，若一经移动，其物理、化学性质就会发生变化，物质状态将会发生经济、功能的全部或部分损失。

房地产产品位置的固定性使得房地产开发经营必须进行充分的可行性研究，慎重确定人们对土地和房屋的需求比例，最大限度地提高土地利用率，保证农业、林业和绿化用地，维护生态平衡；同时，还必须慎重预测所在地区对房屋的需求，要求重视各地区的文化传统、民族风俗等。

（六）房地产产品的寿命耐久性

房地产产品的寿命耐久性又称效用长期性，土地是不可毁灭的自然资源，在使用上具有永续性。建筑物虽然不像土地那样具有不可毁灭性，但只要建造完成，质量合格并进行正常的使用和维修，可以在很长时间内发挥固定资产的作用。若无重大自然灾害，其使用期限可达几十年乃至上百年。房地产使用寿命的长期性，要求房地产开发建设必须重视工程质量，做到百年大计，质量第一。

（七）房地产产品具有保值、增值的功能

随着人口的增加和人们物质文化生活水平的提高，对房地产的需求将会日益增加。但是，土地资源是有限的，可供建房的土地更为有限。因此，房地产的价格将呈不断上涨的趋势，加上其使用寿命长，故与其他物品比较而言，房地产产品更具有保值、增值的功能。

六、房地产开发企业与建设、施工企业的联系与区别

建设单位一般目标单一，只建设不经营；房地产开发企业既要开发又要建设，还要经营。在征地、拆迁、设计、建筑等方面，房地产开发企业与建设单位又有相同之处。

施工企业一般只负责施工，不管征地、拆迁等前期工作，施工完毕，验收合格，交付开发企业；而开发企业既要从事土地开发和房屋建设，还要对土地和建筑产品进行经营，因此，具有生产、经营、服务三重性质。在工程预算、决算控制与管理方面，房地产开发企业与施工企业也有相同之处。

七、房地产开发项目投资费用估算

经营房地产投入资金多、风险大，在项目的规划阶段，财务部、成本控制部、销售部、设计部等有关部门必须对项目的投资与成本费用、收入利润情况进行静态或动态净现值、内部收益率、现金流量等有关指标的测算，以便作出经济效益评价和投资决策。

由于房地产开发项目的投资过程就是房地产产品的生产过程，因而其投资估算与成本费用估算不可截然分开，应合二为一。房地产开发项目投资与成本费用估算的范围包括土地购置成本、土地开发成本、建安工程造价、管理费用、销售费用、财务费用及开发期间的税费等全部投资。房地产建设项目各项费用的构成复杂，变化因素多、不确定性大，依建设项目的类型不同而有其自身特点，因此不同类型的建设项目，其投资和费用构成有一定的差异。对于一般房地产开发项目而言，投资及成本费用由开发成本和开发费用两大部分组成。

（一）开发成本

开发成本一般包括以下八项内容：

（1）土地使用权出让金。

（2）土地征用及拆迁补偿费。

（3）前期工程费。

（4）建安工程费。

（5）基础设施费。

（6）公共配套设施费。

（7）不可预见费。

（8）开发期间税费。

（二）开发费用

（1）管理费用。

（2）销售费用。

（3）财务费用。

具体内容见本书第三章目标成本管理与房地产项目测算。

八、房地产开发项目投资估算的原则与作用

（一）编制投资估算的原则

（1）实事求是原则。

（2）调查研究原则。从实际出发，深入开展调查研究，掌握第一手资料，不能弄虚作假。

（3）合理利用资源，效益最高原则。在市场经济条件下，应利用有限经费、有限资源，最大限度满足需要。

（4）快、准原则。一般投资估算误差都比较大，应通过艰苦细致的工作，加强研究，积累资料，尽量又快、又准地拿出项目的投资估算。

（5）适应高科技发展原则。从编制投资估算角度出发，在资料收集，信息储存、处理、使用，编制方法选择上以及编制过程中，应逐步实现计算机化、网络化。

（二）房地产开发项目投资估算的作用

（1）筹集建设资金和金融部门批准贷款的依据。

（2）确定设计任务书的投资额和控制初步设计概算的依据。

（3）可行性研究和在项目评估中进行技术经济分析的依据。

第二节　房地产开发企业会计概述

房地产开发企业会计是在城市建设综合开发、土地有偿使用和住房商品化的经济条件下，为适应房地产开发企业经营管理的需要发展起来的一门专业会计。房地产开发企业会计核算的内容围绕房地产开发、经营活动展开。

一、房地产开发企业会计概念

房地产开发企业会计是按照会计核算的要求，以具体会计准则为依据，结合房地产开发企业自身的特点，应用于房地产开发企业的一门专业会计。它是以货币为

主要计量单位，运用专门的方法对房地产开发企业的经济活动进行全面、连续的核算和监督，对企业的资金运动进行反映和控制，获取系统的会计信息，以取得最大的经济效益和管理效益为目的的一种管理活动。

在社会主义市场经济条件下，会计工作已经成为包括政府部门、投资者、债权人等了解和掌握企业财务状况、经营成果和现金流量的重要信息来源，成为指导社会资源合理流动、保障社会主义市场经济秩序、加强经济管理和财务管理、提高经济效益的重要保障。在社会主义市场经济条件下，会计有以下几个方面作用：

（1）会计信息有助于有关各方了解企业财务状况和经营成果，据以作出投资和信贷决策。

（2）会计信息是政府部门进行宏观经济管理的重要信息来源。

（3）会计信息在企业内部经营管理中发挥重要作用。

房地产开发企业会计是我国企业会计的一个重要类别，房地产开发企业会计是在城市建设综合发展、土地有偿使用和住房商品化的经济条件下，适应房地产企业经营管理的需要而发展起来的专业会计。以开发经营资金及其运动过程为对象的房地产开发企业会计是一门独具特色的专业会计。

二、房地产开发企业会计的特殊性

与其他行业企业会计相比较，房地产开发企业会计具有以下特点。

（一）资金筹集渠道的多元性

房地产开发企业所需开发经营资金，不是由国家财政直接核拨，而主要是由其自行筹集取得。开发企业筹资的渠道主要有：①预收购房定金或预收建设资金；②预收代建工程款；③土地开发及商品房贷款；④发行企业债券；⑤与其他单位联合开发，吸收其他单位的投资；⑥金融机构融资款。由房地产开发企业筹资渠道的多元性，而发生的经济业务的会计核算，构成房地产开发企业会计核算的重要内容和重要特色。

（二）资金占用形态的多元性

房地产开发企业的开发经营业务极为广泛，既有建设场地的开发，又有房屋的建设，还有基础设施、配套设施以及市政工程等项目的开发建设，有的企业还开展商业用房的出租或经营业务以及商品房售后服务等。因此，房地产开发企业的资金在由货币资金转化为成品资金的过程中，不仅表现为资金的直线运动，而且具有多向平行运动的特点，即多元性特点。该特点反映在会计核算上就是：①按资金占用形态的多元性组织资金运用的分类核算。②开发经营资金运用结果的对象化即各开发项目（产品）的成本。开发成本核算将按开发项目分别设置成本计算单，以各开发项目为对象，归集费用、计算成本。

（三）财务关系的复杂性

在开发经营过程中，房地产开发企业要与许多单位发生经济往来，不仅包括材料物资供应单位、建筑产品购买单位，还包括勘察设计单位、施工企业、委托建房单位、房屋承租单位等。开发企业与上述各类单位发生大量而频繁的经济往来，由此引发的财务关系、债权债务关系及相应的会计核算既重要又复杂。

（四）存货核算的特殊性

因房地产开发企业的经营周期长，故与一般工商企业的存货相比，房地产开发企业的存货有两个明显特点：第一，其他企业拥有的土地使用权一般作为无形资产核算，而房地产开发企业的土地使用权是作为存货核算的；第二，房地产开发企业存货的借款费用可以进行资本化。

（五）预收账款核算的特殊性

房地产开发企业大多实行商品房预售制度，由于开发产品尚未完工，所以即使开发产品已预售完毕，其预售款项也只能计入预收账款，一般房地产开发企业在符合收入确认条件前无法将其确认为收入，所以预收账款余额比较大。鉴于房地产开发企业预收账款的特殊性，会计上要求房地产开发企业在预收账款项目附注中，除列示账龄余额外，还应列示期末余额、预计竣工时间和预售比例。

（六）税金核算的特殊性

房地产开发企业与工商企业不同的是，在开发产品建造期间收到的预收款要按规定预缴增值税、增值税附加、土地增值税和企业所得税。

（七）成本核算的特殊性

房地产开发企业的成本核算期与产品开发周期一致，与会计报告期不一致。另外，房地产开发企业的成本核算还存在不同项目核算差异大、滚动开发核算准度大等特点。

为了对房地产开发企业的经营活动进行会计核算，必须设置相应的会计科目。房地产开发企业应根据《企业会计准则应用指南 2006》的规定设置“开发产品”科目、“开发成本”科目、“开发间接费用”科目进行核算。开发成本明细科目根据《企业产品成本核算制度（试行）》（财会〔2013〕17 号文）规定，一般设置土地征用及拆迁补偿费、前期工程费、建筑安装工程费、基础设施建设费、公共配套设施费、开发间接费、借款费用等成本项目。

房地产企业自行进行基础设施、建筑安装等工程建设的，可以比照建筑企业设置有关成本项目。建筑企业一般设置直接人工、直接材料、机械使用费、其他直接费用和间接费用等成本项目。建筑企业将部分工程分包的，还可以设置分包成本项目。

（八）收入核算的特殊性

房地产开发企业收入核算存在收入确认的特殊性和各期收入的波动性等特点。

（1）收入确认的特殊性。由于房地产开发企业销售往往采用预售制度，预售属于远期交易，造成收款期与房屋交付期不一致，再加上销售房地产不但需要实物交付，还需要产权转移，原则上按《企业会计准则——收入》确认收入。但房地产销售要经过取得预售许可证、预售并签订商品房买卖合同、办理产权过户等环节，因此房地产企业同一般的生产企业相比，收入的确认又具有特殊性。

（2）预售期间其预售款无法确认为收入，只能计入预收账款。房屋交付后，则有大量预售款确认为收入，所以各期收入存在很大的波动性。

（3）收入与资金投入不匹配。在房地产投资建设的初期，往往面临资金投入大而收入较少的现象，但在建设后期，往往资金投入相对较少而收入大量增加。

第三节 房地产开发企业纳税概述

一、房地产开发企业各阶段纳税情况

房地产开发企业纳税业务的主要任务是明确应纳税种、应税行为、税率、纳税义务发生时间，及时进行纳税申报和缴纳税款等。

目前，在我国18个税种中，房地产开发企业涉及的应纳税种主要有增值税、土地增值税、企业所得税、城市维护建设税、教育费附加、地方教育费附加、房产税、城镇土地使用税、耕地占用税、契税、印花税等。

房地产开发企业开发经营各阶段主要应纳税种及税率见下表。

环节	涉及主要应纳税种及税率	
企业设立阶段	印花税	1. 权利、许可证照。包括房屋产权证、营业执照、土地使用证，按件贴花，5元/件 2. 营业账簿。记载资金的账簿，按实收资本和资本公积的合计金额的0.025%贴花 3. 产权转移书据。包括土地使用权出让合同、土地使用权转让合同，按所记载金额的0.05%贴花
	契税	1. 接受以土地使用权等不动产出资。按照土地使用权出让、土地使用权出售、房屋买卖成交价格的3%~5%缴纳 2. 以自有房产作股投入本人独资经营的企业，免征契税
	车辆购置税	不含增值税10%
	车船税	客车480~1440元/辆，货车16~120元/吨等

续表

环节	涉及主要应纳税种及税率	
获取土地阶段	印花税	1. 权利、许可证照。包括土地使用证，按件贴花，5元/件 2. 产权转移书据。包括土地使用权出让合同、土地使用权转让合同，按所记载金额的0.05%贴花
	契税	取得土地使用权出让。按照国有土地使用权出让、土地使用权出售、房屋买卖成交价格的3%~5%缴纳
	耕地占用税	取得土地使用权，符合耕地条件的土地。按照实际占用耕地面积和适用税额一次性缴纳耕地占用税，不符合耕地条件的不缴纳
开发建设阶段	城镇土地使用税	按实际占用的土地面积和定额税率缴纳。到建造房屋的权利状态终止日停止缴纳，终止日各省不一致
	印花税	签订的各类合同。按照借款合同的0.005%、建造合同和购销合同的0.03%征收。有的省核定征收
转让及销售阶段	增值税	转让及销售房地产。一般纳税人按照9%征收，预征率为3%
	城市维护建设税	按增值税税额的7%、5%或1%缴纳
	教育费附加、地方教育费附加、水利建设基金	教育费附加：按增值税税额的3%缴纳；地方教育费附加：按增值税税额的2%缴纳；水利建设基金：按增值税税额的1%缴纳，税率各省不一致
	土地增值税	1. 查账征收的，在项目竣工结算前转让房地产取得的收入，可以预征土地增值税，预征率各省不一致。待该项目竣工办理结算后再进行清算，多退少补，按照四级超率累进税率征收 2. 核定征收不少于5%
	印花税	房地产转让及销售合同。按照商品房销售合同所记载金额的0.05%缴纳
	企业所得税	销售未完工开发产品取得的收入，按预计计税毛利率分季（月）计算出预计毛利额，计入当期应纳税所得额。开发产品完工后，及时结算其计税成本并计算此前销售收入的实际毛利额，同时将其实际毛利额与其对应的预计毛利额之间的差额，计入当年度企业本项目与其他项目合并计算的应纳税所得额。销售完工开发产品，按照应纳税所得额的25%缴纳企业所得税
房产持有阶段	增值税	不动产租赁服务。一般纳税人按照9%征收
	城市维护建设税	按增值税税额的7%、5%或1%缴纳
	教育费附加、地方教育费附加、水利建设基金	教育费附加：按增值税税额的3%缴纳；地方教育费附加：按增值税税额的2%缴纳；水利建设基金：按增值税税额的1%缴纳，税率各省不一致
	城镇土地使用税	按土地实际占用面积和定额税率缴纳
	房产税	自用房产按房产计税“原值×（1−30%）×1.2%”缴纳；出租房产，按租金收入的12%缴纳
	印花税	财产租赁合同。按合同记载金额的0.1%贴花
代扣代缴	个人所得税	按照工资薪金综合所得七级超额累进税率缴纳

二、房地产开发企业纳税的特殊性

（1）房地产开发企业和工商企业不同的是，在开发产品建造期间收到的预收款要按规定预缴增值税、土地增值税、企业所得税。

（2）房地产单位价值高，产生的税额大，本身各个阶段产生税种多，上下游单位发生往来关系多，涉税风险就高。

（3）增值税收入、土地增值税收入、企业所得税收入和会计确认的收入有差异，视同销售的确认也不一致。

（4）针对房地产开发企业的税收法规多、变化多。2016 年营改增以来，陆续出台的增值税涉税文件非常多。

（5）相关税种征收标准各省差异大。比如，土地增值税预征率不一致，转让房地产的土地增值税应税收入计征依据不一致，预缴清算二分法、三分法不一致，地下车位是否算土地增值税收入不一致，“红线”外承诺为政府或其他单位建设公共设施或其他工程的支出是否计入扣除项目不一致，转让股权是否缴纳土地增值税不一致，城镇土地使用税终止缴纳时点不一致，企业所得税计税毛利率各省不一致，等等。

第四节 运用财务战略思维做好风险防范

企业总体战略是为了确定企业未来一段时间的总体发展方向，协调企业下属各个业务单位和职能部门的关系，合理配置企业资源，培育企业核心能力，实现企业目标。企业总体战略主要强调两个方面的问题：一是企业应该做什么业务，即从企业全局出发，根据外部环境的变化及企业的内部条件，确定企业的使命与任务、产品与市场领域；二是怎样管理这些业务，即在不同事业单位之间如何分配资源以及确定何种发展方向等，以实现企业总体战略意图。

为了实现企业战略目标，企业总体战略通常可以划分为三种类型：成长型战略、稳定型战略和收缩型战略。财务战略是企业战略的一个子系统，关注的焦点是企业资本资源的合理配置与有效使用，这是财务战略区别于其他战略的根本所在。财务战略在公司战略中具有重要地位，财务战略作为职能战略，既为公司整体战略服务，又为公司经营战略服务。

房地产开发企业的财务人员、税务人员、内审人员要根据企业所处的不同时期、不同阶段，充分利用财务战略思维，根据企业内外部条件，针对房地产开发企业全流程的会计处理、税务处理中产生的各类风险做好应对。各部门要加强沟通，采取有效措施，强化企业内部控制，实现企业价值最大化，提高经济效益和社会效益。

经济越发展，会计工作越重要。目前，全民所有制经济即国有经济，是国民经济的主导力量，民营经济税收贡献率超过 50%、国内生产总值占比超过 60%、城镇就业占比超过 80%、对新增就业贡献率超过 90%。2019 年 12 月 22 日发布的《中共中央　国务院关于营造更好发展环境支持民营企业改革发展的意见》指出，通过市场竞争实现企业优胜劣汰和资源优化配置，促进市场秩序规范。鼓励民营企业完善内部激励约束机制，规范优化业务流程和组织结构，建立科学规范的劳动用工、收入分配制度，推动质量、品牌、财务、营销等精细化管理。

第二章　公司设立与房地产项目财务管理

第一节　公司设立

一、公司设立的业务及流程简介

根据《中华人民共和国公司法》（以下简称《公司法》）第四章第一节的相关规定，公司设立是指公司设立人依照法定的条件和程序，为组建公司并取得法人资格必须采取和完成的法律行为。公司设立不同于公司的设立登记，后者仅是公司设立行为的最后阶段；公司设立也不同于公司成立，后者不是一种法律行为，而是设立人取得公司法人资格的一种事实状态或设立人设立公司行为的法律后果。所以，公司设立的实质是一种法律行为，属于法律行为中的多方法律行为，但一人有限责任公司和国有独资公司的设立行为属于单方法律行为。

公司按其承担的责任大小可分为有限责任公司、股份有限公司和无限责任公司。

（一）设立方式

公司设立的方式基本分为两种，即发起设立和募集设立。

发起设立又称同时设立、单纯设立等，是指公司的全部股份或首期发行的股份由发起人自行认购而设立公司的方式。有限责任公司只能采取发起设立的方式，由全体股东出资设立，股份公司也可以采用发起设立的方式。我国《公司法》第七十七条明确规定，股份有限公司可采取发起设立的方式，也可以采取募集设立的方式。发起设立在程序上较为简便。

募集设立又称渐次设立、复杂设立，是指发起人只认购公司股份或首期发行股份的一部分，其余部分对外募集而设立公司的方式。我国《公司法》第七十七条第三款规定：“募集设立，是指由发起人认购公司应发行股份的一部分，其余股份向社会公开募集或者向特定对象募集而设立公司。”所以，募集设立既可以是通过向社会公开发行股票的方式设立，也可以是不发行股票而只向特定对象募集而设立，这种方式只作为股份有限公司设立之方式。由于募集设立的股份有限公司资本规模较大，涉及众多投资者的利益，故各国公司法均对其设立程序严格限制。如为防止发起人完全凭借他人资本设立公司，损害一般投资者的利益，各国大都规定了发起人认购的股份在公司股本总数中应占的比例，我国规定的比例是 35%。

（二）设立登记

公司设立登记是指公司设立人按法定程序向公司登记机关申请，经公司登记机关审核并记录在案，以供公众查阅的行为。设置公司设立登记制度，旨在巩固公司信誉并保障社会交易的安全。在我国，公司进行设立登记，应向各级市场监督管理局提出申请，并应遵守《公司登记管理条例》的有关规定。

1. 公司名称预先核准

根据《公司登记管理条例》第十七条的规定，设立公司应当向公司登记机关申请公司名称的预先核准。其中，法律、行政法规或者国务院决定规定设立公司必须报经批准，或者公司经营范围中属于法律、行政法规或者国务院决定规定在登记前须经批准的项目的，应当在报送批准前办理公司名称预先核准，并以公司登记机关核准的公司名称报送批准。公司名称预先核准申报流程如图 2-1 所示。

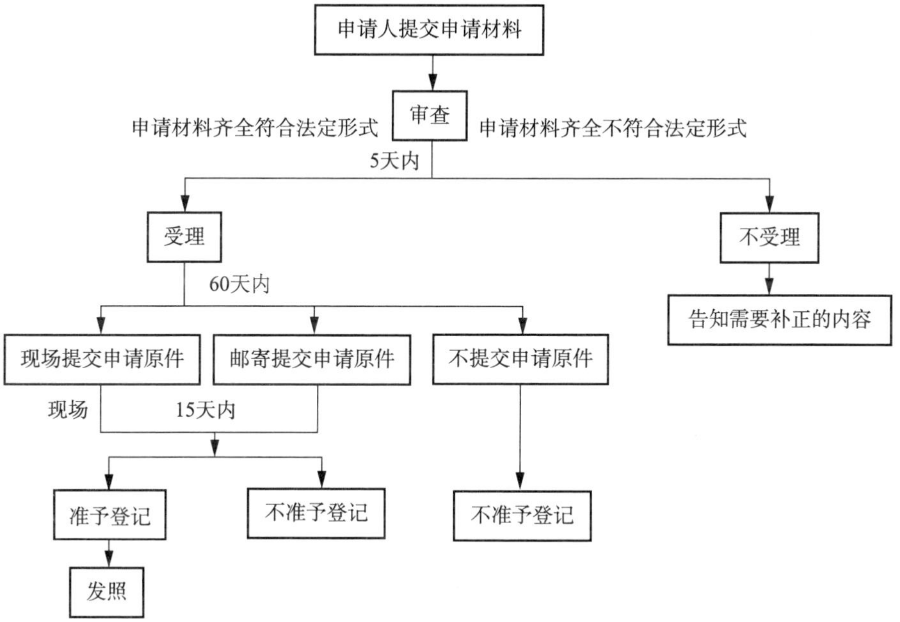

图 2-1　公司名称预先核准申报流程

设立有限责任公司，应当由全体股东指定的代表或者共同委托的代理人向公司登记机关申请公司名称预先核准；设立股份有限公司，应当由全体发起人指定的代表或者共同委托的代理人向公司登记机关申请公司名称预先核准。申请公司名称预先核准，应当提交下列文件：

（1）有限责任公司的全体股东或者股份有限公司的全体发起人签署的公司名称预先核准申请书（表格）；

（2）全体股东或者发起人指定代表或者共同委托代理人的证明；

（3）国家市场监督管理总局规定要求提交的其他文件。

预先核准的公司名称保留期为6个月。预先核准的公司名称在保留期内不得用于经营活动，不得转让。

2. 公司设立登记程序

公司设立人首先应当向其所在地市场监督管理机关提出申请。设立有限责任公司应由全体股东指定的代表或共同委托的代理人作为申请人；设立国有独资公司应由国家授权投资机构或国家授权的部门作为申请人；设立股份有限公司应由董事会作为申请人。

申请设立有限责任公司，应向公司登记机关提交下列文件：

（1）公司法定代表人签署的设立登记申请书；

（2）全体股东指定代表或者共同委托代理人的证明；

（3）公司章程；

（4）股东的主体资格证明或者自然人身份证明；

（5）载明公司董事、监事、经理姓名、住所的文件以及有关委派、选举或者聘用的证明；

（6）公司法定代表人任职文件和身份证明；

（7）企业名称预先核准通知书；

（8）公司住所证明；

（9）国家市场监督管理总局规定要求提交的其他文件。（《公司登记管理条例》第二十条）

申请设立股份有限公司，应当向公司登记机关提交下列文件：

（1）公司法定代表人签署的设立登记申请书；

（2）董事会指定代表或者共同委托代理人的证明；

（3）公司章程；

（4）发起人的主体资格证明或者自然人身份证明；

（5）载明公司董事、监事、经理姓名、住所的文件以及有关委派、选举或者聘用的证明；

（6）公司法定代表人任职文件和身份证明；

（7）企业名称预先核准通知书；

（8）公司住所证明；

（9）国家市场监督管理总局规定要求提交的其他文件。

其中，以募集方式设立股份有限公司的，还应当提交创立大会的会议记录；以募集方式设立股份有限公司公开发行股票的，还应当提交国务院证券监督管理机构的核准文件。法律、行政法规或者国务院决定规定设立股份有限公司必须报经批准的，还应当提交有关批准文件。对于公司申请登记的经营范围中属于法律、行政法规或者国务院决定规定在登记前须经批准的项目的，应当在申请登记前报经国家有关部门批准，并向公司登记机关提交有关批准文件。(《公司登记管理条例》第二十一条、第二十二条)

由此可见，设立有限责任公司与设立股份有限公司所提交的申请文件其实是一样的，只是相关法律文件的签署人的称谓不同而已：前者称为股东，后者称为发起人。当然，以募集方式设立的股份有限公司在设立申请时需要提交的文件有所不同，主要是增加了创立大会的会议记录，其中以募集方式设立公开发行股票的，还需提交国务院证券监督管理机构的核准文件。

3. 公司设立登记的法律效力

《公司登记管理条例》第二十五条规定："依法设立的公司，由公司登记机关发给《企业法人营业执照》。公司营业执照签发日期为公司成立日期。公司凭公司登记机关核发的《企业法人营业执照》刻制印章，开立银行账户，申请纳税登记。"由此可见，公司经设立登记的法律效力就是使公司取得法人资格，进而取得从事经营活动的合法身份。

4. 公司登记

所谓公司登记，是指公司登记机关对公司法人团体资格确认的一种法律宣告，是一种公示和监督法律行为。公司登记在本质上仍属公司设立行为，是公司设立这一系列行为的最后一个阶段，公司成立则是公司设立和公司登记的法律后果。

（三）公司设立与成立

长期以来，人们通常将公司设立与公司成立混淆，造成对公司设立的误解，不能正确地认识公司设立的法律性质、公司设立过程中责任的特殊性和设立中公司特殊的法律地位。事实上，公司设立与公司成立二者并不相同，其主要区别如下：

1. 概念不同

公司设立的概念前已述及。公司成立是指公司在实质上依《公司法》组织设立，完成申请设立登记程序，经登记机关审核发给执照，取得法人资格的一种状态。

2. 性质不同

公司的设立，系组织公司之发起人之设立行为，有法律行为，亦有非法律行为；有民事法律行为，亦有行政法律行为。公司的成立不是一种行为，而是指公司已取得法人资格的一种状态，是对公司合法身份存在的一种表现形式。

3. 效力不同

公司在成立后，才能取得公司法人人格和公司名称的排它使用权等，而公司设立则无上述人格和权利。

公司设立与公司成立的联系是，公司设立是公司成立的前提条件，公司成立则是公司设立追求的目的和法律后果。有的学者将公司成立的性质说成是一种公法上的（国家）行政行为，不妥之处在于其将公司成立与公司登记混淆了。从主管机关或公司登记机关的行为看，公司登记是一种对公司进行审核和发照的行政处分行为；公司成立则是公司登记的法律后果，是一种确认具备公司法人人格的状态，而不是一种行为，更不是一种（国家）行政行为。

（四）设立程序

公司设立基本分为两种形式，即发起设立和募集设立。有限责任公司只能采取发起设立的方式，由全体股东出资设立。股份有限公司既可以采取发起设立的方式，也可以采取募集设立的方式。发起设立在程序上较为简便。

1. 发起设立

（1）制定公司章程；

（2）发起人认购首次发行的股份；

（3）发起人缴纳出资；

（4）选举董事长和监事会；

（5）申请设立登记；

（6）领取营业执照并公告。

2. 募集设立

（1）发起人签订发起人协议，明确各自在公司设立过程中的权利和义务；

（2）发起人共同制定公司章程；

（3）由发起人不少认购于35%的股份；

（4）发起人公告招股说明书，并制作认股书；

（5）与证券经营机构和银行分别签订股票承销协议和代收股款协议；

（6）认股人认股并缴纳股款；

（7）召开创立大会；

（8）申请设立登记；

（9）领取营业执照并公告。

3. 设立流程

（1）编写《公司章程》《股东会决议》。

（2）刻制法人私章（方形），费用20~100元。

（3）联系一家会计师事务所，领取一张《银行询证函》（必须是原件，会计师事务所盖红章）。

（4）银行开立公司验资户。

所有股东带上资料（公司章程、核名通知、法人代表私章、身份证、空白银行询征函）和资金（自己入股的钱、用于验资的钱），到银行去开立公司账户，并告知银行是开验资户。开立好公司账户后，各个股东按自己的出资额在公司账户中存入相应的钱。

银行会发给每个股东缴款单并在《银行询证函》上盖银行的章，同时，打印当日银行对账单并加盖银行业务专用章。

（5）办理验资报告。

持银行出具的现金缴款单和银行盖章后的《银行询证函》、银行对账单、法人身份证原件及复印件、《公司章程》、《核名通知》、《房屋租赁合同》、房产证复印件，到会计师事务所办理验资。一般注册资金在 50 万元以下的，办理费用为 500 元左右。

实行注册制后，可以不提供《验资报告》，只提供章程约定的出资期限内资金到账的银行回单原件和复印件，并加盖公章，到工商部门备案即可。

（6）注册公司。

到市场监督管理局领取公司设立登记的各种表格，包括《设立登记申请表》《股东（发起人）名单》《董事经理监理情况》《法人代表登记表》《指定代表或委托代理人登记表》。填好后，连同《核名通知》、《公司章程》、《房屋租赁合同》、房产证复印件一起交给市场监督管理局。大概 5 个工作日后可领取营业执照。

注册登记费用为注册资金的万分之八，最低限额为 138 元，省级市场监督管理局有 2000 元会员费。

（7）凭营业执照到公安机关指定的刻章社刻制公章、财务章。在后面的业务中，均需要公章或财务章。

（8）办理企业组织机构代码证。

凭营业执照在市场监督管理局办理《组织机构代码证》，费用是 148 元。技术监督局会发一个《受理通知书》，5 个工作日以后凭借《受理通知书》领取《组织机构代码证》正、副本。所需资料：《验资报告》里的《注册资本实收情况明细表》，《银行询证函》复印件，营业执照副本及复印件，法人、经办人身份证，公章。

（9）办理税务登记。

领取营业执照后，3~5 个工作日内到当地税务局申请领取《税务登记证》。所需资料：《验资报告》，营业执照副本，《组织机构代码证》副本，《公司章程》，房产证复印件，《房屋租赁合同》，法人、经办人身份证原件、复印件。除法人身份证复印件需提供 4 份外，其他材料复印件均需提供 2 份并加盖公章。之后填写在税务局当场领取的《税务登记表》，递交资料。

办理税务登记证时，经办人中必须有一个是会计，因为税务局要求提交的资料中有一项是会计资格证和身份证。可先聘请一个兼职会计，一般小公司在初创阶段会计工资不会太高。

（10）银行开立基本账户。

携带营业执照、《组织机构代码证》、《税务登记证》正本原件、法人代表身份证原件和复印件、公章、财务章、私章去银行开立基本账户。

开立基本户时，还需要购买一个密码器（从 2005 年下半年起，大多数银行都有这个规定），密码器费用为 280 元左右。公司在开支票、划款时，都需要使用密码器来生成密码。

（11）领购发票。

公司设立流程概述：

核名称—开验资户—存注册资金—验资—交工商设立资料—拿营业执照—刻章—办组织机构代码证—办税务登记证—开基本户（纳税户）。

4. 分公司

（1）公司法定代表人签署的《分公司设立登记申请书》（公司加盖公章）。

（2）公司签署的《指定代表或者共同委托代理人的证明》（公司加盖公章）及指定代表或委托代理人的身份证件复印件。

应标明指定代表或者共同委托代理人的办理事项、权限、授权期限。

（3）《公司章程》（加盖公司公章）。

（4）公司营业执照副本的复印件。

（5）分公司营业场所使用证明。

自有房产提交房屋产权证复印件；租赁房屋提交租赁协议复印件以及出租方的房屋产权证复印件。有关房屋未取得房屋产权证的，属城镇房屋的，提交房地产管理部门的证明或者竣工验收证明、购房合同及房屋销售许可证复印件；属非城镇房屋的，提交当地政府规定的相关证明。出租方为宾馆、饭店的，提交宾馆、饭店的营业执照复印件。使用军队房产作为住所的，提交《军队房地产租赁许可证》复印件。

将住宅改为经营性用房的，属城镇房屋的，还应提交《登记附表——住所（经营场所）登记表》及所在地居民委员会（业主委员会）出具的有利害关系的业主同意将住宅改为经营性用房的证明文件；属非城镇房屋的，提交当地政府的相关证明。

（6）公司出具的分公司负责人的任职文件及身份证件复印件。

（7）分公司申请登记的经营范围中有法律、行政法规和国务院决定规定必须在登记前报经批准的项目，提交有关的批准文件或者许可证书复印件或许可证明。

分公司的经营范围不得超出公司的经营范围。

（8）法律、行政法规和国务院决定规定设立分公司必须报经批准的，提交有关的批准文件或者许可证书复印件。

注：

（1）依照《公司法》《公司登记管理条例》设立的分公司申请设立登记适用本规范。

（2）《分公司设立登记申请书》《指定代表或者共同委托代理人的证明》《登记附表——住所（经营场所）登记表》可以通过国家市场监督管理总局《中国企业登记网》下载或者到工商行政管理机关领取。

（3）提交的申请书与其他申请材料应当使用A4纸。

以上各项未注明提交复印件的，应当提交原件；提交复印件的，应当注明“与原件一致”并由公司签署，或者由其指定的代表或委托的代理人加盖公章或签字。

（4）分公司经公司登记机关准予设立登记后，公司应当在30日内持分公司营业执照副本的复印件向公司登记机关申请办理该分公司的备案手续。

（五）公司资本

公司资本也称为股本，它在《公司法》上的含义是由公司章程确定并载明的、全体股东的出资总额。公司资本的具体形态有以下几种。

（1）注册资本。即狭义上的公司资本，是指公司在设立时筹集的、由章程载明的、经公司登记机关登记注册的资本。《公司法》第二十六条规定：“有限责任公司的注册资本为在公司登记机关登记的全体股东认缴的出资额。”第八十条规定：“股份有限公司采取发起设立方式设立的，注册资本为在公司登记机关登记的全体发起人认购的股本总额。股份有限公司采取募集方式设立的，注册资本为在公司登记机关登记的实收股本总额。”

（2）发行资本。又称认缴资本，是指公司实际上已向股东发行的股本总额。发行资本可能等于注册资本，也可能小于注册资本。实行法定资本制的国家，《公司章程》所确定的资本应一次全部认足，因此，发行资本一般等于注册资本。但股东在全部认足资本后，可以分期缴纳股款。实行授权资本制的国家，一般不要求注册资本都能得到发行，所以它小于注册资本。

（3）认购资本。是指出资人同意缴付的出资总额。

（4）实缴资本。又称实收资本，是指公司成立时公司实际收到的股东的出资总额。它是公司现实拥有的资本。由于股东认购股份以后，可能一次全部缴清，也可能在一定期限内分期缴纳，故实缴资本可能等于或小于注册资本。

我国新修订的《公司法》在一定程度上采纳了对公司资本的授权资本制，即允许公司成立时股东只实际缴付一定比例的认缴资本，其余认缴的资本在公司成立后的一定期限内缴清即可。所以，公司的注册资本等于公司成立时全体股东的认缴资本总额，但公司成立时的实缴资本可能小于注册资本。

公司资本原则，是指由《公司法》所确立的在公司设立、营运以及管理的整个过程中为确保公司资本的真实、安全必须遵循的法律准则。传统公司法所确认的三项资本原则最为重要，即资本确定原则、资本维持原则和资本不变原则。

（1）资本确定原则。资本确定原则是指公司设立时应在章程中载明的公司资本总额，并由发起人认足或募足，否则公司不能成立。很少有国家严守此项原则。如前所述，我国以前的《公司法》实行的是严格的资本确定制度，即要求公司资本于公司成立之时全部募足并全部缴足，并要经法定验资机构验资，但新修订的《公司法》已经对此做了修改。

（2）资本维持原则。资本维持原则又称资本充实原则，是指公司在其存续过程中，应当经常保持与其资本额相当的财产。我国《公司法》贯彻了资本维持原则的要义，规定了若干强制性规范以确保公司拥有充足的财产，主要有公司成立后，发起人或股东不得退股，不得抽回股本；股票发行价格不得低于股票面值；公司应按规定提取和使用法定公积金，法定公积金可视为资本储备，主要用于弥补公司的亏损、扩大公司经营规模；亏损或无利润不得分配股利；公司原则上不能收购自己的股份，也不得接受该公司的股票作为抵押权的标的；等等。

（3）资本不变原则。资本不变原则是指公司资本总额一旦确定，非经法定程序，不得任意变动。实际上资本不变原则是资本维持原则的必然要求。我国《公司法》主要对公司资本的减少作出严格限制。这些规定有须编制资产负债表和财产清单；须经股东大会作出决议；须于减资决议后的法定期间内向债权人发出通知并且作出公告；债权人有权在法定期间内要求公司清偿债务或者提供相应的担保；公司减少注册资本后的数额不得低于法定的最低限额；须向公司登记机关办理变更登记。

公司的信用特别是公司的偿债能力与公司成立时的注册资本关系甚微，因为公司是以其全部资产（而不是注册资本）对外承担债务清偿责任的。若公司成立时注册资本为 100 万元，现有资产为 300 万元，公司需以 300 万元的全部资产承担债务清偿责任；反之，若公司注册资本为 300 万元，现有资产仅 100 万元，公司也只能以此 100 万元承担债务清偿责任。

正是基于上述对公司资本性质与意义的理解，我国新修改的《公司法》在公司资本制度方面做了重大修订，体现在四个方面：一是大幅度降低了公司的法定最低注册资本数额，有限责任公司的法定最低注册资本分别由原来的 10 万元、30 万元和 50 万元降为 3 万元，股份有限公司的法定最低注册资本由 1000 万元降为 500 万元。二是取消实缴资本制，由原来的公司成立时股东必须缴清全部注册资本才能成立公司，即原《公司法》规定的“注册资本为公司在登记机关登记的全体股东实缴的出资额”，修改为分期出资，即“注册资本为在公司登记机关登记的全体股东认缴的出资额”，亦即公司成立时股东不必实际交纳全部出资，可以先成立公司，再分期交纳出资。三是取消了原《公司法》对公司转投资比例的强行性规定的限制（即累计投资额不得超过公司净资产的 50%），改为根据《公司章程》由公司董事会或者股东会、股东大会决定。四是取消了原《公司法》将有限责任公司的注册资本按公司种类分别采取不同法定最低注册资本数额的规定，改为统一的法定最低注册资本数额。

二、房地产开发公司的成立

房地产开发公司是指依法设立，从事房地产开发和经营，具有企业法人资格的经济实体。新设立的房地产开发公司应当自领取营业执照之日起 30 日内，到登记机关所在地的房地产开发主管部门备案。房地产开发主管部门应当在收到备案申请后 30 日内对符合条件的企业核发《暂定资质证书》。即公司要想从事房地产开发业务，需要按公司设立程序先设立公司并完成公司工商、税务登记以及银行开户许可证办理等手续后，再办理房地产开发资质，才能进行房地产开发业务。

房地产开发公司按照企业条件分为四个资质等级，具体条件如表 2-1 所示。

表 2-1　房地产开发公司资质等级条件

条件	一级	二级	三级	四级
注册资本	≥5000 万元	≥2000 万元	≥800 万元	≥100 万元
累计经营年限	≥5 年	≥3 年	≥2 年	≥1 年
累计竣工房屋建筑面积	≥30 万平方米（近 3 年）	≥15 万平方米（近 3 年）	≥5 万平方米（全部年限）	—
建筑工程质量合格率	100%（连续 5 年）	100%（连续 3 年）	100%（连续 2 年）	100%（已竣工项目）
上一年房屋建筑施工面积	≥15 万平方米	≥10 万平方米	—	—
专业管理人员	≥40 人（其中，中级职称人员≥20 人，会计≥4 人）	≥20 人（其中，中级职称人员≥10 人，会计≥3 人）	≥10 人（其中，中级职称人员≥5 人，会计≥2 人）	有职称人员≥5 人，会计≥2 人
业务负责人职称	中级以上称职	中级以上职称	工程技术、财务免责人具有中级以上职称；统计负责人具有初级以上职称	工程技术负责人具有中级以上职称，财务负责人具有初级以上职称，配有专业统计人员

资料来源：根据《房地产开发企业资质管理规定》整理。

三、主要会计核算处理

（一）新成立的房地产公司

新成立的房地产公司应当设置“股本”（股份有限公司适用）或者“实收资本”（有限责任公司适用）科目，按照投资者进行明细核算企业接受投资者投入的实收资本。

企业接受投资者投入的资本，借记“银行存款”“其他应收款”“固定资产”“无形资产”“长期股权投产”“开发成本”等科目，按其在注册资本或股本中所占份额，贷记“股本”或“实收资本”科目，按其差额，贷记“资本公积（资本溢价）”科目。

公司成立时注册资本来源不同，对应不同的会计核算处理方式。

1. 全部以货币资金出资

【例 2-1】张某、王某、李某三人觉得未来房地产市场前景良好，决定进军房地产市场以实现其人生目标，三人商议决定共同成立一房地产公司从事具体的房地产开发业务。三人根据在所在城市各自的资源拥有情况最终决定，成立

A房地产开发公司，注册资本为人民币5 000万元，并约定张某为公司法定代表人，出资占公司50%股份，王某出资占公司30%股份，李某出资占公司20%股份。三人作为原始股东全部以货币出资设立有限责任公司进行房地产开发。

业务处理：

(1) 根据上述案例，要成立A房地产开发公司，先租赁具体的办公场地，再招聘相关工作人员，然后按前述公司设立程序办理完相关的公司设立登记等相关手续，领取营业执照等相关证件。

(2) 会计核算处理。

借：银行存款　5 000万元

　贷：实收资本——张某　2 500万元

　　　　　　　——王某　1 500万元

　　　　　　　——李某　1 000万元

2. 全部出资中，部分为货币资金，部分为实物资产

【例2-2】张某、王某、李某三人觉得未来房地产市场前景良好，决定进军房地产市场以实现其人生目标，三人商议决定共同成立一房地产公司从事具体的房地产开发业务。三人根据在所在城市各自的资源拥有情况最终决定，成立A房地产开发公司，注册资本为人民币5 000万元，并约定张某为公司法定代表人，出资占公司50%股份，王某出资占公司30%股份，李某出资占公司20%股份。其中，张某以货币资金2 000万元和500平方米的写字楼出资，王某和李某全部以货币资金出资。三人作为原始股东出资设立有限责任公司进行房地产开发。

业务处理：

(1) 与【例2-1】基本相同。

(2) 会计核算处理。

由于股东张某出资中500平方米的写字楼为非货币资产，需要对该资产进行评估后进行相关的账务处理，并在完成评估后做好资产产权变更登记手续。

假设上述资产经资产评估公司评估后价值为600万元，而股东约定的股份比例不变，由于评估价值大于股东内部协定价值，超过部分的溢价则按各股东股份占比确定为资本公积。会计核算处理如下：

借：银行存款　4 500万元

　　固定资产　600万元

　贷：实收资本——张某　2 500万元

　　　　　　　——王某　1 500万元

　　　　　　　——李某　1 000万元

　　资本公积——张某　50万元

　　　　　　——王某　30万元

　　　　　　——李某　20万元

3. 全部出资中，部分为货币资金，部分为实物资产，部分为土地使用权

【例 2-3】 张某、王某、李某三人觉得未来房地产市场前景良好，决定进军房地产市场以实现其人生目标，三人商议决定共同成立一房地产公司从事具体的房地产开发业务。三人根据在所在城市各自的资源拥有情况最终决定，成立 A 房地产开发公司，注册资本为人民币 5 000 万元，并约定张某为公司法定代表人，出资占公司 50%股份，王某出资占公司 30%股份，李某出资占公司 20%股份。其中，张某以一块土地使用权出资，王某以货币资金 1 000 万元和 500 平方米的写字楼出资，李某全部以货币资金出资。三人作为原始股东出资设立有限责任公司进行房地产开发。

业务处理：

（1）与【例 2-2】基本相同。

（2）会计核算处理。

由于股东张某以土地使用权出资为非货币资产，需要对该资产进行评估后进行相关的账务处理，并在完成评估后做好资产产权变更登记手续。

假设上述土地使用权和写字楼经资产评估公司评估后价值分别为 3 000 万元和 600 万元，而股东约定的股份比例不变，由于评估价值大于股东内部协定价值，超过部分的溢价按各股东股份占比确定为资本公积。会计核算处理如下：

借：银行存款	2 500 万元	
无形资产（或开发成本-土地征用及拆迁补偿）	3 000 万元	
固定资产	600 万元	
贷：实收资本——张某		2 500 万元
——王某		1 500 万元
——李某		1 000 万元
资本公积——张某		300 万元
——王某		180 万元
——李某		120 万元

股东用设备等非货币性资产出资，业务处理跟上述情形相似，具体不再详细介绍。

（二）增加注册资本

经股东大会或类似决策机构决议，用资本公积转增资本，借记“资本公积（资本溢价）”，贷记“股本”或“实收资本”。

股东大会批准的利润分配方案中分配的股票股利，应在办理增资手续后，借记“利润分配”科目，贷记“股本”科目。

经股东大会或类似决策机构决议，股东再次注入资本，其会计核算处理与成立时处理方式类似。

（三）减少注册资本

公司按法定程序报经批准减少注册资本的，借记“股本”或“实收资本”科目，贷记“库存现金”“银行存款”等科目。

四、涉税事项描述

房地产公司成立涉及的税收主要有对应取得的营业执照按件贴花，每件5元，按照“股本”和“资本公积”等科目金额合计万分之五贴花或缴纳印花税。以后这两个科目金额增加的，再就增加金额贴花或缴纳印花税；以后这两个科目金额减少的，不退税。除此之外，如果涉及非货币性资产投入，会涉及相应的增值税进项税及个人所得税等相关涉税事项。

五、风险防范

公司设立时的风险主要有两个方面：一个是税务风险，另一个是资本到位后的管理风险。

税务风险是该缴纳的税金没有缴纳，产生遗漏，例如，公司注册后，通常会注意缴纳“股本或实收资本”的印花税，但容易遗漏资本溢价，使得计入“资本公积”的部分未计算缴纳，从而导致税务风险。另外，对相关证件贴花，容易遗漏部分证件。税务稽查实务中对于小税重罚，所以也是实务中重点应该关注的地方。虽然税金不多，处罚也不会太多，但在公司后续经营过程中，由于存在处罚痕迹，未来被抽中稽查的概率相对增大，会增加额外的处理成本。

关于资本到位后的管理风险，多数情况下是企业资金注册后，由于业务未开展起来，股东会挪用原投入的资本金，投入别的业务或项目，一旦管理控制不当，项目亏损或失败，原挪用资金不能及时复位，时间久了，股东将面临抽逃出资及对占用的资金视同股东分红征收个人所得税等系列法律风险和损失。

抽逃出资是指在公司注册资本后，股东将所缴出资暗中撤回，却仍保留股东身份和原有出资数额的一种欺诈性违法行为。

根据新《公司法》，公司注册资本改为认缴制，除特殊行业外，市场监督管理局不需要提供验资报告，这并不意味着可以随心所欲操作公司注册。以往股东为了应付验资，将款项短期转入公司账户后又立即转出，公司未实际使用该款项进行经营，是实践中虚假出资的常见表现形式之一。

（一）注册资本抽资相关法律风险

我国《公司法》第二百条规定，公司的发起人、股东在公司成立后，抽逃其出资的，由公司登记机关责令改正，处以所抽逃出资金额百分之五以上百分之十五以下的罚款。我国《刑法》第一百五十九条规定，公司发起人、股东违反公司法的规定未交付货币、实物或者未转移财产权，虚假出资，或者在公司成立后又抽逃其出资，数额巨大、后果严重或者有其他严重情节的，处五年以下有期徒刑或者拘役，并处或者单处虚假出资金额或者抽逃出资金额百分之二以上百分之十以下罚金。单位犯前款罪的，对单位判处罚金，并对其直接负责的主管人员和其他直接责任人员，处五年以下有期徒刑或者拘役。

（二）税务风险（以虚假增资为例说明）

【例2-4】 2018年3月，某公司欲增加企业注册资本2 000万元，公司控股股东许某便向他人借款2 000万元缴纳。3月1日登记机关顺利变更了注册资金数后，许某当日从该公司将2 000万元款项借出，归还他人。7月1日，该公司因经营需要向银行贷款1 000万元，年利率6%。许某向该公司借出的2 000万元借款年底未归还，该公司也未收取借出款项利息及代扣代缴个人所得税。

该公司财务处理：

收到股东许某增资时，借记“银行存款”2 000万元，贷记“实收资本”2 000万元。

将资金借给股东许某时，借记“其他应收款”2 000万元，贷记“银行存款”2 000万元。

支付银行贷款利息时，借记“财务费用”30万元，贷记“银行存款”30万元。

税务风险如下：

1. 增值税

该公司与其股东许某是独立的法律主体，该公司长期借款给股东许某，无正当理由不收取利息，税务机关有权核定该公司让渡资金的利息收入，应视为发生贷款行为，按“金融服务”科目征收增值税，2018年该公司应确认利息收入为2 000×6%÷12×9＝90（万元），应缴增值税为90×6%＝5.4（万元）。应缴城市维护建设税和教育费附加、地方教育费附加为5.4×(7%+3%+2%) = 0.648（万元）。

2. 企业所得税

根据《中华人民共和国企业所得税法》第四十一条及《中华人民共和国企业所得税法实施细则》第一百零九条规定，企业与其关联方之间的业务往来，不符合独立交易原则而减少企业或者其关联方应纳收入或者所得额的，税务机关有权按照合理方法调整。2018年该公司确认利息收入的应纳税所得额为（90－0.648）×25%＝22.338（万元）。

根据《国家税务总局关于企业投资者投资未到位而发生的利息支出企业所得税前扣除问题的批复》（国税函〔2009〕312号）规定，凡企业对外借款所发生的利息，相当于投资者实缴资本额与规定期限内应缴资本额的差额应计付的利息，其不属于企业合理的支出，应由企业投资者负担，不得在计算应纳税所得额时扣除。该公司2018年度应纳企业所得税额为（1 000×6%÷2）×25%＝7.5（万元）。

3. 个人所得税

由于股东许某在年终既未归还借款也未将款项用于企业生产经营，根据《财政部 国家税务总局关于规范个人投资者个人所得税征收管理的通知》（财税〔2003〕158号）第二条的规定：“纳税年度内个人投资者从其投资的企业（个人独资企业、合伙企业除外）借款，在该纳税年度终了后既不归还，又未用于企业生产经营的，其未归还的借款可视为企业对个人投资者的红利分配，依照‘利息、股息、红利所得’项目计征个人所得税。”该公司应代扣代缴股东许某个人所得税为 2 000×20%=400（万元）。

由于该公司和股东许某都没有按照税法的要求核算纳税，主管税务机关将查补企业税款 35.238 万元（5.4+22.338+7.5），向股东许某追缴个人所得税款项 400 万元，该公司还要被补处以巨额罚款、滞纳金。

因此，公司股东不得以任何形式抽取已经注册的资金，若不想继续担任股东，需要通过转让股份等形式实现，而不能将股份直接抽出，否则抽资的主体需要承担赔偿等各种责任。

第二节　房地产企业项目管理模式分析

能够在同一时间运作多个处于不同开发周期的项目，是一个房地产开发企业成熟的标志，也是房地产开发企业走向规模化的必经之路。然而，多项目运作管理相对于单个项目管理要复杂得多，它需要企业在多个项目之间协调和分配现有资源，以获取最佳的项目实施组合。同时对企业的人力资源管理也提出了更高的要求。对房地产企业来说，只要灵活地运用现有管理工具，就可以构筑起房地产开发企业多项目运作的管理基石，并使之成为企业的一项重要竞争能力。

一、选择合适的组织与项目管理模式

房地产开发项目运作可以采用职能式、项目式和矩阵式三种不同的项目管理模式。职能式项目管理，完全由项目拓展、设计、工程、销售等职能部门在项目不同的开发阶段介入项目管理。职能式项目管理部门分工高度专业化，能在项目开发的过程中最大限度地利用内部资源。但部门与部门间的沟通协调较多，决策缓慢，项目对外界环境的反应不敏感。在同时运作多个项目时，这种矛盾更加突出。

项目式项目管理，是指项目公司作为项目开发的全权主体，在其下设立该项目专门的拓展、设计、工程、销售部门或岗位。在这种开发模式下，项目能够快速地对外部环境的变化做出反应，但总部对项目控制较弱，存在较大风险。特别是在多个项目同时运作时，资源闲置的现象特别突出。

矩阵式项目管理，是指项目部作为项目执行的负责主体，拓展、设计、工程、销售等职能部门作为项目资源提供、建议与监督的主体。项目部由各职能部门抽调专人组建，项目成员既对部门经理负责，也对项目经理负责。矩阵式的项目管理能对外界环境做出较快反应，同时避免了资源的闲置，但其双重领导的缺点也尤为明显。

三种项目管理模式各有特点，这就需要从事多项目开发的房地产企业根据企业战略和管理需要进行灵活选择和运用。仅从事同城多项目运作的房地产开发公司，应按照房地产开发的控制重点设立项目拓展、设计、工程、销售、成本、采购等职

能部门，同时采用矩阵式项目管理模式；从事异地多项目运作的房地产开发企业，则可以考虑在总部成立拓展、设计、成本等职能部门进行总体控制，在地方公司成立工程、销售、采购等部门进行项目实施控制，并在地方公司内部仍采用矩阵式项目管理模式。

二、建立清晰的权责体系

清晰的权责体系是克服房地产企业多项目运作中双重领导、权责不清的一种重要管理工具。为了分清项目开发过程中的各项权责、削弱双重领导的负面影响，应该从部门职责和业务流程两个维度来构建权责体系。从部门职责维度，界定职能部门间、职能部门与项目部门间的职责权限；业务流程维度，将公司的权责细化到项目开发过程中的具体环节。综合运用两个维度，可以明确项目开发中的关键事项由哪个部门具体负责，哪些部门参与，并由哪级管理层最终确定。

三、业务流程体系

清晰的权责体系能够让每个部门明确自己应该做什么，但并没有解决如何做的问题，因此，房地产开发企业还要进一步建立起业务流程体系，以支撑多项目规范运作。房地产开发企业的流程体系首先应该从房地产开发的价值链考虑，从项目拓展、产品策划、设计管理、工程管理、营销管理、客服管理等方面，建立起基于价值创造和面向客户并能灵活应对市场的流程模块。同时还应该从管理支撑角度考虑，建立起成本、采购等方面的流程模块。越靠近房地产开发价值链前端，经营操作风险越大，但对整个房地产开发项目的利润、产品质量等起决定性作用，因此项目拓展、产品策划、设计管理等流程应该重点关注品质、成本策划以及风险控制。价值链中段是控制整个房地产开发项目成本和质量的阶段，决定了利润的最终实现和产品的最终质量，因此，工程、成本、采购等流程应重点关注质量和动态成本的控制。越靠近价值链后端，经营操作风险越小，但对整个房地产开发项目的价值实现、品牌塑造有重要影响，因此，营销、客服等流程应重点关注营销推广的效果与客户服务。

为了准确地将各个流程模块内的关键事项描述清楚，以指导各项目的日常运作，流程体系文件又可以由流程文件、作业指引和配套表格三个层次构成。流程文件主要是完成某项活动的具体步骤；作业指引是针对某一作业具体的操作过程、方法、标准或要求的描述；配套表格用以分析和记录流程、作业指引操作过程中形成的数据和资料。

四、计划管理体系

房地产开发业务流程体系规范了一个项目从拓展到售后的整个运作过程，但支撑多项目运作还需要计划管理这一工具来进行全局考虑和优化企业内部资源配置。房地产开发企业的计划管理主要应该从项目和公司两个层面来建立。

以项目为单位的项目计划管理，应全面考虑项目开发的整个周期，做好项目设计、项目施工、项目采购、项目报批报建、项目资金、项目销售等各项专业计划。由各项专业计划汇总形成项目的总体控制计划，以指导项目的运作。同时，应随着项目外部环境的变化对项目各专业计划和总体控制计划进行调整，以保证计划的灵活性。

对于公司层面的计划管理，可以基于公司的战略规划进行编制并实施。由各部门根据各项目的专业计划和总体控制计划，形成各部门的年度计划；再将各部门年度计划进行协调汇总形成公司的年度计划。各部门依据年度计划制订月度计划，并进行分解实施，每月对计划执行情况进行总结评估，以保证计划执行的有效性，及时发现计划调整的时机。合适的组织与项目管理模式可以解决横向的资源配置问题；计划管理体系可以解决纵向的资源配置问题；权责体系可以解决权责分配问题，从而减少不必要的协调和沟通；业务流程体系可以规范项目的运作，降低对人力资源的依赖。上述四项管理工具的巧妙结合，可以从根本上克服房地产开发企业多项目运作过程中面临的各种管理难题，构筑房地产开发企业多项目运作的管理基石。

第三节　房地产项目财务管理

一、房地产项目财务管理模式

房地产项目财务管理模式与其项目管理模式有很大关联，会导致成本在归集与核算上产生很大差异，从而影响项目税务清算及项目盈亏反映，进一步影响决策。

各公司由于资金实力及各种资源的拥有程度不同，在发展过程中会采用不同的项目管理模式，从而需要财务匹配不同的财务管理模式，以便更好地服务和管理公司的财务信息，为公司的运营、决策提供全面可靠的支撑信息。

（一）单一项目

单一项目即公司只有一个开发项目，公司的所有人员和资源都服务于该开发项目。在这种情形下，公司一般不会成立单独的项目公司，总经理大部分的工作都服务于项目，各职能部门也都围绕所开发项目开展业务工作，相对较简单。

具体业务模式如下：

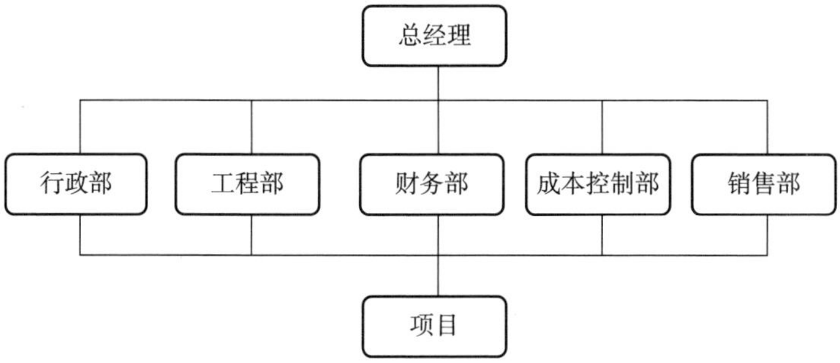

（二）多项目

所谓多项目是指一个房地产公司同时开发两个或两个以上的房地产项目，各房地产项目配备相应的专业人员。除此之外，在公司层面还有专门的职能团队负责处理公司层面的业务，各房地产项目开发团队（也可以是虚的项目公司）仅处理各自开发项目的业务。这时在公司层面设置常规的财务、人事、行政、工程、设计、营销、造价等职能部门，负责统筹管理公司层面的具体业务，指导和督促各具体开发项目团队按照公司既定的目标完成各阶段的任务工作；各房地产开发项目团队会匹配相应的会计、人事行政、工程、造价和销售人员，负责处理本项目的具体业务。在多项目管理中，会出现同一地区的多项目或跨城市区域的多项目同时开发运作的情况，这将涉及以集团公司与母子公司，或总公司与分公司等模式的公司组织架构与项目管理模式进行匹配，相对来说，财务管理模式更加复杂和多样。

具体模式如下：

单项目/多项目职能式模式

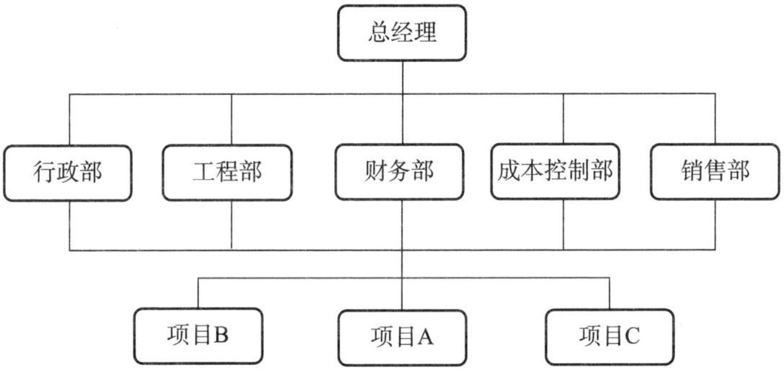

多项目矩阵式模式

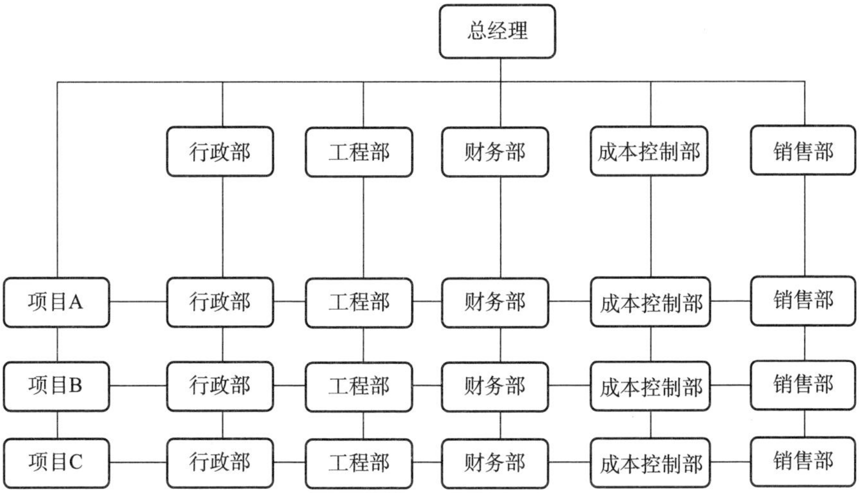

房地产企业在选定的投资区域建立项目公司时，首先要处理的税务筹划问题就是内部组织形式的选择。是选择母子公司的形式还是总分机构的形式，企业需要进行比较，因为企业一旦通过工商注册，很多问题就会随之而来，无论以后各期如何筹划，也改变不了其性质。

子公司具有独立法人资格，在所设地区被视为纳税人，承担纳税义务；分公司不具备独立法人资格，无法对外承担法律责任和义务。

在所设地区不被视为纳税人，要汇总到总公司进行纳税。根据《国家税务总局关于印发〈跨地区经营汇总纳税企业所得税征收管理暂行办法〉的通知》（国税发〔2008〕28号）规定，企业实行“统一计算、分级管理、就地预缴、汇总清算、财政调库”的企业所得税征收管理办法。其计算方法为总机构和分支机构应分期预缴企业所得税，50%在各分支机构间分摊预缴，50%由总机构预缴。

企业选择组织形式时需要考虑的因素主要有：

（1）我国地域间税率差异较大，这种差异随着内外企业所得税法的统一逐渐减少，但目前还是存在，如各自贸区存在差异等；对于个别地区，会对企业落户实行奖励政策，或者税款返还政策。这些对企业所得税有优惠的地方，是选择子公司还是分公司，哪种形式能给企业带来更大的税收成本的节约，要视项目公司和总公司的具体情况而定。

（2）国家或者地方针对房地产企业的优惠政策较少，若没有优惠政策和税率，需要考虑分支机构的盈利能力。如果是长期亏损，那么分公司形式能减少盈利的总公司和盈利的其他分公司的应纳税所得额，节约了税收成本；如果是短期亏损，子公司形式更适合企业在当地发展。

（3）由于分公司无独立法人资格，在出现债务或者法律纠纷时，会对总公司影响较大，子公司可以以其出资额对其债务承担有限责任。在公司长期亏损的情况下，运用分公司形式能更好地降低集团的税收成本。成立公司的目的是获得利润，如果公司长期亏损，在剧烈的市场竞争下存在的可能性就很小；如果是暂时亏损，子公司具有独立法人资格，在公司经营上具有更大的优势。

二、会计核算模式

根据公司规模和同时运营开发项目的多少，结合公司注册办公地点与项目开发地之间的区域分布及公司主要管理者的偏好等要素，可将会计核算模式分为两大类，即集权模式和分权模式。对应公司的组织结构形式分别为总—分公司型和集团与母子公司型。

（一）集权模式

在集权模式下，公司仅设立一个财务部，由财务部负责各分公司及各项目的会计核算，财务部直接对公司最高领导负责。各分公司及各项目单位仅负责和关注非财务事项的进展及处理，分别向公司最高领导汇报和传递非财务的业务信息。财务资源由公司最高经营领导统一分配和调度。

在这种理念下，公司一般在一个区域内发展，从一个项目运营发展到多个项目同时运营，公司的组织架构也会根据业务规模的发展由单一公司扩展为多个分公司或办事处。在这种模式下，基本上是一个项目对应一个分公司，形成项目与分公司组织架构一一对应的捆绑模式。呈现在会计核算系统中的形态可以表现为两种形式：一种是一个账套，按项目（分公司）单独归依收支，形成独立的收支报表，月底自动生成公司完整的财务报表；另一种是总公司一个账套，各分公司（项目）一个账套，分别归集总公司下属各分公司的收支，形成各自独立的收支报表（形式上的财务报表），月底总公司将总公司与各分公司的收支报表汇总生成公司完整的财务报表。

在这种模式下，对于急需资金的公司来说，在融资时编制相关的融资资料是很头疼的问题，后续的土地增值税清算也需要与税务机关进行多次沟通与协调。

（二）分权模式

相对于集权模式而言，多数公司经历了上述总—分公司模式存在的过程。为了更好地消除融资及税务清算中的不利因素的影响，多数公司采取的通行做法是开发一个项目，成立一个公司，即一个公司绑定一个独立的法人公司实体，一个项目开发完成，再进入下一个项目。这样形成了互相独立的核算主体，便于完成融资及后续相关税务处理。从形式上独立开来，会计核算相对简单。有的公司会从战略融资角度考虑，形成母子公司型的组织架构，以便更好地发挥资源优势，实现更大的财务价值。

三、财务系统的设置

考虑到公司的持续发展和规模不断扩大，公司成立时进行会计核算系统设置要具有一定的前瞻性，为公司未来的发展预留一定的空间。在选择财务核算软件时，不能单纯考虑成本低，因为这只能满足一时的需要，购置可扩展性比较低的财务软件，应该考虑公司未来发展可能会出现几个项目同时开发的情形，要配置可以多站点运行的网络版财务软件，防止当公司发展到有实力同时开发多个项目时，出现更换财务软件，初始化财务系统的情形。另外，现行的很多财务软件都具有辅助核算功能，在进行系统初始化时，尽可能地充分发挥软优势，多使用辅助核算功能，充分发挥其优势。

【例 2-5】某一新成立的 A 房地产开发有限公司，财务人员拟针对未来会计核算进行系统会计科目的初始化设置。现以开发成本科目为例来介绍不同方式的初始化设置。

1. 传统会计人员思维模式

在手工模式下，账簿的科目是按照会计科目一级一级地开设，涉及的核算项目越细，需要的科目级别就越多。在房地产开发企业制定会计科目时，成本一级科目叫开发成本，在一级科目下，可以设置土地征用及拆迁补偿费、前期费用、建设工程费用、基础设施费用、配套设施费用、开发间接费六个二级明细科目。当公司同时开发两个以上房地产项目时，需要按项目分别进行成本核算，这样，项目分类又变成一个三级的科目明细。如果一个项目分期开发，又会根据所分期数变成四级科目明细。如果需要对上述二级大类成本项目明细核算，又要增加一级，变成五级科目明细。使用手工模式一层一层往下分设，其优点主要是简单、直观，清楚，缺点是没有发挥计算机系统自动化、程序化的优势。另外，数据计算运行资料多，会导致后续系统运行慢，影响数据的处理、查询等效率。当同时开发两个以上项目，公司需要了解各项目各项二级大类成本发生金额时，需要将数据从系统里面导出来，再利用电子表格重新排列、加工、汇总，才能得到所需数据。在这种设置模式下，当公司运营一定年限，数据存储到一个量级时，系统运行会越来越慢，开机关机都要占用不少时间，同时查询一次数据也要花费很长时间，严重影响工作效率。一般年龄较大，对财务软件功能缺乏了解和研究，以及由别的行业转入房地产业的财务或会计人员经常采用这种模式。

会计科目在财务软件中的表现形式见下表。

序号	科目编码	一级科目	二级科目	三级科目	四级科目	五级科目
—	50010101	开发成本	土地征用及拆迁补偿	A 项目	—	—
—	50010201	—	前期费用	A 项目	—	—
—	50010301	—	建筑安装工程费	A 项目	—	—
—	—	—	基础设施费	A 项目	—	—
—	—	—	配套设施费	A 项目	—	—
—	—	—	开发间接费	A 项目	工资及附加	—
—	—	—	开发间接费	A 项目	办公费	—
—	—	—	—	—	—	—
—	—	—	土地征用及拆迁补偿	B 项目	—	—
—	—	—	前期费用	B 项目	—	—
—	—	—	建筑安装工程费	B 项目	—	—
—	—	—	基础设施费	B 项目	—	—
—	—	—	配套设施费	B 项目	—	—
—	—	—	开发间接费	B 项目	工资及附加	—
—	—	—	开发间接费	B 项目	办公费	—
—	5002	开发间接费	—	—	—	—

从上表可知，只要公司不停地开发项目，就需要不停地按项目增加科目，科目表里的科目就会越来越多。当需要数据时，唯一的方式就是按科目分级进行查询，

模式单一。有些财务软件还不支持分级查询功能，要查询数据，必须到末级才能实现。随着数据量的增加，系统的查询速度也越来越慢，更多时候是系统里明明有数据，就是查不到，不得已只能按账目格式去查询数据。这一点在实际工作中许多会计或财务人员有很深刻的体会。在这种设置模式下，系统每次都要把科目运行一次，其工作效率非常低。

2. 充分利用系统自带的辅助核算功能进行设置的模式

根据系统提供的基础会计科目，可以在一级科目开发成本下设置土地征用及拆迁补偿费、前期费用、建设工程费用、基础设施费用、配套设置费用、开发间接费六个二级明细科目，再对“土地征用及拆迁补偿费、前期费用、建设工程费用、基础设施费用、配套设施费用”五个二级科目按“项目”进行辅助核算。可以在“开发间接费”这个二级明细科目下面设置“工资及附加、办公费、招待费、差旅费、车辆使用费、其他”等需要的三级明细科目，同时按“项目”进行辅助核算。考虑到有可能一个项目在实际开发过程中，会涉及分期开发的情形，在上述二级明细或三级明细科目设置时，可以再加挂一个辅助核算“项目”，这样就形成多个辅助核算项。这样设置的好处在于，一方面便于会计科目维护，看起来更简洁，层级更少；另一方面可以根据需求查询或生成相应的数据视图，根据不同的需求提取所需要的数据，不再出现传统模式下将数据导出来，再利用电子表格进行加工处理的情况，可以充分利用系统优势，提高数据自动化处理水平。

会计科目在财务软件中的表现形式见下表。

序号	科目编码	一级科目	二级科目	三级科目	按项目设置辅助核算
—	500101	开发成本	土地征用及拆迁补偿	—	××项目
—	500102		前期费用	—	××项目
—	—	—	建筑安装工程费	—	××项目
—	—	—	基础设施费	—	××项目
—	—	—	配套设施费	—	××项目
—	50010601	—	开发间接费	工资及附加	××项目
—	50010602	—	—	办公费	××项目
—	—	—	—	—	—
—	—	开发间接费	—	—	—

从上表可以看出，通常会计科目的设置只需要三级或四级就够用了，要核算具体的明细项目，只需要在具有共性的大类明细科目下加挂辅助核算就可以达到增加明细核算的目的。这样在查询数据时，可以根据需要选择按科目，或按辅助核算的项目，或按科目+辅助核算的项目等方式得到多种不同的组合来查询和提取数据，达到满足数据需要和使用的目的。

未来的会计不再是传统的独立封闭的部门，而会打破部门之间的边界，使整个组织成为一个完整的有机体。有学者提出，可以建立财务共享中心，实现财务与业务两套数据一体化，财务充分利用业务子系统的数据，按照事先设计的规则自动生成会计凭证，尽可能地减少人工操作出现的差错，也使数据处理速度大幅提升，让数据能够实时反映企业的经营情况，做到无差别的秒同步。同时，变事后反映为事中反映，加快公司对市场的反应速度，更快速地调整经济目标和方针，减少不必要的损失，从而让财务真正融入企业的经营管理。专业的财务人员可以将更多的精力和时间投入财务计划、预算管控、资金管理、财务分析等管理工作，为企业运营管理决策提供更好的数据和方案。

第四节 房地产项目成本核算

房地产开发企业在开发经营过程中所发生的各项耗费，包括物化劳动耗费和活劳动耗费统称为费用。按费用是否计入开发产品成本，可以分为构成开发产品成本的产品成本和不构成开发产品成本的期间费用两大类。由于费用发生于企业开发经营过程的始终，它一方面代表了企业的整体耗费水平，另一方面也反映了企业的经营管理水平。因此，加强对企业成本、费用的核算和管理具有非常重要的意义。

一、成本、费用核算的基本要求

（一）严格遵守国家规划的成本、费用开支范围

成本、费用开支范围，是指国家对企业发生的支出，允许其在成本、费用中列支的范围。房地产开发企业与开发经营有关的各项支出，都应当按照规定计入企业的成本、费用。具体包括开发产品成本和期间费用两大类。其中，开发产品成本包括土地受让金和土地征用及拆迁补偿费、前期工程费、建筑安装工程费、基础设施建设费、公共配套设施费以及开发间接费用；期间费用包括管理费用、财务费用和销售费用（也可以理解为营业费用）。按照《企业会计准则及应用指南》、《企业产品成本核算制度（试行）》（财会〔2013〕17号）、《增值税会计处理规定》（财会〔2016〕22号）及有关财税文件的规定，房地产开发企业的下列支出，不得列入产品成本：

（1）为购置和建造固定资产、无形资产和其他长期资产的支出。这些支出属于资本性支出，在财务上不能一次列入产品成本，只能按期逐月摊入成本、费用。

（2）对外投资的支出以及分配给投资者的利润支出。

（3）被没收的财物，支付的滞纳金、罚款、违约金、赔偿金以及企业赞助、捐赠支出。

（4）在公积金、公益金中开支的支出。

（二）合理确定成本核算对象

成本核算对象，是指房地产开发企业在进行成本核算时所确定的，归集和分配开发产品成本的承担者。合理确定成本核算对象，是正确组织企业开发产品成本核算的重要条件。

由于房地产开发企业是按照城市总体规划、土地使用规划和城市建设规划的要求，在特定的固定地点进行开发经营的。因此，在确定成本核算对象时，应结合开发工程的地点、用途、结构、装修、层高、施工队伍等因素来进行。成本核算对象的确定原则是，应满足成本计算的需要，便于成本费用的归集，利于成本的及时结算，适应成本监控的要求。

房地产开发企业可根据上述原则，按照开发项目、综合开发期数并兼顾产品类型等确定成本核算对象。

（1）单体开发项目，一般以每一独立编制设计概算或施工图预算所列的单项开发工程为成本核算对象。

（2）在同一开发地点、结构类型相同、开竣工时间相近的群体开发项目，可以合并为一个成本核算对象。

（3）对于开发规模较大、工期较长的开发项目，可以结合项目特点和成本管理需要，按开发项目的一定区域、部位或周期划分成本核算对象。

① 成片分期（区）开发的项目，可以按各期（区）划分成本核算对象。

② 同一项目有裙房、公寓、写字楼等不同功能的，在按期（区）划分成本核算对象的基础上，可按功能划分成本核算对象。

③ 同一小区，同一期有高层、多层、复式等不同结构的，可按结构划分成本核算对象。

（4）根据核算和管理需要，对独立的设计概算或施工图预算的配套设施，不论其支出是否摊入房屋等开发产品成本，均应单独作为成本核算对象。对于只为一个房屋等开发项目服务的、应摊入房屋等开发项目成本且造价较低的配套设施，可以不单独作为成本核算对象，发生的开发费用直接计入房屋等开发项目的成本。

成本核算对象一般应在开工前确定。一经确定后不得随意改变，更不能相互混淆，以保证成本核算的准确性。

（三）划清各种费用界限

1. 划清成本核算对象之间的界限

成本核算对象一般应在开工之前确定，凡是能够直接计入有关开发产品的各项直接费用，都应直接计入开发产品成本；凡由两种或两种以上开发产品共同承担的费用，必须采用合理的分配标准，在有关开发产品之间进行分配。

2. 划清各成本项目之间的界限

在明确成本项目具体内容的基础上，对所发生的各项费用比照各成本项目对号入座，不得串项。

3. 划清各期成本之间的界限

企业应按照权责发生制的原则和收入与费用相互配比的原则，正确核算各期成本，对于本期已经发生但应由本期和以后各期成本负担的支出，应作为待摊费用，分期摊入本期成本和以后各期成本；对于应由本期成本负担但未在本期发生的费用，应作为预提费用计入本期成本。待摊费用和预提费用要按受益期限摊销或预提，不能随意摊提，人为地调节开发产品成本。

4. 主体工程与公共配套设施工程之间的界限

对于能够确定为独立成本核算对象的公共配套设施，应与主体工程分开，单独进行成本核算。配套设施竣工验收后，属于不能有偿转让的开发小区公共配套设施的成本，应选择合理的分配方法再分配计入有关的开发产品成本；开发小区以外的配套设施和开发小区内能够有偿转让的配套设施不得计入开发产品成本。

5. 划清已完工开发产品成本与未完工开发产品成本的界限

企业应定期进行成本核算，对于已完工开发产品和在建开发产品共同发生的费用应采用专门的方法进行分配，不得人为地压低或提高未完工开发产品的成本，以确保开发产品成本核算的真实性、及时性、完整性与准确性。

6. 划清实际成本与计划成本、预算成本之间的界限

为了使企业的实际成本与计划成本、预算成本之间具有可比性，实际成本的核算范围和计算口径必须与计划成本、预算成本完全一致。但企业在计算当期开发产品的实际成本时，必须以当期实际已完工程数量、实际消耗和实际价格为依据，不得以计划成本或预算成本代替实际成本。

二、成本核算的基本程序

（1）根据成本核算对象的确定原则和项目特点，确定成本核算对象。

（2）设置有关成本核算会计科目，核算和归集开发成本费用。

（3）按受益原则和配比原则，确定应分摊成本费用在各成本核算对象之间的分配方法、标准。

（4）将归集的开发成本费用按确定的方法、标准在各成本核算对象之间进行分配。

（5）编制项目开发成本计算表，计算各成本核算对象的开发总成本。

（6）正确划分已完工和在建开发产品之间的开发产品成本，分别结转完工开发产品成本。

（7）正确划分可售面积、不可售面积，根据有关规定分别计算可售面积、不可售面积应负担的成本，正确结转完工开发产品的销售成本。

（8）编制成本报表，根据成本核算和管理要求，总括反映各成本核算对象的成本情况。

三、成本费用项目及核算内容

按制造成本法设置成本项目。开发成本按其用途，可分为如下四类。

（1）土地开发成本：指房地产开发企业开发土地（即建设场地）所发生的各项费用支出。

（2）房屋开发成本：指房地产开发企业开发各种房屋（包括商品房、出租房、周转房、代建房等）所发生的各项费用支出。

（3）配套设施开发成本：指房地产开发企业开发能有偿转让的配套设施及不能有偿转让、不能直接计入开发产品成本的公共配套设施所发生的各项费用支出。

（4）代建工程开发成本：指房地产开发企业接受委托单位的委托，代为开发除土地、房屋以外的市政工程等所发生的各项费用支出。

以上四类成本，在核算上可将其分为如下七个成本项目：①土地征用及拆迁补偿费；②前期工程费；③建筑安装工程费；④基础设施费；⑤公共配套设施费；⑥开发间接费（制造费用，下同）；⑦借款费用。

各成本项目的开支范围如下。

（一）土地征用及拆迁补偿费

指因开发房地产而征用土地所发生的各项费用，包括土地征用费、土地闲置费、耕地占用税、劳动力安置费及有关地上、地下附着物拆迁补偿的净支出、安置动迁用房支出等，主要包括以下内容：

（1）取得土地使用权所支付的金额：支付的土地出让金、交纳的契税、土地变更用途和超面积补交的地价及相关税费、接受合作方地价及税费等。

（2）土地征用费：土地转让费、土地效益金、土地开发费、耕地占用税等。

（3）拆迁补偿费：劳动力安置费，有关地上、地下建筑物或附着物的拆迁补偿净支出，安置动迁用房支出，农作物补偿费，危房补偿费等。

（4）其他：拍卖佣金、土地开发权批复费、土地面积丈量测绘费、土地闲置费、土地使用费等。

（5）期末（为某成本核算对象完工时，下同），由“开发成本——待分摊成本”科目分配计入的土地征用及拆迁补偿费。

（二）前期工程费

指在取得土地开发权之后，项目开发前期的规划、设计、项目可行性研究和水文、地质、勘察、测绘、“三通一平”等前期费用。主要包括以下内容：

1. 勘察设计费

（1）勘测丈量费：包括初勘、详勘等。主要有水文、地质、文物和地基勘察费、沉降观测费、日照测试费、拨地钉桩验线费、复线费、定线费、放线费、建筑面积丈量费等。

（2）规划设计费。

规划费：方案招标费、规划设计模型制作费、方案评审费、效果图设计费、总体规划设计费。

设计费：施工图设计费、修改设计费等。

其他：可行性研究费、制图、晒图、赶图费等。

（3）建筑研究用房费：包括材料及施工费。

2. 报建费

（1）报批报建费：安检费、质检费、标底编制费、交易中心手续费、人防报建费、消防配套设施费、白蚁防治费、建筑面积丈量费、路口开设费、规划管理费、新材料基金（墙改专项基金）、教师住宅基金、拆迁管理费、招投标管理费等。

（2）市政配套费：向政府部门交纳的大市政配套费，征用生地向当地市政公司交纳的红线外道路、水、电、气、热、通信等的建造费、管线铺设费、接口补偿费。

（3）增容费：水、电、煤气增容费。

3. “三通一平”费

（1）临时道路：接通红线外施工用临时道路的设计、建造费用。

（2）临时用电：接通红线外施工用临时用电规划设计费、临时管线铺设、改造、迁移、临时变压器安装及拆除费用。

（3）临时用水：接通红线外施工用临时给排水设施的设计、建造、管线铺设、改造、迁移等费用。

（4）场地平整：基础开挖前的平整费、场地清运费、旧房拆除费等。

4. 临时设施费

（1）临时围墙：包括围墙、围栏设计、建造、装饰费用。

（2）临时办公室：租金、建造及装饰费用。

（3）临时场地占用费：含施工用临时占道费、临时借用空地租费。

（4）临时围板：包括设计、建造、装饰费用。

5. 预算编、审费

为项目编制或审查预算而发生的费用。

6. 其他

挡光费、危房补偿鉴定费、危房补偿鉴定技术咨询费等。

7. 期末

由“开发成本——待分摊成本”科目分配计入的前期工程费。

（三）建筑安装工程费

指项目开发过程中发生的主体列入建筑安装工程施工图预算项目内的各项费用。包括以出包方式支付给承包单位的建筑安装工程费，以自营方式发生的建筑安装工程费。主要包括以下内容：

1. 土建工程费

（1）基础造价，包括土石方、桩基、护壁（坡）工程费，基础处理费、桩基咨询及检测费、降水。

（2）结构及粗装修造价，结构及粗装修（含地下室部分），如高层建筑，有裙楼架空层及转换层，原则上架空层结构列入裙楼、转换层结构并入塔楼。

2. 安装工程费

（1）门窗工程，主要包括室外门窗、户门、防火门的费用。

（2）室内水暖气电管线设备费。

①室内给排水系统费（自来水/排水/直饮水/热水）；

②室内采暖系统费（地板热/电热膜/分户燃气炉/管道系统/暖气片）；

③室内燃气系统费；室内电气系统费（强、弱电预埋管）。

（3）室内设备及其安装费。

①空调及安装费；

②电梯及其安装费；

③发电机及其安装费；

④高低压配电及安装费；

⑤消防通风及安装费；

⑥背景音乐及安装费。

（4）室内智能化系统费。

①保安监控及停车管理系统费用；

②电信网络费用；

③卫星电视费用；

④三表远传系统费用；

⑤家居智能化系统费用。

（5）其他安装工程，如保温层、外墙涂料、瓷砖等。

3. 公共部位精装修费

主要包括大堂、楼梯间、电梯间、屋面、外立面及雨篷的精装修费用。

4. 户内精装修费

主要包括厨房、卫生间、厅房、阳台、露台的精装修费用。

5. 项目或工程监理费

指支付给聘请的项目或工程监理单位的费用。

6. 甲方提供的材料、设备等

7. 其他

工程收尾所发生的零星工程费和乙方保修期后应由开发商承担的维修费（能够归类的，应按从属主体原则归类计入上述相应费用中），现场垃圾清运费，工程保险费，施工合同外奖金（包括赶工奖、进度奖等）。

（四）基础设施费

指项目开发过程中发生的建筑安装工程施工预算图以外的费用，包括开发小区内道路、供水、供电、供气、排污、排洪、通信、照明等社区管网工程及环卫、绿化等工程发生的支出。主要包括以下内容。

1. 室外给排水系统费

包括自来水系统、雨污水系统、直饮水系统、热水系统。

2. 室外电气系统费

包括高压线路工程、低压线路工程、配电站、开闭站。

3. 室外燃气系统费

包括管道系统、调压站。

4. 室外采暖系统费

包括管道系统、热交换站、锅炉房费用。

5. 室外消防系统费

包括消防设备、消防工程。

6. 室外智能化系统费

包括电信网络系统、小区停车管理系统、电子巡更系统、围墙监控照明系统。

7. 环境设计费

8. 园林绿化建设费（区内、区外绿化支出）

（1）建筑小品：雕塑、喷泉、环廊、假山等。

（2）道路、广场建造费：道路广场铺设、开设路口工程及补偿费等。

（3）围墙建造费：永久性围墙、围栏及大门。

（4）室外照明：室外照明电气工程，如路灯、草坪灯。

（5）室外背景音乐。

（6）室外零星设施：各种指示牌、标识牌、示意图等。

（7）人工草坪、栽花、种树。

9. 期末

由“开发成本——待分摊成本”科目分配计入的基础设施费。

（五）公共配套设施费

指房屋开发过程中，根据有关法规，产权及其收益权不属于开发商，开发商不能有偿转让，也不能转作自留固定资产，在开发项目内的公共配套设施支出。主要包括以下内容：

（1）发生的不会产生经营收入的不可经营性公共配套设施支出，如居委会、派出所、学校、文体广场等设施。

（2）发生的根据法规或经营惯例，其经营收入归于经营者或业委会的可经营性公共配套设施的支出，如幼儿园、托儿所、邮电通信、医院、会所、物业管理用房、变电站、热力站、水厂等设施。

（3）城市规划中规定的大配套设施项目不能有偿转让和取得经营收益权时，发生的没有投资来源的费用。给予的经济补偿可直接抵扣该项目的建造成本。

（4）企业单独建造的停车场所，应作为成本对象单独核算。利用地下基础设施形成的无产权停车场所，作为公共配套设施进行处理，其成本费用由可售面积承担。

（5）期末，由“开发成本——配套设施”科目分配计入的公共配套设施费。

（六）开发间接费

开发间接费核算企业（包括内部核算单位的开发项目部、分公司等）为直接组织和管理开发项目所发生的，且不能将其归属于特定成本对象的成本费用性支出。

1. 工程管理费

（1）行政管理费：直接从事项目开发的部门的职工薪酬（也可分为工资、福利费、社会保险费等），折旧费，办公费，水电费，劳动保护费，修理费，低值易耗品摊销，差旅费以及其他。

（2）质检费：包括按规定支付给质检部门的质量检验费，项目发生的材料费、设备质量检验费、工程质量自检费、工程竣工验收费等质量鉴定性费用。

2. 营销设施建造费

包括售房部（接待处）、样板房。

3. 物业管理完善费

包括按规定应拨付给业主管理委员会的由物业管理公司代管的物业管理基金、公建维修基金或其他专项基金。

4. 结转开发间接费

期末开发间接费一级科目分配转入“开发成本——开发间接费”的成本项目。

5. 其他

其他应计入开发间接费的费用。

（七）借款费用

直接用于项目开发所借入资金的利息净支出、汇兑净损失，借款发生的辅助费用等。也可归属于开发间接费。

（八）期间费用

期间费用包括管理费用、销售费用、财务费用三类，均不属于房地产的制造成本范畴，其科目设置、归集内容与“开发间接费”均有联系和区别。和其他行业没有本质区别。

管理费用：开办费，职工薪酬（也可分为工资、福利费、社会保险费等），物料消耗，低值易耗品摊销，办公费，差旅费，工会经费，董事会费，聘请中介机构费，咨询费，诉讼费，业务招待费，技术转让费，矿产资源补偿费，研究费，排污费，修理费，折旧费，水电费，职工教育经费，劳动保护费，存货盘亏或盘盈，住房公积金以及其他。

销售费用：自销费、保险费、包装费、运输费、装卸费。

促销费：展览费，广告宣传费（如广告发布费，广告制作费、展位费及展台搭建费、宣传费、围墙彩绘费、灯箱制作费、展板制作费和楼书印刷费等），销售服务费，经营性租赁费。

代销手续费：将部分或全部商品房销售业务外包给专业销售公司而发生的代理费用。包括销售佣金、销售代理费、销售策划费等。

专设销售机构费：职工薪酬（也可分为工资、福利费、社会保险费等），业务招待费，差旅费，办公费，折旧费，修理费，物料消耗，低值易耗品摊销，车辆使用费等。

合同交易费等：预售合同或出售合同交易时开发公司所需交纳的交易手续费用，而非代收代付客户部分的交易费。另外，还包括付给交易中心的网上服务备案费等。

财务费用：利息净支出、手续费、汇兑损益、现金折扣以及其他（非资本化支出）。

其他：开发产品销售之前发生的改装修复费、看护费、采暖费等。项目交付使用后发生的，按规定或协议应由开发商承担、补贴给物业管理公司的水、电、煤气、暖气等价差，开办费等。

四、会计科目设置

（一）“开发成本”（生产成本）科目

“开发成本”（生产成本）科目核算产品开发过程中所发生的各项费用。或分为“土地开发成本”“房屋开发成本”“配套设施开发成本”“代建工程开发成本”四个科目。各级明细科目的设置详见“房地产成本费用项目及核算内容”，根据管理需要可设立二级到五级。财务软件可以减少明细科目级次并可采用项目核算辅助功能。

取得土地用于房地产开发科目体系如下：

开发成本——A 项目待分摊成本——土地征用及拆迁补偿费——四级明细——五级明细

前期工程费——四级明细——五级明细

基础设施费——四级明细——五级明细

“待分摊成本”核算归集分不清，无法直接计入特定成本核算对象的间接成本，期末可按各明细成本项目分别平行分配转入房屋等各期成本核算对象对应明细成本项目，而不能仅结转“待分摊成本”总额。不设建安费、公共配套设施费、开发间接费、借款费用明细科目。

A 项目一期——土地征用及拆迁补偿费（分清成本对象直接计入、分不清成本对象分配计入）——下级明细

前期工程费（分清成本对象直接计入、分不清成本对象分配计入）——下级明细

建安费（分清成本对象直接计入、分不清成本对象分配计入）——下级明细

基础设施费（分清成本对象直接计入、分不清成本对象分配计入）——下级明细

公共配套设施费（分清成本对象直接计入、分不清成本对象分配计入）——下级明细

开发间接费（分清成本对象直接计入、分不清成本对象分配计入）——下级明细

借款费用（分清成本对象直接计入、分不清成本对象分配计入）——下级明细

A 项目二期

A 项目公共配套设施（仅指有偿转让有产权的公共配套设施，下级明细科目和上述各期明细科目一样）

A 项目公共配套设施——土地征用及拆迁补偿费（仅指无偿转让的公共配套设施）

前期工程费（仅指无偿转让的公共配套设施）

建安费（仅指无偿转让的公共配套设施）

基础设施费（仅指无偿转让的公共配套设施）

公共配套设施（仅指无偿转让的公共配套设施）核算归集分不清成本对象，无法直接计入特定成本核算对象成本项目的，期末按成本项目总额分配转入房屋各期及有偿转让有产权的配套设施等成本核算对象的“公共配套设施费”成本项目。需要注意的是，为简化核算手续并防止重复分配，不再设公共配套设施费、开发间接费、借款费用明细科目。

B 项目

C 项目

取得不是为建造房屋持有的土地，即最终产品的商品性土地科目体系不设建安费、公共配套设施费明细科目。

（二）“开发间接费”科目

“开发间接费”科目核算是房地产开发企业内部独立核算单位为归集和分配与项目开发直接相关且不能将其归属于特定成本对象的共同成本。如果从事两个或两个以上开发项目的建设，应先归集，期末再按一定标准分配计入各成本核算对象。如果只从事一个开发项目的建设，可设一级科目，直接计入开发项目的成本核算对象中。各级明细科目的设置详见第二章第四节内容。

（三）“应付账款”科目

“应付账款”科目核算按权责发生制原则计提的，应由本受益期、受益对象承担的已经发生或将要发生，但尚未结算或支付的开发小区内不能有偿转让的配套设施将发生的费用计提。能有偿转让的配套设施将发生的费用不得预提。本科目按“应付账款——应付配套设施费”进行核算。

费用预提时间：一般在结转房屋等开发产品时预提。

费用预提条件：先建房屋，后建配套设施。开发产品已完工，不能有偿转让的配套设施尚未完工或尚未动工。

费用预提依据：拟建配套设施的预算成本或计划成本。

费用预提计算方法：某成本核算对象应预提的配套设施费＝该项开发产品建筑面积×配套设施费预提率

$$\text{配套设施费预提率}=\frac{\text{该配套设施的预算成本（计划成本）}}{\text{应负担该配套设施费各开发产品的建筑面积}}\times 100\%$$

式中，应负担该配套设施费的开发产品一般包括房屋、能有偿转让的小区内的配套设施。

（四）“开发产品”（或库存商品）科目

“开发产品（库存商品）”科目核算的是已开发完成并验收合格的开发产品的实际成本。房地产企业在进行“开发产品”核算的同时，应收集、整理具体到每户的可售面积构成、销售及其回款情况的详细资料。可依照“预收账款”科目详细设置到每户，也可作为过渡性科目。

（五）“原材料”科目

“原材料”科目核算的是库存的各种甲供材料设备，包括原料及主要材料、辅助材料、工程设备、外购半成品（外购件）、修理用备件（备品备件）、包装材料、燃料等的实际成本。

（六）“主营业务成本”科目

“主营业务成本”科目核算的是确认销售开发产品主营业务收入时应结转的成本。本期（月）发生的销售退回，如已结转销售成本的，借记“开发产品”等科目，贷记本科目。

五、成本费用的归集与分配

房地产开发各期成本分配的标准有四个，即建筑面积、占地面积、直接成本、预算造价。企业可根据项目开发的具体情况选用其一或同时使用，但一经确定不得随意更改。

根据取得的实测报告列示完工开发产品建筑面积的分布情况，并对照预测报告审核确认实测报告中总建筑面积和按品种分类的各类面积比例的准确性。区分哪些是可售面积，哪些是不可售面积（包括不限于无产权车位、公建部分、教育设施、居委会、物业办公用房、会所等无产权或无偿移交或产权属业主共有的），最终计算出实际可售房屋面积。这是计算单位成本的依据，如果面积计算不准确，将直接影响销售成本和销售利润计算的准确性。

成本核算方法与工业分批法和建筑企业竣工结算法相似，分批法与工业分步法相似。计税成本核算流程如下。

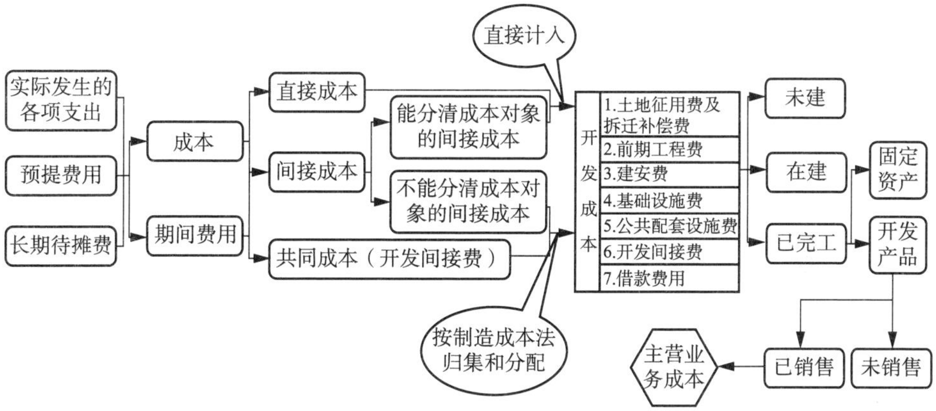

（一）土地征用及拆迁补偿费

一般能分清成本核算对象的，可直接计入房屋等成本核算对象的成本项目中；如果分不清成本核算对象，需要两个或两个以上的成本核算对象负担时，先在“开发成本——待分摊成本——土地征用及拆迁补偿费”科目进行归集，期末再按“土地征用及拆迁补偿费”明细成本项目分别平行分配转入房屋等各期成本核算对象对应“土地征用及拆迁补偿费”明细成本项目，不能仅结转“待分摊成本”总额。

同一宗土地分期分批开发转让房地产的，每期（批）按占地面积法分摊。

同一项目中建造不同类型房地产的，按建筑面积法分摊，但是要特别注意的是，同一项目中同时包含占地相对独立的房地产（有道路、围墙等明显分隔标志区域的联排别墅、合院式别墅、单体商业服务建筑，以下简称别墅区）和其他多层、高层建筑的，需要先按照别墅区的独立占地面积占清算项目总占地面积的比例，计算别墅区应分摊的土地成本；对剩余的土地成本，按照剩余普通住宅、非普通住宅和其他类型房地产建筑面积比例计算分摊。

有产权的地下车位可以分摊土地成本。

1. 占地面积法

按某一成本对象占地投影面积占全部成本对象占地投影总面积的比例进行分配。

2. 建筑面积法

按某一成本对象建筑面积占全部成本对象建筑面积的比例进行分配。有关计算法如下：

$$某开发产品应负担的土地成本=该项开发产品占地（建筑）面积\times分配率$$

$$分配率=\frac{当期实际发生的土地成本}{当期各项开发产品占地（建筑）面积之和}\times100\%$$

或

$$某开发产品应负担的土地成本=\frac{该项开发产品占地（建筑）面积}{当期各项开发产品占地（建筑）面积之和}\times当期实际发生的土地成本$$

（二）前期工程费

能够分清成本核算对象的，可直接计入房屋等成本核算对象的“前期工程费”成本项目；应由两个或两个以上的成本对象负担的前期工程费，先通过“开发成本——待分摊成本——前期工程费”科目归集，待某成本核算对象完工时，再按建筑面积（包括在建及未建面积）分别平行分配转入各成本核算对象的明细成本项目。

应向政府上交但尚未上交的报批报建费用可以按规定预提。

（三）建筑安装工程费

（1）预付给承包单位的工程款和备料款，不能直接作为建筑安装工程费支出计入“开发成本”科目，应先在“预付账款——预付承包单位款”科目核算，待工程价款结算时，再从预付工程款中冲回，计入房屋等成本核算对象的“建筑安装工程费”成本项目。

（2）在与承包单位进行工程价款结算时，根据承包单位形象进度，按照甲方、监理审定确认的“拨付款审核控制表”“工程价款结算单”的工程价款，取得增值税一般纳税人专用发票后付款，计入房屋等成本核算对象的“建筑安装工程费”成本项目。

（3）出包工程未办理结算而未取得全额发票的，在证明资料充分的前提下，其发票不足金额可以预提，但最高不得超过合同总金额的10%。

（四）基础设施费［参照上述（二）］

（五）公共配套设施费

（1）凡是不能有偿转让的开发小区内配套设施所发生的支出，均应分配（直接）计入房屋等成本核算对象的“公共配套设施费”成本项目。如工程规模不大，与其他项目建设开竣工时间差不多，并由同一单位施工，也可以考虑将它们合并作为一个成本核算对象。

①公共配套设施和房屋等开发产品同步建设的情况下：

A. 能分清成本核算对象的，应直接计入房屋等成本核算对象的“公共配套设施费”成本项目。

B. 不能分清成本核算对象的，先由“开发成本——配套设施”科目的相应成本项目进行归集，期末再分配计入房屋等成本核算对象的“公共配套设施费”成本项目。

②配套设施和房屋等开发产品非同步建设（有前有后、穿插进行）的情况下：应先通过“开发成本——配套设施”科目的相应成本项目进行归集，期末再分配计入房屋等成本核算对象的“公共配套设施费”成本项目。

③先开发房屋等开发产品，后建配套设施；或房屋等开发产品已开发完工移交或出售，而配套设施尚未完工或动工的情况下：

A. 不论是否动工建设，其应负担的土地征用及拆迁补偿费、前期工程费、基础设施费通常予以归集，建安费通常予以预提。预提时可按配套设施的预算造价减去已发生的成本进行合理预提（此类公共配套设施必须符合在售房合同、协议或广告、模型中明确承诺建造且不可撤销，或按照法律法规规定必须配套建造的条件），并归集在“开发成本——配套设施开发”科目的相应成本项目中，期末再按房屋等成本核算对象的建筑面积，分配计入房屋等成本核算对象的“公共配套设施费”成本项目。预提数与实际数的差额，应在配套设施完工时调整房屋等成本核算对象的“公共配套设施费”成本项目。如有关开发产品已完工并办理竣工结算，可将其差额冲减或追加分配到尚未办理竣工决算的开发产品的成本中。

B. 如果预提的配套设施费含有多种配套设施项目，应在每项配套设施完工时，逐项结转并随时调整房屋等成本核算对象的“配套设施费”成本项目，不得等全部配套工程竣工后一次调整。

（2）凡是能有偿转让的配套设施（包括经营性和非经营性）支出，不得计入房屋等成本核算对象的成本，单列成本核算对象。如工程规模不大，与其他项目建设开竣工时间差不多，并由同一单位施工，也可以考虑将它们合并作为一个成本核算对象。

能有偿转让的配套设施接受分配的其他不能有偿转让的公共配套设施费，计入其开发成本的“开发成本——配套设施——公共配套设施费”项目中，未单列成本核算对象的，可用建筑面积等分配标准分配房屋和有偿转让的配套设施成本。

（六）开发间接费

（1）应先通过“开发间接费”科目分项目归集开发间接费的实际发生数，期末（某成本核算对象完工时）根据其实际发生的直接成本分配计入各开发项目的各成本核算对象。

（2）不能有偿转让的配套设施、待分摊间接成本、单独核算的自用土地，均不分摊开发间接费。有关费用计算方法如下。

某开发产品应负担的制造费用=该项开发产品当期实际发生的直接费用×分配率

$$分配率=\frac{当期实际发生的开发间接费}{当期各项开发产品发生的直接成本之和}\times 100\%$$

（3）应向政府上交但尚未上交的物业完善费用可以按规定预提。

（七）借款费用资本化

（1）借款费用资本化的期限：成本对象完工前发生的配比计入成本对象，成本对象完工后发生的，作为财务费用直接扣除。

（2）属于不同成本对象负担的，按直接成本法进行分配。也可归属于开发间接费。

（3）企业集团或其成员企业统一向金融机构借款分摊集团内部其他成员企业使用，借入方凡能出具从金融机构取得借款的证明文件的，可以在使用借款的企业间合理分摊利息费用。

六、成本报表

1. 报表种类

（1）开发成本项目情况表；

（2）开发间接费结转情况表；

（3）房地产开发成本结转情况表，可参考下表；

（4）房地产开发成本比较分析表。

2. 报送时间

成本项目完工时，总部可根据项目开发的不同阶段要求报送有关成本报表。

3. 编报要求

表样自拟，清晰明了即可。具体表格可参照下表。

房地产企业开发成本结转表

年　　月　　日　　　　　　　　　　　　单位：元

企业名称	项目名称、期数						联系电话	
栏目费用名称	开发成本金额	可售面积（m^2）	单位面积成本	当年已售面积（m^2）	累计已售面积（m^2）	当年已售房产结转成本	累计已售房产结转成本	未售房产成本
	1	2	3=1÷2	4	5	6=3×4	7=3×5	8=1−7
一、开发成本								
1. 土地征用及拆迁补偿费								
2. 前期工程费								
3. 基础设施建设费								
4. 建筑安装工程费								
5. 公共设施配套费								
6. 借款费用								
二、开发间接费用								
合计								

负责人：　　　　　　审核人：　　　　　　填表人：

第五节 网络诈骗的处理办法

在网络诈骗案件高发的背景下，并不是所有的受害主体都是自然人，网络诈骗人员会冒充公司上级领导骗取公司财务人员的信任而非法获取公司的资金，导致公司利益受损。发生此类诈骗案件后，公司应首先向公安机关报案，通过法律手段维护公司的合法财产权益；其次根据公司的财务制度和有关劳动法律，以及诈骗案件中财务人员的失职、受骗情况，要求财务人员承担一定的赔偿责任。

当公司在处理财产被骗事件时，必须坚持依法办事，要从公司和财务人员两个方面分析受骗原因，合理确定责任，总结教训，加强公司管理，杜绝各类财务问题。

在现有的《公司法》和《中华人民共和国劳动法》的框架下，向公司财务人员索赔，一般包含以下两种方式：

（1）当财务人员为公司高级管理人员时，公司可以损害公司利益为由提起诉讼。

（2）当财务人员为普通公司员工时，公司可以劳动合同法律关系项下的劳动者损害公司利益为由提起劳动合同纠纷仲裁，也可视仲裁情况向人民法院提起诉讼。

以上两种方式都是完全可行的，其中应当注意辨别公司财务人员只是普通的劳动者，还是公司的高级管理人员，两者的主体资格条件不同，自身所承担的义务也不同，公司所享有的诉权自然也不一致。

一、当公司财务人员为高级管理人员时，公司可以损害公司利益为由提起诉讼

《公司法》第一百四十八条规定，董事、监事、高级管理人员执行公司职务时违反法律、行政法规或者公司章程的规定，给公司造成损失的，应当承担赔偿责任。此条法律规定的侵权人应为公司的董事、监事、高级管理人员，而非一般员工。但是如何鉴别公司的财务人员是否是公司的高级管理人员，根据《公司法》第二百一十六条第（一）款中的定义，高级管理人员，是指公司的经理、副经理、财务负责人，上市公司董事会秘书和公司章程规定的其他人员。因而财务人员如果是公司的高级管理人员，其必须是财务上的负责人，或者是公司章程所规定的其他人员。但是这里财务上的负责人本身概念还是不明确，仍旧需要与普通的财务人员身份进行区分。

（一）财务负责人与财务人员的不同

一般而言，财务上的负责人如果是高级管理人员，则应当有相应的高管岗位、岗位对应的职权以及相应的待遇收入，甚至公司必须拥有能够符合高管岗位前提的公司人数规模。例如，对于诸多小规模公司而言，只有一个会计或出纳，财务负责

人虽然负责财务工作，但并不具备成为公司高管的规模条件和职权条件。

此观点在呼和浩特市中级人民法院作出的（2017）内 01 民终 3160 号【石家庄市华丰体育用品有限公司与胡媛媛、郝志辉损害公司利益责任纠纷】案件中得到印证，该院认为："因被告人二人系会计、出纳，并非董事、监事、高级管理人员，故原告公司依据上述法律提起损害公司利益之诉无法律依据，本院不予支持。"《公司法》第四十六条和第四十九条中都同时规定，公司的财务负责人需要公司经理提请聘用并经公司董事会表决通过。因而《公司法》中的财务负责人应当作综合理解，在聘任程序上需要有特定的程序要求。一般而言，只有规模较大的公司专门负责财务工作的财务总监、首席财务官等才属于财务人员中的高级管理人员，普通的会计、出纳和小公司的财务负责人等都不属于此类人员。

在大多数大型企业中，公司章程也会明确规定，公司财务负责人的产生办法和相应的资质条件。例如，在合肥市中院作出的（2017）皖 01 民终 3022 号【王宏翠、合肥金诺数码科技股份有限公司损害公司利益责任纠纷】案件中，合肥中院认为："2015 年 9 月 21 日案发时，涉案公司符合公司章程规定条件的财务负责人应为第三人，被告只是金诺科技公司的财务经理，未经董事会聘任，不是《公司法》所指的财务负责人。"

综上所述，公司财务负责人相较于普通的财务人员而言，具有特殊的聘任程序和相应职权，其自身的收入报酬和聘任条件也不尽相同。

（二）财务负责人在未尽到勤勉义务时才需要承担赔偿责任

公司高管的勤勉义务是公司董事、高管人员在处理公司事务时能像处理个人事务时那么认真和尽力，没有尽到该义务的董事、高管人员应当承担相应的法律责任。公司的财务负责人在日常工作中负责公司的财务工作，应当尽到与其职务、经验、薪酬相称的谨慎和注意义务。比如，在犯罪嫌疑人要求其转账时，财务负责人应当根据公司规章制度核实对方身份，并履行相应的审批手续。从职业风险的预防上，也应当在犯罪嫌疑人要求其转账时以电话或面对面报告的形式向上级领导进行确认。如果轻信 QQ、微信、钉钉或其他信息而轻易转账，自身的谨慎义务和注意义务便没有尽到位，应当承担自身失职使公司利益损害而产生的赔偿责任。但是对于公司财务负责人的注意义务和谨慎义务不宜要求过高，应当综合考虑涉案公司的日常财务指令下达方式、公司内部财务审批制度是否健全以及犯罪嫌疑人的诈骗手段等，毕竟董事、高级管理人员的勤勉义务应指向执行公司职务等专业性行为层面，应判断上述人员在自己的专业范畴内是否存在过错及重大过失，而不应包括能否识别网络诈骗。公司财务负责人并非网络诈骗识别专家，其在面对诈骗发生时，并不具有比通常人更多的经验和辨别能力，并且公司财务负责人并未主动追求或放任网络诈骗的发生。此时，仅应考虑其在曾经履行职务的过程中是否遵守财务制度和了解一些犯罪嫌疑人的诈骗方式等，而不应将受骗完全认定为公司财务负责人的责任。

在北京市第一中级人民法院作出的（2016）京01民终5551号【北京东方网信科技股份有限公司上诉何咏泽损害公司利益责任纠纷】案件中，北京一中院认为："如前所述，若公司董事长有真实微信指示公司财务负责人付款，此时公司财务负责人系正常履职行为，故本院认定，本案中公司财务负责人未违反高级管理人员的勤勉义务。"但是在天津市河东区人民法院作出的（2015）东民初字第218号【天津中冀建设集团有限公司与杨莹损害公司利益责任纠纷】案件中，被告之所以会承担赔偿责任的原因在于："收到QQ信息时间为上班时间，涉及483000元的大额转账事项，被告作为公司财务负责人，未采取措施对QQ信息及QQ号使用人进行核实而直接依照信息对陌生账户进行了转账，被告未尽到公司高级管理人员的注意义务及善管义务，故被告对公司的欠款损失负有一定的责任。"

结合两则案例可见，对公司财务负责人的谨慎义务和勤勉义务的界定应当结合自身工作内容和专业能力，并且结合公司财务规范和公司领导发布日常指令的方式。如果公司领导日常对付款和转账就是采用此种即时通信工具进行指示，且通信工具诈骗时的外在形式没有发生改变的，也不能对公司财务负责人给予过高的义务要求。

二、当财务人员为普通员工时，公司可以劳动合同纠纷为由提起损害赔偿仲裁及民事诉讼

在诸多案例中，轻信网络诈骗犯罪嫌疑人的大多数是普通的会计和出纳等财务工作人员，此时只能通过劳动合同纠纷的方式进行处理，可以先行向劳动纠纷仲裁机关提起仲裁，如认为仲裁结果不符合公司要求，可以另行向人民法院提起民事诉讼，依法追讨公司财务权益。

对于劳动者在履职过程中造成的损失，劳动者是否应负赔偿责任，现行法律法规不甚明晰。根据"有权利就有保护，有损害必有救济"的法律原则，用人单位因劳动者履职过程中造成的经济损失也应获得相应的赔偿。但考虑到劳动关系不同于一般的民事关系，具有一定的特殊性，我国部门规章《工资支付暂行规定》第十六条有明确的规定，因劳动者本人原因给用人单位造成经济损失的，用人单位可按照劳动合同的约定要求其赔偿经济损失。经济损失的赔偿，可在劳动者本人工资中扣除，但每月扣除部分不得超过当月工资的20%。《工资支付暂行规定》的法理基础是民事法律关系中权利义务相对等的原则，任何人享有权利的同时，也应履行相应义务。但是在劳动法律关系中，用人单位支付给劳动者的对价往往低于劳动者所创造的利润，或仅是劳动者创造价值的很小一部分，故对于用人单位在劳动用工以及经营过程中产生的风险，一般应由用人单位自行承担，对于劳动者因个人能力的欠缺或轻微过失造成用人单位损失的，属于用人单位在对劳动者选用上的过失，不应由劳动者承担赔偿责任。毕竟劳动者的履职行为是以为用人单位获取利益为目的的，由劳动者履职所带来的利益由用人单位享有，风险也应由用人单位来承担。

但对于劳动者由于故意、重大过失或者其他违法犯罪行为造成用人单位损失的，应由双方分担责任。在此情况下，劳动者的重大过失，不在用人单位的预料范围之内，理应由劳动者承担责任。对于上文提到的公司高级管理人员则不同，其本身的工资报酬收入和职权地位均远高于普通职工，其自身的谨慎义务和注意义务也会更多。这种义务形式与劳动者因重大过失造成的损害赔偿责任并不一致。例如，在无锡市中级人民法院作出的（2016）苏02民终4752号【无锡市御景苑大酒店有限公司与阮菲菲、陈瑶等劳动合同纠纷】案件中，无锡中院只采取“一个普通员工尚应具备正常的辨别和防范意识”为衡量标准，界定作为公司的财务人员是否尽到了公司职工应当尽到的勤勉义务。一般劳动者的预防义务、谨慎义务标准往往低于公司高级管理人员，劳动者只有因重大过失造成公司利益受损时才需要承担损害赔偿责任。

三、无论采用哪种诉讼方式，财务人员的损害赔偿责任大多是次要责任

在实务中，对于财务人员重大过失未尽到作为高级管理人员的勤勉义务，对公司造成损失承担损害赔偿责任时，赔偿额一般不超过被骗金额的30%，最低为5%~8%。这是因为在网络诈骗案件中，财务人员在诈骗环节所起的作用以及过错责任均是次要的。主要理由有以下三点。

（一）财务人员不是直接诈骗人

在公司财务诈骗案件中，财务人员虽然是主要经手人，但也受到欺骗，并且公司管理方面可能存在瑕疵，其主观上没有损害公司利益的故意行为，有可能存在责任心不强或经验能力欠缺的问题，其责任自然也是次要的。受损害公司仍然是通过公安机关的刑事侦查获得救济，不能完全因财务人员存在过错就让财务人员承担所有责任，毕竟实施网络诈骗的犯罪嫌疑人才是公司利益受损的直接责任人员。

（二）被骗公司管理不规范，应当承担主要责任

对被骗公司而言，其虽然没有直接参与诈骗过程，但是大多都存在管理不规范等问题。被骗公司作为工作流程的设计者，应该制定各种预防损失发生、扩大的操作规程以及制度，以防止过失的发生。作为受害方，被骗公司往往在财务汇款流程上随意、不清晰，且疏于对员工的监管；作为财产的所有者和监管者，也未能从制度设计以及实施上尽到主要的注意义务，应对其损失承担绝大多数责任。

例如，在上海第二中级人民法院作出的（2017）沪02民终5857号【上海新莳广告有限公司与蒋宁、曹月明劳动合同纠纷】案件中，上海第二中级人民法院认为：“试用期是用人单位与劳动者互相考察、选择的期限，新莳公司可以对员工的工作能力、工作经验等进行考察，而新莳公司在对蒋宁、曹月明未全面了解的情况下，将财务部门的工作交给两位试用期员工，且未设其他监督人员，本身在人员管理上已有疏漏。”除此之外，公司领导也常采用即时通信的方式指示财务人员，缺

少企业内部转账的审核报批制度，在实际工作中还存在不区分会计和出纳，将U盾等材料、资料交给一个人保管等诸多财务管理上的问题。

《会计法》规定，财务章、支票、印鉴应分离，U盾的授权人与经办人应分离，出纳与会计审核应分离。例如，在武汉市中级人民法院作出的（2017）鄂01民终1898号【湖北盛恒泰铝业有限公司、张玉婷劳动争议】案件中，涉案公司在U盾管理、公司财务支付审核和公司领导指示不规范等问题上均存在主要责任。故公司财务人员在履行职务过程中因过错造成用人单位经济损失时，需要全面考量公司的有关责任，并对公司财务制度、用工管理制度上存在的漏洞进行弥补。

（三）遵循权利义务对等的原则，要求财务人员不得承担过重的义务

赔偿责任的大小应当与公司财务人员的过错大小、工资收入水平相适应，不能一概将其损失全部转嫁给公司财务人员。既要考虑企业与公司财务人员各自承担风险的能力，也要兼顾被骗企业和公司财务人员之间利益的平衡。例如，宁波市中级人民法院作出的（2015）浙甬民一终字第352号【宁波都普特商品电子交易中心有限公司与包静芳劳动争议】案件中，宁波中院认为："在劳动关系中，劳动者履行劳动义务，获取劳动报酬，与用人单位不同，劳动者在此过程中并不承担经营风险。因此，在劳动关系的损失赔偿中，不能要求劳动者承担全部损失，否则会造成劳资之间的利益失衡。"

第三章　目标成本管理与房地产项目测算

第一节　目标成本管理概述

一、目标成本管理简介

目标成本法或称目标成本管理，是现代企业成本管理的一种重要方法。目标成本是基于某一特定产品的销售价格，在考虑必要利润因素后倒推出的产品预期成本。也可以理解为，目标成本法是确定目标成本以及围绕目标成本落实而展开的一系列成本控制活动的总称。它不仅是一种成本控制方法，也是企业在既定营销策略下进行利润规划的一种方法。美国国际制造业协会将目标成本直接定义为企业成本管理和利润规划的一种系统性管理程序。目标成本过程由价格引导，关注顾客，以产品和流程设计为中心，并依赖跨职能团队。目标成本管理从产品开发的最初阶段开始，贯穿产品生命周期，并将整个价值链纳入其中。

目标成本管理是在企业预算的基础上，根据企业的经营目标，进行成本预测、成本决策，并测定目标成本，同时，对目标成本进行分解，控制分析、考核、评价一系列成本管理工作。它以管理为核心，核算为手段，效益为目的，对成本进行事前测定、日常控制和事后考核，由少数人核算到多数人管理，成本管理由核算型变为核算管理型；同时，将产品成本由传统的事后算账发展为事前控制，为各部门控制成本提出明确的目标，从而形成一个全企业、全过程、全员的多层次、多方位的成本体系，以达到少投入、多产出，获得最佳经济效益的目的。因此，它是企业降低成本、增加盈利和提高企业管理水平的有效方法。

二、目标成本管理产生背景

目标成本管理最早产生于美国，后来传入日本、欧洲等地，并得到广泛应用。日本将目标成本管理方法与本国独特的经营机制结合，形成了以丰田生产方式为代表的成本企划。20 世纪 80 年代，目标成本管理传入我国，先是机械工业企业扩展了目标成本管理的内涵与外延，实行全过程的目标成本管理；20 世纪 90 年代，形成了以邯钢经验为代表的具有中国特色的目标成本管理。

目标成本管理在今天之所以如此重要，是由当今的产业环境性质所决定的。如今，企业必须面对全球性的竞争，适应快速变化的环境。作为传统的竞争战略，通过技术领先获得高质量的产品，已经不能为公司提供持久的竞争优势。另外，竞争者之间的产品质量差异正在逐渐缩小，使得依靠质量差异化的竞争战略很难奏效。在产品质量提高的同时，成本也必须降低。除质量和成本外，时间成为新战略三角上的重要节点。

公司应对商业竞争环境，需要在环境变化影响公司经营之前做出回应；持续地改进经营，而不仅仅是寻找暂时的均衡；向外关注顾客的要求以及竞争者的威胁；将公司内部和外部各因素有机结合，将问题作为一个整体来看待并解决。传统的成本管理体系是为温和的竞争环境设计的，那时的产品生命周期相对较长。但传统方法已无法适应现今的商业环境，因为它是在事后控制成本与质量，试图寻找暂时的均衡，是向内关注效率，是暂时而非彻底地解决问题。

三、目标成本的设定

“目标成本”是基于产品的竞争性市场价格，在满足企业从该产品中取得必要利润情况下所确定的产品或服务的最高期望成本。用公式表达为：

产品目标成本=产品竞争性市场价格-产品的必要利润

目标成本设定是实施目标成本法的第一个阶段，设定目标成本主要包括以下三个方面。

（一）市场调查

市场调查的核心是真实了解顾客对产品特性、功能、质量、销售价格等各方面的需求。其中，借助市场调查展开“产品特性”分析是关键。产品特性分析要求企业重点关注顾客对产品性能、质量等各方面的多元化需求偏好，明确不同顾客群体对产品性能意愿及其乐意承担或支付的“产品价格”，以平衡产品“功能—价格—成本”之间的联动关系。在这里，满足顾客需求即增加顾客价值。有些产品存在功能缺陷，即使以再低的价格、再低的成本销售，顾客也不会愿意花钱来“享受”它，因为它们对顾客没有价值。同样，有些产品的功能过多、质量过高，超出顾客对产品功能、质量等的正常需求，顾客也不会为此“买单”。因此，产品功能分析旨在通过确认那些对顾客来说并不增值的产品或服务——非增值部分，来减少产品成本。

（二）竞争性价格的确定

竞争性价格是指在市场经济中，由顾客、竞争对手等所决定的产品价格。一些产品的功能可能并不为顾客所接受（低于或高于顾客的预期），对顾客是没有价值的，在这些功能上所付的成本并不为顾客所接受。另外，顾客是否愿意为一项产品支付成本，还要考虑该产品竞争对手的情况，竞争对手产品的功能、质量和价格等因素都会影响顾客对该产品的接受程度。一般而言，竞争性价格的确定需要综合考虑三个因素：①可接受价格。它是指顾客愿意为他们所要求的功能与特性支付的价格，企业应根据顾客的价格承受能力来设计产品的功能、特性和审美外观，并以此调整产品的价格。②竞争对手分析。它是指分析竞争对手所提供的产品功能、特性、外观和价格，以及由此发生的成本和顾客满意度的评价。③目标市场份额。即估计怎样的价格可以实现企业特定战略之下的目标市场份额。

确定竞争性价格的具体方法主要有两种：①市价比较法，即以已上市产品的市场价格为基础，增加或减少新产品的功能或特性（特性包括质量、外观等）的市场价值。②目标份额法，即预测在预期市场占有率目标下的市场售价。

（三）必要利润的确定

在目标成本确定模型中，除竞争性市场价格外，另一重要参数即产品的必要利润。必要利润是指企业在特定竞争战略下所要求的目标利润。这一变量既是客观的（它应反映投资者的必要报酬率），同时也是主观的（它因不同投资者、管理者的风险感受不同而不同）。其中，投资者的必要报酬率是指投资者投入资本所要求的收益率，从资本市场角度则体现为加权平均资本成本。

从成本管理角度看，企业在确定产品必要利润并借此确定新产品目标成本时，除考虑投资者必要报酬率之外，还应当考虑以下两种不同动机对目标成本测定的影响：①采用相对激进的方法确定成本目标（如提高必要利润水平），人为“调低”目标成本，增强目标成本对产品设计过程的“硬预算”约束力，并辅以成本目标实现的激励属性，以最终实现目标利润；②采用相对宽松的方法确定目标成本（如调低必要利润），从而为产品设计提供较多的备选项，以提高产品设计的灵活性。

四、目标成本管理的实施原则

（一）价格引导的成本管理

目标成本管理体系通过竞争性的市场价格减去期望利润来确定成本目标，价格通常由市场上的竞争情况决定，而目标利润则由公司及其所在行业的财务状况决定。

（二）关注顾客

目标成本管理体系由市场驱动。顾客对质量、成本、时间的要求在产品及流程设计决策中应同时考虑，并以此引导成本分析。

（三）关注产品与流程设计

在设计阶段投入更多的时间，消除那些昂贵又费时的暂时不必要的改动，可以缩短产品投放市场的时间。

（四）跨职能合作

在目标成本管理体系下，产品与流程团队由来自各个职能部门的成员组成，包括设计与制造部门、生产部门、销售部门、原材料采购部门、成本会计部门等。跨职能团队要对整个产品负责，而不是各职能部门各司其职。

（五）生命周期成本削减

目标成本管理关注产品整个生命周期的成本，包括购买价格、使用成本、维护与修理成本以及处置成本。它的目标是生产者和联合双方的产品生命周期成本最小化。

（六）价值链参与

目标成本管理过程有赖于价值链上全部成员的参与，包括供应商、批发商、零售商以及服务提供商。

五、目标成本管理的推行

目标成本管理是一项贯穿企业组织与管理全过程的系统工程，一般包括成本策划、目标测算、指标下达、过程核算、成本核查、效益评估和项目考核七大环节。实施目标成本管理是控制消耗，降低成本，提高效益，增加企业竞争能力的有效途径。

（一）推行目标成本管理的环境

由于产品同质化严重，粗放式的管理方式使得很多公司已经不适应激烈的竞争而需要进行观念转变，向精细化管理转变，对于以销售为龙头，以资金为主线，立足工程面的房地产开发企业来说，更需要也更适合推行目标成本管理。因为房地产开发企业通常是参照市场情况进行产品定价，再根据定价减去目标利润，从而推导出对应的目标成本而进行投资决策的，所以市场环境在一定程度上能够推动和促进房地产企业顺应市场发展规律。

（二）推行目标成本管理的原则

在推行目标成本管理的过程中，主要把握以下三条原则：

（1）遵循目标成本管理的权责明确原则，谁实施、谁控制、谁负责，将设定的分项成本与开发管理的基本分工统一起来，力求实现谁组织、谁控制、谁对受控内容的结果负责的目标。

（2）遵循建立成本责任区域原则，设定多个项目目标成本责任区域，力求做到在责任区域内，开发管理、消耗控制、成本核算三位一体，实施集成管理。

（3）遵循目标成本可分解原则，对构成实物量的责任区域明确测算到部门和成本分项，便于公司相关人员将局部控制和总体控制统一起来。

（三）推行目标成本管理的内容

（1）成本策划。根据项目开发的实际情况，给项目公司一个准确的定位，明确公司与项目公司的人、财、物，责、权、利关系，区划成本责任。

（2）测算、下达并分解成本指标。根据成本组成内容，公司与各部门共同测算和计算，做出目标成本测算；按照所开发项目的定位及其组织模式，下达并分解成本指标。

（3）过程核算是一个动态的管理活动，必须指导和服务于项目成本执行全过程。

（4）成本核查、效益评估和项目考核是以内外结算和审计为依据，综合评价项目部的全面工作，并做出结论的过程。其中，最重要的是依据最终结论，给予奖惩。

（四）推行目标成本管理的意义

推行目标成本管理对开发成本的过程控制起指导作用，使开发成本管理真正做到开发成本事前规划有目标，过程控制有依据，成本分析有标准；成本责任区域明晰后，便于落实分项成本的责任人和考核责任人的工作绩效。最重要的是，面对压价让利白热化的市场环境，推行目标成本管理，有利于增强全体管理人员的成本意识，有利于从全局把握项目的投入产出，有利于从机制上保障开发成本在过程中受控，有利于提高企业的市场竞争力，对于企业的生存和发展具有重大意义。

第二节 目标成本管理在房地产企业中的运用

从流程上看，房地产开发企业项目开发一般需要经历投资决策阶段、获取土地、规划设计、报建、建设施工、销售、竣工验收结算、项目移交和后续持有等运作环节，对于房地产开发过程的全成本控制，基本上贯穿整个开发过程。目标成本管理作为企业成本管理和利润规划的一种系统性管理程序，根据房地产开发企业的运作特点，可以将其分别运用于房地产开发企业的投资决策阶段、规划设计阶段和项目建设阶段。

一、目标成本管理在房地产企业拿地投资决策阶段的运用

目标成本管理在房地产开发企业投资决策中的应用主要就是对拿地成本进行控制。根据房地产开发企业的特点，土地的位置和土地的相关经济指标对项目定位、规划设计以及后续的开发建设成本在一定程度上具有决定性作用。从某种程度上来说，获取的土地位置的好坏和成本的高低，将在一定时间内决定未来项目的成败。

（一）目标成本管理在房地产企业拿地投资决策阶段的运用流程

（1）公司派出由投拓、营销、工程造价、财务等成员组成的专项市场调查小组，对拟进入的市场做有关土地和房屋销售方面的市场调查，主要调查拟进入市场的土地供给情况；历年来出让土地的位置、性质、规模及价格水平；拟进入市场的城市规划、人口数量、基础设施、配套设施、营商环境；当地主要产业布局及产业结构状况；房地产开发企业数量，房地产开发企业已开发项目、在开发项目、待开发项目规模，新开发项目销售情况与二手房销售情况等，并进行详细的信息和数据

收集，最终形成完整的市场调查报告。

（2）财务人员按目标成本模型制作投资决策测算模板。

（3）制定项目市场定位目标和利润期望水平指标。

（4）营销人员根据定位出具拟投资项目的各类型产品销售均价及营销费用比例。

（5）成本造价人员提取公司以往开发项目的成本造价数据，并参考拟投资市场调查报告进行拟投资项目工程造价修正，得出拟投资项目的工程造价参数。

（6）设计或工程部门根据历史设计费用单价和拟投资市场环境给出设计费用参数。

（7）财务部门根据项目投资决策测算模板分别从营销、设计或工程、造价等部门获取上述数据并填入模板，再根据相关税金税率计算应承担的税金和资金成本数据，按目标成本法原理倒推目标土地成本控制参数。

（8）将上述测算数据提交公司组织讨论，最后形成拿地决策控制依据。

（二）测算结果的运用

按上述流程推导得出公司原则上可以接受的拿地成本的最高控制红线，根据拟进入市场的土地交易行情，在该最高拿地红线标准控制指导下，制订相应的拿地方案，由投拓部门实施土地的获取。

二、目标成本管理在房地产规划设计阶段的运用

根据已经拿到的土地的相关经济指标和项目定位、目标利润水平、资金成本及预测的流转税税金、管理费用、营销费用等数据，按目标成本法再次倒推出工程建设总投资，得出设计概算总投资。根据设计概算总投资和土地的相关规划经济指标（尽可能把经济指标潜力发挥到最大）拟订不同的设计方案大纲，经审批的设计方案大纲最终作为设计控制的主要依据。

三、目标成本管理在房地产建设阶段的运用

由于在设计阶段按目标成本原理倒推出了设计概算总投资，在此基础上做出的方案设计、详细设计及施工图设计三者所得到的总投资（工程总造价）基本一致。工程造价部门根据施工图进行施工图预算，结合市场人工与材料变动影响因素，确定的最终成本控制标杆即目标成本，可以作为施工阶段建设施工成本控制的依据，主要由工程部、成本控制部负责。必要时引入第三方审计或公司内部审计进行全程成本跟踪监督。

财务部门、管理部门和营销部门根据确定的目标资金成本、管理成本和营销成本总额进行相应的成本控制。

第三节 房地产项目测算

一、房地产项目测算的必要性

房地产项目投资金额和运营风险较大，做好房地产项目投资收益管理十分重要。项目启动前进行全周期的盈利预测，目的就是准确提供项目未来的经营成果、与现金流量有关的指标和信息，评估项目未来财务状况，规避投资风险。下面从企业各部门在盈利预测中的分工、预测模板设置等方面阐述房地产企业盈利预测的前提和要点。

二、房地产项目测算前提

统一销售收入口径，统一成本分摊原则，统一期间费用预测规则，掌握这些原则，才能提高盈利测算准确度，降低后期盈利测算更新难度。

三、项目预测的一般路径及公司各部门在项目测算中的角色

（一）项目基本指标数据提供

房地产项目的基本经济指标类似于一个人的骨架，是进行项目规划设计的主要依据，同时也是形成项目建设投资总预算的基础。基本经济指标是拿地后进行项目开发的起点，也是确定目标成本控制数据指标的主要依据。先进且合理的规划设计，对于项目建设运营、开发周期及开发过程中现金流控制有决定性的影响，同时，也影响项目资金的筹措计划和销售时点的确定等重要事项。

房地产开发企业的开发部、设计部负责提供项目用地面积、容积率、各业态建筑面积、车位配比、户型、户数等经济技术指标。需要根据总规指标、立项批复指标（规划许可证、规划验收合格证）、施工证数据、预售证数据、实测面积（实测报告、房地产权属证明书）等依序更新各项指标数据并及时提供给其他部门。

（二）项目分期、开发周期及运营控制节点的确定

企划管理部门根据管理层意愿，结合项目设计指标拟订项目分期和运营节点编制运营计划报决策层审批。如供货进度、推售进度、拿地时间，五证办理的各个时间节点，工程施工进度、土增清算时间等，运营方式和节点对项目起到统筹作用，也是影响项目现金流和盈利的关键因素。

（三）成本概算书和工程进度计划表的编制

工程部在项目启动前根据设计指标、运营计划编制工程进度计划表。

成本控制部门根据目标成本构成内容制定土地出让金、契税、拆迁成本、配套

费、建安成本、开发间接费等成本概算书，结合工程进度计划表和概算书确定重大时间节点资金需求量，比如基础完工、正负零、主体封顶、竣工验收备案、项目移交等时间节点的资金支付需求计划，分业态提供项目最新的建设成本信息，在项目周期内合理安排支付金额。

（四）营销计划书的编制

营销部门根据资金支付需求计划、工程进度计划表、项目基本经济指标数据、市场调研报告、运营计划等资料编制营销计划书，制订本项目各业态的推广及销售周期、销售策略和目标销售均价区间、回款进度、营销费用及营销费用支付计划等。

（五）人力成本和管理费用的确定

人力资源部门根据项目基本经济指标数据、运营计划和各部门人员编制情况编制人力成本支付计划。

行政部根据运营计划、人员编制目标工作任务大纲编制办公费、差旅费、汽车使用费、会议费等开发间接费和管理费用支付计划。

（六）项目测算模板的设计和数据填列、测算

财务部门根据管理需求，事先设计项目盈利测算模板，向上述各部门收集和填列各类数据，动态掌握项目盈利测算状况。随着项目进展，负责按照最新数据和部分实际情况及时更新预测数据。根据管理层要求，定期或不定期将预测数据向管理层进行汇报，根据公司安排在办公会议上向各部门进行通报。

财务部门还需要根据资金运转情况，按重要性对资金支付进行排序，根据营销预计的销售情况、回款情况对资金支出进行合理安排和控制，以确保工作的顺利进行和资金使用效率最大化。另外，要明确项目所在地土地增值税清算政策，保证清算单位、清算类型、成本分摊方式符合当地税务机关的规定；做到依据政策进行税收筹划，制定项目土地增值税清算规则，在符合规定的前提下，编制土地增值税清算税负最低的测算方案。

要重点关注：土地增值税是以纳税人房地产成本核算的最基本的核算项目或核算对象为单位计算（区别于开发分期），不同清算单位之间正负值原则上不能相互抵销。有关土地增值税清算内容参见本书第十章第三节房地产项目土地增值税预征和清算操作。

四、项目预测报表的设计

项目预测报表的设计，应包括静态指标和动态指标，以动态数据和静态数据两种方式呈现项目的经营成果和现金流量，为经营者决策分析提供依据。静态盈利预测表不考虑资金时间价值，可以选择财报中的利润表，结合土地增值税清算申报表格式设置。动态分析则考虑资金在开发经营期的时间价值，各个部门要按照运营计

划安排现金流出和流入，把各年的净现金流量按照设定的折现率折现到计算基准年的现值，据此计算出内部收益率等动态指标。动态测算和静态测算要建立各数据之间的对比分析，以确保数据口径的一致性和准确性。

除了设计两种盈利预测表之外，需要按照本章节前述部门分工，由设计和开发部提供经济指标表，营销部提供货值和营销费用信息表，成本控制部提供土地和建安支出表，行政部提供管理费用支出表，财务部提供融资税务情况等基础信息表。

（一）项目的经济技术指标

项目的经济技术指标包括用地面积、容积率、各业态建筑面积、计容面积、车位配比、绿地率、户数等，需根据项目进展及时更新。

（二）影响现金收支的关键开发节点表

关键开发节点表包括项目取得土地、取得五证、项目开盘、主体封顶、竣工备案、交房、土地增值税清算等关键开发节点，已完成的节点按照实际时间段填写，公司管理层可以根据以往项目开发经验或者公司标准化开发流程设置未完成节点。

（三）推货、销售和回款进度表

根据运营计划，编制推货、销售和回款进度表，主要包括以下内容：

（1）确定项目产品在各期的推售计划。

（2）根据市场情况预计各期的去化率。

（3）根据市场调研确定各业态的销售价格，确定各期销售额。

（4）根据预计的回款率确定与项目各期销售有关的现金流入。

（四）土地及工程款支出表

根据项目的土地款支付进度确定各期需支付的土地出让金、拆迁补偿费、配套费和其他土地支出。成本控制部、工程部根据项目建设成本概算书和开发运营节点预计各期的工程款支出。以上各项支出均应编制支出表。

（五）税金支出表

1. 根据销售和回款情况预计各期预交税金支出

（1）增值税

一般分三种情况进行增值税缴纳。

①采用简易计税模式的老项目，按5%税率计算缴纳增值税；在预售或现房销售时，均按5%的征收率计算缴纳增值税。

$$应缴税额=预收款÷销售款÷(1+5\%)\times5\%$$

②采用非简易计税模式的一般纳税人销售自行开发的房地产项目，在预售阶段（房地产开发项目竣工备案之前）收到预收款时，按照3%的预征率预缴增值税。

$$应预缴税款=预收款÷(1+适用税率或征收率)\times3\%$$

现房销售阶段，收到的销售款按适用的增值税率计算增值税销项税额，根据下列方法确认当期应交增值税。

当期应交增值税=累计销项税额-累计未抵扣进项税额-累计预缴增值税额

如果当期应交增值税额大于零，则该数据为当期实际应申报缴纳的增值税额；如果当期应交增值税额小于零，则当期不需要缴纳增值税。

房地产开发企业中的小规模纳税人（以下简称小规模纳税人）销售自行开发的房地产项目，在预售阶段，应在收到款项时按照3%的预征率预缴增值税。

应预缴税款=预收款÷(1+征收率)×3%

小规模纳税人销售自行开发的房地产项目，在现房销售阶段，以取得的全部价款和价外费用为销售额，按照5%的征收率计算应纳税额。

应缴税额=销售额÷(1+5%)×5%

在现房销售阶段，还需要对预售阶段预缴的增值税按现售阶段的计算方式调整进行申报缴纳增值税金。

（2）土地增值税

营改增后，纳税人转让房地产的土地增值税应税收入不含增值税。适用增值税一般计税方法的纳税人，其转让房地产的土地增值税应税收入不含增值税销项税额；适用简易计税方法的纳税人，其转让房地产的土地增值税应税收入不含增值税应纳税额。

根据上述政策，房地产开发企业在收到预收款时，土地增值税的缴纳有以下两种情况。

一般计税方法下：

预交土地增值税=预收款÷(1+适用税率)×土地增值税预征率

简易计税方法下：

预交土地增值税=预收款÷(1+征收率)×土地增值税预征率

根据《国家税务总局关于营改增后土地增值税若干征管规定的公告》（国家税务总局公告2016年第70号）规定：为方便纳税人，简化土地增值税预征税款计算，房地产开发企业采取预收款方式销售自行开发的房地产项目的，可按照以下方法计算土地增值税预征计征依据。

土地增值税预征计征依据=预收款-应预缴增值税税款

（3）企业所得税

企业所得税预交额应根据税法和当地税务机关的要求计算，常见的方式有两种：一种是按照房地产开发企业季度预缴企业所得税时，会计利润额加上预售收入计算出的预计利润，减去以前年度待弥补亏损后的余额，为应纳税所得额预缴企业所得税；另一种是用预计利润额乘以适用税率得到预缴的企业所得税。

2. 根据开发节点预测交房清算等节点

预估交房后的增值税、土地增值税清算、各期所得税汇算清缴的时间和金额，具体计算过程参考第十章房地产项目清算与后续持有。

（六）融资计划

房地产开发企业需结合市场环境变化以及经营战略、运营周期等因素确定融资需求，以保障房地产项目资金运转的稳定性和可持续性。财务部需根据上述公司运营需求以及项目的投资总额、抵押物价值及抵押率、银行授信情况等预测融资总额，预计融资提款进度，确定各期融资流入金额，根据还款计划和利息支付情况，确定各期融资流出。

（七）静态盈利测算表

静态盈利测算表可按照当地税务机关的规定确定清算单位和划分产品类型，在项目刚落地时整盘测算，产品可分为普通住宅、非普通住宅和非住宅三种业态。在取得清晰的规划信息之后可以分期测算，按上述方式区分各期内的业态。增值税的计税方法分两种：一般计税和简易征收。

1. 项目货值与销售情况表

含税收入数据取自营销部门提供的货值信息表，根据销售进度区分已售货值与未售货值情况，总货值=已售货值+预测的未售货值，根据销售情况分业态实时更新每月销售数据、累计已售数据，并与营销系统核对一致，不含税收入可以根据含税收入分段计算。

使用简易计税法的项目，不含税收入=2016年4月30日以前的回款+2016年4月30日以后的回款÷(1+5%)。

适用一般计税法的项目，不含税收入分段计算如下：

分段区间	营业税/增值税率	不含税收入
2016年4月30日之前	5%（营业税）	销售金额
2016年5月1日至2018年4月30日	11%（增值税）	含税销售额÷(1+11%)
2018年5月1日至2019年3月31日	10%（增值税）	含税销售额÷(1+10%)
2019年4月1日之后	9%（增值税）	含税销售额÷(1+9%)

2. 开发成本

开发成本主要由土地出让金、其他土地成本、拆迁成本、设计费用、报建支出、建安成本、资本化的融资利息、开发间接费等组成。

（1）测算土地出让金时需注意：适用一般计税方法的项目，需按照已开发票对应的面积比例分税率确定相应的增值税销项税额抵减额。根据当地税务机关的规定，确定各清算类型的土地出让金合理的分摊依据，主要有以下几种：基底面积法、可售面积法、销售收入法、占地面积法等，需特别注意地下车位和其他地下不计容部分是否分摊土地出让金。

（2）其他土地成本一般不参与抵减增值税销项税额，分摊过程的要求同土地出让金。

（3）建安成本根据成本控制部和工程部提供的成本概算书、工程支付计划，包括前期工程费、建筑安装工程费、基础设施费、公共配套设施费、开发间接费进行测算。适用简易征收的项目，成本全额计算。

适用一般计税方法的项目，不含税成本分段计算如下：

时间	增值税率	不含税成本
2018 年 4 月 30 日之前	11%	含税额÷(1+11%)
2018 年 5 月 1 日至 2019 年 3 月 31 日	10%	含税额÷(1+10%)
2019 年 4 月 1 日之后	9%	含税额÷(1+9%)

分摊依据需符合当地税务机关的规定，分摊依据主要有可售面积法、直接成本法、层高系数建筑面积法等。

（4）开发间接费测算时可不考虑进项税，一般计税法和简易征收项目均全额计算。开发间接费可以和管理费用合并计算，按照项目销售收入的一定比例预估。开发间接费的分摊需符合当地税务局的规定，分摊依据主要有可售面积法、直接成本法、层高系数建筑面积法等。项目竣工后，发生的费用原则上不再计入开发间接费。

3. 管理费用

管理费用测算可不考虑进项税，一般计税法和简易征收项目均全额计算。管理费用可以和开发间接费合并计算，按照项目销售收入的一定比例预估。在项目启动前，财务部门需要根据管理层对费效比的要求，结合各部门实际用款需求，测算制定全周期费用预算，确定费用比例。在项目销售完毕之前，可以根据项目进度重新测算，若预估费用过多或不足，可适当增减费率，据以合理估算费用金额。营业外净收支、手续费、利息收入、土地使用税、房产税、车船使用税、印花税等可合并在管理费用中测算，不再单独预估。

管理费用按可售面积比例在各清算分期和业态之间分摊。一个公司有多个项目的，当项目已经竣工、销售接近完成时，公司管理费用原则上不再分摊至该项目。

4. 营销费用

在项目启动前，营销部可根据公司其他已售项目营销费用支出情况，预估各业态对应营销费用比例，一般来说，商业的营销费用比例高于住宅。计入营销费用的金额：适用一般计税法的项目按含税销售费用除以（1+6%）计算；适用简易征收的项目按销售费用全额计算。营销费用按可售面积在各清算类型间分摊。

5. 财务费用

这里的财务费用指资本化利息支出，一般计税法和简易征收项目均全额计算。财务部根据融资计划预计融资规模，根据最新信贷市场情况预计贷款利率，根据项目开发进度和融资需求预计贷款时间，最终完成项目的资本化利息预估，包括项目信托融资利息、开发贷利息、集团委贷利息及统借统还利息等。分摊依据需符合当地税务机关的规定，分摊依据主要有可售面积法、直接成本法、层高系数建筑面积法等。

6. 增值税及附加

适用简易征收的项目，应纳增值税额=取得的含税收入-不含税收入。

适用一般计税法的项目，分别计算销项税和进项税额，进而计算出增值税额：

销项税=含税收入-不含税收入-（允许扣除的土地价款）÷（1+税率）×税率

不含税收入金额参考项目货值与销售情况表不含税收入的计算。

受让土地时向政府支付的土地价款可在计算增值税销售额时扣除，在确定各期允许扣除的土地价款时，应按照当期进项纳税申报的增值税销售额对应的地上计容可售面积与地上总计容可售面积的比例计算可抵扣土地款，从而确定可抵扣土地款适用的增值税率。

进项税=含税建安成本-不含税建安成本+含税营销费用÷（1+6%）×6%

在不同增值税率期间，不含税建安成本应按照发生期间对应的增值税率分段计算确定，计算过程参考开发成本不含税建安成本的计算。

应交附加税主要包括城市维护建设税、教育费附加、地方教育费附加等，税率以当地税务局的规定为准。

应交城建及附加税=应交增值税额×附加税税率

增值税的计算请参考第十章第二节房地产项目增值税清理。

7. 土地增值税

房地产项目分期开发的，以当地税务机关规定的清算单位进行分期测算，一般的分期依据有发改委立项批复、建设工程规划许可证等。同时，以当地税务机关规定的清算类型进行测算，分为三分法（普通住宅、非普通住宅、非住宅）和两分法（普通住宅、其他）。若项目设计方案中包含非清算业态，则归入非清算单位类型，不能参与土地增值税清算。

在符合当地税务机关规定的前提下，区分不同清算类型，采取不同成本分摊方式（可售面积法、直接成本法、层高系数建筑面积法等），选取测算税负最低的方案。

土地增值税的计算请参考第十章第三节房地产项目土地增值税预征和清算操作。

8. 利润和企业所得税

根据收入、成本、费用和税金计算税前利润和企业所得税，最终得出项目预计利润率等指标。

（八）动态盈利测算表

动态盈利测算表可根据各部门安排的全周期收支情况计算项目的动态指标。

1. 现金流入

（1）销售回款：财务部门根据营销部制定的各期销售目标、销售计划、预计各期回款金额，自开盘起到项目清盘期间排布销售回款，销售回款总额=项目总货值。

（2）融资流入：财务部根据静态预测的融资总额，预计融资提款进度，确定各期融资流入金额。

2. 现金流出

（1）土地款支出：根据土地合同约定的支付日期在项目周期内逐月安排。

（2）建安支出：根据项目总概算，结合运营计划和施工进度在项目周期内逐月安排。

（3）销售管理费用支出：和项目全周期费用预算保持一致。

（4）税金支出：增值税及附加、土地增值税预交金额按照销售回款金额结合对应的税收规定计算，增值税清理、土地增值税清算、企业所得税清算金额计算请参考第十章房地产项目清算与后续持有。

（5）融资还款和利息支出：结合融资和还款计划，按当地平均信贷成本计算。

3. 合理利用现金流入和现金流出

根据各期的现金流入和流出，可以计算出每期的现金净流入和累计现金流入，测算项目的净现值、资金峰值、资金均值、动态投资回报率、净资产收益率、内部收益率等动态指标，为管理层的经营决策提供科学依据。

（九）对比分析

财务部门应保留项目全周期每个版本的盈利测算表，包括但不限于项目的拿地版、正式启动版、首次开盘版、定期更新版、每次价格调整版，以便对上一个阶段项目的运营效果进行复盘，对各个结果变化的原因进行对比分析，更好地预估项目未来的经营成果和现金流量。

第四章　土地使用权的获取

第一节　土地使用权的获取方式

土地是房地产开发企业最重要、最根本的生产资料，是房地产开发的首要条件。房地产开发企业取得土地使用权的方式不同，不仅会影响土地成本的会计处理，而且会影响增值税、土地增值税、契税、企业所得税等税种的计算与缴纳。

房地产开发企业主要通过以下方式取得国有土地使用权：出让、划拨、转让、股权收购、合作开发、资产并购及其他。

一、以出让方式取得国有土地使用权

建设用地使用权出让，是指国家将国有土地使用权在一定年限内出让给土地使用者，由土地使用者向国家支付土地使用权出让金的行为。土地出让必须以宗地为单位提供规划条件、建设条件和土地使用标准，严格执行商品住房用地单宗出让面积规定，不得将两宗以上地块捆绑出让，不得以“毛地”形式出让。拟出让地块要依法进行土地调查和确权登记，确保地类清楚，面积准确，权属合法，没有纠纷。

1990 年 5 月 19 日发布的《中华人民共和国城镇国有土地使用权出让和转让暂行条例》规定了各类用地的最高年限，具体为：

（1）居住用地 70 年；

（2）工业用地 50 年；

（3）教育、科技、文化、卫生、体育用地 50 年；

（4）商业、旅游、娱乐用地 40 年；

（5）综合或者其他用地 50 年。

出让土地使用权的最高年限不是唯一年限，具体出让项目的实际年限由国家根据产业特点和用地项目情况确定或与用地者商定，但是不得超过最高出让年限。

（一）以招拍挂方式取得国有土地使用权

1. 招拍挂方式的使用范围

（1）商业、旅游、娱乐、工业用地和商品住宅等各类经营性用地以及有竞争要求的工业用地。

（2）供地计划公布后一宗地有两个或者两个以上意向用地者的。

（3）划拨土地使用权改变用途，《国有土地划拨决定书》或法律、法规、行政规定等明确应当收回土地使用权，以招拍挂方式出让的。

（4）划拨土地使用权转让，《国有土地划拨决定书》或法律、法规、行政规定等明确应当收回土地使用权，以招拍挂方式出让的。

（5）出让土地使用权改变用途，《国有土地划拨决定书》或法律、法规、行政规定等明确应当收回土地使用权，以招拍挂方式出让的。

（6）法律、法规、行政规定明确应当以招拍挂方式出让的其他情形。

2. 招拍挂方式对比

	招标	拍卖	挂牌
底价是否公开	不公开	不公开	公开
底价由谁决定	招标委员会	拍卖委员会	委托人
集体决策组织	设立招标委员会	设立拍卖委员会	不需要
报价方式	填写投标书	现场举牌	交易中心电脑报价终端报价
报价次数	一次报价机会	可多次报价	可多次报价
竞买（投）人数	大于或等于 2 人	大于或等于 2 人	大于或等于 1 人
竞价规则	综合利用条件最佳者得	根据各地土地出让制度	根据各地土地出让制度
公告发布地点	交易中心和互联网，在指定报刊刊登	交易中心和互联网，在指定报刊刊登	交易中心和互联网

3. 以招拍挂方式取得土地使用权的特殊情况

（1）总公司拿地交给分公司开发，母公司拿地交给子公司开发。

（2）一、二级联动开发。土地一级开发，是指在土地出让前，对土地进行投资整理，包括征地、拆迁、土地平整及公共配套设施建设等；土地二级开发，是指土地使用者经过开发建设，将新建成的房地产进行出售和出租；一、二级联动开发，是指土地、房屋两级市场联动开发，即从事土地一级开发的房地产企业通过一定的方式参与甚至主导二级开发。

伴随一级土地开发风险逐渐显现，越来越多的大型房企开始转换思路，向一、二级联动开发转型，将一级土地开发视为二级市场拿地的踏板，以降低单纯一级土地开发带来的各种风险。一、二级联动开发思路如下：

①在招拍挂文件中设置苛刻的条件，为一级开发商量身定做。

②遗留拆迁等问题阻退外部开发商，让关联企业顺利取得二级开发权。

③另外注册一个房地产开发公司参与招拍挂。

④与其他拟参与公开竞争的土地开发商组成联合体或项目公司竞拍。

（3）工业土地变性，是指对符合城市规划，可以改变为商业用途的国有企业土地补缴土地出让金，变为开发用地后，将土地转让给某开发企业。第一步，地方自然资源和规划局将土地收储，支付给国有企业补偿费；第二步，以招拍挂方式公开出让。该方法主要是为了解决如何将土地从一家国有企业转移到另外一家的问题。除买地之外，有时政府会承诺免费将地块变性，让工业拆迁搬出，也属于这种情况。

（4）限地价竞配套，是指对公开出让的商品用地设定公证保密的最高限制地价，竞买人报价不超过最高限制地价；当竞买人报价达到最高限制地价后，竞价转为竞配建保障性住房的建筑面积，报出配建面积最大者为竞得人。

（二）以协议方式取得国有土地使用权

适用于公共福利事业和非营利性的社会团体、机关单位用地和某些特殊用地。

1. 协议出让国有土地使用权的范围

出让国有土地使用权，除依照法律、法规和规章之外，应当采用招拍挂方式出让的，方可采取协议方式出让，主要包括以下情况：

（1）在公布的地段上，同一地块只有一个意向用地者的，市、县人民政府土地行政主管部门方可按照本规定采取协议方式出让；但商业、旅游、娱乐和商品住宅等经营性用地除外。

（2）原划拨、承租土地使用权申请办理协议出让，经依法批准，可以采取协议方式，但《国有土地计划决定书》、《国有土地租赁合同》、法律、法规、行政规定等明确应当收回土地使用权重新公开出让的除外。

（3）出让土地使用权人申请续期，经审查准予续期的。

2. 协议出让国有土地使用权的禁止性规定

（1）以协议方式出让国有土地使用权的出让金，不得低于按国家规定所确定的最低价。

（2）以协议方式出让国有土地使用权的最低价，不得低于新增建设用地的土地有偿使用费，征地（拆迁）补偿费以及按照国家规定应当缴纳的有关税费之和；有基准地价的地区，协议出让最低价不得低于出让地块所在级别基准地价的70%。低于最低价时，国有土地使用权不得出让。

（三）以政府土地出让方式取得国有土地使用权

房地产企业通过政府土地出让获取土地使用权的一般流程如下：

（1）首先进行土地竞拍前准备，包括价值研究判断、确定项目定位和方案等。

（2）支付保证金后参与招拍挂竞得土地。《国土资源部关于加强房地产用地供应和监管有关问题的通知》（国土资发〔2010〕34号）规定，土地竞买保证金不低于出让最低价的20%。近几年，多地调控政策中提高了土地竞买保证金比例，很多城市规定不低于出让最低价的50%，有的城市直接按100%出让最低价缴纳，有的城市分20%竞买保证金和80%保障资金合计100%缴纳出让最低价，并缩短了土地出让金缴款期限，对企业资金实力提出了较高要求。

（3）竞拍成功后签订成交确认书，缴纳土地出让金、契税、印花税等税费，签订《国有土地使用权出让合同》。

（4）凭土地出让合同、用地红线图、项目批准文件等向规划部门申请办理《建设用地规划许可证》。实务中会出现先办理《国有土地使用权证》，后办理《建设用地规划许可证》的情况。

（5）在完善规划手续后，公司备齐规划许可证、土地出让合同和土地出让金、税费支付凭证等材料用以办理《国有土地使用证》，完成确权。

具体流程如下：

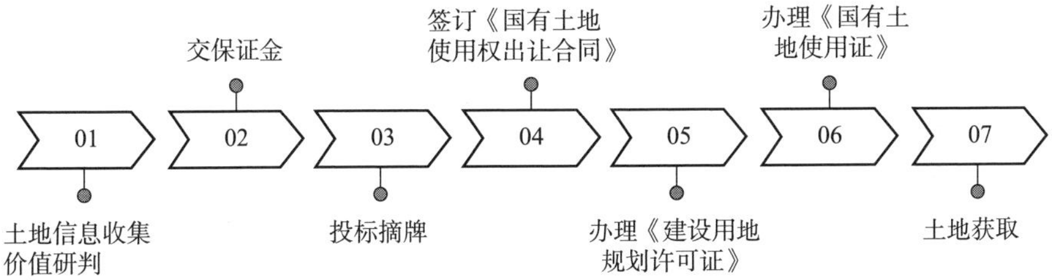

二、以划拨方式取得国有土地使用权

土地使用权划拨，是指县级以上人民政府依法批准，在土地使用者缴纳补偿、安置等费用后将该幅土地交付其使用，或者将土地使用权无偿交付给土地使用者使用的行为。即划拨土地使用权不需要使用者出钱购买土地使用权，而是经国家批准允许其无偿地、无年限限制地使用国有土地。但取得划拨土地使用权的使用者应当依法缴纳土地使用税。

以划拨方式取得土地使用权的，除法律、行政法规另有规定外，没有使用期限的限制。虽然无偿取得划拨土地使用权没有年限限制，但因土地使用者迁移、解散、撤销、破产或者其他原因停止使用土地的，国家应当无偿收回划拨土地使用权，并可依法出让。

根据城市建设发展需要和城市规划要求，国家也可以对划拨土地使用权无偿收回，并可依法出让。无偿收回划拨土地使用权的，其地上建筑物和其他附着物归国家所有，但应根据实际情况给予适当补偿。

以划拨方式取得国有土地使用权的，根据《中华人民共和国城市房地产管理法》第二十四条的规定，下列建设用地的土地使用权确属必需的，可以由县级以上人民政府依法批准划拨：①国家机关用地和军事用地；②城市基础设施用地和公益事业用地；③国家重点扶持的能源、交通、水利等项目用地；④法律、行政法规规定的其他用地。以划拨方式取得土地使用权的，经主管部门登记、核实，由同级人民政府颁发土地使用权证。

关于转让、出租、抵押的限制性规定。划拨土地使用权一般不得转让、出租、抵押，但符合法定条件的也可以转让、出租、抵押，即土地使用者为公司、企业、其他组织和个人，领有土地使用权证，地上建筑物有合法产权证明，经当地政府批准其出让并补交土地使用权出让金或者以转让、出租、抵押所获收益抵交出让金。未经批准擅自转让、出租、抵押划拨土地使用权的，没收其非法收入，并根据其情节处以相应罚款。

三、以转让方式（在建工程收购）取得国有土地使用权

土地使用权转让，是指土地使用者将土地使用权再转移的行为，即土地使用者将土地使用权及地上建筑物、其他附着物转移给他人的行为。原拥有土地使用权的一方称为转让人，接受土地使用权的一方称为受让人。

转让方式包括出售、交换和赠与等。

土地使用者通过转让方式取得的土地使用权，其使用年限为土地使用权出让合同规定的使用年限减去原土地使用者已使用年限后的剩余年限。

房地一并转移。土地使用权转让时，其地上建筑物、其他附着物所有权随之转让。地上建筑物、其他附着物的所有人或者共有人，享有该建筑物、附着物使用范围内的土地使用权。土地使用者转让地上建筑物、其他附着物所有权时，其使用范围内的土地使用权随之转让，但地上建筑物、其他附着物作为动产转让的除外。

土地使用权转让价格明显低于市场价格的，市、县人民政府有优先购买权。土地使用权转让的市场价格出现不合理上涨时，市、县人民政府可以采取必要的措施。

禁止性规定。未按土地使用权出让合同规定的期限和条件投资开发、利用土地的，土地使用权不得转让。

这种方式的会计处理、涉税事项、风险防范请参考第十一章第一节资产收购和股权收购概述。

四、以股权收购方式取得国有土地使用权

股权收购是从股东手上购买目标公司股东出资权利的一种收购方式。它通过购买目标公司股东的股权或股份（有限责任公司为股权，股份有限公司为股份）的方式进行，继而达到控制目标公司的目的。目前，运用非常普遍的一种变通方式是，除了在建工程，目标公司其他资产较少，通过转让100%股权，获得土地。

这种方式的会计处理、涉税事项、风险防范请参考第十一章第一节资产收购和股权收购概述。

五、以合作开发方式取得国有土地使用权

广义的合作开发包括以各类形式联合开发土地、建设房屋建筑等行为，且不限

于商业性房地产开发，开发主体不一定是房地产开发企业；狭义的合作开发主要是指商业性开发，即双方（多方）当事人约定，由一方提供建设用地，另外一方（几方）提供资金、劳务和技术等，合作开发房地产项目，共担风险、共享收益的一种房地产开发模式，最为常见的是以房地产开发企业为主体的联合开发。实务中的常见形式是房地产公司增资入股。

这种方式的会计处理、涉税事项、风险防范请参考第十一章第五节合作开发概述。

六、以资产并购中的其他方式取得国有土地使用权

资产并购中还存在一些通过合并或分立公司达到获取土地的方式，以这种方式获取的土地，企业合并分立法律程序比较复杂，根据《财政部、国家税务总局关于企业重组业务企业所得税处理若干问题的通知》（财税〔2009〕59号）的规定，12个月后才可以转让股权。这种情况实务中不常见，本书不再赘述。

七、以其他方式取得国有土地使用权

（一）委托代建

最常见的委托代建就是项目代建。项目代建是指与已经取得土地证的企业对接，由委托方承担全部或部分资金，代建方承担开发任务，通过管理和品牌输出，为已获得项目的委托方提供房地产项目前期管理、规划设计管理、工程营造管理、成本管理、营销管理、竣工交付管理等全部或部分管理，最终将委托方所需产品交付委托方的全过程。

这种方式的会计处理、涉税事项、风险防范请参考第十一章第三节代建概述。

（二）司法拍卖

司法拍卖的土地有明显的价格优势。2004年，最高人民法院公布的《最高人民法院关于人民法院民事执行中拍卖、变卖财产的规定》（法释〔2004〕16号）第八条明确规定，拍卖应当设置保留价，首次拍卖的保留价不得低于市场评估价格的80%，如果流拍后继续拍卖的，保留价不得低于前次保留价的80%。

但是法拍项目与同样是公开拍卖的招拍挂项目相比，前期研判的复杂程度要高一些，除地块问题外，还需要对项目的开发情况、公司资产、对外法律关系进行调查。挂网公示以后再研判，基本上是来不及的，因此，法拍项目必须要提前获取，工作前置。

《最高人民法院关于人民法院网络司法拍卖若干问题的规定》（法释〔2016〕18号）规定，因网络司法拍卖本身形成的税费，应当依照相关法律、行政法规的规定，由相应主体承担；没有规定或者规定不明的，人民法院可以根据法律原则和案件实际情况确定税费承担的相关主体、数额。在实务中，有的地方执行严格，比如

《浙江省高级人民法院执行局关于规范不动产网络司法拍卖、变卖工作指引的通知》（法执〔2020〕6号），但也有很多地方法院在项目的竞拍公告里会进行约定，将买卖双方的税费规定为由买家承担。从税法角度来讲，本应由卖家承担的税费让买方承担，买方会在税务处理上面临很大困难。随着《企业所得税税前扣除凭证管理办法》（国家税务总局公告2018年第28号）出台，企业发生无发票的支出可以凭对方破产注销后的破产公告等证明材料据实税前扣除。在天津市税务局2019年度企业所得税汇缴问题在线访谈中明确，由买受人承担相关税费才能办理过户手续的允许税前扣除。但一般来讲，土地增值税有被税务部门不认可的涉税风险。

（三）接受土地投资、增资入股

采取这种方式要遵守《中华人民共和国城市房地产管理法》第三十九条规定，以出让方式取得土地使用权。转让房地产时，应当完成开发投资总额的25%以上。

（四）勾地

政府实施勾地制度后，对于出价并未达到政府评估价格的土地，政府可选择不出让。房地产开发企业勾地成功后，进入招拍挂阶段，如有人竞价，出价高者将得到土地；若无人竞价，按规定勾地成功者必须以不低于其承诺的土地价格买入。这样，政府可以规避土地出让时面临的流拍风险。现在的勾地大部分都是限条件拿地，所限的条件要提前和政府沟通好。

勾地制度源于中国香港，始于1997年亚洲金融危机之后。当时，受金融危机冲击，香港的楼市泡沫破灭，楼市进入低迷时期，开发商停止购入土地，地价一泻千里。香港特别行政区政府担心土地被贱卖，便暂停了卖地转而实行勾地制度，以避免在市场低潮期土地被贱卖，这是勾地制度在香港实行的最初目的。

第二节　土地使用权获取的会计处理与涉税事宜

一、取得土地使用权自用的会计处理

从会计处理角度看，房地产企业在取得土地使用权后是自用还是开发的主要依据是立项文件。《〈企业会计准则——无形资产〉应用指南》规定，企业取得土地使用权通常应确认无形资产、自行开发建造厂房等建筑物，相关的土地使用权与建筑物应当分别进行处理。

房地产开发企业取得自用的土地使用权，在“无形资产”科目核算其发生的成本。项目完成时，土地使用权的账面价值不与地上建筑物合并计算其成本，仍作为无形资产进行核算，土地使用权与地上建筑物分别进行推销和提取折旧。

二、取得土地使用权用于开发的会计处理

若房地产开发企业取得的土地使用权用于开发，需设置“开发成本——土地征用及拆迁补偿费”科目，归集取得土地使用权发生的全部支出，计算其总成本和单位成本。项目开发完成时，将土地成本结转到“开发产品”科目。

通过出让方式取得土地使用权的入账价值通常是土地出让金加上相关税费，相关税费是指涉及的契税、印花税，属于征用耕地的还涉及耕地占用税。

土地获取后，会计处理工作量开始加大，要进行上下游的业务单位资金往来、发票开具以及有关融资工作的准备，公司内外相关单位、部门沟通协调等有关会计工作也要陆续展开。

【例 4-1】 2019 年 4 月 20 日，A 房地产开发公司按某市土地储备中心的拍卖公告要求支付出让土地最低价的 50% 土地竞买保证金 4 000 万元。4 月 22 日竞拍成功，通过招拍挂方式取得一宗 10 亩土地，净地出让，出让金 10 000 万元。《拍卖确认书》规定，保证金 4 000 万元抵土地出让金，剩余出让金 6 000 万元于 4 月 28 日支付。5 月 7 日，A 公司缴纳该笔交易的契税和印花税，契税税率为 4%。2020 年 1 月 3 日，收到政府返还土地补贴款 2 000 万元。

（1）2019 年 4 月 20 日支付竞拍保证金，依据土地储备部门开具的收据和银行付款凭证进行会计处理。

借：其他应收款——竞买保证金　　4 000 万元

　贷：银行存款　　4 000 万元

（2）2019 年 4 月 28 日，取得土地使用权，依据财政部门开具的土地出让金专用收据和付款凭证进行会计处理。

借：开发成本——土地征用及拆迁补偿费——土地出让金 10 000 万元

　贷：银行存款　　6 000 万元

　　　其他应收款——竞买保证金　　4 000 万元

（3）2019 年 5 月 7 日缴纳契税和印花税，依据完税凭证和付款凭证进行会计处理。

借：开发成本——土地征用及拆迁补偿费——契税　　400 万元

　　税金及附加——印花税　　5 万元

　贷：银行存款　　405 万元

（4）2020 年 1 月 3 日收到返还土地补贴款，依据收据和付款凭证进行会计处理。

借：银行存款　　2 000 万元

　贷：营业外收入　　2 000 万元

有些地区规定，收到的土地补贴可以冲减土地成本，其会计处理可以和地方土地增值税规定一致，即

贷：开发成本——土地征用及拆迁补偿费——土地出让金　　2 000 万元。

需要注意的是，《〈企业会计准则——无形资产〉应用指南》规定，企业（房地产开发）取得土地用于建造对外出售的房屋建筑物，相关的土地使用权账面价值应当计入所建造的房屋建筑物成本。

2019 年 12 月 31 日，财政部会计准则委员会发布实务问答第 9 项回答指出，房地产开发企业取得的土地使用权用于建造对外出售的房屋建筑物，相关的土地使用权应当计入所建造的房屋建筑物成本。

实务中，房地产开发企业取得的土地通常计入开发成本。我们知道，账面价值=无形资产的原价-无形资产减值准备-累计摊销。个别房地产开发企业会先计入无形资产摊销，后转入开发成本。为统一会计处理，房地产开发企业取得的土地使用权可以计入所建造的房屋建筑物成本，删除“账面价值”。

三、取得土地使用权的涉税事项

通过出让、转让等方式取得的国有土地使用权涉税事项有增值税、印花税、城镇土地使用税、契税、耕地占用税。

（一）取得土地使用权的收据和发票问题

收据和发票的取得，涉及增值税是否能差额计税的问题。企业向政府及土地管理部门支付的土地价款，需取得省级及以上财政部门监制的票据，才能在计算增值税销售额时扣除当期销售的房产所对应的土地价款。

企业非从政府及土地管理部门取得的土地，应该取得增值税专用发票或普通发票。这样，所得税可作为税前扣除凭证；增值税可以计入当期进项税额（专票）；土地增值税在清算时可计入扣除项目。

（二）印花税的确认

取得土地使用权会涉及合同签订，从而会涉及产权转移书据印花税。印花税的计税依据应以成交价格为准，不是单纯的土地出让价款，还应包含为取得土地产生的其他支出。这一点与契税的规定比较类似。

印花税在签订土地出让合同时发生，税额为土地出让金额的万分之五。取得土地使用证时，按“权利许可证照”税目每证贴花 5 元。若开发商在商品住房项目中配套建造公共租赁住房和经济适用房，可按公共租赁住房和经济适用房建筑面积占总建筑面积比免征印花税。

（三）城镇土地使用税的确认

城镇土地使用税的确认，主要依据下列两个文件进行判断：

《城镇土地使用税条例》第九条规定，新征用的土地，依照下列规定缴纳土地使用税：①征用的耕地，自批准征用之日起满 1 年开始缴纳土地使用税；②征用的非耕地，自批准征用次月起缴纳土地使用税。

《财政部、国家税务总局关于房产税、城镇土地使用税有关政策的通知》（财税

〔2006〕186号）第二条第一款规定，以出让或转让方式有偿取得土地使用权的，应由受让方从合同约定交付土地时间的次月起缴纳城镇土地使用税；如合同未约定土地的交付时间，则应该从合同签订时间的次月起开始缴纳土地使用税。

《国家税务总局关于对已缴纳土地使用金的土地使用者应征收城镇土地使用税的批复》（国税函〔1998〕669号）（以下简称国税函〔1998〕669号文件）规定，凡在城市、县城、建制镇、工矿区范围内使用土地的单位和个人是城镇土地使用税的纳税义务人，应依照条件的规定缴纳城镇土地使用税。因此，土地使用者不论以何种方式取得土地使用权，只要在城镇土地使用税的开征范围内，都应依照规定缴纳城镇土地使用税。

若开发商在商品住房项目中配套建造公共租赁住房和经济适用房，可按公共租赁住房和经济适用房建筑面积占总建筑面积比例免征城镇土地使用税。

（四）契税的确认

取得土地后，办理土地权属登记之前，需要首先缴纳契税，契税税率由地方政府根据本地实际情况确定（3%~5%）。与印花税的计税依据类似，契税的计税依据不仅指土地出让金，其成交价格包括土地出让金、土地补偿费、安置补助费、地上附着物和青苗补偿费、拆迁补偿费、市政建设配套费等承受者应支付的货币、实物、无形资产及其他经济利益。这里涉及一个很大的风险点，为此国家税务总局联合财政部还专门出台了2004年134号文进行明确。

（五）耕地占用税的确认

取得土地占用耕地的，根据实际占用的耕地面积，依据各省规定的每平方米平均税额缴纳。通过招拍挂方式取得的建设用地，不属于新征用的耕地。

如果农用地转用审批文件中未标明建设用地人且用地申请人为各级人民政府的，由同级土地储备中心履行耕地占用税申报纳税义务；没有设立土地储备中心的，由土地行政管理部门或政府委托的其他部门履行耕地占用税申报纳税义务。这种情况下，耕地占用税已经作为土地开发成本费用的一部分，体现在招拍挂的价格中，受让方无须重复缴纳；如果土地储备中心等相关部门没有缴纳耕地占用税，这部分税金没有体现在招拍挂的价格中，则土地受让方作为土地的实际用地申请人需要缴纳耕地占用税。

第三节　土地使用权获取的风险防范

一、拿地过程中的风险防范

（一）建设用地规划条件

建设用地规划条件明确了土地的具体位置、面积、用地性质等重要信息，这些都是拿地过程中的关键风险点。其中，容积率、建筑密度、绿地率、间距、高度限制、退后距离、用地红线等关键信息直接影响项目的可销售面积，应当重点关注。此外，在一些建设用地规划条件中还会提及需要土地使用权人配合城市轨道交通等其他公益性设施建设，这在审核过程中极容易被忽略。一旦发生前述情况，该土地将面临增加后退距离、重新确定用地红线、限制地下空间使用等问题，直接导致可销售面积减少的不利后果。

（二）政府规划调整

商业、旅游、娱乐和商品住宅项目的开发和销售，都和土地周边的政府规划息息相关，其中的有利因素是周边拟规划轨道交通站点、学校、医院、公园等，这些将为项目后期销售助力；不利因素是周边拟规划垃圾处理厂、污水处理厂、高污染企业等，这些将成为项目后期销售的阻碍。

（三）土地现状及交付条件

在拿地之前，房地产开发企业需要实地查看该地块的具体情况，如土地是否平整，是否属于林地，是否需要拆迁等。在正式商洽时，还应当明确土地的交付条件，如出让方是否负责三通一平、青苗补偿、房屋拆迁等工作。尤其是涉及土地拆迁问题，不仅需要确定该地块是否需要拆迁，还要了解政府对于该地块的具体出让计划，如是否需要待该地块所在片区完成整体拆迁及平整之后才可出让。

（四）土地相邻关系

《中华人民共和国物权法》规定，相邻关系中，不动产权利人不得妨碍相邻建筑物的通风、采光和日照，挖土地、建造建筑物时不得危及相邻不动产的安全等。因此，房地产开发企业在拿地过程中，应当充分考虑土地周边的相邻关系，如项目开发过程中是否会对相邻建筑物的通风、采光和日照等产生影响。如果没有做相关调查，即便在符合土地规划条件的情况下动工建设，也有可能因为侵犯相邻权利人的合法权益而面临阻碍。

（五）工程质量问题

此类风险一般存在于通过转让房地产以及参股、收购已动工建设的房地产开发企业等拿地方式中。前述几种方式中，投资方都是在开工后才介入具体项目的，因此有必要在正式介入项目之前对工程质量进行总体评估，确保项目顺利竣工交付。

（六）隐性债务

此类风险一般存在于通过参股、收购公司等拿地方式中。在前述拿地方式中，投资者是通过持股房地产开发企业，进而参与到房地产开发过程中的。因此，在交易之前需要对公司进行全面的法律尽职调查和财务审计，从而最大限度地了解公司的资产及债务情况，如土地性质、土地规划条件、土地出让金及契税是否缴齐、负债总额等。否则很有可能出现公司名下持有优质土地，却背负巨额债务的情况，造成投资方亏损的局面。

（七）土地闲置风险

此类风险一般存在于通过参股、收购公司等拿地方式中。《中华人民共和国房地产管理法》规定，满两年的闲置土地可由有关部门无偿收回土地使用权。但是，因不可抗力，政府、政府有关部门的行为或者动工开发必需的前期工作造成动工开发迟延的除外。

二、一、二级联动开发模式的风险防范

不少企业进入一级开发的意图不在其固定利润，而是希望在二级市场上拿地，获取房地产开发带来的更大利润。目前，各地土地市场中一、二级联动现象非常普遍。当政府希望提高供地的速度和频率时，会给持有土地的业主和一级开发商设置一定的条件，让他们将土地上市交易，这就给一、二级联动的顺利实施提供了可能性，如何防范风险是一、二级联动开发模式面临的主要问题。

（一）不正当竞争嫌疑

凭借在一级开发中获得的优势地位，在土地公开交易市场上设定交易条件或者刻意设置遗留问题阻退其他市场竞争者，有违背《反不正当竞争法》的嫌疑，虽相关案例较少，但法律风险确实存在。风险防范方法有以下两种：

（1）以目前的认定标准和实践来看，设置招拍挂条件的土地出让被定性为不正当竞争的案例很少，但不代表以后不会增加。

（2）建议凭借一级开发的优势影响招拍挂设置的条件时，尽量采用不刺激其他参与竞拍者和公众情绪的方法，即不要表现出苛刻来。

（二）联合体投标权利义务难以界定

合作协议中联合体的法律性质尚不明确，是其他的民事主体还是合伙人尚没有定论，权利义务关系在纠纷发生时往往难以界定。风险防范方法有以下两种：

（1）联合体投标的“主体”法律风险较小，已被相应省级规范性文件肯定。

（2）建议在联合投标协议中明确双方的权利和义务，尤其是中标之后成立的项目公司的股权比例和未中标时费用分摊问题。

（三）串标嫌疑

采用与其他开发商合作、合谋开发，组成联合体竞标，其合作协议稍有不慎即有串标嫌疑。风险防范方法有以下两种：

（1）若有证据证明串标，损害巨大，可能要承担除民事责任之外的行政责任和刑事责任，法律风险较大。

（2）建议联合体的组成时间最好早于土地行政管理部门或土地中心发布招标公告的时间，联合投标协议内容只涉及联合投标必需的内容，内容尽量简单，且有不

涉及串标嫌疑等违法活动的陈述保证。

三、拿地主体的风险防范

《国土资源部招标拍卖挂牌出让国有土地使用权规范（试行）》（国土资发〔2006〕114号）规定，申请人竞得土地后，拟成立新公司进行开发建设的，应在申请书中明确新公司的出资构成、成立时间等内容。出让人可以根据招标挂牌出让结果，先与竞得人签订《国有土地使用权出让合同》，在竞得人按约定办理完新公司注册登记手续后，再与新公司签订《国有土地使用权出让合同变更协议》；也可按约定直接与新公司签订《国有土地使用权出让合同》。

《关于明确金融房地产开发教育辅助服务等增值税政策的通知》（财税〔2016〕140号）："房地产开发企业（包括多个房地产开发企业组成的联合体）受让土地向政府部门支付土地价款后，设立项目公司对该受让土地进行开发，同时符合下列条件的，可由项目公司按规定扣除房地产开发企业向政府部门支付的土地价款。（一）房地产开发企业、项目公司、政府部门三方签订变更协议或补充合同，将土地受让人变更为项目公司；（二）政府部门出让土地的用途、规划等条件不变的情况下，签署变更协议或补充合同时，土地价款总额不变；（三）项目公司的全部股权由受让土地的房地产开发企业持有。"

（1）总公司拿地交由分公司开发，允许在分公司增值税收入中扣除土地成本，见《山东省营改增政策指引（七）》。

（2）母公司拿地交由子公司开发要注意以下问题：

①国土部门文件申请人还包括非房地产企业或自然人，但财税〔2016〕140号文件没有提及，没有提及的不能享受增值税收入扣除土地成本。

②国土部门要求的控股并不是100%控股，是控股关系就可以。不是100%控股的，只要明确出资构成和成立时间，则可在规定的时间内免费更名一次，但不能享受增值税收入扣除土地成本，只有母公司100%的全资子公司才允许增值税收入扣除土地成本。

③财税〔2016〕140号文件规定，项目子公司的全部股权由受让土地的房地产开发企业母公司持有，并没有明确控股时点，增值税扣除土地的时点是开发项目交房结转增值税收入时。如果在这个时点之前由不是100%控股变为100%控股是否可以，这个问题文件没有明确，可以依据"法无禁止即可以原则"进行处理。

④可以考虑先设立项目子公司，由项目子公司参与土地竞价。若竞得土地后再以与其他企业合作或以股权转让等方式进行开发，就可以规避财税〔2016〕140号文件关于100%控股限制的规定。

四、与最低资本金相关的法律及金融风险防范

为了建立投资风险约束机制，有效控制投资规模，促进国民经济持续、快

速、健康发展，《国务院关于固定资产投资项目试行资本金制度的通知》（国发〔1996〕35号）文件规定，从1996年开始，对各种经营性投资项目，包括国有单位的基本建设、技术改造、房地产开发项目和集体投资项目，试行资本金制度，投资项目必须首先落实资本金才能进行建设。《国务院关于调整和完善固定资产投资项目资本金制度的通知》（国发〔2015〕51号）文件规定，房地产开发项目最低资本金占项目总投资比例调整为：保障性住房和普通商品住房项目20%，其他项目25%。

投资项目资本金作为项目总投资中由投资者认缴的出资额，对投资项目来说必须是非债务性资金，项目法人不承担这部分资金的任何债务和利息。投资项目资本金包含土地使用权、货币、实务等资产。

金融机构为做好金融风险防范，在固定资产贷款审批前要求贷款人确认与拟发放贷款同比例的项目资本金占项目总投资比例最低额足额到位，并与贷款配套使用。在拿地阶段，土地拍卖保证金和土地使用权受让款必须是自有资金，而且不能为银行贷款、信托资金、资本市场融资、资管计划配资、保险资金等违规资金。在核查上，有地方明确要求，房地产企业作为竞买人在申请参加土地招拍挂时，须出具购地资金为来源合规的自有资金的承诺及有关证明材料，比如提供经会计师事务所及注册会计师鉴证的《住房和商住用地竞买保证金/成交价款来源情况申报表》及审计报告。

在开发阶段，满足“四三二”要求之后，房企可以向银行申请开发贷款，但是必须严格落实项目资本金制度，有一系列政策文件对房企的项目资本金和自有资金要求予以了明确，如2003年中国人民银行《关于进一步加强房地产信贷业务管理的通知》（银发〔2003〕121号）最早规定，房地产开发企业申请银行贷款，其自有资金（指所有者权益）应不低于开发项目总投资的30%。实务中有些金融机构会要求达到35%以上。

值得注意的是，不管是投资项目开发建设要求最低资本金，还是金融机构固定资产贷款要求的最低资本金占投资总额最低比例，都包括土地出让金，但是在建工程转让必须完成开发投资总额25%以上却不包括土地出让金。在建工程转让的要求及风险防范请参考第十一章第一节资产收购和股权收购概述。

五、城市基础设施配套费是否缴纳契税的风险防范

（一）风险防范分析

对于房地产开发企业取得土地使用权证后按建筑面积缴纳的城市基础设施配套费是否应作为契税的计税依据，纳税人和税务机关一直存在较大争议，即使税务机关内部意见分歧也很大，甚至有些地方的税务机关为了税源出具不盖公章的税务内部会议说明，以此对企业强制征收契税，不仅对实际工作造成了很大影响，而且存

在较大风险。

以上问题主要是由《财政部　国家税务总局关于国有土地使用权出让等有关契税问题的通知》（财税〔2004〕134号）、《国家税务总局关于明确国有土地使用权出让契税计税依据的批复》（国税函〔2009〕603号）这两个文件的相关规定不够明确造成的。

先后下文或解答必须缴纳契税的地方规定有，大连市地方税务局大地税函〔2009〕145号文件、重庆市地方税务局渝地税发〔2011〕163号文件、唐山市（2013）、漯河市（2013年11月15日）、海南省琼地税函［2013］623号文件、安徽省（2014年6月24日）、山东省地税局关于契税有关问题的说明（2016年10月8日）、河南省豫财办案〔2018〕26号文件。

先后下文或解答不缴纳契税的地方规定有，北京12366纳税服务中心（2015年11月6日）、《江苏省关于明确市政建设配套费契税计税依据的通知》（2017年4月25日）、《成都市地方税务局财产与行为税处关于城市基础设施配套费暂缓计入契税计税依据的通知》（财行便函〔2017〕14号）。

先后下文或解答模糊的地方规定有，《天津市地方税务局关于土地权属转移契税有关核定问题的通知》（津地税地〔2006〕14号）、山西地税12366呼叫中心《山西省关于〈关于城市基础设施配套费作为契税计税依据〉的回复》（2017年8月18日）。

项目所在地区有规定的要按地方规定执行，没有规定的可以不缴纳，但要和当地税务机关充分沟通协商，把企业涉税风险降到最低。

（二）法院判例

海南省海口市中级人民法院行政判决书

（2019）琼01行终22号

上诉人（原审原告）　海南天泓基业房地产开发有限公司，住所地海口市秀英区长滨四路8号华府蓝湾销售中心

法定代表人　陈海东，总经理

委托代理人　林柏，海南昌博律师事务所律师

委托代理人　彭汉军，海南昌博律师事务所律师

被上诉人（原审被告）　国家税务总局海口市秀英区税务局，住所地海口市秀英区秀华路4号

法定代表人　徐宁，局长

委托代理人　符安，该局副局长

委托代理人　李际康，海南外经律师事务所律师

被上诉人（原审被告）　国家税务总局海口市税务局，住所地海口市龙华区滨海大道紫荆路9号

法定代表人　王辉若，局长

委托代理人　黄用成，该局副局长

委托代理人　李冬锴，该局法制科副科长

上诉人海南天泓基业房地产开发有限公司（以下简称天泓公司）诉被上诉人国家税务总局海口市秀英区税务局（以下简称秀英区税务局）及被上诉人国家税务总局海口市税务局（以下简称市税务局）税务行政管理一案，不服海口市秀英区人民法院作出的（2018）琼0105行初157号行政判决，向本院提起上诉。本院依法组成合议庭，对本案进行了审理，现已审理终结。

上诉人天泓公司一审诉讼请求为：撤销被上诉人秀英区税务局作出的海口地税第一分局通（2018）1135号《税务事项通知书》（以下简称1135号通知书）及被上诉人市税务局作出的海税复决字（2018）1号《行政复议决定书》（以下简称1号复议决定）并由两被上诉人承担本案诉讼费用。

原审判决查明，2009年，上诉人通过招拍挂的程序取得海口市国土资源局出让的四宗国有土地使用权（面积共计104 640.54平方米，成交单价：4 810元/平方米）。上诉人根据《海口市国有建设用地使用权挂牌出让成交确认书》《海口市国有建设用地使用权出让合同》《国有建设用地使用权出让合同补充合同》所确定的成交价格支付了土地出让金503 320 997.4元。2011年3月2日，海口市国土资源局向上诉人送达《缴税通知》。2011年3月30日，上诉人以上述土地出让金为计税金额，以3%税率自行申报缴纳了契税15 099 629.92元。2014年至2017年，上诉人陆续向海口市规划局缴纳城市基础设施配套费共计67 791 334.50元，但尚未申报缴纳契税。2018年6月14日，海南省××组税务局2017年度税收征管情况进行审计，并作出琼审财报（2018）135号《审计报告》。审计抽查了本案上诉人取得土地使用权缴纳契税的情况，认为根据财政部、国家税务总局财税〔2004〕134号《关于国有土地使用权出让等有关契税问题的通知》（以下简称财税134号契税通知）及海南省地方税务局琼地税函〔2013〕431号《关于土地契税缴纳事宜的复函》（以下简称431号土地契税复函）的规定，在立项报建环节发生的市政建设配套费应作为契税的计税依据依法征收契税，要求秀英区税务局及时追缴入库。秀英区税务局根据《审计报告》的整改要求，经核实上诉人缴纳的城市基础设施配套费共计67 791 334.50元后，按照3%税率于2018年5月11日向上诉人作出本案被诉的1135号通知书，已经对上诉人取得土地使用权支付的城市基础设施配套费申报缴纳契税的情况进行核查，依据财税134号契税通知第一条的规定，上诉人支付的城市基础设施配套费共计67 791 334.50元，应缴纳契税2 033 740.04元。上诉人不服，在缴纳上述税款后依法向市税务局申请行政复议。市税务局受理了上诉人的复议申请，并分别向上诉人和秀英区税务局送达海税复受字〔2018〕1号《行政复议受理通知书》和海税复答字〔2018〕1号《行政复议答复通知书》。根据案件审理需要，市税务局于2018年9月4日作出海税复延字〔2018〕1号《行政复议延期审理通知书》，行政复议延期至2018年10月8日之前作出。2018年9月26日，市税务局经调查核实及审理后作出1号复议决定，决定维持秀英区税务局作出的1135号通知书。该复议决定于当日送达上诉人。上诉人不服，遂向原审法院提起行政诉讼。

另查明，根据国家征管体制改革的要求，原海口市地方税务局第一税务分局被撤销，其职能划归国家税务总局海口市秀英区税务局。

原审判决认为，本案当事人争议的焦点是上诉人缴纳的城市基础设施配套费是否应作为计缴契税的依据及市税务局作出复议的程序是否合法。经庭审质证后确认，对国有土地使用权出让的契税的计税依据，我国契税暂行条例以及契税暂行条例细则均有明确规定，财税134号契税通知第一条规定，出让国有土地使用权的，其契税计税价格为承受人为取得该土地使用权而支付的全部经济利益。以竞价方式出让的，其契税计税价格，一般应确定为竞价的成交价格，土地出让金、市政建设配套费以及各种补偿费用应包括在内。本案中，上诉人通过招拍挂程序取得涉案四宗国有土地使用权并支付了相应的土地出让金和契税。但上诉人在2014年至2017年，陆续缴纳城市基础设施配套费67 791 334.50元，该款作为上诉人取得涉案四宗国有土地使用权而支出的费用，应根据上述规定纳入契税计税范围并进行征缴。该征缴不属于重复缴税。秀英区税务局根据海南省审计厅的审计情况，经调查核实后，依照上述规定作出本案被诉的1135号通知书，通知上诉人补缴应缴税款，其行为并无不当。市税务局在收到上诉人的复议申请后，依照我国行政复议法的复议程序进行审理，并在按规定办理延期审理手续后作出复议决定，其程序合法。对上诉人提出的其支付的土地出让金中已包含市政设施配套费，不应再重复征收的理由，原审法院认为，土地出让金中是否已包含市政设施配套费，是否属重复征收，上诉人应向征收该笔费用的行政机关提出异议，该项请求不属原审法院的审查范围。综上，两被上诉人的辩解理由成立，原审法院予以采纳；上诉人起诉的理由与事实不符，且于法无据，原审法院不予支持，依法应予驳回。依照《中华人民共和国行政诉讼法》第六十九条之规定，判决驳回上诉人天泓公司的诉讼请求。案件受理费人民币50元，由上诉人天泓公司负担。

上诉人天泓公司上诉称，一、上诉人已经依法缴纳取得涉案四宗国有土地使用权的契税15 099 629.92元，被上诉人秀英区税务局作出1135号通知书，要求上诉人再次缴纳契税2 033 740.04元毫无事实根据，系典型的重复征税行为。上诉人一审所提交的证据《海口市国有建设用地使用权出让合同》《国有建设用地使用权出让合同补充合同》及涉案四宗土地的《土地估价报告备案表》《土地估价报告》《土地成交结果公示》充分证明：上诉人通过招拍挂的程序取得海口市国土资源局出让的四宗国有土地使用权（面积共计：104 640.54平方米，成交单价：4 810元/平方米）系已经“五通一平”的净地，即已完成土地补偿、安置补偿、地上附属物和青苗补偿，且市政设施已配套，因此，上述土地成交价已包含市政设施配套费。2011年3月2日，上诉人根据海口市国土资源局送达的《缴税通知》，按照土地成交总价共缴纳契税15 099 629.92元并取得《完税证明》，2011年5月6日，上诉人取得涉案四宗国有土地的使用权证（证号分别为海口市（2011）第003586、003587、003588、003589号）。因此，上述税款已包含市政设施配套费对应的契税。秀英区税务局于2018年5月11日作出的1135号通知书，要求上诉人根据城市基础设施配套费再次缴纳契税2 033 740.04元毫无事实和法律根据，系典型的重复征税行为。二、一审法院适用财税134号契税通知第一条之规定认定：被上诉人以上诉人在2014年至2017年陆续缴纳的城市基础设施配套费67 791 334.50元作为计税依据征缴契税的行政行为合法，这属于严重的适用法律依据错误。根据2004年颁布的财税134号契税通知第一条的规定，在本案中，上诉人竞拍取得涉案四宗国有土地使用权的成交价格503 320 997.4元已经完全包含土地补偿、安置补偿、地上附属物和青苗补偿费、市政设施配套费，该成交价格就是上诉人取得土地使用权所支出的全部经济利益，故上诉人已在2011年办理国有土地使用权证前依法缴纳了取得涉案四宗土地使用权的全部契税。上诉人2014年至2017年陆续缴纳的67 791 334.50元系城市基础设施配套费，并不是市政设施配套费，他们并不是同一个概念。城市基础设施配套费是在取得土地使用权后的规划报建过程中产生的，其计费依据是项目的报建面积，而市政建设配套费是在取得土地使用权时所支付的经济利益，该费用已包含在土地出让金中一并收取，其计费依据是国有土地出让合同的规定。根据财税134号契税通知的上述规定，契税的计税价格是取得土地使用权所支付的全部经济利益，市政设施配套费是该支出经济利益的一部分，因此被作为计征契税的价格，而城市基础设施配套费并不是在取得土地使用权时支出的经济利益，因此，一审法院适用财税134号契税通知第一条规定认定被上诉人以城市基础设施配套费为依据对上诉人征缴契税的行政行为合法系严重的适用法律错误。三、《国家计委、财政部关于全面整顿住房建设收费取消部分收费项目的通知》（计价格〔2001〕585号）是在2001年颁布的，该通知中虽然将各类（市政建设）配套费进行整顿，将其统一归并为城市基础设施配套费。但是，在2004年颁布的财税134号契税通知中明确载明的契税计税价格是市政建设配套费，并不是城市基础配套费，这充分表明立法者的立法原义就是要将这两个概念区分开，它们的内涵和外延并非一致，它们是包含与被包含的关系。本案中，上诉人既然已经缴纳了取得土地使用权时支出市政设施配套费所产生的相应契税，姑且不论上诉人是否存在重复缴纳市政配套费或者城市基础配套费的问题，被上诉人根据财税134号契税通知之规定，以上诉人缴纳的城市基础设施配套费为计税价格征缴契税的行为都是毫无事实和法律依据的。

综上所述，海口市秀英区人民法院（2018）琼0105行初157号《行政判决书》，认定事实不清，适用法律错误，应当依法予以撤销。请求，一、判令撤销海口市秀英区人民法院（2018）琼0105行初157号《行政判决书》，依法改判支持上诉人一审的诉讼请求；二、本案的一、二审诉讼费由两被上诉人负担。

被上诉人秀英区税务局辩称，一审判决认定事实清楚，认定的争议焦点是正确的。2018年4月，海南省审计厅审计工作组对我局2017年度税收征管情况进行审计，审计抽查了上诉人取得土地使用权缴纳契税情况。我局根据《审计取证单》的数据与上诉人提供的相关资料进行核实后，确认上诉人根据2009年《海口市国有建设用地使用权挂牌出让成交确认书》、2009年10月23日《海口市国有建设用地使用权出让合同》（海口市国让（合）字（2009）112号）和2010年1月13日《国有建设用地使用权出让合同补充合同》，向海口市国土资源局缴纳了1001、1002、1601、1603四宗地104 640.56平方米的国有土地使用权出让金503 320 997.4元。2011年3月2日，海口市国土资源局向上诉人出具《缴税通知书》（编号：2011000035）。2011年3月30日，上诉人以上述土地出让金为计税金额，以3%税率自行申报缴纳了契税15 099 629.92元。2014年至2017年，上诉人已缴城市基础设施配套费共计68 644 373.60元，但尚未申报缴纳契税。2018年5月11日，我局依据财税134号契税通知第一条规定给上诉人发出了1135号通知书："告知上诉人应缴纳契税67 791 334.50×3%=2 033 740.04元。2018年5月17日，上诉人已补申报入库，税票号为×××。"2018年7月9日，上诉人申请行政复议，请求撤销1135号通知书退还已缴税款。2018年8月10日，复议机关作出维持1135号通知书的复议决定。一审判决认定我局作出的1135号通知书适用法律得当是正确的。上诉人是从国土部门（土地一级市场）通过招拍挂的出让形式，取得的国有土地使用权，其缴纳的城市配套建设费应计入契税计税依据。《中华人民共和国契税暂行条例》第四条对国有土地使用权出让的契税的计税依据进行了规定，《中华人民共和国契税暂行条例细则》第九条对契税"成交价格"也进行了明确的规定。财税134号契税通知进一步予以了明确，即"出让国有土地使用权的，其契税计税价格为承受人为取得该土地使用权而支付的全部经济利益"，"以协议方式出让的，其契税计税价格为成交价格，成交价格包括土地出让金、土地补偿费、安置补偿费、地上附着物和青苗补偿费、市政建设配套费等承受者应交付的货币、实物、无形资产或者其他经济利益"，"以竞价方式出让的，其契税计税价格，一般应确定为竞价的成交价格，土地出让金、市政建设配套费以及各种补偿费用应包括在内"。431号土地契税复函对城市基础设施配套费是否计入契税计税金额的问题阐述得更为清楚，即2004年财政部、国家税务总局下发的财税134号契税通知明确，出让国有土地使用权，契税价格为承受人为取得该土地使用权而支付的全部经济利益。……如果以竞价方式出让的，其契税价格，一般应确定为竞价的成交价格，土地出让金、市政建设配套费以及各种补偿费应包括在内。经原海南省地方税务局请示国家税务总局，国家税务总局对财税134号契税通知的解读为：房地产开发企业通过招拍挂程序取得的开发用地一般应为净地，出让土地成交总价款应包含政府相关部门所有应收的费用，即既应包括国土部门收取的费用，也应包括城市规划部门和建设监管部门收取的费用。如土地出让金、土地补偿费、安置补助费、地上附着物和青苗补偿费、拆迁补偿费和市政建设配套费等都应该作为契税计税依据。如果在现实情况中，有些地方的国土部门只是按土地现状（土地还未平整）进行招拍挂，此时房地产开发企业承受土地权属签订合同时成交价中仅包含国土部门收取的费用，没有包括城市规划部门和建设监管部门收取的费用，如市政建设配套费等，虽然这笔费用是在立项报建环节才发生，也应作为契税计税依据依法征收契税。因此，根据431号土地契税复函的内容，可以确认一审判决书认定我局下发的1135号通知书适用法律得当是正确的。上诉人上诉状所称："城市基础设施配套费与取得出让地时所支出的市政建设配套费并不是一个概念，不能作为计税价格计征契税"的说法，无法律依据。《财政部关于城市基础设施配套费性质的批复》（财综函〔2002〕3号）明确："按照《国家计委、财政部关于全面整顿住房建设收费取消部分收费项目的通知》（计价格〔2001〕585号）规定，各省、自治区、直辖市财政、价格主管部门要对各类（市政建设）专项配套费进行整顿，将其统一归并为城市基础设施配套费，取消与城市基础设施配套费重复收取的水、电、气、热、道路以及其他各种名目的专项配套费。因此，各地征收的市政基础设施配套费应统一归并为城市基础设施配套费"。

综上所述，一审判决书认定我局下发的1135号通知书认定事实清楚，适用法律正确，程序合法是正确的，请求二审人民法院依法驳回上诉人的上诉请求。

被上诉人市税务局辩称：

一、根据上诉人、被上诉人在一审审理过程中提交的证据资料，可以认定以下事实

上诉人基于2009年10月23日《海口市国有建设用地使用权出让合同》（海口市国让（合）字（2009）112号）和2010年1月13日《国有建设用地使用权出让合同补充合同》缴纳土地出让金503 320 997.4元，通过协议出让的方式取得了1001、1002、1601、1603四宗地，按3%税率缴纳了契税15 099 629.92元。2014年至2017年，上诉人共缴纳城市基础设施配套费共计68 644 373.60元。2018年5月11日，原海南省海口市地方税务局第一税务分局根据海南省审计厅派出审计组的审计整改意见，并依据财税134号契税通知等相关税收法律法规的规定向上诉人发出1135号通知书，要求上诉人根据已缴纳的城市基础设施配套费补缴相应的契税。2014年至2017年，上诉人共向海口市规划局缴纳城市基础设施配套费共计68 644 373.60元。原海南省海口市地方税务局第一税务分局出具1135号通知书后，上诉人于2018年5月17日据实申报缴纳契税2 059 331.20元。依据税务行政复议相关法律法规的规定，我局依职权调取《海口市审计局审计报告》（海审财报〔2013〕11号）和《海南省审计厅审计报告》（琼审财报〔2018〕135号），上述两份审计报告表明，对于城市基础设施配套费部分进行征收契税的政策属于审计整改项目。上诉人对1135号通知书提起行政复议申请。我局依法受理了上诉人的复议申请，按照复议程序进行了审理，并作出复议决定，上述行政复议行为均按照《中华人民共和国行政复议法》《税务行政复议规则》（国家税务总局令第44号）等相关规定作出，程序合法。因此，一审法院作出的（2018）琼0105行初157号《行政判决

书》认定事实清楚、正确。

二、一审法院认定1135号通知书适用法律适当是正确的

一审法院在审理过程中已将本案的主要争议焦点明确，即城市基础设施配套费是否应当计入契税缴税依据，是否符合税收法律法规规定的问题。根据以下相关法律法规的规定，税务机关将城市基础设施配套费计入契税缴税依据是正确的。(一)《中华人民共和国契税暂行条例》第四条对国有土地使用权出让的契税的计税依据进行了规定；（二）《中华人民共和国契税暂行条例细则》第九条对契税“成交价格”也进行了明确的规定；（三）根据财税134号契税通知进一步予以了明确，由于秀英区税务局对该通知已进行了说明，在此不再重复阐述；（四）根据《财政部关于城市基础设施配套费性质的批复》（财综函〔2002〕3号），由于秀英区税务局对该通知已进行了说明，在此不再重复阐述；（五）431号土地契税复函明确表明通过招拍挂程序取得的出让土地，在立项报建环节才发生的向城市规划部门和建设管理部门收取的费用，如市政建设配套费等应作为契税计税依据依法征收契税。另外，经我局从中国裁判文书网了解，在重庆市大足区中天房地产开发有限公司与重庆市大足区地方税务局棠香税务所行政纠纷中（〔2014〕足法行初字第00156号），司法机关对当事人以协议方式取得国有土地使用权后，在报建环节缴纳的城市基础设施配套费作为契税计税依据予以了认可。因此，一审法院认定1135号通知书适用法律适当是正确的。

三、上诉人关于“市政建设配套费”与“城市基础配套费”的上诉观点不成立

《财政部关于城市基础设施配套费性质的批复》(财综函〔2002〕3号）也已经十分明确“各地征收的市政基础设施配套费应统一归并为城市基础设施配套费”，尽管在财税134号契税通知中又出现了“市政配套建设费”的表述，但基于财综函〔2002〕3号文件，市政配套建设费与城市基础设施配套费并无实质差异。同时，在（2018）琼0105行初157号《行政判决书》中也明确表明土地出让金中是否包含市政设施配套费，是否属重复征收，上诉人应当向征收该笔费用的行政机关提出异议。

综上所述，(2018）琼0105行初157号《行政判决书》认定事实清楚，适用法律正确，请求二审人民法院依法驳回上诉人的上诉请求。

本院经审理查明的事实与一审判决认定的事实基本一致，本院予以确认。

本院认为，本案主要审理的是被上诉人秀英区税务局征收上诉人缴纳的城市基础设施配套费契税的行为是否合法。

根据（财综函〔2002〕3号）《财政部关于城市基础设施配套费性质的批复》，“各地征收的市政基础设施配套费应统一归并为城市基础设施配套费。”及(财税〔2004〕134号)《财政部、国家税务总局〈关于国有土地使用权出让等有关契税问题〉的通知》，“出让国有土地使用权的，其契税计税价格为承受人为取

得该土地使用权而支付的全部经济利益”，“以协议方式出让的，其契税计税价格为成交价格，成交价格包括土地出让金、土地补偿费、安置补偿费、地上附着物和青苗补偿费、市政建设配套费等承受者应交付的货币、实物、无形资产或者其他经济利益”。又根据（琼地税函〔2013〕431号）《海南省地方税务局关于土地契税缴纳事宜的复函》，“通过招拍挂程序取得的出让土地，在立项报建环节才发生的向城市规划部门和建设管理部门收取的费用，如市政建设配套费等应作为契税计税依据依法征收契税”。

上诉人2009年通过招拍挂程序取得海口市国土资源局出让的四宗国有土地使用权，2011年3月30日，上诉人以上述土地出让金为计税金额，以3%税率自行申报缴纳了契税15 099 629.92元。2014年至2017年，上诉人陆续向海口市规划局缴纳城市基础设施配套费共计67 791 334.50元，但尚未申报缴纳契税。上诉人称在取得涉案四宗国有土地的成交价中已包含市政设施配套费，不应再缴纳城市基础设施配套费契税。根据本院审查，上诉人向海口市规划局缴纳的城市基础设施配套费是在立项报建环节才发生的，是城市规划部门和建设管理部门收取的费用。根据上述规定，城市基础设施配套费应作为契税计税依据依法征收契税。上诉人称在取得涉案四宗国有土地的成交价中已包含市政设施配套费，但未提供证据予以证明，故被上诉人秀英区税务局依据（财税〔2004〕134号）《财政部　国家税务总局关于国有土地使用权出让等有关契税问题的通知》向上诉人征税的行为符合法律、法规的规定。市税务局经复议后作出的复议决定程序合法应予以维持。

综上，原审判决程序合法，适用法律正确，应予维持。上诉人的上诉理由不能成立，应予驳回。依照《中华人民共和国行政诉讼法》第八十九条第一款第（一）项的规定，判决如下：

驳回上诉，维持原判。

二审案件受理费50元，由上诉人海南天泓基业房地产开发有限公司负担。

本判决为终审判决。

审判长　温　方

审判员　吴　茜

审判员　张珂瑜

二〇一九年四月四日

法官助理　梁　汕

书记员　钱　波

六、城镇土地使用税开始缴纳和停止缴纳的风险防范

（一）有偿取得土地使用权城镇土地使用税纳税义务发生时间风险防范

《财政部　国家税务总局关于房产税、城镇土地使用税有关政策的通知》（财税〔2006〕186号）规定，以出让或转让方式有偿取得土地使用权的，应由受让方从

合同约定交付土地时间的次月起缴纳城镇土地使用税；合同未约定交付土地时间的，由受让方从合同签订的次月起缴纳城镇土地使用税。

在实务中，房地产开发企业存在取得土地使用证或已签订土地转让合同，但因政府未按时交地、规划变更调整、遇到“钉子户”等问题，甚至在施工过程中发现了文物古迹，依法被要求停止施工等各种情况，导致不能按规定实际交付或交付无法使用土地的情况。

有些地区针对这样的情况出台了地方规定，比如，①《海南省地方税务局关于土地使用税有关问题的通知》（琼地税发〔2009〕57 号）：“对因政府规划等原因，造成纳税人有证却无法使用土地，并且纳税人已履行了应有责任的情况，纳税人能够提供县级以上（含本级）人民政府或国土、规划等部门文件证明的，经直属地方税务局审核，不征收土地使用税。”②《广州市地方税务局税政一处便函：房产税、城镇土地使用税若干业务问题的征税指引》（穗地税税一函〔2010〕9 号）：“由于政府规划限制等原因导致纳税人的土地未能开发利用的，如纳税人能提供有关行政部门出具的暂不允许其使用土地证明文件，可作为‘尚未利用的土地’按广东省地方税务局《转发国家税务总局关于城镇土地使用税部分行政审批项目取消后加强后续管理工作的通知》（粤地税函〔2004〕531 号）的规定处理。”③《辽宁省地方税务局关于明确房产税和城镇土地使用税有关业务问题的通知》（辽地税函〔2011〕225 号）：“按照《财政部　国家税务总局关于房产税、城镇土地使用税有关政策的通知》（财税〔2006〕186 号）的有关规定，对由于政府动迁不及时等原因，政府没有按照合同约定的时间将土地交付给受让者的，土地受让人应与出让者签订补充协议，重新明确交付土地的时间；也可由国土部门出具有效证明，证明该宗土地确因政府的原因改变交付土地的时间。经主管地方税务机关确认后，可按补充合同或政府有关部门证明的时间，确定城镇土地使用税纳税义务发生的时间。”④2014 年 6 月 30 日《河北省地方税务局关于对地方税有关业务问题的解答》：“十三、企业取得土地使用证或已签订土地转让合同，但由于政府动迁不及时等原因，政府没有按照合同约定时间将土地交付给受让者，其土地使用税纳税义务发生时间如何确定？对于这种情况，土地受让人应与出让者签订补充协议（或重新签订协议），重新明确交付土地的时间，或由当地政府出具有关证明资料，经主管地税机关确认后，可按补充协议或当地政府证明资料的时间确定土地使用税纳税义务发生的时间。”⑤《山东省地方税务局关于明确城镇土地使用税困难减免税有关事项的公告》（山东省地方税务局公告 2018 年第 6 号）：“因政府建设规划致使土地不能使用的可申请困难减免，需要提供县级以上人民政府有关部门出具的建设规划证明资料。”

房地产开发企业所在项目遇到类似情况，当地又没有规定的，可参照海南省、广州市、辽宁省、河北省、山东省的做法，企业提供县级以上（含本级）人民政府或自然资源和规划局等部门的证明，与当地税务机关充分沟通协商，把企业涉税风险降到最低。

（二）法院判例

国家税务总局淄博市税务局第一稽查局、淄博万达包装印刷物资有限公司税务行政管理（税务）二审行政判决书

发布日期：2020年3月10日

山东省淄博市中级人民法院行政判决书（2018）鲁03行终159号

上诉人（原审被告）　国家税务总局淄博市税务局第一稽查局（原淄博市地方税务局张店分局稽查局），住所地，淄博市张店区新村西路156号

负责人　张秋波，局长

委托代理人　魏东亮，国家税务总局淄博市税务局第一稽查局副局长

委托代理人　严春霞，山东言博律师事务所律师

被上诉人（原审原告）　淄博万达包装印刷物资有限公司，统一社会信用代码91370303752661063A，住所地，淄博市张店区山泉路中段

法定代表人　岳安营，经理

委托代理人　赖绍松，北京市盈科律师事务所律师

上诉人国家税务总局淄博市税务局第一稽查局（原淄博市地方税务局张店分局稽查局）因与被上诉人淄博万达包装印刷物资有限公司撤销税务行政处罚决定一案，不服淄博市张店区人民法院（2018）鲁0303行初26号行政判决，向本院提起上诉。本院受理后，依法组成合议庭，于2018年11月29日公开开庭审理了本案。上诉人国家税务总局淄博市税务局第一稽查局负责人张秋波及委托代理人魏东亮、严春霞，被上诉人淄博万达包装印刷物资有限公司法定代表人岳安营及委托代理人赖绍松到庭参加诉讼。山东省高级人民法院于2018年11月28日批准延期审理本案，又于2019年2月19日依法中止诉讼。2020年3月6日恢复诉讼。本案现已审理终结。

原审法院查明，2004年3月，原告淄博万达包装印刷物资有限公司与淄博市国土资源局签订了《国有土地使用权出让合同》，合同约定出让淄博市张店区傅家镇唐家村的土地，面积为33549.00平方米（50.32亩）；2004年3月18日，原告取得了该土地的土地使用权证［证号为淄国用（2004）第A00115号］。淄博市地方税务局张店分局于2014年12月4日接到群众投诉举报，被告于2015年3月4日对淄博万达包装印刷物资有限公司涉嫌税收违法立案稽查；2016年1月11日，被告到淄博市国土资源局张店分局调取原告的土地产权登记情况；2016年1月被告对山东坤升控股有限公司等4家车行发出《税务检查通知书》，并作询问（调查）笔录，同年6月15日被告向原告发出《税务事项通知书》；2017年1月10日被告对原告淄博万达包装印刷物资有限公司法人代表岳安营作询问（调查）笔录；2017年2月22日被告作出淄张店地税稽罚告（2017）1号《税务行政处罚事项告知书》，告知存在的违法事实及拟罚款；原告于2017年3月22日收到后次日提出听证申请，被

告于2017年4月5日组织听证；于2018年1月8日作出淄张店地税稽处（2018）1号《税务行政处理决定书》、淄张店地税稽罚（2018）1号《税务行政处罚决定书》。原告对该处罚决定书不服，特向法院提起行政诉讼。

原审法院认为，《中华人民共和国税收征收管理法》第五条第一款规定：国务院税务主管部门主管全国税收征收管理工作。各地国家税务局和地方税务局应当按照国务院规定的税收征收管理范围分别进行征收管理。第十四条规定：本法所称税务机关是指各级税务局、税务分局、税务所和按照国务院规定设立的并向社会公告的税务机构。《中华人民共和国税收征收管理法实施细则》第九条规定：税收征管法第十四条所称按照国务院规定设立的并向社会公告的税务机构，是指省以下税务局的稽查局、稽查局专司偷税、逃避追缴欠税、骗税、抗税案件的查处。国家税务总局应当明确划分税务局和稽查局的职责，避免职责交叉。根据上述规定，被告淄博市地方税务局张店分局稽查局具有对本行政区域内税收征收管理工作的法定职责。听证程序系行政处罚过程中非常重要的执法程序，被告于2017年4月5日组织听证，但在庭审过程中，被告却认为，听证笔录系内部资料，与本案无关，未向法院提交，其应当承担不利的法律后果。同时，被告于听证后9个月，2018年1月8日开出行政处罚决定书，也有违行政效率原则。

2014年，在对46、47号文件清查过程中，联合专项清查组已给该企业核定了税款，税款已上交，其他出租部分，按合同约定由承租方缴纳，应交的各种税金承租方也已按税务部门核定的税款上交。原告基于对税务机关完税凭证的信赖而形成的信赖利益保护问题，被告作为五部门联合执法之一，未曾调查核实，未予考虑上述行为。同时，被告在行政处罚决定书中认定，2012年原告应缴纳城镇土地使用税234 843.00元，已缴纳18 400.00元；2013年原告应缴纳城镇土地使用税234 843.00元，已缴纳44 519.00元；2014年全年应缴纳城镇土地使用税318 715.50元，已缴纳121 474.00元。实际情况是，已缴纳的城镇土地使用税大部分系承租人所缴纳而非原告，被告却认定系原告缴纳，并在计算原告应缴纳税款中予以扣减。因此，综合被告上述行为，应认为被告在做出行政处罚时存在证据不足、认定事实不清的情形。

保障国家税收的足额征收是税务机关的基本职责，人民法院一般应尊重税务机关基于法定调查程序作出的专业判断，但在统筹兼顾保障国家税收前提下，也要保护纳税人的合法权益，促进经济和社会发展。据此，依据《中华人民共和国行政诉讼法》第七十条第一项的规定，判决如下：撤销被告淄博市地方税务局张店分局稽查局于2018年1月8日对原告淄博万达包装印刷物资有限公司作出的淄张店地税稽罚〔2018〕1号税务行政处罚决定书。案件受理费50.00元，由被告淄博市地方税务局张店分局稽查局负担。

上诉人国家税务总局淄博市税务局第一稽查局上诉称：

一、原审判决认定事实不清，适用法律错误。上诉人作出的淄张店地税稽罚

〔2018〕1 号行政处罚决定书，适用法律、法规正确，符合法定程序

1. 根据《中华人民共和国城镇土地使用税暂行条例》第三条规定：土地使用税以纳税人实际占用的土地面积为计税依据，依照规定税额计算征收。《国家税务局关于印发〈关于土地使用税若干具体问题的解释和暂行规定〉的通知》第六条规定：纳税人实际占用的土地面积，是指由省、自治区、直辖市人民政府确定的单位组织测定的土地面积。尚未组织测量，但纳税人持有政府部门核发的土地使用证书的，以证书确认的土地面积为准；尚未核发土地使用证书的，应由纳税人据实申报土地面积。《山东省实施〈中华人民共和国城镇土地使用税暂行条例〉办法》第四条规定：土地使用税以纳税人实际占用的土地面积为计税依据，依照规定的范围和税额计算征收。纳税人实际占用的土地面积，应以市、县人民政府组织测定的土地面积为准。纳税人持有县以上人民政府核发的土地使用证书的，依证书确认的土地面积计算纳税；尚未核发土地使用证书的，暂按纳税人据实申报、市县税务机关核定的土地面积纳税。被上诉人依法取得土地使用权证书，并将土地出租等行为，都证明被上诉人对于涉案土地行使了占用权。上诉人以被上诉人持有的县以上人民政府核发的土地使用权证书所确定的面积作为计税依据，事实清楚、证据确凿。

2. 首先，土管部门出具的证明与淄博市国土资源局与被上诉人签订的《国有土地使用权出让合同》、淄博市人民政府为其颁发的《国有土地使用权证书》所确认的内容相悖；其次，市、区、镇三级土管部门为被上诉人出具的证明的真实性无法核实；最后，镇政府及镇财政所均无核定税款之职权，无权出具税款核定之证明，该证明不具有合法性。《税收征收管理法》及其实施细则明确规定税务机关依照法律、行政法规的规定征收税款，任何部门、单位和个人作出的与税收法律、行政法规相抵触的决定一律无效，税务机关不得执行，并应当向上级税务机关报告。

3. 人民法院针对被上诉人与案外人因为案涉土地产生的民事纠纷或刑事案件不能成为该土地非净地出让的依据。涉案《国有土地使用权出让合同》第五条之约定，被上诉人已实际认可案涉土地达到了出让条件，被上诉人也事实上行使了物权，其之后又与第三方产生的纠纷与城镇土地使用税的纳税义务没有任何关联性。

二、原审判决认为上诉人未提交听证笔录承担不利的法律后果系认定事实和适用法律错误

1. 听证笔录不属于上诉人的举证范围。上诉人认为行政诉讼中的答辩及举证亦应紧紧围绕被上诉人在诉状中的事实与理由进行。合法性审查原则是行政诉讼的基本原则，行政审判应对行政行为是否合法进行全面审查，上诉人认为在被上诉人对听证环节无异议的情况下，上诉人提供听证申请、听证通知书、听证公告等已尽到依法组织听证的举证义务。上诉人声称听证笔录为“内部资料”，意即该资料已由上诉人整卷归档，被上诉人业已签字确认，不存在上诉人举证不能的问题。故对于双方无争议的事实，也不需要调查，上诉人也不承担举证责任。

2. 《最高人民法院关于行政诉讼证据若干问题的规定》第五十三条规定：人民

法院裁判行政案件，应当以证据证明的案件事实为依据。因被上诉人诉状中并未提及有关听证的问题，为了有针对性地化解行政矛盾，上诉人只针对被上诉人提及的问题提交相关证据。《行政诉讼法》第三十九条规定：人民法院有权要求当事人提供或者补充证据。原审法院应依法要求上诉人提供或补充该证据，不应承担举证不能的法律后果。原审认定有悖于事实与法律。

三、原审判决认为上诉人于听证后9个月才做出行政处罚决定有违行政效率原则，系认定事实不清，亦无法律依据

1. 上诉人执法过程中需要做到既维护国家的利益保证国家的税收，又保护行政相对人的合法权益。上诉人的处罚遵循审慎从宽之原则，多次开会研究并请示上级主管部门，最终做出处理合法合规处罚决定。

2. 上诉人于听证后的9个月做出行政处罚决定并不违反法律的明确规定。听证属于税务处罚程序的一个步骤，这个步骤在调查终结后，作出决定前。法定程序只规定了听证和决定的顺序，并没有听证后作出决定时限的规定。因此上诉人没有违反法律规定。

四、原审判决将张政办发〔2014〕46、47号文认定为与本案事实有关的依据系认定事实和适用法律错误

该两份文件系张店区政府针对“集体土地应缴纳地方税费及国有划拨土地应缴纳使用权租金进行清查”制定的文件，而案涉土地系国有出让土地，不在该两份文件规范调整事项的范围内。2014年底，被上诉人在知晓其被举报后，在本次政府组织清查之际，主动通过傅家镇政府以委托代征的方式缴纳入库了城镇土地使用税6万元，属于被上诉人主动申报纳税的行为，上述过程税务机关并未对其核定税款。原审判决以此为依据来认定被上诉人及其案涉土地的承租人已经联合清查组核定了税款且已上缴，与事实及法律相悖。根据《税收征收管理法》第三十五条第一款的规定，核定税款是税务机关的法定职责，除此之外，任何机关均无权作出。原审法院不但混淆了核定税款的主体，而且在没有证据的情况下作出上述认定，属于适用法律与认定事实错误，上述证据与本案没有关联性。

五、原审判决认为上诉人将承租人缴纳的税款从被上诉人应纳税额中扣减，属事实认定不清的情形，没有法律依据

《税收征管法实施细则》第三条第二款规定：“纳税人应当依照税收法律、行政法规的规定履行纳税义务；其签订的合同、协议等与税收法律、行政法规相抵触的，一律无效。”土地租赁合同约定税款由承租方缴纳，与税收征管法及相关税收政策的规定相悖，该约定应属无效约定。上诉人在对该案进行查处前，被上诉人因不进行纳税申报已被认定为非正常户，且其之前并未向税务机关提供案涉土地的真实资料，造成税务机关无法掌握该土地的真实信息，无法准确认定纳税主体。承租人申报缴纳了城镇土地使用税，是基于承租人主动履行了与被上诉人之间合同约定的义务，并不是税务机关依职权进行的认定行为，在上诉人对案件进行立案查处

后，才通过第三方取得了案涉土地的相关证据，并据此依法认定被上诉人为纳税主体。另外，对承租人缴纳的城镇土地使用税正确的处理方法是向承租人办理退税，在被上诉人补缴纳税额中扣减，是基于案涉土地所应缴纳的税款确实已经部分缴纳，并未给国家税收造成损失，而且通过扣除的方式还减轻被上诉人应补税款的金额和处以罚款的负担，这恰恰是维护被上诉人的利益，该行为完全体现了税务机关合法行政与合理行政的原则。在行政文书中，纳税人仍然是被上诉人，只是在执行阶段予以计算时的减除行为。目的是避免重复征税以及更有效保护被上诉人的利益。综上，原审判决认定事实不清，适用法律错误。上诉人作出的被诉行政处罚证据确凿，适用法律法规正确，符合法定程序。请求查清事实后依法撤销原审判决并驳回被上诉人的诉讼请求。

被上诉人淄博万达包装印刷物资有限公司答辩称：

一、本公司实际占用的土地面积仅为12亩，上诉人按50.32亩计征土地使用税并予行政处罚，明显错误。原审法院撤销上诉人作出的淄张店地税稽罚〔2018〕1号税务行政处罚决定书的判决是正确的

1. 上诉人对“实际占用”理解错误。依照《城镇土地使用税暂行条例》第三条“城镇土地使用税以纳税人实际占用的土地面积为计税依据，依照规定税额计算征收”的规定，上诉人征收城镇土地使用税时，认定土地使用证证载面积为“实际占用”的土地面积，明显属对法律条文的曲解，不符合《最高人民法院关于审理行政案件适用法律规范问题的座谈会纪要》第四条规定的原则精神，不符合《城镇土地使用税暂行条例》第三条文义的表述。

2. 已有部分省份的省级地税机关明确规定，未交付使用的土地无须缴纳土地使用税。本案先办理土地使用权证，然后签订土地出让合同，后因拆迁、迁坟事宜纠纷不断，致使土地使用权证登记的面积与实际交付给被上诉人占有使用的土地面积不一致。目前，一些省级税务机关对因政府规划、拆迁原因致使土地未实际使用如何征收土地使用税进行了明确。例如，赣地税发〔2012〕73号《江西省地方税务局关于明确纳税人受让取得但无法使用的土地应纳城镇土地使用税纳税义务发生时间的通知》规定，辽地税函〔2011〕225号《辽宁省地方税务局关于明确房产税和城镇土地使用税有关业务问题的通知》规定，都规定了相应的减免。在实践中，税务机关采用“一刀切”的方式，仅依据土地使用权证所载面积，而不考虑未实际交付使用的事实情况，明显有违行政执法的公平与正义。

3. 国土资源局已经组织测量，确认实际交付给被上诉人的土地面积为12亩。被上诉人于2004年3月30日与淄博市国土资源局签订国有土地使用权出让合同，合同约定出让土地面积为33 549.00平方米。但是征地内有大片坟地和当地村民的多间民房至今未迁出搬离，14年来与被上诉人纠纷不断，最终导致50.32亩土地迄今尚有38.32亩未交付。2014年7月20日，张店区政府发布〔2014〕46、47号文件，规定政府牵头组织土地税清查，财政、国税、地税、工商、国土部门参与联合

清查，傅家镇专项清查组还是对被上诉人的涉案土地进行了清查。2017 年 2 月 14 日，淄博市国土资源局张店分局对被上诉人用地情况进行了现场勘查。2017 年 2 月 28 日，淄博市国土资源局作为土地出让方，出具《证明》文件证明：“虽然出让给被上诉人的土地面积为 50.32 亩，但目前该宗地内被大片坟地以及民房等地上附着物占用 38.32 亩，至今未拆迁完毕，被上诉人实际使用的土地面积仅为 12 亩。”被上诉人实际占用的土地面积经过国土资源局的测定，应以实际测量的土地面积 12 亩为准。对此，税务机关不能核定被上诉人实际使用的土地面积，也无权对被上诉人实际使用的土地面积进行解释。被上诉人持有的不动产权证书（土地使用证）登记的物权一开始就受到不法侵害，其权利行使受到妨碍，这是客观事实。十四年来答辩人一直在抗争，在寻求法律救济，但至今未能解决。实际上，税收立法已经考虑到这种无法行使权利的实际情况，《城镇土地使用税暂行条例》第三条规定，特别明确地规定了“实际占用”是纳税的前提。上诉人在上诉状中把不动产权证书记载的权利事项与税收行政法规的特别规定混为一谈，混淆了不同法律文件、不同法律规定、不同法律行为、不同法律事实的含义。

4. 被上诉人对于其未实际占有使用的土地不负有缴纳城镇土地使用税的义务。自 2011 年开始，被上诉人尚有 38.32 亩土地一直存在权属纠纷，根据〔1988〕国税地字第 15 号《国家税务局关于印发〈关于土地使用税若干具体问题的解释和暂行规定〉的通知》第四条“关于纳税人的确定，土地使用税由拥有土地使用权的单位或个人缴纳。拥有土地使用权的纳税人不在土地所在地的，由代管人或实际使用人纳税；土地使用权未确定或权属纠纷未解决的，由实际使用人纳税；土地使用权共有的，由共有各方分别纳税”的规定，被上诉人已经出租给承租方并由承租方实际使用的土地，承租方系城镇土地使用税的纳税人，且承租方也已按税务机关的核定征收方式缴纳完毕，2015 年 3 月 25 日，淄博市张店区傅家镇财政所出具了《证明》。被上诉人没有实际占有、使用，不应缴纳税款。

二、国家税务总局、财政部对土地实际占用面积的解释是无权解释

1.《城镇土地使用税暂行条例》第三条规定，土地使用税以纳税人实际占用的土地面积为计税依据，依照规定税额计算征收。前款土地占用面积的组织测量工作，由省、自治区、直辖市人民政府根据实际情况确定，第十一条规定，土地使用税的征收管理，依照《中华人民共和国税收征收管理法》及本条例的规定执行，第十三条规定，本条例的实施办法由省、自治区、直辖市人民政府制定。有关“土地占用面积的组织测量”工作，并未授权国税局、财政部。

2. 规章因扩大纳税人的义务而属于无效规章。2017 年 12 月 22 日修订的国务院制定的《规章制定程序条例》第二条第二款规定，违反本条例规定制定的规章无效。第三条第二款规定，没有法律或者国务院的行政法规、决定、命令的依据，部门规章不得设定减损公民、法人和其他组织权利或者增加其义务的规范，不得增加本部门的权力或者减少本部门的法定职责。也就是说，规章不能扩大纳税人的义

务。〔1988〕国税地字第015号《国家税务总局关于印发〈关于土地使用税若干具体问题的解释和暂行规定〉的通知》中规定的“……尚未组织测量，但纳税人持有政府部门核发的土地使用证书的，以证书确认的土地面积为准……”，当纳税人实际土地占用面积与土地使用证书上的核载面积不一致时，就会扩大纳税人的义务，与《城镇土地使用税暂行条例》的立法本意相矛盾。即无效。

三、淄博市国土资源局出具的《证明》及生效的法院判决书属于公文书，具有法律效力，可以作为认定本案事实的证据使用

系国家行政机关出具，属于公文书范畴，在其被撤销之前具有法律效力。优先于其他书证，应为认定本案事实的证据使用。本案先办证、后签署土地出让合同、而后长达12年时间里土地权属纠纷不断，坟地、当地居民民房未迁出，土地大面积得不到使用，2004年被上诉人支付的土地出让金446万余元至今连成本都未收回来，在这样一种事实情况下，淄博国土资源局的《证明》，征收税款应以此事实为依据，不应片面强调《国有土地使用权证书》《国有土地出让合同》《土地设定登记申请审批表》所记载的内容。征收城镇土地使用税，应依据《城镇土地使用税暂行条例》第三条的规定，以纳税人“实际占用”的土地面积为计税依据，而不能以《国有土地使用权证书》记载的权属面积为依据，因为“权属面积”不能等同于“实际占用的土地面积”。确认实际占有土地面积的职权归属国土局，税务局无权擅自认定、更改及否定国土局作出的法律文件。本案上诉人无视国土局作出的法律文件，擅自认定实际占用面积，显然是超越职权。上诉人把其他国家机关作出的法律行为及对法律事实的确认和税务机关自身的征税行为混为一谈，属于逻辑混乱。

四、上诉人计算被上诉人应纳城镇土地使用税的方式与其认定的事实相矛盾。上诉人就城镇土地使用税的征税金额计算方式与其所认定的事实相互矛盾

第一，纳税主体混淆不清。2012年开始，承租方就其向被上诉人租赁的土地缴纳城镇土地使用税，税务机关进行了核定征收，认可了承租方作为该土地的纳税人，也应向承租方进行追缴，而非向被上诉人追缴，其向被上诉人追缴欠税并进行税务行政处罚没有事实和法律依据。如果认为被上诉人系纳税人，上诉人在计算被上诉人应纳税款时将他人缴纳的税款随意进行减除的做法是错误的，不符合《税收征管法》第三条规定，不得违反法律、行政法规的规定，擅自作出税收开征、停征以及减税、免税、退税、补税和其他同税收法律、行政法规相抵触的决定等，上诉人明显属于滥用职权。第二，上诉人核定被上诉人应纳城镇土地使用税税额时，与对其他企业就同一块土地适用税额标准不一，导致税款金额计算错误。

五、被上诉人已注销税务登记，其有理由相信不存在任何欠缴税款，纳税人的信赖利益应得到保护，上诉人不应对其进行处罚

2014年7月20日，张店区政府发布〔2014〕46、47号文件，虽然被上诉人不在此列，但是傅家镇专项清查组还是对被上诉人进行了清查，被上诉人按照傅家镇联合专项清查组要求，向傅家镇财政所缴纳了6万元税款。淄博市张店区傅家镇财

政所出具了《证明》文件。此外，被上诉人的税务登记已经注销，根据《税收征管法》第十六条的规定，税务机关也是在不存在任何欠缴税款时，将被上诉人的税务登记进行了注销，如果税款未清，税务登记注销，税务机关至少存在一定过错。该工业园区内的企业经营效益普遍偏差，所以也都一直没有申报缴纳城镇土地使用税，极个别的企业有申报缴纳城镇土地使用税，税务机关也仅是核定征收，并没有要求全额缴纳，纳税人的信赖利益应得到保护，《行政处罚法》第四条规定："行政处罚遵循公正、公开的原则"，时隔几年，进行行政处罚明显不当。

六、本案行政处罚也超过五年时效，上诉人予以处罚明显不当

1. 上诉人于2016年6月7日才发现答辩人2010年税收可能涉嫌违法，五年时效已过。

2. 按照《税收征管法》第五十二条的规定，只有偷税、骗税、抗税的税款追征期是无限期的，未申报纳税不属于无限期追征的范畴。因税务机关的责任致使纳税人未缴或少缴税款的，税款追征期为三年。按照《税收征管法实施细则》第八十条的规定，税收征管法第五十二条所称税务机关的责任是指税务机关适用税收法律、行政法规不当或者执法行为违法。本案税务机关既存在适用税收法律、行政法规不当问题，也存在执法行为违法问题。上诉人执法行为存在不履行职责、不作为的渎职情形，上诉人对于从纳税义务发生之日起超过三年的未缴、少缴税款不应追征，据此，对于从纳税义务发生之日起超过三年的未缴、少缴税款不应作出相应的罚款处罚。

3. 被上诉人2010年未申报缴纳税款不属于继续性违法行为。城镇土地使用税按年计算、分期缴纳，被上诉人将实际交付的土地出租给承租方使用，已约定由承租方缴纳税款，此后也是由承租方实际向税务机关申报缴纳相应税款，税务机关核定进行征收，其处罚时效也应从2011年1月1日起算，截止到2016年1月1日，五年时效已过。

七、上诉人办案程序违法，未听取被上诉人的陈述和申辩，且选择性执法，执法不公，构成滥用职权。《税务稽查工作规程》第二十二条规定，第一，"延长"是针对60日的办案期限届满后的延长，即使确需延期，也需要经过批准，而且只能延长一次，延长期限也不应超过60日。至于延长一次之后仍未完成是否可以继续延长检查期限，这里并无规定，"法无授权不可为"。第二，在无明确规定的情况下，应作出有利于行政相对人的解释。在已经延长一次的情况下，不得再次延长。本案上诉人于2018年1月8日才下达《税务处罚决定书》，案件查处时间长达25个月，其恶意延长办案期限，属于程序明显违法。上诉人拒绝听取被上诉人的陈述、申辩。《行政处罚法》第三十一条、第三十二条、第四十一条规定，如果行政机关及其执法人员在做出行政处罚决定之前，没有依法履行告知义务，或者拒绝听取当事人的陈述或者申辩，则属于违反了法定程序，因而其相应作出的行政处罚决定不能成立。被上诉人依据事实和法律提出的陈述和申辩，听证笔录应已有记载。上诉

人拒不向法庭提交听证笔录，其担心该笔录将会作为证明上诉人拒绝听取被上诉人陈述或者申辩的证据。上诉人要求原审法院应通知其补交该笔录，是向法院推责。实际上，属于法定举证不能的情形，法官已经专门向上诉人释明了该证据的重要性及要求，上诉人却置之不理。

八、上诉人超越职权，其行政处罚行为违法

依据《中华人民共和国税收征收管理法》第十四条、《中华人民共和国税收征收管理法实施细则》第九条规定，不属于上诉人税务稽查的执法范围，上诉人对被上诉人进行税务行政处罚属于超越职权的违法行为。综上所述，上诉人作出淄张店地税稽罚〔2018〕1号税务行政处罚决定，存在事实认定错误、主要证据不足、适用法律法规错误、程序违法、滥用职权、超越职权及处罚明显不当等问题，应予撤销。原审法院作出的（2018）鲁0303行初26号一审行政判决合法正确，请求二审法院维持原判，驳回上诉。

双方当事人提供的证据与原审一致，证据已随卷移送本院。经审理，二审查明的事实与原审判决认定的事实一致，本院依法予以确认。

另，上诉人在二审期间向本院提交（2018）年6号《国家税务总局淄博市税务局关于国家税务总局淄博市税务局稽查局成立后有关事项的公告》、（2018）年8号《国家税务总局淄博市税务局关于县级税务机关派出机构改革有关税收事项的公告》，表明原淄博市地方税务局张店分局稽查局执法职权由新成立的国家税务总局淄博市税务局第一稽查局承继。以此申请上诉人诉讼主体变更为国家税务总局淄博市税务局第一稽查局。

本院认为，根据《中华人民共和国税收征收管理法》第五条第一款规定：国务院税务主管部门主管全国税收征收管理工作。各地国家税务局和地方税务局应当按照国务院规定的税收征收管理范围分别进行征收管理。第十四条规定：本法所称税务机关是指各级税务局、税务分局、税务所和按照国务院规定设立的并向社会公告的税务机构。《中华人民共和国税收征收管理法实施细则》第九条规定：税收征管法第十四条所称按照国务院规定设立的并向社会公告的税务机构，是指省以下税务局的稽查局、稽查局专司偷税、逃避追缴欠税、骗税、抗税案件的查处。国家税务总局应当明确划分税务局和稽查局的职责，避免职责交叉。根据上述规定，上诉人国家税务总局淄博市税务局第一稽查局（原淄博市地方税务局张店分局稽查局）具有对本行政区域内税收征收管理工作的法定职责。听证程序系行政处罚过程中非常重要的执法程序，上诉人于2017年4月5日组织听证，在原审程序未提交有关听证的证据材料，其应当承担不利的法律后果。同时，上诉人于听证后9个月，2018年1月8日开出行政处罚决定书，有违行政效率原则。张店区人民政府的2014年46、47号文件规定的包括地方税务机关在内的联合专项清查组，已给该企业核定了税款，税款已上交，其他出租部分，按合同约定由承租方缴纳，应交的各种税金承租方也按税务部门核定的税款已上交。被上诉人基于对税务机关完税凭证的信赖而形成的信赖利益保护原则，上诉人作为五部门联合执法之一，未曾调查核实，未予充分考虑上述行为产生的法律后果，作出被诉行政行为，属明显不当，也存在适用法律错误。上诉人在行政处罚决定书中认定，2012 年被上诉人企业应缴纳城镇土地使用税 234 843.00 元，已缴纳 18 400.00 元；2013 年被上诉人企业应缴纳城镇土地使用税 234 843.00 元，已缴纳 44 519.00 元；2014 年全年应缴纳城镇土地使用税 318 715.50 元，已缴纳 121 474.00 元。而实际情况是已缴纳的城镇土地使用税大部分系承租人所缴纳而非被上诉人，上诉人却认定系被上诉人缴纳，并在计算被上诉人应缴纳税款中予以扣减。属对本案应纳税主体的认识混乱，因此，本案的被诉行政行为，存在证据不足、认定事实不清的情形。上诉人未能充分考虑被上诉人的涉案土地使用纠纷不断发生，大部分土地不能正常使用，不能整体开发，使用权属纠纷至今未能解决，特别是在经国土资源部门测定证明，政府出让给被上诉人的土地之证载面积与实际占用使用土地面积相差巨大等实际情况下，仍按证载面积核算税款，有失公平公正，不利于统筹兼顾保障国家税收和保护纳税人的合法权益，促进经济社会发展。综上所述，上诉人国家税务总局淄博市税务局第一稽查局（原淄博市地方税务局张店分局稽查局）所提上诉理由不能成立，其上诉请求，本院依法不予支持。原审判决认定事实清楚，证据确实充分，符合法律法规规定，审判程序合法，本院依法予以维持。据此，依照《中华人民共和国行政诉讼法》第八十九条第一款第（一）项规定，判决如下：

驳回上诉，维持原判。

二审案件受理费 50.00 元，由上诉人国家税务总局淄博市税务局第一稽查局负担。

本判决为终审判决。

审判长　房　鹏

审判员　卢长普

审判员　张　丽

二〇二〇年三月九日

法官助理　王敬波

书记员　王　琼

（三）城镇土地使用税纳税义务截止时间风险防范

《财政部　国家税务总局关于房产税城镇土地使用税有关问题的通知》（财税〔2008〕152 号）规定，纳税人因房产、土地的实物或权利状态发生变化而依法终止房产税、城镇土地使用税纳税义务的，其应纳税款的计算应截止到房产、土地的实物或权利状态发生变化的当月末。

但在实务中，纳税义务截止的实物或权利状态的具体表现形式是什么，国家税务总局没有规定，造成各地区在执行财税〔2008〕152 号文件时不统一。房地产开发企业从事商品房开发，其开发用地城镇土地使用税纳税义务截止时间，根据各地区停止缴纳时间的早晚，总结各地区实物或权利状态的具体表现形式和时点，有如下六种：

（1）预售（销售）许可证核发时间的当月末。代表的地方规定有《广州市地方税务局税政一处便函：房产税、城镇土地使用税若干业务问题的征税指引》（穗地税一函〔2010〕9号）。

（2）销售合同签订时间。代表的地方规定有《江西省地方税务局关于对房地产开发企业征收城镇土地使用税问题的批复》（赣地税函〔2005〕197号）。

（3）销售合同规定的交付时间。代表的地方规定有《西安市地方税务局关于明确房地产开发企业房地产开发用地城镇土地使用税征收起止时间有关问题的通知》（西地税发〔2009〕248号）、《安徽省地方税务局关于若干税收政策问题的公告》（2012年第2号）、《海南省地方税务局关于购销新建商品房城镇土地使用税有关问题的公告》（琼地税公告2017年第4号）。

（4）开具发票的时间。代表的地方规定有《沈阳市地方税务局关于明确财产和行为税政策有关问题的通知》（2012年4月25日），山东省没有出台规定，但很多税务机关会按开具发票的时间执行。

（5）钥匙交付给买受人。代表的地方规定有《关于明确房地产企业商品房开发期间城镇土地使用税有关问题的通知》（青地税函〔2009〕128号）。

（6）办理土地使用证分割或房产证。代表的地方规定有《河南省地方税务局房地产开发企业城镇土地使用税征收管理办法的通知》（豫地税发〔2006〕第84号）、《关于房地产开发企业开发用地征收城镇土地使用税的通知》（通地税发〔2006〕53号）。

项目所在地区有规定的按地方规定执行，没有规定的参照上述停止缴纳较早时点，并和当地税务机关充分沟通协商，把企业涉税风险降到最低。

应税土地总面积是否包含项目配套的居委会、派出所、学校、幼儿园、托儿所、医院等公共设施分摊的土地面积，地方规定里涉及的有《江西省地方税务局关于对房地产开发企业征收城镇土地使用税问题的批复》（赣地税函〔2005〕197号）、《关于明确房地产企业商品房开发期间城镇土地使用税有关问题的通知》（青地税函〔2009〕128号）。项目所在地区有规定的按地方规定执行，没有规定的要和当地税务机关充分沟通协商，把企业涉税风险降到最低。

七、房地产企业收到地方政府各种形式返还款的风险防范

（1）政府给予房地产开发企业土地返还款的用途有不同的约定，合同约定情况有以下六种：

①第一种情况是土地返还款用于就地建安置房。

②第二种情况是土地返还款用于代理拆迁和代理支付拆迁补偿费。

③第三种情况是土地返还款用于该项目外城市道路、供水、排水、燃气、热

力、防洪等基础设施工程建设（即红线之外建基础设施）。

④第四种情况是土地返还款用于招商引资奖励和生产经营财政补贴或政府补助。

⑤第五种情况是土地返还款用于在该项目内建造会所、物业管理场所、电站、热力站、水厂、文体场馆、幼儿园等配套设施（即红线之内建基础设施）。

⑥第六种情况是土地返还款用于拆迁补偿支出。

上述①至⑤收到土地返还款在会计处理上不冲减开发成本，根据情况计入不同会计科目，上述⑥收到土地返还款在会计处理上冲减开发成本。

（2）在土地增值税的处理上，国家税务总局未作出明确规定，全国各地大多数地区也未作出明确规定，但是有些地区明确规定在计算土地增值税时，从政府部门取得各种形式的返还款不允许扣除，直接冲减土地成本。比如《大连市地方税务局发布的关于进一步加强土地增值税清算工作的通知》（大地税函〔2008〕188号）、《江苏省地方税务局关于土地增值税有关业务问题的公告》（苏地税规〔2012〕1号）、《辽宁省地方税务局关于明确土地增值税清算有关问题的通知》（辽地税函〔2012〕92号）、安徽省2017年公告第6号。

土地增值税没有规定冲减开发成本的地区，在土地增值税清算，以及计算增值税销售额抵减直接支付土地款时，应和当地税务机关沟通协商，把企业涉税风险降到最低。

（3）在增值税的处理上，《国家税务总局关于发布房地产开发企业销售自行开发的房地产项目增值税征收管理暂行办法的公告》2016年第18号规定，扣除当期销售房地产项目对应的土地价款后的余额计算销售额。支付的土地价款，是指向政府、土地管理部门或受政府委托收取土地价款的单位直接支付的土地价款。

可以看到，在18号文中有关土地价款扣除的规定，多次提到了“支付”“实际支付”，如果房地产企业在缴付土地出让金之后，收到与土地出让金相关的财政返还款，可能被认为是没有实际支付的部分，面临着不能扣除销售额的涉税风险。地方规定如2019年5月29日大连市国家税务局《营改增热点问题解答》：“房地产企业取得土地时支付的土地出让金已经取得符合规定的财政票据，之后又从相关部门取得土地返还款，那么计算增值税时允许抵扣的土地价款怎么计算？企业取得土地时单独支付的拆迁费和契税是否允许计算扣除？答：按净支出额计算允许抵扣的土地价款，土地返还款部分不允许抵扣；单独支付的拆迁费和契税不允许计算扣除。”

土地返还款部分不从支付的土地价款中扣除，按当初缴纳土地出让金取得的省级以上（含省级）财政部门监（印）制的财政票据所列价款扣除的地方规定有广东省《2016年6月2日国税解答房地产开发企业营改增实务中的23个问题》、陕西省《2016年7月5日国税局建筑房地产业座谈会问题（答疑汇总）》、湖北省《2017年12月29日国税局营改增政策问题集》等。

（4）对于收到的土地返还款，如果按照部分地区土地增值税的做法冲减开发成本、土地款总额减少的逻辑，契税也应该以返还款部分计算的契税抵减按全额计算缴纳的契税，但国家税务总局规定不能这样处理。《国家税务总局关于免征土地出让金出让国有土地使用权征收契税的批复》（国税函〔2005〕436号）规定，根据《中华人民共和国契税暂行条例》及其细则的有关规定，对承受国有土地使用权所应支付的土地出让金，要计征契税。不得因减免土地出让金而减免契税。

第五章　房地产项目立项与规划设计

项目立项与规划设计阶段最主要的工作任务是进行项目定位，因为项目定位对设计具有很大的影响，在很大程度上决定项目的销售，甚至影响项目开发的成败。另外，实务还涉及如异地绿化建设费等红线外相关成本的会计与涉税处理。

第一节　房地产项目立项与规划设计概述

一、业务事项描述

（一）项目立项

项目立项是指公司根据所取得的建设用地各项经济技术指标结合市场与公司实际情况，对拟开发的项目向有关部门报批或报备而取得行政许可的一种行为。

目前，对于房地产开发项目立项管理的行政部门为各级政府的发改部门，根据现行的相关规定，涉及国有投资的项目，一般需要报发改部门审批，非国有投资项目仅需要报备。对于房地产开发项目来说，通常仅需要报发改部门备案，取得备案批复即可。经济适用房与保障房项目一般由各地城投公司或住投公司负责，或委托相应的房地产公司开发，由相关单位或部门报发改部门审批。

（二）规划设计

城市规划与房地产开发是城市建设的不同阶段，其共同目的是为城市服务、创造良好的生活和生产环境，以满足人们的需求。

城市规划是城市房地产开发的“龙头”，它指导和制约着城市房地产开发。城市规划所绘制的城市发展蓝图要依靠房地产开发来实现，并针对开发过程中出现的新情况作出调整和补充。两者密不可分，具体体现在以下三个方面：

（1）城市规划对房地产开发起到管制作用。

（2）城市规划指导和促进房地产开发的发展。

（3）城市规划设计是房地产成片开发的必经阶段和必要手段。

下面重点介绍涉及房地开发业务的规划管理。

1. 建设项目选址管理

建设项目选址管理是指城市规划行政主管部门根据城市规划及有关法律、法规对建设项目选址进行确认或选择，保证各项建设按照城市规划安排，并核发《建设项目选址意见书》的行政管理工作。

建设项目选址管理的依据是《中华人民共和国城乡规划法》。

《建设项目选址意见书》的办理分提出选址申请、规划管理人员现场踏勘、审查、结果领取四个步骤。

《建设项目选址意见书》有效期为一年，确需延长的，需要在期满前1个月内向市规划行政主管部门提出申请，延长期不得超过6个月。

申办《建设项目选址意见书》，申请人需提交选址申请，并按要求提供需要的文件、图纸、资料。

2. 建设用地规划管理

建设用地规划管理是城市规划主管部门根据城市规划法规和批准的城市规划，确定规划区内建设项目用地的选址、定点和范围，审查总平面图，核发《建设用地许可证》等各项管理工作的总称。

建设用地规划管理的依据是《中华人民共和国城乡规划法》。

《建设用地规划许可证》的办理分申请材料报送、现场踏勘、根据需求征求有关部门意见、核定建设用地的位置和界线、提供规划设计条件、审查建设用地总平面布置图、核发《建设用地规划许可证》七个步骤。

《建设用地规划许可证》有效期为6个月，逾期未申请办理的，将自行失效；申请人需要延续有效期限的，须在有效期届满前30日内提出申请。

办理《建设用地规划许可证》需要的申请材料有以下几种：

（1）《建设用地规划许可证》申请表（单位公章）。

（2）立项批复。

（3）《建设项目选址意见书》及附件（复印件）。

（4）项目合同（复印件）。

（5）经国土资源部门确认的，具有测绘资质的单位测绘的1∶500或1∶1000勘测定界图3张（蓝晒图，现状地形，土地统一坐标、统一高程，包括各类地上、地下管线，建构筑物位置），同时提供一份电子材料。

（6）办理《建设用地规划许可证》的《法人授权委托书》及经办人身份证复印件（出示原件）。

（7）经土地招标、拍卖方式取得国有土地使用权的建设项目还需提供以下材料：

①《国有土地使用权出让合同》（复印件）；

②《国有土地使用权出让合同》中的规划设计条件及附图（复印件）；

③ 法人资格证明（工商营业执照或组织机构法人代码证）（复印件）；

④ 如属于经营性房地产开发建设项目，还需提供开发公司资质证明（复印件）。

3. 建设工程规划管理

建设工程规划管理是城市规划主管部门根据城市规划及有关法律、法规和技术规范，对各项建设工程进行组织、控制、引导和协调，审查规划方案，核发《建设工程规划许可证》等行政管理工作的总称。

建设工程规划管理的主要内容包括建筑管理、道路管理、管线管理。

建设工程管理分为规划设计方案审查、建设工程施工图审计和《建设工程规划许可证》核发三个阶段。

办理《建设工程规划许可证》需要的申请材料有以下几种：

（1）《建设工程规划许可证》申请表（单位公章）；

（2）土地权属资料（土地使用证或建设用地批准书等）；

（3）1∶500或1∶1 000现势性地形图；

（4）规划设计方案审计意见；

（5）施工图中的总平面图及建筑平面图、立面图、剖面图；

（6）道路管线工程须提供道路管线规划图纸、文件两套；

（7）人防等相关专业部门的审查意见。

4. 房地产开发项目规划设计方案编制

（1）居住规划的基本要求

①安全的要求。

②卫生的要求。

③物质舒适性的要求。

④精神享受性的要求。

⑤与城市发展相协调的要求。

⑥可持续性的要求。

⑦产业化的要求。

（2）居住区规划方案编制程序

工作过程可分为调查分析、规划设计、成果表达三个方面。

（3）居住区规划设计方案的内容

居住区规划设计方案的主要内容包括规划结构、住宅形式与布局选择、配套服务设施、道路交通、绿地与景观、竖向、管线综合等多个方面。按照居民区规划设计的层次性特点，在总体规划、控制性详细规划和修建性详细规划等不同层次的规划阶段中的侧重点有所不同。

①规划空间结构

一般情况下，居住区包括住宅、道路、配套公共服务设施、公共绿地四个部分，通过对空间结构的分析，将四个部分要素加以组合，确定基本布局和空间形态。

影响居住区规划结构的主要因素包括区位及规划要求、场景及环境条件、人的生活需求、经济性、社会管理制度等。

目前，常见的居住区规划空间结构类型主要有内向型、开放型和自由型等。

②住宅的形式与布局选择

住宅的形式取决于自然环境、经济水平、技能水平、文化习俗和家庭结构等因素。

在《住宅建筑设计规范》中，根据住宅建造层数将住宅划分为低层建筑（1~3层）、多层建筑（4~6层）、中高层建筑（7~9层）、高层建筑（10~30层）。

住宅的布局有行列式、周边式和点群式三种基本形式。

③配套服务设施

公共服务设施也称配套公建，决定居民生活服务质量和方便程度，是居住区不可或缺的组成部分。

公共服务设施的规划布局应体现生活方便、减少干扰、有利经营、美化环境的原则，可采用分散、集中、分散和集中相结合的方式布局。为了保证合理的服务半径，注意未来发展需要，规划中还应留有余地。

④道路交通

居住区道路网结构在形态上有规则式、自由式和混合式等，在交通组织上分为人车分流、人车混行两种形式。

⑤公共绿地

在绿地规划设计中，公共绿地应具备可达性、功能性、亲和性。

绿地布局应注意人的动态和静态观赏效果，一般在小区入口、中心形成景观节点，创造层次丰富的视觉效果。

⑥竖向及管线综合

居住区的市政工程由居住区的给水、排水、供电、燃气、供热、通信、环卫、防灾等工程组成。

按照敷设方式可分为架空线路和地下埋设线路。地下埋设线路又可分为直埋管线和沟埋管线。居住区内的管线尽量采用地下埋设的方式。

竖向规划设计是为了有效利用地形，满足居住区道路交通、地面排水、建筑布置和城市景观等方面的要求，对自然地形改造和利用而进行的规划设计，包括道路竖向设计和场地竖向设计。

（4）居住区规划设计方案主要成果

居住区规划设计方案的主要成果一般包括规划设计图纸和文件两大类，具体包括：

①分析图。

②规划设计图。

③工程规划设计图。

④形态意向规划设计图和模型。

⑤规划设计说明及技术经济指标。

居住区规划设计的基础资料包括政策法规性文件和自然及人文地理资料。

（5）市场主流住宅形式

在《住宅建筑设计规范》之外，房地产市场逐步形成了适应市场需求的其他的住宅形式，其主流形式有板楼、塔楼、别墅。

对于房地产企业来说，其规划设计可以理解为公司根据建设用地的相关经济技术指标委托具有设计资质的设计单位进行总体方案设计、单体方案设计和后续施工图设计的一系列工作的总称。

房地产企业规划设计方案的报批，是继获取建设用地使用权后进行房地产项目开发的一个重要节点事件。规划设计方案不仅影响未来项目的定位和销售，同时也是项目开发资金测算、预算工作的起点，而资金的预算又是资金安排和资金筹措等工作的重要组成部分，可以说规划设计工作在项目开发工作中的作用和影响非常大，需要引起财务部门的高度重视。

二、会计核算处理

立项与规划设计阶段的会计核算处理对象主要有立项时编制相应可行性研究报告的费用，在规划报批中按规定向建设行政主管部门缴纳的城市配套建设费、墙改基金、新材料使用基金、农民工工资保证金等各种费用。

对于公司因编制可行性研究报告及向建设行政主管部门缴纳配套费、墙改基金、新材料使用基金等所支付的各种款项，如果存在预期可收回的款项，如新材料使用基金、农民工工资保证金等，在会计核算时，借记“其他应收款”科目，下设相应的应收项目（如新材料使用基金、农民工工资保证金等），贷记“银行存款”科目。

对于缴纳的预期不能收回的编制可行性研究报告的费用及向建设行政主管部门缴纳的城市建设配套费、异地绿化费等支出款项，借记“开发成本——前期费用（对应项目）”科目，贷记“银行存款”科目。

对支付设计单位的设计费及前期对土地进行三通一平或七通一平发生的工程费用，借记“开发成本——前期费用（对应项目）”科目，贷记“银行存款”科目。

对支付的签订《设计合同》和《编制可行性研究报告合同》产生的印花税，借记“管理费用——印花税”科目，贷记“银行存款”科目。

【例5-1】 A房地产公司于2018年3月20日与C建筑设计院签订《编制可行性研究报告合同》一份，合同约定可行性研究报告的编制总费用25万元，签订合同后3日内支付编制可行性研究报告的前期费用10万元，提交报告成果之后5日内支付剩余款项。A房地产公司于2018年3月22日支付编制可行性研究报告的前期费用10万元；2018年3月28日，接到报建部门通知，要求支付城市建设配套管理费380万元，墙改基金80万元，新材料使用基金80万元，农民工工资保证金500万元等。上述款项均已取得对应的增值税专用发票或财政行政事业性单位收据，假设项目名称为某都市花园。

会计处理：

(1) 2018 年 3 月 22 日

借：开发成本——前期费用（某都市花园） 10 万元

　贷：银行存款 10 万元

(2) 2018 年 3 月 28 日

借：开发成本——前期费用（某都市花园） 380 万元

　　　　　　——前期费用（某都市花园） 80 万元

　　其他应收款——新材料使用基金（某都市花园） 80 万元

　　　　　　　——农民工工资保证金（某都市花园） 500 万元

　贷：银行存款 1 040 万元

(3) 计算缴纳合同印花税

借：管理费用——印花税 75 元（25×0.03%）

　贷：银行存款 75 元（25×0.03%）

三、税务事项描述

1. 印花税

本阶段涉及的税务事项主要是根据签订《设计合同》和《编制可行性研究报告合同》的金额，按设计类别和购销业务类别分别计算并申报缴纳印花税。

2. 城镇土地使用税

在立项与规划设计阶段，按照《土地出让合同》规定，开始缴纳土地使用税。具体规定请参考第四章第二节中关于城镇土地使用税的介绍。

四、风险防范

立项和规划设计阶段的主要税务风险是合同印花税的计算与缴纳，因合同印花税涉税金额较小，容易忘记或忽略对《编制可行性研究报告合同》《设计合同》《前期土石方工程合同》等印花税的计算缴纳，从而带来涉税风险。在立项规划设计阶段，有一部分人分不清编制《可行性研究报告合同》与《设计合同》是否统一按设计类合同计算缴纳印花税。在多数情况下，《设计合同》与《编制可行性研究报告合同》都是与建筑设计院签订的，容易让人混淆，误将《编制可行性研究报告合同》按设计类合同印花税类别计算印花税，造成多缴印花税。税法对于印花税的处理原则是小税重罚，多缴不退，所以应该引起重视。

另一个问题是容易忽略城镇土地使用税的申报缴纳，引发税务风险。

第二节　规划红线外成本扣除问题

在实务中，出让的土地地价经常会受地段及容积率等的影响，比如设计的容积率，《土地出让合同》中会标明在土地摘牌后需要房地产开发公司缴纳一定数额的异地绿化费作为开发地块绿地率指标的补偿，这属于红线外成本涉及的扣除相关问题。本节整理了部分地区对于规划红线外成本的涉税扣除规定，供读者参考。

一、国家规定

国税发〔2006〕187号《国家税务总局关于房地产开发企业土地增值税清算管理有关问题的通知》第四条土地增值税的扣除项目第（一）款：房地产开发企业办理土地增值税清算时计算与清算项目有关的扣除项目金额，应根据土地增值税暂行条例第六条及其实施细则第七条的规定执行。除另有规定外，扣除取得土地使用权所支付的金额、房地产开发成本、费用及与转让房地产有关税金，须提供合法有效凭证；不能提供合法有效凭证的，不予扣除。

《国家税务总局关于土地增值税若干具体问题的公告（征求意见稿）》第二条规定，关于审批的项目规划外，所建设施发生支出的扣除问题：房地产开发企业在项目建设用地边界外（国家有关部门审批的项目规划外，即“红线”外）承诺为政府或其他单位建设公共设施或其他工程的，房地产开发企业在计算本项目土地增值税时，其在项目建设用地边界外为政府或其他单位建设公共设施或其他工程所发生的支出，不得计入本项目扣除项目金额。

二、地方规定

1. 广州规定

穗地税函〔2014〕175号《广州市地方税务局关于印发2014年土地增值税清算工作有关问题的处理指引的通知》第三条规定，关于项目建设用地红线外支出的扣除总问题：纳税人为取得土地使用权，在项目建设用地红线外为政府建设公共设施或其他工程发生的支出，根据《国家税务总局关于房地产开发企业土地增值税清算管理的有关问题的通知》（国税发〔2006〕187号）第四条第（一）项确定的相关性原则，纳税人如果能提供国土房管部门的协议、补充协议，或者相关政府主管部门出具的证明文件的，允许作为取得土地使用权所支付的金额予以扣除。

2. 海南规定

琼地税函〔2015〕917号《海南省地方税务局关于印发土地增值税清算有关业务问答的通知》第八条规定，如何确认审批项目规划外所建设施发生支出的扣除问题？房地产开发企业在项目建设用地边界外（国家有关部门审批的项目规划外，即“红线”外）为政府建设公共设施或其他工程所发生的支出，凡能提供政府有关部门出具的证明文件确认该项支出与建造本清算项目有直接关联的（含项目的土地使用权取得相关联的）支出，可以计入本项目扣除项目金额。

3. 广西规定

桂地税发〔2008〕44号《广西壮族自治区地方税务局关于明确土地增值税清

算若干政策问题的通知》规定，房地产开发商按照当地政府要求建设的道路、桥梁等公共设施所产生的成本费用，凡属于房地产开发项目立项时所确定的各类设施投资，可据实扣除；与开发项目立项无关的，则不予扣除。

《桂林市土地增值税清算工作指南（试行）》第十三条关于审批项目规划外政府要求房地产企业额外承担的部分市政建设费用（支出）的扣除问题中，对于房地产开发企业发生的、满足下列条件之一的项目建设用地边界外（即“红线”外，下同）的市政建设费用（支出），可以凭建安工程发票或财政部门开具的收据计入本项目取得土地使用权所支付的金额予以扣除：

（一）房地产企业在与国土资源管理部门签订的《国有土地使用权出让合同》中约定或国土资源管理部门在《国有土地使用权招拍挂出让公告》中注明有房地产开发企业在项目建设用地边界外应政府要求建设公共设施或其他工程等内容的。

（二）房地产企业在项目建设用地边界外应政府要求建设公共设施或其他工程所发生的支出，能提供与本项目存在关联关系的直接依据（如新建、扩建出入小区的市政道路、桥梁等）和县级以上（包括县级、市辖城区）人民政府的正式文件的。对于不满足上述条件的项目建设用地边界外的市政建设费用（支出）（包括房地产开发企业为提升项目周围环境品质、促进开发产品的销售而自行对项目周边绿化、道路进行整治发生的成本费用），不得计入本项目扣除金额。

4. 江苏规定

苏地税规〔2012〕1号《关于土地增值税有关业务问题的公告》规定，项目规划范围之外的，其开发成本、费用一律不予扣除。

江苏无锡国税2016年度企业所得税政策问题答疑：三、在国有土地使用权出让合同中设定的规划红线之外，企业改造了一条道路，发生的市政路改造、绿化、站台建设、路灯维修等支出，是否可作为开发成本在税前列支?

答：如企业能提供相关材料，证明该项改造支出确为企业生产经营必须发生的合理的支出项目，则该项支出可以按规定税前扣除。

5. 山西规定

山西省地方税务局公告2014年第3号《山西省地方税务局关于发布〈房地产开发企业土地增值税清算管理办法〉的公告》第十九条第（三）项第4目规定，土地红线外的绿化、修路、配套等支出，不得扣除。

6. 重庆规定

渝财税〔2015〕93号《重庆市财政局　重庆市地方税务局关于印发〈土地增值税等财产行为税政策执行问题处理意见〉的通知》规定，房地产项目开发中，因统一规划、整体开发需要，在相邻地域建造公共设施，经土地出让合同约定的，发生的建造支出可作为“取得土地使用权所支付的金额”予以扣除。

第六章　房地产项目招投标与施工建设

项目施工建设是房地产开发的重要阶段。在进行项目施工建设之前，房地产开发企业需要进行招投标工作，招投标在一定条件下可以帮助房地产开发企业在确保项目安全和保证质量的前提下，为如期完成开发建设项目，选择设计、勘察和正式施工建设技术力量强且管理好的单位。最终形成开发产品，并完成会计处理、涉税业务、风险防范等复杂经济事项。

第一节　房地产项目招投标概述

对于房地产开发企业来说，重要的是如何找到理想的、有能力承担建设工程任务的合适单位，用经济合理的价格，获得满意的服务和产品。根据建设工程的通常做法，房地产开发企业（建设方或发包人）一般通过招标或其他竞争方式选择承担建设工程任务的实施单位，包括设计、咨询（监理）、施工承包和供货等单位。当然，房地产开发企业（建设方或发包人）也可以通过询价采购和直接委托等方式选择承担建设工程任务的实施单位。承担建设工程任务的设计、施工等单位也通常以投标竞争方式显示自己的实力和水平，获得想要承担的工程任务。

一、招投标概念

招投标是一种在市场经济条件下进行工程建设、货物买卖、财产出租、中介服务等经济活动的竞争形式和交易方式，是引入竞争机制订立合同（契约）的一种法律形式。招投标管理是招标人对工程建设、货物买卖、劳务承担等交易业务，事先公布选择采购的条件和要求，招引他人承接，若干或众多投标人做出愿意参加业务承接竞争的意思表示，招标人按照规定的程序和办法择优选定中标人的活动。

从客观上讲，房地产开发项目招标应该具备以下几项条件：房地产公司依法成立；开发项目土地使用权已经通过合法的形式获取，并有具体的经济技术指标；资金或资金来源已经落实。这些条件，一方面从法律上保证了项目和项目法人的合法化，另一方面从技术和经济上为项目的顺利实施提供了支持和保障。

从理论上讲，在市场经济条件下，房地产开发项目是否采用招投标的方式确定承包人，房地产开发企业有着完全的决定权；采用何种方式进行招标，房地产开发企业也有着完全决定权。

按照《中华人民共和国招标投标法》规定，招标分公开招标和邀请招标两种方式。对于房地产开发企业来说，采用邀请招标的方式比较多。邀请招标亦称有限竞争性招标，招标人事先经过考察和筛选，将投标邀请书发给某些特定的法人或组织，邀请其参加投标。招标人采用邀请招标方式，应当向三个以上具备承担招标项目能力、资信良好的特定法人或者其他组织发出投标邀请书。

二、招标管理及流程

招标是一种非常具有公正性的市场竞争手段，也是一种优化配置资源的方式。招标能够满足市场经济的发展需要，也为所有企业提供了一个十分透明的竞争平台，所以做好招标管理的意义非常重大。负责招标工作的人员应该熟悉企业各方面的情况，做好招标前的各种工作准备，提前设计招标的进程与内容，做好计划和安排，同时将招标的物资、工程等及时上报给公司财务部门，进行财务的调配，这就是狭义上的企业招标管理。

企业招标采购流程为使用申请→资产核查→招标准备→招标文件→发标开标→定标→领导审核→签订合同→物资发放→工程开工。

三、项目招投标的范围

2018 年 6 月 1 日实施的《必须招标的工程项目规定》（国家发展改革委令第 16 号）第二条规定，全部或者部分使用国有资金投资或者国家融资的项目包括：

（一）使用预算资金 200 万元人民币以上，并且该资金占投资额 10% 以上的项目；

（二）使用国有企业事业单位资金，并且该资金占控股或者主导地位的项目。

第三条规定，使用国际组织或者外国政府贷款、援助资金的项目包括：

（一）使用世界银行、亚洲开发银行等国际组织贷款、援助资金的项目；

（二）使用外国政府及其机构贷款、援助资金的项目。

第四条规定，不属于本规定第二条、第三条规定情形的大型基础设施、公用事业等关系社会公共利益、公众安全的项目，必须招标的具体范围由国务院发展改革部门会同国务院有关部门按照确有必要、严格限定的原则制订，报国务院批准。

第五条规定，本规定第二条至第四条规定范围内的项目，其勘察、设计、施工、监理以及与工程建设有关的重要设备、材料等的采购达到下列标准之一的，必须招标：

（一）施工单项合同估算价在 400 万元人民币以上；

（二）重要设备、材料等货物的采购，单项合同估算价在 200 万元人民币以上；

（三）勘察、设计、监理等服务的采购，单项合同估算价在 100 万元人民币以上。

同一项目中可以合并进行的勘察、设计、施工、监理以及与工程建设有关的重要设备、材料等的采购，合同估算价合计达到前款规定标准的，必须招标。

《国家发展改革委关于印发〈必须招标的基础设施和公用事业项目范围规定〉的通知》（发改法规〔2018〕843号）第二条规定，不属于《必须招标的工程项目规定》第二条、第三条规定情形的大型基础设施、公用事业等关系社会公共利益、公众安全的项目，必须招标的具体范围包括：

（一）煤炭、石油、天然气、电力、新能源等能源基础设施项目；

（二）铁路、公路、管道、水运，以及公共航空和A1级通用机场等交通运输基础设施项目；

（三）电信枢纽、通信信息网络等通信基础设施项目；

（四）防洪、灌溉、排涝、引（供）水等水利基础设施项目；

（五）城市轨道交通等城建项目。

根据国家关于“放管服”改革的要求，2018年6月1日以后，非国有资金投资建筑工程项目不需要招投标，填写“直接发包申请表”即可。

四、投标保证金、履约保证金的规定

《工程建设项目施工招标投标办法》和《中华人民共和国招标投标法实施条例》规定，招标人可以在招标文件中要求投标人提交投标保证金。投标保证金除现金外，可以是银行出具的银行保函、保兑支票、银行汇票或现金支票。投标保证金不得超过项目估算价的2%，但最高不得超过80万元人民币。投标保证金有效期应当与投标有效期一致。投标人应当按照招标文件要求的方式和金额，将投标保证金随投标文件提交给招标人或其委托的招标代理机构。依法必须进行施工招标的项目的境内投标单位，以现金或者支票形式提交的投标保证金应当从其基本账户转出。

招标人和中标人应当在投标有效期内并在自中标通知书发出之日起30日内，按照招标文件和中标人的投标文件订立书面合同。招标人和中标人不得再行订立背离合同实质性内容的其他协议。招标人要求中标人提供履约保证金或其他形式履约担保的，招标人应当同时向中标人提供工程款支付担保。招标人不得擅自提高履约保证金，不得强制要求中标人垫付中标项目建设资金。

招标文件要求中标人提交履约保证金的，中标人应当按照招标文件的要求提交。履约保证金不得超过中标合同金额的10%。

五、工程预付款、工程款支付担保的规定

2017年2月国务院出台《关于促进建筑业持续健康发展的意见》，要求“严格执行工程预付款制度，及时按合同约定足额向承包单位支付预付款。通过工程款支付担保等经济、法律手段约束建设单位履约行为，预防拖欠工程款”。为贯彻落实国务院要求，住房和城乡建设部等18个部委制订了《贯彻落实〈国务院办公厅关

于促进建筑业持续健康发展的意见〉重点任务分工方案》，予以重点落实。

湖北省住建厅印发《关于进一步加强建设领域拖欠工程款问题治理工作的通知》，全面部署落实建设领域拖欠工程款问题。通知的重点内容之一为“建设单位需提供等额支付担保。总承包单位向建设单位提供工程履约担保的同时，建设单位必须向总承包单位提供等额工程款支付担保，并在施工合同备案时一并提交”。

工程款支付担保范围：

（1）合同造价在1000万元以上的房地产建设项目和市政项目，必须由建设单位对工程款支付进行担保。

（2）担保可以采用银行保函、专业担保公司的保证、建设单位合同款支付保证保险。

（3）担保金额不得低于建设工程合同总价款的10%~15%。

（4）在办理建设工程施工许可手续时，建设单位应提供保函的原件和加盖建设单位、施工单位公章的保函复印件，否则视为建设资金未落实，不予办理施工许可证。

（5）政府投资项目不得以施工企业带资承包的方式进行建设，严禁将带资承包有关内容写入工程承包合同及补充条款。

（6）建设单位建设资金到位后方可开工建设，对建设资金不落实的项目不予批准。

《贵州省住房城乡建设厅关于进一步推行工程款支付实行担保制度相关事宜的通知》规定：（一）建设单位工程款支付担保，是指为保证履行合同约定的工程款支付义务，由担保人为建设单位向施工单位提供的保证支付工程款的担保。工程款支付担保应当采用第三方保证担保的方式。担保人对其出具的保函承担担保责任。建设单位工程支付担保费列入工程造价。（二）适用范围。在贵州省境内，工程建设施工合同签约在1000万元以上的建筑工程项目原则上实行工程款支付担保。

六、建筑劳务工资保证金、安全文明措施费的规定

在项目招投标完毕，签订施工合同后，建设单位、施工单位在工程开工前按工程合同总造价1%的基准比例缴纳建筑劳务工资保证金。

建设单位应当及时向施工单位支付建筑企业养老保障金，安全防护、文明施工措施费，并督促施工企业落实安全防护、文明施工措施。施工单位应当确保安全防护、文明施工措施费专款专用，在财务管理中单独列出安全防护、文明施工措施项目费清单备查。总承包单位应当按照规定及合同约定及时向分包单位支付安全防护、文明施工措施费。

第二节　房地产项目施工建设的会计处理

一、建筑安装工程承包方式

建筑安装工程承包通常有三种方式：包工包料、包工不包料、发包方控料。承包方式不同，工程价款的结算也不同，会影响双方的收入、成本，也会给企业带来税负差异。同时，企业的涉税处理也不相同。

（一）包工包料方式

在这种承包方式下，建安工程的结算价款由两部分组成：一是根据建筑安装工程量和预算定额计算的直接费用，包括建筑安装施工中发生的直接材料、人工、机械使用费；二是各种取费，包括安全文明施工增加费、企业管理费、规费、法定利润、税金、间接费用等，各种取费是根据所发生的直接费用按照各地规定的费率标准计算的。房地产开发企业与建筑施工企业依据承包工程总造价结算，建筑施工企业全额开具工程结算的建筑安装发票。

（二）包工不包料方式

包工不包料方式，也称“甲供材料”（营改增后称甲供工程），是一种房地产开发企业（甲方）全部或部分自行采购设备、材料、动力，建筑施工企业（乙方）提供建筑安装劳务的工程承包方式。

“甲供材料”材料价款的结算按照实际的价格结算。在“甲供工程”中，“甲供材料”又分为两种情况：一是甲定甲购，即材料和设备都由甲方根据设计图纸的要求自行采购，再拨付给乙方，双方按实际拨付的数量和价格进行结算。实务中，房地产开发企业为了方便管理，通常是将采购的设备和材料运抵施工现场，直接交付施工单位，由施工单位负责管理，即零库存。由于房地产开发企业没有实施对材料管理的行为，需要支付给施工企业一定比例的材料保管费，材料的价格和质量风险由房地产开发企业承担，材料的数量风险由施工单位承担。二是甲定乙购，即材料和设备的品牌由甲方指定，具体采购和管理由乙方负责，房地产企业需要支付施工单位一定比例的采购和保管费用（采保费），材料的价格风险由开发单位承担，材料的质量和数量风险由施工单位承担。对于甲定甲购，开发单位根据施工图计算施工所需的材料量，列出材料供应清单，各个施工单位根据工程进度上报所需要的材料量，开发单位统一购入再分发给各施工单位。对于甲定甲购材料的结算，在会计上主要有两种处理方式：一是房地产开发企业在会计科目中设置“原材料”科目，当采购工程物资时，借记“原材料”科目，按各种材料设备进行明细核算，贷记“银行存款”“应付账款”科目，在工程物资发出时，借记“开发成本——建筑安装工程”科目，贷记“原材料”科目，按材料设备进行明细对应核算。二是实行所谓的零库存核算，不设置“原材料”科目，在材料运抵施工现场时，拨付的材料或设备相当于拨付的工程款，借记“开发成本——建筑安装工程费”科目，贷记“银行存款”“应付账款”科目。在工程款结算时将这部分材料款从结算总额中剔除。基于此，发包方发包的建筑工程自购材料为零，就是包工包料工程。在税法中，没有规定“甲供料”中的甲方自己购买的材料、设备、动力在整个建筑工程造价中所占的比例，只要甲方自己有购买工程所用材料的行为，即使购买一元钱的材料也是“甲供料”现象。

对房地产开发企业来说，这种承包方式的优点在于：一是可以有效地控制材料的质量，为开发项目的施工质量提供可靠保障；二是利用材料集中采购的优势可以降低材料的采购价格，进而降低工程造价；三是甲方乙方是一个集团公司的，增值税此多彼少，只需考虑企业所得税和土地增值税，“甲供材料”税负更少。因此，这成为房地产开发企业经常采用的一种承包方式。

（三）发包方控料方式

发包方控料方式，也称“甲控料”，是指由施工单位购买材料，房地产开发企业认价。“甲控料”一般按暂估价计入预算，施工时，由施工单位报价，一般要选择三家以上的报价单位供建设单位参考。房地产开发企业根据市场价适当地加利润进行认价，同时得到施工单位的认可。认价后的材料价格作为结算时材料价格的依据。“甲控料”的进货由房地产开发企业联系，由施工单位结算。因此，建安工程的结算价款与包工包料方式基本相同。

二、工程价款结算办法

基础设施建设工程和建筑安装工程一般采用招标、邀标方式，将工程发包给施工企业的，按工程标价进行结算。开发企业与施工企业在工程承包合同中规定的工程价款，应根据国家有关工程价款结算办法，结合当地有关规定结算。各地区采用的工程价款结算办法主要有如下三种：

（1）按月结算。即按照每月实际完成的分部分项工程进行结算。根据验收合格的各月份已完分部分项工程的工程数量和预算单价等计算的工程造价，就是该月份应结算和支付的工程款。

（2）分段结算。即将一个工程按形象进度划分为几个阶段（部位），如基础完成、正负零、主体结构层数、主体封顶、装饰完成、竣工验收完成等，按照完成阶段，分段验收结算工程价款。

（3）竣工一次结算。开发项目或单项工程施工工期在 12 个月以内，或者工程承包合同价值较小的，可以采取工程价款每月月中预支、竣工后一次结算的办法。即在工程开工后，每月按当月施工计划所列工作量预付工程款，于工程竣工验收后，按工程承包合同价值扣除预付工程款后进行结算。

实务中结算方式灵活多变，不局限于某一种方式。不论采用何种结算办法，施工期间结算的工程价款一般不得超过承包工程合同价值的95%，其中国有投资工程不超过97%，剩余的质保金待工程质保期满后清算。

三、“甲供材料”的会计处理

（1）A公司从市场购入材料取得增值税发票并勾选的会计处理

借：原材料

　应交税费——应交增值税（进项税额）

　贷：银行存款/应付账款

（2）将材料提供给施工方用于项目工程

借：开发成本——建筑安装工程费

　贷：原材料

“甲供材料”一般签订三方合同（特指甲定甲购模式），约定供货方、付款方和使用方，明确各方责任和义务，甲供材料发票由供货方直接开具给采购方（保证“三流合一”）。签订的工程施工合同甲供材料部分计入工程总造价的，实际拨付进度款或工程结算时A公司扣除甲供材料款的余额支付给施工方；工程施工合同甲供材料部分没有计入工程总造价的，拨款时A公司不用考虑甲供材料。甲定乙购模式中，工程款的结算支付与包工包料模式一致。

在甲定甲购模式下，不论甲供材料是否包含在工程总造价中，施工方都是按不含甲供材料金额向A公司开具增值税专用发票；在甲定乙购模式下，发票的开具与包工包料模式一致。

四、包工包料和发包方控料的会计处理

采用包工包料和发包方控料（甲控料）方式，房地产开发企业的会计处理比较简单。开发项目竣工时，房地产开发企业按照决算的工程价款扣除质保金后的余额结算工程款，并确认收到建筑施工企业全额开具的建筑安装发票。由于是施工方购买材料，所以工程价款发票金额中包含了材料价款，房地产开发企业可以依据施工方开具的发票确认成本。对于施工方来说，应按照材料款、人工费、机械使用费和其他直接费确认成本。

五、支付工程合同款的会计处理

房地产开发企业预付给施工企业备料款、工程款的，可以通过“预付账款——预付工程款”科目进行核算，“预付账款”科目应按客户单位名称设置明细科目。

（1）开发企业按照规定预付给承包施工企业备料款和工程款时

借：预付账款——预付工程款

　贷：银行存款

合同结算时，按照工程价款结算账单应付给承包施工企业工程款时，

借：开发成本

　贷：银行存款

　　　预付账款——预付工程款（扣回的预付备料款、工程款）

房地产企业按照发包工程合同与承包施工单位定期进行工程价款结算，既可以保证房地产企业开发产品成本的准确性，也可以准确反映房地产企业的负债情况。

（2）施工企业提交履约保证金的

借：银行存款

　贷：其他应付款

（3）房地产开发企业支付担保方担保费的

借：其他应收款

　贷：银行存款

计提工程结算价款属于预提费用，一般发生在会计期末。在会计处理上，房地产企业可以根据实际情况进行预提。根据所得税法规定，出包工程未最终办理结算而未取得全额发票的，在证明资料充分的前提下，其发票不足金额可以预提，但最高不得超过合同总金额的10%。因此，在税务处理上可能存在纳税调整的问题。

六、工程水电费的核算

项目施工现场使用的工程水电，包括施工水电和生活用电。办理用电用水开户时一般由房地产开发企业发起，供电和供水的户头在房地产开发企业，因此，绝大多数情况下施工中的用电用水费用都由房地产开发企业交纳并取得发票；也有由施工单位以房地产开发企业名义去交纳费用并开具发票的情形，但发票的抬头还是房地产开发企业。在开发期间产生的施工水电费包含在工程合同价款中的，水电费是工程造价的组成部分，绝大多数由施工方承担，也有个别会约定由房地产开发企业承担，此时属于甲供水电。这对房地产开发企业项目现场管理能力提出了很高的要求，因为难免产生浪费。但施工单位的生活水电费用是由其自行承担的。

（一）工程水电如何结算

1. 工程水电由施工单位承担

平时由水电账户开立者房地产公司缴纳水电费，在工程结算时，首先按自来水公司、电力公司收费单价与定额（价目表）水、电预算价格找补差价，然后确定实际消耗量超定额消耗量的用量，最后确定超定额部分，其中水电定额含量以内的，施工单位按定额消耗量及价目表价格退给房地产公司，定额含量以外的，施工单位应按水、电表用量及实际单价退给房地产公司。该种结算方式下定额消耗量部分的差价（实际单价超价目表的部分）由房地产公司承担。

平时由水电账户开立者房地产公司缴纳水电费，在工程结算时，按照实际计量情况扣回，其中数量以“抄表数+线路摊销损耗”计取，水电费单价按照水电供应部门提供的市价执行。

上述结算方式概括起来就是“平时垫付、结算扣回”，实务中一般是在支付工程进度款时扣回。

如果由施工单位开立水电表账户，其承担的水电费也无须和房地产公司进行结算，直接按照支付供水和电力公司的费用进行核算，这种情况较少。

2. 施工水电由房地产开发企业承担

由于工程合同价款中不包含水电费用，因此不用进行工程结算。施工单位生活水电部分，需由房地产公司单独与施工单位结算，一般是在结算工程款时扣回。

实务中，施工方开立水电账户，还要房地产公司承担水电费的情况是极其罕见的。

（二）房地产公司转售水电如何缴税

施工单位承担施工水电费对房地产公司是转售行为。营改增后，建筑施工企业对于进项税额的取得非常重视，并且电费是13%的税率，所以，建筑施工企业在向房地产开发企业支付水电费的时候，会索取水电费发票。

1. 适用税率

转售电力时，增值税的税率为13%，按照规定开具增值税专用发票或普通发票。同时，房地产公司从供电公司可以取得13%的进项发票，进行抵扣。

转售自来水时，增值税的税率为9%，按照规定开具增值税专用发票或普通发票。根据《财政部　国家税务总局关于简并增值税征收率政策的通知》（财税〔2014〕57号）的规定，自来水公司销售自来水可以按照简易方法依照3%的征收率征收增值税。房地产开发企业没有资质申请备案销售自来水使用简易计税方法的，所以房地产企业开给建筑施工企业的水费发票只能按9%的税率。在实际工作中，在金税开票系统中水费也无法选择3%这一档的征收率，房地产开发企业转售自来水存在一个6%税率差的问题。

2. 纳税义务发生时间

根据《增值税暂行条例》的规定，发生应税销售行为，增值税纳税义务发生时间为收讫销售款项或者取得索取销售款项凭据的当天。房地产公司转售水电增值税纳税义务发生时间要根据施工水电的结算方式来确定，在工程进度款或结算款中扣回的，在扣回时产生增值税纳税义务。

（三）工程水电费的会计处理

目前，多数项目用电都采用预付费制，就是先在电卡上充值，然后按充值金额在供电局营业厅开具相应的发票。房地产开发企业可以在施工用电卡充值时，根据支付凭证、增值税专用发票，借记“开发成本”科目，贷记“银行存款”科目。

这里需要强调的一点是，如果项目是分期开发的，应先将电费归集在开发成本中的二级科目开发间接费下，再按对应分期的用电量进行分摊后，计入各分期对应的开发成本二级科目明细，如“开发成本——前期费用”或“开发成本——建筑安装工程费”等科目。

如果与施工单位签订的总承包合同约定工程造价不含水电费的，则结算时仅从工程结算款中扣减相应的水电费金额后，按扣除水电费后的金额，要求施工单位开具对应的发票进行结算，房地产开发企业不再需要另外的会计处理。

如果与施工单位签订的总承包合同约定工程造价含水电费的，则结算时施工单位按结算金额开具对应金额的发票，但实际支付的款项为结算金额扣减水电费后的差额，房地产开发企业应向施工单位开具对应的水电费增值税发票。依据工程进度结算书、工程款发票联、银行支付凭证、水电费发票记账联等做如下会计处理：

支付工程结算款

借：开发成本　　（结算发票金额）

　　开发成本　　负数（应扣的水电费金额）

　贷：银行存款　　（实际支付的金额）

第三节　房地产项目施工建设的税务处理

在项目施工建设阶段，主要业务一般是与选定的施工总承包单位、监理单位、材料供应单位等签订《施工总承包合同》《监理合同》和《材料采购合同》，在签订《施工总承包合同》后与施工总承包单位一起办理《工程实施许可证》。在施工过程中，按合同约定的付款节点，要求施工单位、监理单位、材料供应单位等开具相应的增值税专用发票，支付结算款项，按房地产开发会计核算成本归集要求进行开发成本的核算归集。在项目施工建设环节，主要涉及城镇土地使用税、印花税、契税、增值税等税种。

一、城镇土地使用税

税率由地方政府根据地方人口规模和经济条件确定，以纳税人实际占用的土地面积为计税依据，依照规定税额计算征收（0.6~30元/平方米/年）。通过招拍挂方式取得的建设用地，纳税人应从合同约定交付土地时间的次月起缴纳城镇土地使用税，合同未约定交付土地时间的，从合同签订的次月起缴纳，企业缴纳的土地使用税计入税金及附加。现行城镇土地使用税一般按年计算，分别于每年3月底、9月底按半年申报缴纳，也可以在上述时间进行一个年度的申报缴纳。

建造期间土地使用税计税依据有以下几种：

1. 总计税面积的确定

在房地产开发企业建造期间，土地使用税开征的计税依据应遵循下面两个规定：

（1）《城镇土地使用税暂行条例》第三条，土地使用税以纳税人实际占用的土地面积为计税依据，依照规定税额计算征收。前款土地占用面积的组织测量工作，由省、自治区、直辖市人民政府根据实际情况确定。

（2）《国家税务局关于土地使用税若干具体问题的解释和暂行规定》（国税地字〔1988〕015号）第六条，纳税人实际占用的土地面积，是指由省、自治区、直辖市人民政府确定的单位组织测定的土地面积。尚未组织测量，但纳税人持有政府部门核发的土地使用证书的，以证书确认的土地面积为准；尚未核发土地使用证书的，应由纳税人据实申报土地面积。

这里需要注意，如果纳税人非法占地开发，即土地使用权证明文件上的四至界线与实地不一致，应按实地四至界线计算土地面积。

2. 免税面积的扣除

（1）经济适用房用地和廉租房用地面积扣除

《财政部　国家税务总局关于廉租房经济适用房和住房租赁有关税收政策的通知》（财税〔2008〕24号）第一条第（二）款规定，开发商在经济适用房、商品住房项目中配套建造廉租住房，在商品住房项目中配套建造经济适用住房，如能提供政府部门出具的相关材料，可按廉租住房、经济适用住房建筑面积的比例免征开发商应缴纳的城镇土地使用税。

（2）其他优惠政策用途占地面积扣除

对于其他符合优惠政策列明用途（学校、医院、托儿所、幼儿园，小区外与社会公用地段未加隔离的绿化用地、道路用地，小区内的荒山、林地、湖泊等尚未利用的土地）的土地面积，因为房地产企业尚在建造中，建成后的上述优惠政策列明用途的房产占地面积可能和规划面积不一致，建成后也可能挪作他用，所以各地对建造期间的优惠政策列明用途土地面积是否适用优惠政策掌握不一，有的地方允许扣除，有的地方不允许扣除。

例如，上海市、青岛市可扣除。《上海市税务局关于土地使用税有关问题的解释和处理意见》（沪税地〔1989〕46号）第三条规定，企业新征用土地时代征部分同于市政规划的公共道路用地，如这部分代征土地列入企业范围以外或者不使用，可免予征收土地使用税。《上海市税务局关于征收土地使用税有关问题的补充规定》（沪税地〔1990〕54号）第二条规定，企业范围内自然形成的河流或湖面，已被利用的（例如宾馆等单位将其作为景观或游艺场所等），应按规定征收土地使用税；尚未被利用的，可由所在地税务机关审核，报我局批准后，暂时免征土地使用税。《青岛市地方税务局关于明确房地产企业商品房开发期间城镇土地使用税有关问题的通知》（青岛税函〔2009〕128号）第四条规定，开发初期应税土地总面积不包括经规划部门批准建设项目配套的居委会、派出所、学校、幼儿园、托儿所、医院等公共设施应分摊的土地面积。

例如，辽宁省不可扣除。《辽宁省税务局关于对房地产开发公司征收土地使用税的批复》（辽税四〔1993〕203号）第二条规定，对房地产开发公司征收土地使用税的计税依据应包括与其不可分割的附属设施占地。即对住宅小区内马路、绿化用地、商业网点、自行车棚等公共设施用地均应征税。

此外，税企双方都应注意，房地产开发企业并不适用填海整治土地税收优惠政策，依据是《国家税务总局关于填海整治土地免征城镇土地使用税问题的批复》（国税函〔2005〕968号）规定，享受免缴土地使用税5～10年的填海整治的土地，是指经有关部门批准后纳税人自行填海整治的土地，不包括纳税人通过出让、转让、划拨等方式取得的已填海整治的土地。

建造期间应纳税额=单位税额×（总计税面积−免税面积）

二、印花税

各种施工及承包合同的签订应当按规定缴纳印花税。涉及甲供材料的采购合同应当按规定缴纳印花税。涉及补交土地出让金，书立、领受应税凭证应申报产权转移书据印花税。涉及与银行等金融机构签订借款合同，应申报借款合同印花税。有些地区采取部分印花税核定的方式征收。

根据《关于廉租住房经济适用住房和住房租赁有关税收政策的通知》（财税〔2008〕24号）、《关于棚户区改造有关税收政策的通知》（财税〔2013〕101号）、《财政部　税务总局关于公共租赁住房税收优惠政策的公告》（2019年第61号）规定，若开发商在商品住房等开发项目中配套建造公共租赁住房、经济适用房、安置住房的，可按公共租赁住房、经济适用房、安置住房建筑面积占总建筑面积比例免征城镇土地使用税、印花税。

三、契税

如涉及补交土地出让金，则需同步补缴契税。以建筑面积为依据缴纳的配套费在部分省市需要补缴契税。

四、增值税

增值税一般纳税人涉及各种甲供材料采购和各种施工合同成本费用归集等应当确认增值税进项税额。

在开发过程中，各项发票的取得影响增值税进项税额的抵扣。主要是增值税专用发票上注明的进项税额是可以从当期的销项税额中进行抵扣的（农产品收购发票是例外规定）。后期部分普通发票的进项税额也加入了抵扣行列，如高速公路通行费发票和旅客运输服务个人发票等。

第四节 房地产项目招投标与施工建设的风险防范

一、招标风险防范

（1）工程项目一般应采用公开招标的方式，择优选择具有相应资质的承包单位和监理单位。对于厂商，应该知道它们的主营业务和主要产品；对于代理商，应该知晓它们是一级代理商还是二级代理商。

（2）对采购需要做到“全过程”和“全方位”监督，对采购计划、审批询价、招标、签约、验收、核算、付款和领用等任何一个环节都要有专人管理，专人审查。在决定计划、合同签署、产品验收和最终结账这四个重要阶段，需要做好更加完善的管理，避免有人为了利益舞弊而导致企业蒙受损失。主要的管理方式有内控审计、财务审计和制度考核，三种形式相互结合可以扩大管理范围，有效地对各个环节的负责人员进行管理。

（3）企业应当依法组织工程的开标、评标和定标工作，并接受有关部门的监督。

（4）企业应当依法组建评标委员会。评标委员会由企业的代表和有关技术、经济方面的专家组成。评标委员会应当客观、公正地履行职务，遵守职业道德，对所提出的评审意见承担责任。企业应当采取必要的措施，保证评标在严格保密的情况下进行。评标委员会应当按照招标文件确定的标准和方法，对投标文件进行评审和比较，择优选择中标候选人。

（5）企业应当按照规定的权限和程序从中标候选人中确定中标人，及时向中标人发出中标通知书，在规定的期限内与中标人订立书面合同，明确双方的权利、义务和违约责任。

（6）招标中存在的风险一部分是由人为因素造成的，所以对工作人员进行监督是不可或缺的。提高招标工作人员的整体素质与水平可以很好地防范风险，主要包含两点：第一，要拥有较高的职业素养；第二，要拥有较高的业务能力。想要在以上两方面有所提高，就需要建立具有针对性的管理制度对人员进行监督。除此之外，企业还需要定期对员工做必要的培训，这也是提高素质和业务水平的重要途径。只有工作人员具备了应有的职业素养、业务能力和风险意识，才能够将企业面临的风险降到最低。

（7）做好企业招标采购的总结工作。当结束采购工作后，应该做出详细的总结，以便之后更加高效地开展招标工作。工作总结包括资金支出、材料质量和数量、各种情况记录等。总结越详细、越全面，对以后工作的开展越有帮助。即便在招标工作进行时出现了一些问题，也可以记录下来，作为解决问题的依据，做到有据可查、有源可寻。

二、造价、建设风险防范

（1）企业应当加强工程造价管理，明确初步设计概算和施工图预算的编制方法，按照规定的权限和程序进行审核批准，确保概预算科学合理。

（2）企业应当向设计单位提供详细的设计要求和基础资料，进行有效的技术、经济交流。

（3）企业应当建立设计变更管理制度。因过失造成设计变更的，应当追究相关责任人的责任。

（4）企业应当组织工程、技术、财会等部门的相关专业人员或委托具有相应资质的中介机构对编制的概预算进行审核，重点审查编制依据、项目内容、工程量的计算、定额套用等是否真实、完整和准确。概预算按照规定的权限和程序审核批准后执行。

（5）企业应当加强对工程建设过程的监控，实行严格的概预算管理，切实做到及时备料、科学施工、保障资金、落实责任，确保工程项目达到设计要求。

（6）企业应当加强工程物资采购环节的管理和监督，确保工程物资采购符合设计标准和合同要求。严禁不合格工程物资投入工程项目建设。重大设备和大宗材料的采购应当根据有关招标采购的规定执行。

（7）企业应当实行严格的工程监理制度，委托经过招标确定的监理单位在施工质量、工期、进度、安全和资金使用等方面实施监督。

（8）企业财会部门应当加强与承包单位的沟通，准确掌握工程进度，根据合同约定，按照规定的审批权限和程序办理工程价款结算，不得无故拖欠。施工单位提供合法有效的增值税发票后方能支付工程款。同时，企业要注意监控施工单位农民工工资的发放。

（9）企业应当严格控制工程变更，确需变更的，应当按照规定的权限和程序进行审批。重大的项目变更应当按照项目决策和概预算控制的有关程序与要求重新履行审批手续。因工程变更等原因造成价款支付方式及金额发生变动的，应当提供完整的书面文件和其他相关资料，并经财会部门审核后方可付款。

三、甲供材料风险防范

（1）单纯从税负上看，如果是对方采购的话，自己的税负相对更低。但无论是甲供还是乙供，甲乙双方缴纳的增值税整体上是相等的，而且此多彼少。

（2）从管理成本上看，若乙方采购材料，能够减少甲方管理成本，包工包料对甲方来说更有压价空间，降低取得发票风险，甲指乙供可以改变甲供材料质量。乙方采购还可以增加支付方式，支付给乙方承兑汇票，转嫁利息成本。

（3）从采购成本上看，采购材料量大，价格会降低，降低的集中采购金额比例有时候会大于节省的税负，供货方不在项目地产生的运输成本也要考虑，所以甲方热衷于采取甲供材料方式。乙方也需要产值业绩，采购材料能够增大利润空间，垫资买材料到收取工程款期间还能收取资金本息，所以乙方也喜欢采购材料。

（4）从甲乙双方战略合作上看，有时为了提高知名度，会视具体情况选择双方采购或是一方采购。

（5）若甲乙双方是一个集团公司，增值税此多彼少，所以只需考虑企业所得税和土地增值税，甲方购买税负更低。

（6）甲方购买材料可以保证材料设备品质，降低采购价格。

（7）《财政部　税务总局关于建筑服务等营改增试点政策的通知》（财税〔2017〕58号）有一条重要规定，建筑工程总承包单位（乙方）为房屋建筑的地基与基础、主体结构提供工程服务，建设单位（甲方）自行采购全部或部分钢材、混凝土、砌体材料、预制构件的，适用简易计税方法计税。

针对钢材、混凝土、砌体材料、预制构件，会出现两种极端情况：

①如果甲方全部购买这四种材料，虽然会增加甲方贷款利息压力，但能取得乙方开具的按照简易计税3%税率的四种材料之外的进项发票；如果甲方购买这四种材料中的一部分，乙方购买的材料和劳务只能开具3%发票，甲方缴纳的增值税就会增多。

②如果乙方全部购买这四种材料，能减轻甲方贷款利息压力，并且能取得乙方开具的按照一般计税9%税率的包含这四种材料的进项发票。

因此，要多方因素综合考虑，作出最优选择。

四、增值税风险防范

房地产开发企业要对不能抵扣的进项税额做到心中有数，以规避涉税风险。比如，融资过程中产生的向贷款方支付的与贷款直接相关的手续费、顾问费、咨询费等增值税专用发票中注明的进项税额，不得抵扣；涉及一般计税、简易计税和不征增值税业务并存时，无法准确划分具体用途的进项税额，不得完全抵扣，只能按比例计算抵扣；如有用于集体福利、个人消费的购进货物、服务和劳务等进项税额，不得抵扣。

发票取得的注意事项：接受建筑服务、运输服务及承租不动产时，取得的增值税扣税凭证备注栏应注明建筑服务发生地县市区的名称及项目名称；购买园林绿化产品，如苗木、草皮等，需要取得农产品收购或销售发票，方能按买价及扣除率计算进项税额。

关于阶段性免税事项，财税〔2019〕20号文规定，自2019年2月1日至2020年12月31日，对企业集团内单位（含企业集团）之间的资金无偿借贷行为，免征增值税。

五、转售水电的涉税风险防范

根据《财政部　国家税务总局关于印花税若干政策的通知》（财税〔2006〕

162号）第二条的规定，电网与用户之间签订的供用电合同不属于印花税列举征税的凭证，不征收印花税。

供水合同是否属于印花税列举征税的凭证，目前国家税务总局没有发文明确，有些省市征收，有些省市不征收，比如《辽宁省税务局关于印花税若干具体问题的规定》（辽税政四字〔1988〕479号）、《吉林省税务局关于印花税若干具体问题的规定》（吉税地字〔1990〕204号）、江苏省地方税务局2016年1月11日网上答疑。

对于房地产公司转售水的行为，如果另立合同或协议，要咨询当地税务机关，以免产生涉税风险。如果没有另立合同或协议，只是通过《建设工程施工合同》的条款进行约定，此时由于已对建筑工程施工合同征收印花税，本着不重复征税的原则，无须就房地产转售再征印花税。

房地产开发企业转售水电给施工方，耗用的水电费各自承担，其所对应的增值税也应由双方分别进行抵扣，这种情形不属于国家税务总局公告2018年第28号第十八条、第十九条规定分割单的情形，房地产开发企业应按照相关规定开具增值税发票给施工方，施工方凭发票抵扣进项税。类似的地方规定见北京市税务局2018年7月23日税务答疑。

第七章　房地产项目销售

第一节　房地产项目销售概述

房地产开发企业项目销售（预售）阶段的业务包括转让土地使用权、销售房屋及其他建筑物、附着物、公共配套设施等。

一、土地使用权转让

土地使用权转让是指房地产开发企业通过出让等形式取得土地使用权后，将土地使用权再转让的行为，包括出售、投资、交换与赠与等，属于土地使用权买卖的二级市场行为。根据《城市房地产管理法》和《城市房地产转让管理规定》的规定，房地产权利人可以通过买卖、赠与或者其他合法方式将其房地产转让予他人或法律实体。房屋转让时，房屋所有权和该房屋所在地的土地使用权需同时转让，房地产转让当事人须书面签订《房地产转让合同》，并在合同签订后90日内向房地产所在地的房地产管理部门办理转让登记备案手续。

以出让方式初步取得土地使用权，须符合下列条件后方可转让房地产：①按照出让合同约定已经支付全部土地使用权的土地出让金，并取得土地使用权证；②按照出让合同约定进行开发且属于房屋建设工程的项目，实际投入房屋建设项目的资金应占全部投资总额的25%以上。

以出让方式初步取得土地使用权的，转让房地产后，其土地使用权的使用年限为原土地使用权出让合同约定的使用年限减去原土地使用者已经使用年限后的剩余部分。

受让人拟改变原出让合同约定的土地用途的，必须首先取得原出让方和有关市或县人民政府规划行政主管部门的同意，签订土地使用权出让合同变更协议或重新签订土地使用权出让合同，对土地使用权出让金作出相应的调整。

以划拨方式取得土地使用权的，转让土地使用权须按照国务院的规定，报有批准权的人民政府审批。否则须由受让方办理土地使用权出让手续，并按照有关法律法规缴纳土地出让金。

转让土地使用权应签订转让合同，在合同中载明土地的位置、四周边界和面积、地上附着物、土地用途、建筑物高度、绿化面积、土地转让期限、土地转让金的支付方式和违约责任等。

土地使用权转让的交易方式，可采用协议、招标或拍卖等方式。土地使用权转让的价格受地理位置、经济环境、土地用途、土地转让期限和房地产市场供求等的影响。

二、商品房销售

根据销售开始的时间不同，可将商品房销售分为商品房预售和商品房现房销售；根据销售主体的不同，可分为自行销售和委托代理销售，委托代理销售包括视同买断、手续费保底加提成等；根据付款方式的不同，可分为一次性付款、分期付款及按揭付款等。

（一）商品房预售与商品房现房销售

1. 商品房预售

商品房预售是指房地产开发企业将正在施工建设中的商品房预先出售给承购人，并由承购人支付定金或者房价款的行为。商品房预售实行许可制度。房地产开发企业进行商品房预售应当向房地产管理部门申请预售许可，取得《商品房预售许可证》，否则不得进行商品房预售。

商品房预售应当符合下列条件：①已经交付全部土地使用权出让金，取得土地使用权证书；②持有建设工程规划许可证和施工许可证；③按提供预售的商品房计算，投入开发建设的资金达到工程建设总投资的25%以上，并已经确定施工进度和竣工交付日期。

房地产开发企业申请预售许可，应提交下列证件（复印件）及资料：①《商品房预售许可申请表》；②房地产开发企业的《营业执照》和《资质证书》；③《土地使用证》《建设用地规划许可证》《建设工程规划许可证》《施工许可证》；④投入开发建设的资金占工程建设总投资的比例符合规定条件的证明；⑤工程施工合同及关于施工进度的说明；⑥商品房预售方案，预售方案应当说明预售商品房的位置、面积和竣工交付日期等内容，并附预售商品房分层平面图。

房地产开发企业按上述规定提交有关材料，材料齐全的，房地产管理部门应当场受理，并对房地产开发企业提交的有关材料是否符合法定条件进行审核。经审核确认，房地产开发企业的申请符合法定条件的，房地产管理部门应当在受理之日起10日内，依法作出准予预售的行政许可书面决定，并自作出决定之日起10日内向房地产开发企业颁发《商品房预售许可证》。《商品房预售许可证》应当加盖房地产管理部门公章。

房地产开发企业进行商品房预售，应当向承购人出示《商品房预售许可证》，售楼广告和说明书应当载明《商品房预售许可证》的批准文号。

实行商品房预售的房地产开发企业应当与承购人签订《商品房预售合同》，并应当自签约之日起30日内，向房地产管理部门和市、县人民政府不动产登记管理部门办理《商品房预售合同》备案登记手续。预售的商品房自交付使用之日起90

日内，应当依法到房地产管理部门和市、县人民政府不动产登记管理部门办理权属登记手续，房地产开发企业应当予以协助，并提供必要的证明文件。

2. 商品房现房销售

商品房现房销售是指房地产开发企业将竣工验收合格的商品房出售给承购人，并由承购人支付房价款的行为。

商品房现售应当符合下列条件：①现售商品房的房地产开发企业应当具有《营业执照》和《资质证书》；②取得土地使用权证书或者使用土地的批准文件；③持有《建设工程规划许可证》和《建设工程施工许可证》；④已通过竣工验收；⑤拆迁安置已经落实；⑥供水、供电、供热、燃气、通信等配套基础设施具备交付使用条件，其他配套基础设施和公共设施具备交付使用条件或者已经确定施工进度和交付时间；⑦物业管理方案已经落实。

房地产开发企业应当在商品房销售前，将《房地产开发项目手册》及符合商品房现房销售条件的有关证明文件报送房地开发主管部门备案。

（二）自行销售与委托销售

房地产开发企业可以自行销售商品房，也可以委托房地产中介机构代理销售商品房。采取委托销售方式销售开发产品主要有以下方式：①采取支付手续费方式销售开发产品；②采取视同买断方式委托销售开发产品；③采取基价（保底价）并实现超基价双方分成方式销售开发产品；④采取包销方式委托销售开发产品。

（三）一次性付款、分期付款及按揭付款

承购人可以根据资金的持有情况，选择不同的付款方式。

1. 一次性付款

一般而言，一次性付款要求承购人在付清定金后10~30日内补足所有房款。采用这种方式，房地产开发企业可以给予一定的价格折扣，对承购人来说比较优惠。

2. 分期付款

分期付款是指承购人按照销售合同约定的价款和付款日期分期支付购房款的一种销售方式。分期付款分为三种类型：①预收款销售商品房，是指在商品房交付前按合同或者协议约定分期付款，房地产开发企业在收到最后一笔款项后才将商品房交付承购人的销售方式；②分期收款销售商品房，是指商品房已交付承购人，承购人按合同或者协议约定分期支付购房款；③以上两种方式相结合，是指在商品房交付前，承购人已按合同或者协议约定分期支付部分房款，交付后分期支付余款的销售方式。

3. 按揭付款

按揭付款即购房抵押按揭贷款，是指承购人支付首付款，余款以所购商品房作为抵押，向银行申请贷款，由银行先行支付房款给开发商，承购人按月向银行分期支付本息的付款方式。按揭贷款实行双重担保，即抵押加保证，借款人（承购人）

以所购的住房给贷款银行做抵押，在借款人取得该房的房屋产权证和办理抵押登记之前，由开发商提供第二重担保（连带保证责任）。发放贷款时，贷款银行会收取一定比例的按揭保证金（一般为贷款额的 10%），作为开发商承担连带保证的保证金。一旦借款人发生违约行为，贷款银行有权从按揭保证金专户中直接扣收保证金，以此作为借款人拖欠贷款本息、罚息等的担保。

采用这种方式，贷款比例最高可达购房价款总额的 80%，在房地产调控政策下，贷款比例有所下降，一般为 50%，具体的贷款比例由贷款银行根据借款人的资信、经济状况和抵押物的审查情况来确定。贷款的最长期限不超过 30 年；贷款利率按合同签订时中国人民银行公布的个人贷款利率执行，如果在合同执行期间遇利率调整，贷款利率将采取一年一定的原则，在第二年的 1 月 1 日作相应调整。

贷款银行不同，按揭贷款的程序也不完全相同。房地产开发企业办理按揭贷款的程序如下：

（1）确定按揭银行。房地产项目在对外销售之前，一般由房地产开发企业与按揭银行签订按揭协议，约定由该银行对房地产开发企业的房地产项目提供按揭贷款，其中包括贷款的额度和成数，最高年限以及房地产开发企业的保证责任等。

（2）开展销售活动。房地产开发企业在取得《商品房预售许可证》后对社会公开销售，与承购人签订《商品房买卖合同》。采用按揭付款方式的，承购人按照申请的贷款成数支付首付款，剩余购房款向银行申请按揭贷款，并办理《商品房买卖合同》的登记手续。

（3）银行贷款审查及批准。贷款银行对经律师见证、公证处公证的资料进行审查，对材料合格者批准贷款。

（4）签订抵押贷款合同及保证合同。银行与承购人签订《抵押贷款合同》，银行与房地产开发企业签订《保证合同》。

（5）《抵押贷款合同》公证。《抵押贷款合同》签订后，需到贷款银行认可的公证处办理公证手续。

（6）办理商品房保险。抵押期间保单被贷款银行收押。

（7）贷款银行审批提交资料后发放贷款，通常按《抵押贷款合同》和《保证合同》的约定直接汇入房地产开发企业在贷款银行开立的账户。

（8）《房屋产权证》办理完毕，房地产开发企业向银行申请解冻按揭保证金。

（四）商品房销售流程

商品房销售流程主要包括前期策划、营销、取得《商品房预售许可证》后预售、签订协议或合同、收款、商品房交付和办理产权登记等。

1. 前期策划及营销

房地产开发企业是以商品房开发和销售为核心业务的企业，前期策划可以在拿地前进行，也可以在拿地后进行，主要工作是确定项目定位、准确定位目标市场、制订产品目标和发展计划、选择性价比最好的产品。前期策划是销售的重要阶段，对产品未来的销售有重要影响。

房地产营销的目的是通过详细的介绍、生动的描述来塑造产品形象，刺激客户的购买欲。在销售阶段，房地产开发企业通常会采取一系列的营销手段。目前，常用的营销方法包括广告、参加房地产展销会、活动推介、网络推广以及人员推销等。广告是房地产营销手段中应用最多、最富有成效的一种方法，其形式包括户外路牌展板广告、电视广告、电台广播和报纸杂志广告、网络广告等。

2. 取得《商品房预售许可证》后预售

项目开发建设达到规定条件的可以取得《商品房预售许可证》，然后就可以确定开盘日期对外发售。开盘是指房地产开发企业在取得《商品房预售许可证》后开始对外发售商品房，房地产开发企业为成功地将开发的商品房推向市场，在开盘日举行的仪式。

3. 签订协议或合同及收款

开盘后，有意向购买的客户可到现场看房，与销售人员就房屋销售价格等合同条款进行协商，协商一致的签订《商品房购买合同》。双方也可以就标准合同文本中的空白事项予以约定，需要签订补充协议的，双方商定具体补充内容。合同签订后，要在规定的时间内向当地房管部门备案，《商品房购买合同》才能生效。之后，承购人根据所签合同约定的付款时间交付房款及契税。

4. 商品房交付

房地产开发企业应当按照合同约定，将符合交付使用条件的商品房按期交付给承购人。

商品房交付时必须符合交付使用条件，即入住条件。关于交付使用条件，《中华人民共和国建筑法》《城市房地产管理法》《城市房地产开发经营管理条例》都规定，建筑工程竣工验收合格后，方可交付使用；未经验收或验收不合格的，不得交付使用。同时，《中华人民共和国消防法》规定，单体必须经过消防验收，才能交付使用。

“三书一证一表”是经过国家有关部门权威认可的楼房质量标准，是商品房交付使用的必要条件。“三书”是指《住宅质量保证书》《住宅使用说明书》及《建筑工程质量认定书》，“一证”是指《房地产开发建设项目竣工验收合格证》，“一表”是指《建筑工程竣工验收备案表》。《商品住宅实行住宅质量保证书和住宅使用说明书制度的规定》第三条规定：“房地产开发企业在向用户交付新建的商品住宅时，必须提供住宅质量保证书和住宅使用说明书。”经验收合格发给房地产开发建设项目《竣工综合验收合格证》，经过备案发给《建筑工程竣工验收备案表》。

具体的交付使用条件还要看具体的《商品房买卖合同》。可在《商品房买卖合同》及其附件、补充协议中加以约定，如将公共配套设施验收合格（包括水、电、煤气、宽带、有线、安防、绿化、道路和电梯等）作为交付使用的条件，同时在合同中约定房地产开发企业未达到交付使用条件时的违约责任。

符合交房条件的商品房可按合同约定办理交付手续。商品房交付的具体程序如下：

（1）通知业主办理入住手续

房地产项目竣工并办理政府综合验收后，未与业主交接前，房地产开发企业一般会委派工程部、客户部、物业公司组成的内部验房团，对即将交付业主使用的商品房进行预检，对发现的问题进行整改。经过预检后，房地产开发企业将钥匙交给物业公司，由物业公司安排业主验房。对于达到交付条件的商品房，房地产开发企业会通过报纸公告、电话联系或寄发通知书等方式告知业主办理商品房移交。房地产开发企业售楼部一般根据合同中约定的交房日期，提前半个月或一个月寄发入住通知书或入伙通知书，有的会同时打电话通知业主。业主一般会按约前往，因为合同通常约定，如果业主未能在约定的时间期限内验房，视同同意交接；如果无故不交接，有的房地产开发企业还将从合同约定的交接之日起，按日收取万分之一到万分之三的保管费；如遇业主出差或有特殊情况不能按约前往，应书面通知房地产开发企业，并说明原因。

（2）确认身份

业主应根据《入住通知书》的要求，携带相关资料到售楼部确认身份，并联系验收交接事宜。这些资料一般包括《入住通知书》、《商品房买卖合同》或《商品房预售合同》、身份证原件和复印件及家庭成员照片（业主建档资料用）。如果委托他人验房，被委托人在持有有效身份证件的同时，还需要出具业主的《授权委托书》，物业公司现场核对缴款情况，在款项全部缴清的情况下与业主办理商品房的移交手续。

（3）现场验房、交钥匙

实物交付是商品买卖中的主要义务，出卖人完成了实物交付，就是履行了合同中的最主要义务。物业公司指派一名人员陪同业主现场验房，若验收合格，业主须在《商品房验收交接表》上签字认可，领取房屋钥匙和《住户手册》等物料，同时需按规定缴纳有关费用；若验收不合格，业主应将不足事项明确记录在《商品房验收交接表》上，可暂不办理入住手续，再次交接时间由双方再行约定，但一般不应超过30天。

5. 办理产权登记

房地产开发企业应当在商品房交付使用之日起60天内，将需要由其提供的办理房屋权属登记的资料报送房屋所在地房地产行政主管部门，并协助承购人办理土地使用权变更和房屋所有权登记手续。

三、销售其他建筑物

销售其他建筑物包括销售能有偿转让的公共配套设施、周转房等。

公共配套设施是指企业根据城市建设规划的要求或开发建设规划的要求，为满足居住的需要与开发项目配套建设的各种服务性设施。公共配套设施分为不能有偿转让和能有偿转让两类。对于建成后能有偿转让的公共配套设施，房地产开发企业应单独核算成本，作为开发产品对外销售。改变公共配套设施用途的，视同商品房对外销售处理。

四、代建工程

房地产开发企业的代建工程包括代建房屋、场地和城市道路、基础设施等市政工程。

第一种方式是受托方（房地产开发企业）与委托方（委托建房单位）实行全额结算（原票转交），只向委托方收取代建手续费的业务，即在建设工程中施工方、设计方、监理方等不与受托方签订合同，而直接与委托方签订合同，受托方只收取一定代理费的房地产开发方式。具体操作要求如下：

（1）由委托方自行立项；

（2）不发生土地使用权转移或产权转移；

（3）受托方不垫付资金，单独收取代建手续费（管理费）；

（4）受托方事先与委托方签订《委托代建合同》；

（5）施工企业将建筑业发票全额开具给委托方。

第二种方式是受托方与委托方实行拨付结算，即在建设过程中施工方、设施方、监理方等直接与受托方（房地产开发企业）签订合同，不与委托方签订合同，资金由委托方拨付给受托方，受托方再拨付给施工方、设计方、监理方等。代建工程销售或移交给委托方时，受托方不收取委托方的代建手续费。

五、其他业务

房地产开发企业的其他业务是指除主营业务以外的其他业务，包括商品房售后服务、材料销售等。

（一）商品房售后服务

房地产开发企业的商品房售后服务是指企业接受其他单位的委托，对已经销售的商品房进行管理，如房屋及其所属设备的维修、电梯看管、卫生清洁和治安管理等劳务性服务。企业提供的这种售后服务，可向用户收取服务费，形成商品房售后服务收入。

（二）材料销售

房地产开发企业的材料销售是指企业将不需要的材料进行对外销售。房地产开发企业的开发周期比较长，项目开发结束后，通常需要对开发阶段剩余的材料进行处理（多数情况下，很多公司不会出现该业务，一般采用甲供材料的房地产企业才会出现销售材料行为），销售材料取得的价款构成企业的材料销售收入。

第二节 房地产项目销售（预售）房款的会计核算

房地产销售（预售）阶段是房地产开发企业取得收入，实现资金回笼的重要阶段。房地产开发企业的主要业务是从事土地、房屋和其他建筑物的开发经营，故此阶段的主要业务是转让开发的土地、销售商品房和其他建筑物。转让及销售阶段应纳税种包括增值税、城镇维护建设税、教育费附加、地方教育费附加、土地增值税、企业所得税、个人所得税和印花税等。不仅要进行预售房业务的会计核算，还要对收入、成本、税金进行全面核算。

一、会员费及诚意金的会计核算

（一）会员费及诚意金的概念

会员费及诚意金是在签订《商品房认购协议书》之前收取的款项，最终会退还给客户或转作购房款。

按照商品房预售的相关规定，《商品房认购协议书》要在房地产企业取得政府行政主管部门核发的《商品房预售许可证》之后与客户签订。也就是说，房地产开发企业收取的会员费和诚意金是在企业预售之前收取的款项。这部分款项因没有预售证的支撑，其约束性很低，购房者可以随时收回款项。

（二）会员费及诚意金的管理

房地产开发企业在收取会员费及诚意金之前，必须以协议或其他方式明确退还时不计利息。收取会员费及诚意金时一般只开具收据，不开具商品房预售款发票和商品房销售结算发票。

房地产开发企业在退款业务操作过程中要审核是否符合协议约定，确认客户手中的会员卡、协议书、收款收据等是否已经全部收回。

（三）会员费及诚意金的会计处理

由于会员费及诚意金并非约束性款项，因此会计核算上不作为预收款项处理，而作为企业的应付款处理。

会员费及诚意金通过“其他应付款”科目进行核算，房地产开发企业可以根据实际情况设置明细科目进行辅助核算（对会员费和诚意金进行分类，对应到具体客户，最好设置会员与诚意金客户明细台账进行备查管理），以满足管理的需要。收到会员费及诚意金时，借记“银行存款或现金”科目，贷记本科目（其他应付款），退回客户款项或转作购房款时，借记本科目（其他应付款），贷记“银行存款或现金”或“预收账款”科目。

【例 7-1】A 房地产公司开发的某都市花园项目，预计在 2018 年 9 月能够取得

《商品房预售许可证》，并计划于国庆节正式开盘销售。A房地产公司为了做好开盘前的准备，于2018年6月10日开始收取有购买意向的客户的诚意金，诚意金为每套商品房1万元，当日共收取诚意金50万元。A房地产公司根据销售部门与客户签订的诚意金协议、收银人员开具的诚意金收据及银行回单等原始凭证，作财务处理如下：

借：银行存款　　500 000元

　贷：其他应付款——诚意金——某客户　　500 000元

A房地产公司于10月1日正式开盘销售，当日退还诚意金15万元，其他诚意金客户签订了《商品房认购协议》，这部分客户原交的诚意金转为商品房销售定金。A房地产公司根据《商品房认购协议》、开具的定金收据及退回的诚意金收据等原始凭证，作账务处理如下：

借：其他应付款——诚意金——某客户　　500 000元

　贷：预收账款——销售款　　350 000元

　　银行存款　　150 000元

根据预收定金缴纳增值税，若采用一般计税方法，则

预缴增值税额＝350 000÷（1+11%）×3%＝9 459.46（元）

借：应交税费——预交增值税　　9 459.46元

　贷：银行存款　　9 459.46元

（四）会员费及诚意金的税务处理

会员费及诚意金与定金不同。定金是合同当事人为保证合同履行，由一方当事人预先向对方交付一定数额的钱款，即以合同签订为前提，没有签订合同不可定义为定金。会员费或诚意金不是一个规范的概念，在法律上具有预付款的性质，是当事人的一种支付手段，不具有担保性质。如果未来合同履行，定金则冲抵房款，如果合同不履行，一般将定金退还给当事人，但退还时不能适用“定金双倍返还罚则”。

二、定金的会计处理

（一）定金的概念

定金是合同当事人为保证合同履行，由一方当事人预先向对方交付一定数额的钱款。如果客户在协议规定的期限内不签订购房合同，房地产开发企业一般不再退还已交付的定金。

（二）定金的管理

房地产开发企业在收取定金之前，必须和客户签订《商品房认购协议书》，在协议中要明确约定超过一定期限后，定金不予退还。

收取定金时，视同收取购房款，开具票据（商品房预售款发票），但票据上要明确注明“收取定金”字样。

（三）定金的会计处理

房地产开发企业收取的定金，是在企业已取得《商品房预售许可证》并与客户签订《商品房认购协议》的基础上收取的款项，实质上属于销售价款的一部分。因此，定金应视同收取的购房款，通过“预收账款”科目核算。

当房地产开发企业收取定金时，借记“银行存款”科目，贷记“预收账款——销售定金”科目。房地产开发企业与客户正式签订《商品房预售合同》时，按转出定金的金额，借记“预收账款——销售定金”科目，贷记“预收账款——销售款”科目。如果客户违反认购协议的规定，未能最终签订《商品房预售合同》，按不再退还的定金金额，借记“预收账款——销售定金”科目，贷记“营业外收入”科目。

【例 7-2】 A 房地产公司于 10 月 21 日共收取定金 60 万元，按照双方认购协议的约定，与客户正式签订了《商品房预售合同》。A 房地产开发企业根据《商品房预售合同》、定金收据、商品房预售款发票记账联、银行 POS 单或银行回单等原始凭证，作账务处理如下：

（1）收取销售定金

借：银行存款　　　　600 000 元

　贷：预收账款——销售款　　　　600 000 元

（2）预缴增值税

预缴增值税额 = 600 000÷(1+11%)×3% = 16 216.22（元）

借：应交税费——预交增值税　　　　16 216.22 元

　贷：银行存款　　　　16 216.22 元

若该房地产项目属于老项目，则预缴增值税 = 600 000÷(1+5%)×5% = 28 571.43（元）

（四）定金的税务处理

房地产开发企业收取的定金，无论是否开具发票，都应该按照规定预缴增值税，并预缴土地增值税和企业所得税。

三、按揭保证金的会计核算

一般情况下，为了便于按揭保证金的划转，银行会要求房地产开发企业同时开立一个一般结算户和一个按揭保证金户。按揭保证金户中的资金不能随便动用，企业在报建时，发改部门或建设规划部门都会要求银行开具相应的资金证明，按揭保证金户的资金额是不能计算在内的。

【例 7-3】 A 房地产开发企业采用银行按揭方式销售现房一套，房屋价款 180 万元，承购人缴纳首付款 70 万元，按揭贷款 110 万元。2018 年 6 月，该套商品房房款到账，贷款银行从按揭贷款中直接收取 10% 的按揭保证金。放款次月起，承购人开始偿还贷款。2018 年 12 月 15 日还款日，承购人未及时还款，贷款银行从公司按揭保证金中扣款6 500元；12月底，承购人补缴了还款额。2019年5月，该套商品房《房屋产权证》办理完毕，按揭贷款保证金解冻转入对应的一般结算账户。

（1）承购人支付首付款，应依据销售不动产发票记账联、收款收据记账联、现金缴款单或银行收款通知单等收款证明文件、《商品房销售合同》等原始凭证，作账务处理如下：

①销售现房时，应缴纳增值税额（销项税）按照实际收到资金金额确认，即首付款的应缴纳增值税（销售税）=700 000÷(1+11%)×11%=69 369.37（元），按揭部分应缴纳增值税（销项税）=1 100 000÷(1+11%)×11%=109 009.01（元）。

②收到首付款时

借：银行存款　　700 000元

　贷：营业收入　　630 630.63元

　　应交税费——应交增值税（销项税）　　69 369.37元

（2）商品房按揭款到账，应依据银行收款通知单等收款证明作如下账务处理：

借：银行存款　　990 000元

　其他货币资金——按揭保证金户　　110 000元

　贷：营业收入　　990 990.99元

　　应交税费——应交增值税（销项税）　　109 009.01元

（3）增值税的处理

在实务中，会出现几种情况：一是在现房销售时，由于房地产开发企业还有大量的现房未销售完，竣工备案办理大产权证时，房地产开发企业有大量未抵扣完的增值税进项；二是所有的可抵扣进项税额已经抵扣完毕，近期内也没有取得可以抵扣的增值税进项，所以当期的销项金额即当期的应缴纳增值税金额。可根据各公司具体情况分别进行税务处理，假设现房销售时，还有留存未抵扣完的待抵扣增值税进项额，其金额大于当期累计的销项额，说明本期应缴增值税额为0。因为本期应缴增值税额=本期销项税额-上期待留抵扣额-本期进项税额，如果本期应缴纳增值税额按上述公式计算后为负值，其负值表示下期可以进行抵扣的进项金额；如果为正值，即本期实际缴纳的增值税金额。所以在当期《纳税申报表》上按上述取数分栏填列进行申报处理。

（4）承购人违约，贷款银行从按揭保证金户扣款，凭贷款银行扣款证明作如下账务处理：

借：其他应收款——××　　6 500元

　贷：其他货币资金——按揭保证金户　　6 500元

（5）承购人补还款时，依据银行收款通知等收款证明作如下账务处理：

借：其他货币资金——按揭保证金户　　6 500元

　贷：其他应收款——××　　6 500元

（6）按揭保证金解冻，依据银行转款单据作如下账务处理：

借：银行存款　　　　　　　　　　　　　　　　110 000 元

　贷：其他货币资金——按揭保证金户　　　　　　　　110 000 元

注：本例中（6）的业务处理是假设仅有该项按揭业务时的会计处理，但通常情况下，在预售阶段也会存在按揭售房业务，到现房销售时还存在按揭现房销售，保证金的解冻通常是房地产开发企业办理完大产权证，再向各购房客户办理完分户的《房屋产权证》后，将购房客户的《房屋产权证》与《他项权证》办理抵押置换后，即可以解冻其按揭保证金。

四、预售房款的会计核算

（一）预售房款的概念

预售房款是指房地产开发企业在所售房屋未竣工前（未办理竣工验收备案手续）收取的商品房销售款，属于预收性质的款项。相应地，销售房款是指房地产开发企业在所售房屋已经竣工后收取的商品房销售款。这里所说的预售房款和销售房款均包括银行发放的按揭贷款。

对所售房屋未竣工前收取的预售房款，房地产开发企业开具商品房预售发票；对竣工后收取的销售房款，房地产企业应开具商品房销售结算发票。

（二）预售房款的管理

房地产开发企业在对预售房款进行管理时，应做到以下两点：

（1）收取房款前，必须签订《商品房销售合同》或《商品房预售合同》，不能收取无合同房款。

（2）设立“销售台账”，在签订合同和收取房款等环节详细登记相关房源信息、客户信息和交款过程信息。

（三）预售房款的会计处理

虽然预售房款和销售房款收取的时间不同，但所有房屋销售款项，包括预售房款和销售房款，都必须先通过“预收账款”科目进行核算，以保证销售收入记录的完整性。

“预收账款”科目核算按销售合同约定应收的预售房款，销售过程中收取的其他款项，不管属于什么性质以及税务上如何处理，都不通过此科目核算。该科目按照项目、分期、业态、楼栋、房号的不同设置明细科目（实际业务中，由于多数公司规模不大，未能设置如此详细）。

“预收账款”科目贷方核算实际收到的预售房款、工程款抵款转入的房款，因换房从其他房源转入的房款等，其中也包括银行发放的按揭贷款；借方核算结转的销售收入。销售退款、更名和换房等统一在贷方核算。

房地产开发企业在进行账务处理时，要注意相关资料的完整性，包括银行进账单、POS 机小票、发票记账联、与交易方式相关的证明文件、《销售换房审批表》、《销售退房审批表》、《销售更名审批表》等。

【例 7-4】A 房地产开发企业 2019 年 10 月 25 日从销售定金转入预售款 90 万元，另外收取房屋预售款 600 万元。该项目于 10 月底竣工，A 房地产开发企业当月结转收入 800 万元。A 房地产公司根据相关原始凭证作账务处理如下：

（1）销售定金转入时

借：预收账款——销售定金　　900 000 元

　贷：预收账款——售房款　　900 000 元

（2）收取预售款时

借：银行存款　　6 000 000 元

　贷：预收账款——售房款　　6 000 000 元

　　预缴增值税额 =（900 000+6 000 000）÷（1+9%）×3% = 189 908.26（元）

借：应交税费——预交增值税　　189 908.26 元

　贷：银行存款　　189 908.26 元

（3）竣工备案后，结转收入时

应计提的增值税销项税 = 8 000 000÷（1+9%）×9% = 660 550.46（元）

借：预收账款——销售房款　　8 000 000 元

　贷：营业收入　　7 339 449.54 元

　　应交税费——增值税（销项税）　　660 550.46 元

注：这里结转收入 800 万元，对应的是 800 万元的客户名单、房号等信息明细表。

五、销售更名、销售退房、销售换房的会计核算

房地产开发企业在销售过程中，可能会出现销售更名、销售退房、销售换房等业务，这部分业务也是房地产开发企业销售核算的重要组成部分。

（一）销售更名的会计核算

1. 销售更名的概念

销售更名是指在商品房预售阶段，原购买人将所购买的商品房转让给新购买人的行为。

需要说明的是，只有在商品房预售阶段才存在销售更名的问题，因为在预售阶段商品房还未竣工交付，也就是我们通常所说的期房，对于房地产开发企业来说，还未确认销售收入，因此，可以进行销售更名操作。如果商品房已经交付，就不能采用更名的方式，而应该进行商品房转让（实际就是二手房交易），即在原购买人与新购买人之间进行转让，与房地产开发企业不相关。

2. 销售更名的账务处理

按照规定房地产开发企业应收取更名费的，应按收到的更名费，借记“银行存款或现金”科目，贷记“营业外收入”科目。

发生销售更名时，应单独编制会计分录，按已交房款，在“预收账款”科目贷方做相反登记，直接从原客户“预收账款”科目贷方红字转入新客户“预收账款”科目贷方。摘要写明“××更名为××”字样。

3. 销售更名的管理

在商品房销售（预售）合同备案之后，原则上不能办理销售更名，确须办理的，必须在政府相关部门更名手续办妥之后才能办理。房屋交付入住后不能办理更名手续。

如果更名时，按揭贷款已经发放，则必须在按揭事项处理完毕后办理更名手续。

（二）销售退房的会计核算

1. 销售退房的概念

销售退房和销售更名一样，只是商品房预售阶段的业务。商品房已经竣工并交付购房人后发生的退房业务不属于销售退房。

2. 销售退房的账务处理

在商品房预售阶段退房，按购房者交付的房款，红字（计算系统下表现为科目同方负数）登记“预收账款”的贷方，按收取的罚款等金额，贷记“营业外收入”科目，按实际退回的销售款，贷记“银行存款”或“现金”等科目。

3. 销售退房的管理

在办理销售退房业务时，应认真审核房号、姓名、面积、实收房款等信息是否与账面记载一致，审核按协议或合同约定是否应当收取违约金等。

销售合同已备案的，必须在完成撤销备案手续后办理退房手续。

实际退回房款时，应将客户手中的合同、协议、发票等全部收回。

（三）销售换房的会计核算

1. 销售换房的概念

销售换房是指在商品房预售阶段发生的，购买人将其购买的商品房更换为新的商品房，并相应结算销售差价的行为。如果购买人购买的商品房已经竣工交付，所发生的销售换房就成为购买人的行为，属于先退房再从房地产开发企业买房的行为。这里所讲的销售换房，仅指商品房预售阶段的销售换房。

2. 销售换房的账务处理

账务处理时不走退房程序，直接从原房源“预收账款”科目贷方红字转入新房源“预收账款”科目贷方。

3. 销售换房的管理

销售换房业务发生时，必须按新房源开具发票，并收回原开具的发票。同时，房地产销售部门与财务部门要及时调整更新房屋销售台账，保持销售信息的准确性和统一性。

销售合同已备案的，必须在撤销备案手续后办理换房业务。

如果按揭贷款已经发放，则必须在按揭贷款处理后才能办理换房手续。

如果已售的房产合同面积与实测面积存在面积差，必须结清面积差所引起的房款差额。

【例 7-5】 A 房地产开发企业已销售的商品房中有 20 套商品房存在面积差，其中应向承购人收取的面积差价为 18 万元，应向承购人退还的面积差价为 10 万元。A 房地产开发企业作账务处理如下：

（1）收取面积差价，依据销售不动产发票记账联，收款证明进行账务处理

借：银行存款　　180 000 元

　贷：营业收入　　162 162.16 元

　　　应交税费——应交增值税（销项税）　　17 837.84 元

（2）支付面积差价，依据销售不动产发票记账联，付款证明进行账务处理

借：营业收入　　90 090.09 元

　　应交税费——增值税（销项税）（红字）　　9 909.91 元

　贷：银行存款　　100 000 元

另一种处理方式：

借：银行存款　　-100 000 元

　贷：营业收入　　-90 090.09 元

　　　应交税费——增值税（销项税）　　-9 909.91 元

注：将购房人姓名、房号、面积等制作成原始凭证作为附件与上述原始凭证一同作为记账凭证原始附件。

六、代收款项的会计核算与税务处理

（一）代收款项的会计核算

房地产开发企业在销售房屋的同时，往往需要代收水电初装费、燃（煤）气初装费、有线电视安装费、房屋产权证办理费、维修基金、契税、印花税等。

其中维修基金、契税、印花税属于代收应付款项，不作为房屋的销售收入。其他均应视同房屋销售收入处理。

代收款项通过“其他应付款”科目核算，在此科目下设置“代收款”二级科目，按照代收款项不同分别设置“维修基金”“契税”“印花税”等三级科目，并合理进行辅助核算。

（二）代收款项的税务处理

房地产开发企业代扣的各种费用，应以下列情况分别处理：

（1）构成销售额代收费用。

《中华人民共和国增值税暂行条例》（以下简称《增值税暂行条例》）规定，

销售额为纳税人销售货物或者应税劳务向购买方收取的全部价款和价外费用，但是不包括收取的销项税额。价外费用包括向购买方收取的手续费、补贴、基金、集资费、返还利润、奖励费、违约金、滞纳金、延期付款利息、赔偿金、代收款项、垫付款项、包装物、包装物租金、储备费、优质费、运输装卸费以及其他各种性质的价外费用。但下列项目不包括在内：第一，受托加工应征消费税的消费品所代收代缴的消费税；第二，同时符合下列条件的代垫运输费：承运部门的运输发票开具给购买方的，纳税人将该项发票转交给购买方的；第三，代为收取的政府性基金或行政事业性收费。

（2）房地产主管部门或其指定机构、公积金管理中心、开发企业以及物业管理部门代收的住宅专项维修基金。

房地产开发企业代收的经营类费用，比如代为收取的煤气、供暖、水、电、网络等费用，需要作为价外费用缴纳增值税，同时，对应的进项税额也允许抵扣。

住房专项维修基金是属于全体业主共有的一项代管基金，专项用于物业保修期满后物业公用部位、共用设施设备的维修和更新、改造。鉴于住房专项维修基金的资金所有权有使用的特殊性，房地产主管部门或其指定机构、公积金管理中心、开发企业以及物业管理部门代收的住房专项维修基金，不需要并入销售额计征增值税。

【例 7-6】 A 房地产开发企业 2018 年 7 月销售给承购人甲商品房一套，该套商品房含税价款 555 000 元，代收维修基金按房屋销售金额 3%比例计算收取，契税假定按销售金额 1%比例计算收取，煤气、供水、供电各按 500 元收取。具体收款情况如下：

（1）公司收到承购人甲的购房定金（不含税）30 000 元。依据收款收据记账联、现金缴款单或银行收账通知进行账务处理

借：银行存款　　30 000 元

　贷：预收账款——甲　　30 000 元

（2）预收承购人甲支付首付款（不含税）120 000 元。依据收款收据记账联、现金缴款单或银行收账通知进行账务处理

借：银行存款　　120 000 元

　贷：预收账款——甲　　120 000 元

（3）承购人甲按揭贷款（不含税）到账 405 000 元，依据销售不动产发票记账联、银行收账通知进行账务处理

借：银行存款　　405 000 元

　贷：预收账款——甲　　405 000 元

（4）收到承购人交来的维修基金、代收契税、煤气、供水、供电等初装费。依据收款收据记账联，现金缴款单或银行收账通知等进行账务处理

借：银行存款　　23 700 元

贷：其他应付款——代收维修基金　　16 650 元
——代收契税　　5 550 元
——代收煤气初装费　　500 元
——代收供水初装费　　500 元
——代收供电初装费　　500 元

（5）计算预交增值税、土地增值税、印花税等税金

应预交增值税＝555 000÷(1+11%)×3%＝15 000（元）

应预交土地增值税＝555 000÷(1+11%)×3%＝15 000（元）

应交印花税＝555 000÷(1+11%)×0.5‰＝250 元

借：应交税费——预交增值税　　15 000 元
——预交土地增值税　　15 000 元
管理费用——印花税　　250 元
贷：银行存款　　30 250 元

注：在收入确认结转时，其增值税销项税的计税基础除不含税购房款外，还应包括代收的煤气、供水、供电等初装费。

（6）根据维修基金缴存凭证代收单位留存联和支付维修基金付款凭证，煤气、供水、供电等单位的收款收据及银行回单等原始凭证，支付代收维修基金、煤气、供水、供电初装费。其账务处理如下：

借：其他应付款——代收维修基金　　16 650 元
——代收煤气初装费　　500 元
——代收供水初装费　　500 元
——代收供电初装费　　500 元
贷：银行存款　　18 150 元

第三节　收入的会计核算与税务处理

收入是指房地产开发企业在开发经营活动中，销售开发产品或提供劳务及让渡资产使用权等形成的经济利益的总流入，它是企业在正常经济活动中的收益。收入是确定企业盈利水平的前提和基础，是利润的来源。在整个房地产开发企业会计核算中，收入的核算占举足轻重的地位。

一、收入的会计确认与计量

2017 年 7 月 5 日，财政部发布了《企业会计准则第 14 号——收入》（以下简称新收入准则），这是对收入相关准则进行的首次全面修订。新收入准则规范了收入的确认、计量以及对相关信息的披露。

（一）收入的会计确认

1. 收入的会计确认条件

根据新收入准则的规定，企业应当在履行合同条款后，即客服取得相关商品控制权时确认收入。取得相关商品控制权，是指能够主导该商品的使用并从中获得几乎全部的经济利益。

当企业与客户之间的合同同时满足下列条件时，企业应当在客户取得相关商品控制权时确认收入：

（1）合同各方已批准该合同并承诺将履行各自义务；

（2）该合同明确了合同各方与所转让商品或提供劳务（以下简称转让商品）相关的权利和义务；

（3）该合同有明确的与所转让商品相关的条款；

（4）该合同具有商业实质，即履行该合同将改变企业未来现金流量的风险、时间分布和金额；

（5）企业因向客户转让商品而有权取得的对价很可能收回。

从合同开始日起，满足上述条件的合同，在履行期间无须对其进行重新评估，除非有迹象表明相关事实和情况发生重大变化。合同开始日通常是指合同生效日。

在合同开始日不符合新收入准则第五条规定的合同，企业应当对其进行持续评估，并在其收入满足该准则第五条规定时按该规定进行会计处理。

对于不符合该准则第五条规定的合同，企业只有在不负有向客户转让商品的剩余义务，且已向客户收取的对价无须退回时，才能将已确认的对价确认为收入；否则，应当将已收取的对价作为负债进行会计处理。没有商业实质的非货币性交换，不确认收入。

2. 会计确认的标准或依据

参照新会计准则对收入确认的条件以及工业企业收入确认的模式（工业企业销售商品时，通常是企业将商品移交客户后，经过客户验收质量无瑕疵，取得相应的签收文件，我们以此作为商品的所有权移交和所有权发生变动的主要依据，也是收入确认的条件），结合会计准则规定的确认条件和工业企业收入确认的模式，我们认为，房地产开发企业的收入确认依据应该是，房地产开发项目办理竣工验收，并向建设主管部门进行竣工验收备案后取得“三书一证一表”且房屋使用权已正式移交业主（取得业主方接收文件）。只有同时满足上述几个要件，才能认定已经达到了房地产开发企业收入的确认条件，这个时候必须进行收入确认，其他任何时点所作的收入确认，都是不符合会计准则的。

为什么必须满足上述要件才能作为收入确定依据，可以从这几个方面来理解：首先，房屋通过竣工验收并完成备案，即产品完工，且检验合格，与工业制造业产品生产标准口径是一致的，只是房屋的建造周期相对普通商品要长。其次，项目竣工验收备案，是经过专业技术人员和相关质量监督机构对产品质量、功能、设计是否达标的一个综合评价，类似于工业制造企业产品出厂的质量检测和评定。另外，根据现行有关文件的规定，取得“三书一证一表”（“三书”是指住宅质量保证书、住宅使用说明书及建筑工程质量认定书，“一证”是指房地产开发建设项目竣工验收合格证，“一表”是指建筑工程竣工验收备案表）是商品房交付使用的必要条件。再次，只有质量有保证，且无缺陷的产品才能叫合格产品，才能作为商品出售，才能让客户放心使用。最后，房屋移交购房人（业主）后，房屋的使用权才真正转移。上述四点完全满足会计准则对于收入确认的完整定义，所以以此作为房地产开发企业收入的确认标准，才是最合理、最标准的界定和判断依据。

（二）收入的会计计量

了解和认识房地产开发企业的收入确认标准后，根据会计准则的相关规定，结合房地产开发企业的销售模式和合同的约定，可以这样确定收入的会计计量依据。

（1）预售阶段实现销售并签订《商品房预售合同》的，按合同中约定的对价，减去或加上移交后进行面积补差调整后的对价作为收入计量依据（这里的对价是含税收入，应换算成不含税收入，进行价税分离，确认其会计收入）。

（2）房屋办理完竣工验收备案，以现房销售的，按签订的合同类型分别以其约定的对价进行价税分离后作为收入的计量依据。这里分别说明一下，如果签订的是全款销售商品房合同，以合同总金额进行价税分离后的对价作为确认收入计量的依据；如果签订的是分期销售商品房合同，根据合同约定的收款时间和金额分别进行价税分离后，以其分离后的对价分期分别作为收入的计量依据；如果签订的是以按揭方式销售商品房合同，以其收款时间进行价税分离后分别作为收入的计量依据。

（3）以房屋抵工程款签订《商品房销售合同》的，按双方最终签订的《商品房销售合同》上的单价和金额进行价税分离后作为收入的计量依据。

（4）其他类型的销售，比如售后回租、以融资方式售后回购的，基本可以参照上述原理作为收入的计量依据。

二、税法关于收入的会计确认和计量

房地产开发企业的销售主要由预售和现房销售两个部分组成。预售阶段，其税金的计算缴纳对于房地产开发企业来说实质上是预缴，对于税务机关来说，实质上是预征。因为在预售阶段，产品还在生产当中，卖的是未来的产品，是大家共知的期房，这个产品最终如何购销，双方都无法判断，也有可能销售失败（出现烂尾楼等情况）。另外，因为房地产产品开发周期较长（跨多个会计期间或者会计年度），所以为了整个经济社会平稳、和谐发展，税务机关制定了一个预缴率，在预售阶段（房屋未竣工验收备案之前），只能按预缴率先行计算预缴。对于房地产开发企业来说，预缴是预先承担了纳税义务。如果预期销售失败，房地产开发企业是有理由要求税务机关退回或后续抵扣预先缴纳的税金的，因为真正的纳税义务并没有产生，这是广大房地产开发企业财税工作者必须知晓的。

在未正式结转销售收入之前，税收相对简单，可以根据暂行税收法规规定的各税种预缴率和预售金额，按房地产开发企业的增值税计征税率，还原为不含税收入后的对价，按预征税率计算得出各税种的预缴税额。

例如，目前通行的增值税一般纳税人预缴率是3%，房地产开发企业的增值税计征税率是11%（因疫情影响，国家税务总局暂时将增值税计征税率调整为10%、9%、8%等），先将合同中的含税销售总金额按11%还原为不含税对价，再按预缴率3%计算出最终的预缴增值税额。土地增值税的预缴率为3%，还原成不含税的对价，再按土地增值税的预缴税率计算出应预缴的土地增值税额。

在现售阶段，由于房地产开发项目已经竣工验收并完成备案，就不存在预缴问题了，这时就要实实在在地履行纳税义务，按实际计征率11%计算分离价税，并计算出相应的增值税销项税金。

在现售阶段，房地产开发企业应在确认收入的同时，确认增值税销项税额，并在每一会计期间正常计算申报当期可抵扣进项税额、已抵扣进项税额、留抵可抵扣税额、当期销项税额、当期应纳税额等各项增值税明细税金。未能达到土地增值税汇算清缴条件，这一期间仍然需要按土地增值税预缴税率继续计算预缴土地增值税、企业所得税等各项税金。各税金具体的业务处理，将会在专门章节进行讲解。

三、收入的会计处理

房地产开发企业符合商品房销售收入的确认条件时，应借记“预收账款”科目，贷记“营业收入”“应交税费——应交增值税（销项税）”等科目。

在达到收入确认条件时，应将在收入结转之前收到的商品房销售款全部计入“预收账款”科目的贷方，在结转收入时，全部将由“预收账款”科目转入“营业收入”科目，这样能够保证“预收账款”科目的完整性。

关于收入的结转，详见第九章第三节房地产项目收入的结转。

四、拆迁还房（房屋置换）的会计和税务处理

（一）拆迁还房（房屋置换）的概念

拆迁还房也可以叫作房屋置换，是指房地产开发企业经营过程中，为了完成房地产研发项目地块中未完成的拆迁工作，通过对在异地建设或拆迁后在原地建设的房屋，与在拟开发地块中被拆迁的房屋的产权按不同比例进行产权互换，从而实现非货币化拆迁，使原所有人继续保持对其房屋的所有权的一种实务交易模式。

出于各种原因，在实务中经常会碰到需要对原地块中的居民进行拆迁，或者需要对项目地块中包裹的民房进行拆迁后才能完整开发的情况，这都给房地产开发企业的项目开发带来重重阻碍，因为拆迁居民可能会提出各种各样的要求，有的希望货币化处置，有的希望房产置换，有的就不想搬走。

那些能够货币化处置的业务相对容易处理，本章节不做详细论述，那些非货币

化拆迁（也可以叫房产置换）就相对棘手了。在旧城改造项目中，这种业务大量存在，有的要求拆一还一，有的要求拆一还二，更有甚者要求拆一还多（这取决于具体位置、地段和客户的具体要求，以及开发企业进度安排等），还有“拆一还一部分+货币”等不同类型，但原理相同，不再一一论述。

（二）拆迁还房（房屋置换）的简单论述

拆迁还房（房屋置换）的会计处理是当前房地产开发企业会计实务中比较典型且争议比较大的业务，绝大多数企业对于这类业务仅做税务处理，没有做会计处理，这是一种非常错误的态度。存在这种情况的原因是很多房地产财务人员没有完整的项目经历，不知道该如何处理这类问题，也就很少有人能把这类业务研究透彻。

拆迁还房（房屋置换）与会计准则中的非货币性交易类似。一般的非货币性交易是对同时存在的资产、存货（材料或产品）、无形资产（专利权、商标权）以物易物，进行交易置换，这种交易是在已经清楚各自需求、功能和价值的前提下进行的；拆迁还房（房屋置换）比较突出的一个特点是，被拆迁或被置换的房屋拆掉后基本不会产生价值，价值主要在于土地资源。

在重建过程中需要将地块的规划容积率、产权使用年限及使用权等变更到房地产开发企业，这就涉及土地出让金、变更费用等附加支出，连同未来需要偿还或置换的房屋面积，将会构成一个新的价值组合，所以这部分成本不能完全等同于未来拆迁还房（房屋置换）的成本加成。

在通常情况下，不太可能用一栋新建房屋直接拆还或置换，大多都是与新项目统筹建设，所以，重建后地块上很可能没有建设建筑物或者建筑物与其他设施共享土地资源，即所有重建过程中发生的支出成本都是要从拆迁前地块开发成本中整体分担的，这样才是真实合理的。这就决定了在后续还房或置换房产时该业务类比销售对价应该如何界定。目前，无论是理论界、实务界还是税务机关都未能给出一个公平、公正、合理的方案和标准。

（三）拆迁还房（房屋置换）的会计和税务处理

在收入结转阶段，我们可以根据最终确定的拆迁还房（房屋置换）对价，借记“其他应付款——其他”科目，贷记“营业收入”“应交税费——增值税（销项税）”等科目。

本章节主要就销售部分会计业务处理作简要介绍，详细内容和案例请参考第十一章第七节房屋置换与原地回迁的财税处理。

五、委托代销收入的会计核算

采取委托房地产中介机构代理销售商品房的，应分不同的委托代理方式确认收入。

（一）收取手续费方式

房地产开发企业采取支付手续费方式委托销售商品房的，在委托房地产代理销售机构销售商品房时，因不需要进行实物交付，通常不应确认商品房销售收入，也不需要进行账务处理，而应在符合收入确认条件时确认商品房销售收入的实现，借记“银行存款”科目，贷记“营业收入”“应交税费——增值税（销项税）”等科目。销售实现后，按合同或协议约定支付给房地产代理中介机构的手续费应作为销售费用处理。借记“销售费用”“应交税费——增值税（进项税）”等科目，贷记“银行存款”科目。

【例 7-7】A 房地产开发企业委托甲专业销售公司销售其开发的商品房，双方约定，房屋由 A 房地产开发企业定价，销售收款后，甲销售公司按其销售金额的 2%收取手续费。月末，A 房地产开发企业收到甲销售公司开具的代销清单，共销售房屋 10 套，售价共计 550 万元（含增值税价，采用简易计税办法核算，税率为 5%）。房屋开发成本 380 万元。

（1）委托销售时，因不需要进行实物交付，故不作账务处理。

（2）承购人缴纳房款时，依据收款收据记账联、现金缴款单、银行收账通知等证明进行账务处理：

应缴纳增值税 = 5 500 000÷(1+5%)×5% = 261 904. 76（元）

借：应交税费——预交增值税　　261 904. 76 元

　贷：银行存款　　261 904. 76 元

借：银行存款　　5 500 000 元

　贷：预收账款　　5 500 000 元

（3）收到代销清单和甲销售公司开具的手续费发票时，依据代销清单、开具的增值税专用发票、付款凭证作账务处理：

借：销售费用　　103 773. 59 元

　　应交税费——增值税（进项税）　　6 226. 41 元

　贷：银行存款　　110 000 元

（4）房屋竣工验收，移交承购人时，确认商品销售收入，账务处理如下：

借：预收账款　　5 500 000 元

　贷：营业收入　　5 238 095. 24 元

　　　应交税费——增值税（销项税）　　261 904. 76 元

（5）确认收入的同时，结转房屋销售成本，账务处理如下：

借：营业成本　　3 800 000 元

　贷：开发产品　　3 800 000 元

（二）视同买断方式

房地产开发企业采用视同买断方式委托销售商品房的，如果房地产开发企业与受托企业之间协议明确标明，受托方在取得代销商品房后，无论是否卖出，是否获利，均与委托方无关，那么房地产开发企业与受托方之间的代销商品房交易，与房地产开发企业直接销售商品房给受托方没有实质区别，在符合商品销售收入确认条件时，房地产开发企业应确认收入。

如果房地产开发企业与受托企业之间协议明确标明，将来受托方没有将商品房销售出时可以将商品房退给委托方，或受托方因代销商品房出现亏损时可以要求房地产开发企业补偿，那么房地产开发企业在交付商品时不应确认收入，受托方也不作购买商品房处理。受托方将商品房出售后，按实际售价确认收入，并向房地产开发企业开具销售清单。房地产开发企业在收到销售清单且符合收入确认条件时，再确认本企业的销售收入。

【例 7-8】 A 房地产开发企业委托甲专业销售公司销售其开发的商品房 10 套，协议价为 550 万元（含增值税价，采用简易计税办法核算，税率为 5%）。房屋开发成本 380 万元。代销协议约定，双方签订代销协议后，无论商品房是否卖出，是否获利，均与 A 房地产开发企业无关。

从约定看，A 房地产开发企业委托甲销售公司的代销，属于视同买断的销售方式。A 房地产开发企业的账务处理如下：

(1) 委托销售的商品房移交甲销售公司时，应确认销售收入

借：应收账款——甲公司	5 500 000 元	
贷：营业收入		5 238 095.24 元
应交税费——增值税（销项税）		261 904.76 元

(2) 结转房屋销售成本

借：营业成本	3 800 000 元	
贷：开发产品		3 800 000 元

(3) 收到甲销售公司销售房款

借：银行存款	5 500 000 元	
贷：应收账款——甲公司		5 500 000 元

六、售后回购房屋的会计处理

（一）会计处理

售后回购是指销售商品房时，卖方同意日后再将商品购回的销售方式。售后回购交易本质上是融资活动。因此，在售后回购期间，销售方在会计上不确认收入。

回购价大于原售价的，应在销售与回购期间按期计提利息费用，计提的利息费用直接计入当期财务费用，计提利息费用时，记入“财务费用”科目。

当企业日后重新回购该商品房时，按实际支出或应支付的金额，借记“其他应付款”科目，贷记“银行存款”“应付账款”等科目。

（二）税务处理

《国家税务总局关于确认企业所得税收入若干问题的通知》（国税函〔2008〕875号）规定，采用售后回购方式销售商品的，销售的商品按售价确认收入，回购的商品作为购进商品处理。有证据表明不符合合同销售收入确认条件的，如以销售商品方式进行融资，收到的款项应确认为债，回购价格大于原售价的，其差额应在回购期间确认为利息费用。

风险提示：这里涉及的回购期间确认的利息费用是否需要按金融业代扣代缴增值税及附加，目前未见明确的文件指引，这是一个有争议的地方。这将成为一个重要的税务风险点，应予以关注。

第四节　商品房销售成本的会计核算

房地产开发企业销售成本的核算必须本着收入和成本配比的原则进行，即房地产开发企业根据收入确认原则确认实现销售收入和销售面积时，应同时结转相应的开发产品销售成本。

一、开发产品的核算

开发产品竣工验收合格，成本结算完成后，编制《开发产品成本明细表》，详细列明每种开发产品的总成本、总面积、单位面积成本和总套数等信息，使用的面积要和测绘面积一致。开发产品的分类要根据成本核算对象的划分和实际核算需要确定。《开发产品成本明细表》作为开发产品成本结转的依据，附在凭证后面，借记“开发产品”的相关明细科目，贷记“开发成本”的相关明细科目。

关于开发成本结转的具体论述，请参考第八章第三节房地产项目开发成本的结转。

二、开发产品销售时的会计核算

会计期末根据收入确认原则分产品确认实现的销售收入和销售面积，同时根据实现的销售面积结转相应的开发产品销售成本。

结转的已实现销售的开发产品成本=已销售的建筑面积×该开发产品单位建筑面积成本

账务处理为借记“营业成本”科目，贷记“开发产品”科目。结转销售成本时，编制《开发产品成本明细表》并附在凭证后面，该表详细登记实现销售的每套房源信息。

关于销售成本结转的具体论述，请参考第九章第四节房地产项目销售成本的结转。

三、成本差异的会计核算

成本差异发生在土地增值税清算之前的，应先在开发成本中归集，然后按已售和未售的比例，分别转入“营业成本”和“开发产品”科目。

成本差异发生在土地增值税清算之后的，差异较小的，可以作为销售费用。若差异很大，可以申请土地增值税二次清算，即重新进行土地增值税清算。若税务机关认同二次清算，未来企业就会要求退还前期多交的土地增值税。

第五节　房地产项目销售中抽奖送物等行为的财税处理

一、促销的概述

促销是营销者向消费者传递有关本企业及产品的各种信息，说服或吸引消费者购买其产品，以达到扩大销售量的目的。

促销实质上是一种沟通活动，即营销者（信息提供者或发送者）发出作为刺激消费的各种信息，把信息传递给一个或更多的目标对象（信息接收者，如听众、观众、读者、消费者或用户等），以影响其态度和行为。常用的促销手段有广告、人员推销、网络营销、营业推广和公共关系。企业可根据实际情况及市场、产品等因素选择一种或多种促销手段的组合。

二、促销方式及涉税处理

（一）买房送物业费

1. 业务解析

如果房地产开发企业在广告宣传中这样表述：买房送物业费，则该业务实质上是房地产开发企业代业主支付物业费，让购房者买房后享受。对房地产开发企业赠送给购房者的物业费正确的处理方式是，由物业管理公司向房地产开发企业开具物业费发票，房地产开发企业将代购房者支付的物业费支付给物业管理公司。房地产开发企业向物业管理公司支付的该部分物业费，相当于将现金赠送给购房者，只是没有把现金直接拿给购房者，而是代购房者付给了物业管理公司，省略了购房者收到现金，再将现金转付物业管理公司这一环节。房地产开发企业应按赠送业务进行账务处理，对支付的物业费按20%个人所得税税率计算并代扣代缴个人所得税（具体可见《关于企业促销展业赠送礼品有关个人所得税问题的通知》（财税〔2011〕50号文）第二条具体规定）。从理论上看，这部分税金由购房者支付给房地产开发企业，但实务中，购房者通常不会承担该部分税金，都是由房地产开发企业自行承担。

许多企业认为，房地产开发企业和物业管理公司是同一股东，向购房者送物业费对于房地产开发企业和自己的物业管理公司来说没有产生资金外流，房地产开发企业不让物业管理公司开具发票，也就不用向物业管理公司支付这部分资金，这样就可以不用缴纳这部分个人所得税了。但事实是，公司因此业务不仅产生了很大的税负成本，而且两个公司由于没有进行财税处理，都存在着巨大的税务风险。很多中小房地产开发企业的财务人员，由于业务水平不高，根本不知道该如何处理，老板说不开发票，就认为不存在税收，更不用说做财税处理了。

2. 会计与税务处理

在正常情况下，当房地产开发企业与购房者签订商品房预售（销售）合同后，应给购房者出具具体免交物业费（附所属期限）的文件凭据，以便购房者到物业管理公司办理相关手续，享受其权利；物业管理公司也可以凭借购房者提供的文件凭据，正常开具物业费发票给购房者，再将发票联复印件提交给房地产开发企业，收取对应的物业费。

【例 7-9】 A 房地产开发企业 2018 年 7 月销售商品房 10 套，按约定免除该 10 套房购房者接收物业后两年的物业费，共计 60 万元。2019 年 6 月 A 房地产开发企业向购房者办理了交房手续，同时，物业管理公司开具该 10 户业主的物业费发票给购房者，并将发票复印件提交给 A 房地产开发企业。

（1）2018 年 7 月销售时，给购房者出具免交物业费文件凭据，依据该凭据作账务处理：

借：营业外支出　　600 000 元
　贷：应付账款——物业公司　　600 000 元

代扣代缴个人所得税按赠送税率 20% 计算

借：应交税费——个人所得税　　120 000 元
　贷：银行存款　　120 000 元

（2）2019 年 6 月，收到物业公司开具的物业管理费发票，依据该发票和支付凭证作账务处理：

借：应付账款——物业公司　　600 000 元
　贷：银行存款　　600 000 元

（二）买房抽奖、送家电、送汽车等

1. 业务解析

在实务中，如果房地产开发企业在广告宣传中表述的不是买房送物业费，而是买房抽奖（奖品包括手机、电脑、电饭煲、电磁炉、电视、汽车等），买房送家电或买房送汽车。这类业务本质与买房送物业费相同，只不过赠送的礼物由权利变成了产品，是通过等价的现金形式表现出的不同形态，也应该按赠送方式计算并代扣代缴个人所得税。

赠送的电子产品、家电和汽车应视同销售，需缴纳增值税。2018 年修订的《增值税暂行条例实施细则》第四条规定，单位或者个体工商户将自产、委托加工或者购进的货物无偿赠送给其他单位或者个人的行为视同销售。该实施细则的第十六条规定，纳税人有条例第七条所称价格明显偏低并无正当理由或者有本细则第四条所列视同销售货物行为而无销售额者，按下列顺序确定销售额：（一）按纳税人最近时期同类货物的平均销售价格确定；（二）按其他纳税人最近时期同类货物的平均销售价格确定；（三）按组成计税价格确定。组成计税价格＝成本×（1+成本利润率），属于应征消费税的货物，其组成计税价格中应加计消费税额。销售自产货物的为实际生产成本，销售外购货物的为实际采购成本。公式中的成本利润率由国家税务总局确定。《增值税若干具体问题的规定》（国税发〔1993〕154号）规定，纳税人因销售价格明显偏低或无销售价格等原因，按规定需组成计税价格确定销售额的，其组价公式中的成本利润率为10%。但属于应从价定率征收消费税的货物，其组价公式中的成本利润率为《消费税若干具体问题的规定》中规定的成本利润率。依据上述规定，开发商采取"买房赠送家用电器、汽车"的促销方式，将外购的家用电器无偿赠送给其他单位或者个人，应该视同销售货物，按照组成计税价格缴纳增值税。

《国家税务总局关于房地产开发企业土地增值税清算管理有关问题的通知》（国税发〔2006〕187号）第四条第（四）款规定，房地产开发企业销售已装修的房屋，其装修费用可以计入房地产开发成本，作为土地增值税的扣除项目。《建筑安装工程费用项目组成》（建标〔2003〕206号）规定，建筑安装工程费由直接费、间接费、利润和税金组成，而直接工程费是指施工过程中耗费的构成工程实体的各项费用，包括人工费、材料费、施工机械使用费。因此，只有构成工程实体的材料费才构成建筑安装工程费的内容，而精装修所用家用电器并不构成工程实体，不符合土地增值税扣除项目的内容。根据上述规定，如果精装修与房屋不可分离，分离将会导致房屋结构、功能损坏的部分，应当允许土地增值税加计扣除。但是，对于不属于以建筑物为载体的附属设备且可以分离的家电、汽车，不能作为房地产的开发成本处理，所以开发商在销售时赠送的家电、汽车不能作为成本项目在土地增值税税前扣除。

综上所述，对于买房抽奖得到的电子产品、家电、汽车，除需要代扣代缴个人所得税外，还要视同销售计征增值税及附加，不能将赠送的家电、汽车列入开发成本，且土地增值税存在不能税前扣除等问题。

2. 会计与税务处理

当房地产开发企业与购房者签订商品房预售（销售）合同后，以购房者的签收（取走相应的电子产品、家电、汽车都应制作签收表）文件资料为原始凭证，作账务处理。

【例7-10】 A房地产开发企业2018年7月对已经签订商品房预售（销售）合同的购房者进行抽奖，其中通过投资方式发放奖品价值为20万元，赠送家电价值为 50 万元，汽车为 100 万元，增值税率为 16%。

（1）购入抽奖物资、家电、汽车等物品时，依据发票、支付凭证等原始凭据，作如下账务处理：

借：库存商品——电子产品　188 679.25 元
　　　　　　——家电　431 034.48 元
　　　　　　——汽车　862 068.97 元
　　应交税费——增值税（进项税）　218 217.3 元
　贷：银行存款　1 700 000 元

（2）将上述物资移交相应购房人时，以相应购房人的签收资料作为原始凭证，作如下账务处理：

借：营业外支出　1 700 000 元
　贷：库存商品——电子产品　188 679.25 元
　　　　　　　——家电　431 034.48 元
　　　　　　　——汽车　862 068.97 元
　　　应交税费——增值税（销项税）　218 217.3 元

代扣代缴个人所得税按赠送税率 20%计算

借：应交税费——个人所得税　340 000 元
　贷：银行存款　340 000 元

（三）对比赠送权利和实物两种促销方式下的税负

1. 赠送权利增加的税金

增加的税金＝赠送金额×20%

2. 赠送实物增加的税金

增加的税金＝赠送金额×20%＋赠送金额÷（1+增值税税率）×增值税税率

3. 企业所得税未得到抵扣

两种方式中因赠送额外增加的税金不能在税前进行抵扣，换句话说，这部分税金不能作为成本费用进行扣除。

（四）销售折扣与折让

销售折扣与折让是指企业销售商品时，按合同规定为了及早收回货款给予买方的销售折扣和因商品品种、质量等原因给予买方的销售折让，企业销售商品发生的销售折让、折扣，应冲减当期相应的销售收入。企业进行销售折扣与折让核算时，应先设置“销售折扣与折让”账户，并根据具体情况设置以下两个明细科目：①销售折扣；②销售折让。

销售折扣包括两种形式：商业折扣与现金折扣。商业折扣是指企业按照标明的商品零售价格开出发票，在此价格基础上，给予流通领域中批发或零售环节一定的折扣。商业折扣在会计处理上有总额法和净额法两种方法。现金折扣是指企业采用赊销方式销售商品时，为了鼓励买方在一定期限内（信用期限）尽快付款，规定一个短于信用期限的折扣期限，如果买主在折扣期限内付款，就能得到规定的现金折扣，即从应支付的货款中扣除规定的折扣。

房地产开发企业采用的一次性交5万元抵8万元等形式，就属于典型的销售折扣，多数公司都用净额法直接扣减折扣后进行账务处理。其实，这里对于信息的反馈是不全面的，建议采用总额法进行账务处理，或使用净额法在销售台账中把折扣记录下来，这样有利于评估整个项目销售，明确除去营销费用，给予客户的折扣是多少，以便统计出相关数据用于经营决策。

三、风险防范

目前，许多房地产开发企业因为业务处理不规范存在较大的财税风险，这主要源于财务人员对于业务理解不够全面，或是财务人员利用信息不对称，故意为之，往往是等税务机关来检查时再处理。利用信息不对称故意为之的行为就是偷税，一旦被稽查，将会使企业面临重大的税务处罚和追缴税款、滞纳金的风险，得不偿失。

如果物业管理公司属于房地产开发企业，或物业管理公司是由房地产开发企业出资成立的，那么，对于促销活动时赠送的物业费，房地产开发企业很可能不支付资金，也不作账务处理，物业管理公司不开具发票、不收款，也不作账务处理。这会导致物业管理公司对应该收取的物业费未确认收入，使得企业少缴纳企业所得税，而面临偷税风险；对于房地产开发企业来说，未支付购买物业费的款项，也未代扣代缴个人所得税，同样面临相应的税务处罚风险。

赠送的家电或奖品，通常列入营销费用，但未作捐赠处理，存在未履行代扣代缴义务和偷逃企业所得税的风险。

1. 买房送物业费

（1）未按捐赠作相应的会计处理，未履行代扣代缴个人所得税业务，导致偷逃个人所得税行为；

（2）房地产开发企业未将赠送的物业费作采购服务处理，未进行相应的会计处理，也就无（1）作捐赠的会计处理，导致利润虚增，导致多缴企业所得税行为；

（3）物业管理公司未将上述业务作收入处理，存在偷逃增值税及附加与企业所得税行为。

2. 买房送家电

（1）只作家电购入和列入营销费用的处理，未作捐赠冲减营销费用的处理，导致资产账实不符，存在未履行代扣代缴个人所得税及偷逃个人所得税行为；

（2）未作捐赠冲减营销费用，存在增大成本、虚减利润、偷逃企业所得税、增加增值税进项抵扣、多抵扣增值税等行为。

3. 买房赠汽车

（1）汽车采购后按二手车交易过户，会存在为了少代扣代缴个人所得税，把价格评估过低的情况；

（2）存在对于采购的汽车故意不上账或走账外资金采购的行为。

4. 买房抽奖

与买房送家电类似，直接将奖品当作自己的资产，未在账务上作捐赠处理，而虚挂账提折旧，存在偷逃个人所得税与企业所得税、增值税及附加行为。

四、物业费和家电的税务筹划

经过深入研究，对于上述业务中涉及的物业费和家电有一种比较好的税收筹划方式，可以规避个人所得税；但对于抽奖奖品和汽车，在现行税收法规框架下，暂未找到比较好的筹划解决方案。

对于涉及的物业费和家电可作如下处理：

第一，在广告宣传时，不要提及送物业费、家电，可以描述为“买房有惊喜、买房送礼包”，从而规避被税务机关界定为赠送而要求代扣代缴高额个人所得税的风险。

第二，在签订商品房预售（销售）合同时，可以在交房标准条款中约定附带多长时间的物业费和附带家电的品牌、价值。有了这样的约定后，可以将物业费和家电视同与商品房捆绑销售的附加价值。赠送物业费和家电都带有变相打折的意思，只是形式上房屋单价没有变化而已，一方面可以满足对客户赠送的目的，另一方面对于房地产开发企业来说也能够达到税务筹划的效果。

第三，对于附带的物业费和家电在会计核算上的处理。物业费可以在签订商品房预售（销售）合同时，凭购房合同复印件和物业管理公司开具的物业费发票，借记“营销费用”科目，贷记“应付账款”或“银行存款”科目，如果当时处于预售阶段，项目未确定相对应的物业管理公司，可以暂不作账务处理，等到交房时物业管理公司开具物业费发票，再进行账务处理，借记“营销费用”项目，贷记“应付账款”或“银行存款”科目。在购进家电时凭购入发票，借记“开发成本——建筑安装工程费用”“应交税费——增值税（进项税）”等科目，贷记“银行存款”科目。交房时，交房清单上应注明家电信息内容。

第四，对于赠送的家电，在土地增值税清算时不能进行抵扣，需要减除，如果客户对于将家电开在销售发票上没有异议，就可以避开视同销售的问题，这样除了可以筹划减少个人所得税的20%，还可以减少视同销售部分的增值税。但通常对于客户来说，很少有人接受将赠送的家电开在销售发票上，因为与贷款和房产价值有关，如果工作做得很到位，也可以达到目的。即使客户不同意将家电开在销售发票上，至少可以筹划减少个人所得税，虽然按视同销售缴纳了该部分家电的增值税，在土地增值税清算时不能扣除，但企业所得税是可以扣除的，对于企业来说，也是很划算的，至少相对于未筹划前，少了个人所得税和企业所得税这部分支出。

通过上述筹划处理，企业并没有因此产生按捐赠代扣代缴的个人所得税，相关的支出也进入到企业的成本和费用，能够进行企业所得税抵扣，合理、合法、合规，在为企业带来更好的收益的同时，避免了不该有的税务风险。

第六节 车位（车库）的财税处理

当房地产开发企业进行项目开发时，都会配套开发建设一定数量的车位（车库），这些车位（车库）可能在地上，也有很多在地下。通常情况下，很多车位（车库）因为所有权问题，无法办理产权证（个别省市可以办理产权证例外），主要因为有些属于人防设施，有些属于超规划建设。实务中，对于车位（车库）的使用和管理，通常表现为把使用权进行出售、赠送和出租等。不同的表现形式，其会计核算方式和税务处理也存在差异。

一、车位（车库）的权属

房地产开发企业开发的车位（车库），其产权归属主要有三种形式。

（一）产权归属开发商

车位（车库）在小区房屋销售时未按公建面积进行公摊，其所有权（俗称产权）应归开发商所有。开发商有权对业主出售，此时开发商与业主签订的《车位（车库）使用权转让合同》是合法有效的，应得到法律保护。

（二）产权归属全体小区业主

如果开发商在销售小区房屋时，已将地下车位（车库）按公建面积分摊给了全体小区业主，从法律上讲，该车位（车库）的产权应归全体业主所有，开发商无权与个别业主签订《车位（车库）使用权转让协议》，已签订的协议无效。如果小区业主需要购买该车位（车库）使用权，应同小区业主委员会或同经业主委员会授权委托的物业管理公司签订《车位（车库）使用权转让协议》，在这种情况下，只有全体业主有权处置该地下车位（车库）。

（三）产权归属国家

产权既不归属开发商，也不归属小区业主，这主要是指按规划建设的人防工程。

很多房地产开发项目在开发建设时均会碰到地下人防工程，对于房地产财务人员来说，这是一个比较普遍的重难点业务。人防工程包括为保障战时人员与物资、人民防空指挥、医疗救护等单独修建的地下防护建筑，以及结合地面建筑修建的战时可用于防空的地下室（《人民防空法》第十八条）。对于房地产开发企业来说，人防工程的支出是一种义务，带有强制性特点。根据《人民防空法》第二十二条规定："城市新建民用建筑，按照国家有关规定修建战时可用于防空的地下室。"《关于改变结合民用建筑修建防空地下室规定的通知》（人防委字〔1984〕9号）规定："三、结合民用建筑修建防空地下室，一律由建设单位负责修建。"房地产开发企业可以规定修建人防工程，或者规定缴纳异地建设费。《建设部印发关于规范防空地下室易地建设收费的规定的通知》（计价格〔2000〕474号）规定："二、对按规定需要同步配套建设，但确因下列条件限制不能同步配套建设的，建设单位可以申请易地建设。"当然，如果要修建人防工程，从节约成本的角度来说，房地产开发企业可以选择修建用于物资掩蔽的地下人防工程，避免修建人员掩蔽的地下人防工程。《商品房销售面积计算及公用建筑面积分摊规则》第九条明确规定："作为人防工程的地下室也不计入公用建筑面积。"从中可以看出，人防工程不包含在商品房的面积中，当然是无法正常对外销售的。

二、车库的类别及其权属

车位（车库）土地增值税税务处理的关键仍然是权属问题，而车位（车库）权属的确定规则与车位（车库）的类别有较强的关联性。权属不同的车位（车库），其税务处理的标准也不同，车位（车库）分类往往是干扰车位（车库）税务处理的因素。因此，要对车位（车库）税务准确处理，必须了解车位（车库）的分类。

从产权上看，有产权车位（车库）和无车权车位（车库）之分；从用途上看，有自行车库或非机动车库、机动车位（车库）之分。机动车位（车库）以停车方式分类，分为自走式车位（车库）和机械车位（车库）；以位置分类，分为地上车位（车库）和地下车位（车库）；以权利性质分类，分为专有车位（车库）、共有车位（车库）和他有车位（车库）；按其与人防工程的关系分类，分为人防区域车位（车库）和非人防区域车位（车库）；以权属分类，分为业主权属车位（车库）和房地产开发企业权属车位（车库）。

下面以《中华人民共和国民法典》为依据，对各类车位（车库）的权属进行分析。房产权属是指法定的房产权利归属或者约定的房产权利归属，房产权属不需要权利证书确定。房产产权是指经过房地产管理部门登记，由权利证书明确的房产权利。

产权车位（车库）权属是明确的，按产权证确定是属于个别业主还是房地产开发企业，无产权车位（车库）未领取或不能领取权利证书，其权属主体为全体业主或房地产开发企业。

自行车库的权属一般确定为全体业主，机动车位（车库）的权属主体分三类：个别业主、全体业主、房地产开发企业。自走式车位（车库）有的是能取得产权证的，有的是不能取得产权证的，取得产权证的权属是明确的，不能取得产权证的权属主体为全体业主或房地产开发企业。

有的地方将机械车位（车库）作为设备类处理，其权属主体为全体业主或房地产开发企业；有的地方将其作为房产处理。作为房产处理的机械车位（车库）其权属一般都是明确的，归属个别业主或房地产开发企业。

地上车位（车库）一般是以房地产开发项目中的场地划成的车位（车库），无法取得产权证，属于全体业主。

地下车位（车库）的权属以其分类确定。

专有车位（车库）是业主购买的，有的有产权证，有的没有产权证；共有车位（车库）是权属为全体业主的车位（车库），无法取得产权证；他有车位（车库）属于房地产开发企业或者按照规划属于其他所有人。

人防区域车位（车库）是指在人防工程范围内划成的车位（车库）。一般情况下无法取得产权，在个别地方也有人防车库取得产权证的情况。人防车库权属争议较大。

业主权属车位（车库）分两类：一类是有产权车位（车库），权属按产权证确定；另一类是无产权车位（车库），权属为全体业主。房地产开发企业权属车位（车库），分有产权车位（车库）和无产权车位（车库）。

三、车位（车库）的财税处理

对车位（车库）的税务处理，不要受车位（车库）的类别和名称干扰，一定要清楚地确定它们的权属，在权属明确的基础上，对车位（车库）进行财税处理。

一是将各类车位划分为有产权证的车位（车库）和无产权证的车位（车库）。

二是有产权证的车位（车库）要区分三种情况：

（1）销售给业主的，其收入作为土地增值税计税收入，其成本费用作为扣除项目金额。

（2）房地产开发企业未销售的，不计转让收入，其成本费用不能作为扣除项目金额。

（3）按规划要求，无偿移交给政府、公用事业单位，用于非营利性社会公共事业的，其成本、费用可以扣除；有偿转让的，确定转让收入，其成本费用作为扣除项目金额。

三是已销售的无产权车位（车库）的处理：

权属为全体业主的，其成本费用计入扣除项目金额；权属为房地产开发企业的，其成本费用不计入扣除项目金额。

不同地区的处理不一样，有些地方对于没有产权的房地产不征收土地增值税。因此，有的地区无产权车库销售，不计土地增值税收入，其成本费用也不能扣除。有的地区无论有无产权的房地产都征收土地增值税。对于这些地区，应当注意销售的无产权车位（车库）的权属。如果销售的无产权车位（车库）的权属是全体业主，房地产开发企业就侵犯了业主的权利，不能对这些车位（车库）的转让收入征收土地增值税。

四是已销售的机械车位（车库）的处理：

销售取得产权证的机械车位（车库），应当征收土地增值税；销售无产权证的机械车位（车库）转让的是设备，不是房地产，不征收土地增值税。

但其成本费应视情况处理，机械车位（车库）属于全体业主的，可以扣除；不属于全体业主的，不可以扣除。

根据《中华人民共和国民法典》第七十条："业主对建筑物内的住宅、经营性用房等专有部分享有所有权，对专有部分以外的共有部分享有共有和共同管理的权利。"开发单位通常将人防工程的成本放入整个销售项目的成本当中，相当于全体业主购买了人防工程的投资。根据《人民防空法》第五条的规定，车库也应当属于业主所有。

从目前的实践来看，车位（车库）为人防工程，应归国家所有已成共识。基于防空工程的特殊性，开发单位和业主都不可能拥有完全的所有权，只不过是由开发单位回租使用而已。下面的相关税收都按照国家所有进行处理。

1. 人防成本所得税扣除

对人防工程费用，房地产开发企业只有两种选择：自建或缴纳人防异地建设费，既然缴纳人防费就可以进入成本，那么自建的成本理应在所得税前扣除。根据《国家税务总局关于房地产开发业务征收企业所得税问题的通知》（国税发〔2009〕31 号）第三十三条，企业单独建造的停车场所，应作为成本对象单独核算。利用地下基础设施形成的停车场所，作为公共配套设施进行处理。人防工程的设计、施工、监理、报竣等工作都需要当地的人防部门进行监督，竣工后无偿移交给人防部门。在实际工作中，往往无法单独核算，需要计算分摊人防工程的成本，汇总后并入整个项目的公共配套设施中，在所得税前进行扣除。

2. 出租时的增值税

人防工程移交后，开发单位通常会在提出申请、签订租赁合同并领取人防工程使用证后，将人防工程回租过来。同时，进行适当改造，大都改造成地下车库，然后对外转租。因为所有权归属国家，只能做对外租赁处理，签订租赁合同。这部分租金不能作为销售不动产的税目，应作为租赁业的税目。

人防车位（车库）出租，在发票使用上应使用服务业发票，而不是不动产发票。

3. 出租时的所得税

根据《中华人民共和国企业所得税法实施条例》的相关规定，租金收入应按照合同约定的承租人应付租金的日期确认收入的实现，即在按照合同规定收到款项的时候一次性确认为收入。同时，将支付给人防部门的租金和改造的费用配比扣除。

4. 印花税

《中华人民共和国印花税暂行条例》（国务院令第 11 号）规定，财产租赁合同，按租赁金额千分之一贴花。税额不足一元的按一元贴花。注意：按照合同总金额一次性交纳。合同未到期解除合同的，印花税不作调整。

5. 房产税

2005 年 12 月 31 日以前，适用《关于房产税若干具体问题的解释和暂行规定》（财税地字〔1986〕第 8 号）第十一条：“为鼓励利用地下人防设施，暂不征收房产税。”

2006 年 1 月 1 日起，财政部、国家税务总局下发了《关于具备房屋功能的地下建筑征收房产税的通知》（财税〔2005〕181 号），明确规定，出租的地下建筑，按照出租地上房屋建筑的有关规定计算征收房产税。

人防部分由房地产开发企业自己使用，不应缴纳房产税。因为人防部分是房地产开发企业从人防办承租的，所以在账上也没有体现。如果房地产开发企业将人防部分对外转租，对于转租相关的房产税，目前国家没有明确的政策，各地对转租房产征税规定各有不同，主要有以下三种：

（1）对于转租收入不征收房产税；

（2）发生转租，由转租人对租金全额收入按综合税率缴纳房产税；

（3）发生转租，由转租人对租金差额收入按 12%缴纳房产税。

根据房产税的相关规定以及各地的主流做法，转租不应当缴纳房产税：

（1）根据《中华人民共和国房产税暂行条例》第二条规定，房产税由产权所有人缴纳。产权属于全民所有的，由经营管理单位缴纳。产权出典的，由承典人缴纳。产权所有人、承典人不在房产所在地的，或者产权未确定及租典纠纷未解决的，由房产代管人或者使用人缴纳。房地产开发企业既不是人防工程的所有人或承典人，也不存在产权未确定的情况，因此不是房产税的纳税义务人。

（2）根据《上海市地方税务局关于转租房产的租金收入停止征收房产税的通知》（沪地税地〔1996〕42 号）规定，房产税属于财产类税，不同于流转税，根据规定应由房产的产权所有人或代管人作为纳税义务人。现对出租房产已由产权所有人或代管人按租金收入缴纳房产税，是否要再对承租人将租入房产进行转租按收取租金高于原支付租金的差额征收房产税的问题，经请示国家税务总局地方税务司后，决定本市关于转租房产按其收取租金高于原支付租金的差额征收房产税的规定停止执行。

（3）《成都市地税局关于房产税、土地使用税、耕地占用税、契税若干问题的解答》（成地税发〔1994〕第 8 号）规定，对转租房屋的转租人，因产权不属于转租人，对转租人所得的租金收入，不应再征收房产税。

（4）《大连市地方税务局关于明确房产税和城镇土地使用税有关问题的通知》（大地税函〔2006〕149 号）第三条规定，关于转租房屋是否征收房产税问题：对转手出租房屋所取得的租金收入，不缴纳房产税。

因此，房地产开发企业转租不应当缴纳房产税，但建议同当地的税务机构联系，进行确认。

6. 土地增值税

根据《土地增值税暂行条例实施细则》第二条规定，转让国有土地使用权、地上建筑物及其附着物并取得收入，是指以出售或者其他方式有偿转让房地产的行为。

由于转租人防工程没有转让土地使用权，也没有转让建筑物的所有权，因此不涉及土地增值税。

对于由房地产开发企业开发拥有所有权的车位（车库），对外销售时不管是否能够办理产权，都应按销售进行处理，应开具不动产发票，在税务处理上跟销售住宅等开发产品一样。

（1）地下车位（车库）应首先明确，由人防设施形成的车位，产权归人防部门，此部分成本应从总成本中扣除，分摊到销售或自用部分的开发成本中，作为公共配套设施费用分摊出去，因此，在财务账上不体现这一部分成本。如果将此销售出去，实为租赁业务，营业税税率是5%。但是，人防设施为房地产开发企业从人防办租赁的，由于人防办属于免税部门，此项业务是否为转租行为存在争议，各地尚未统一。

（2）无论是地下还是地上车位（车库），如果能够办理产权证的，与开发产品核算一致。通常情况下，有些地区只能对整个车库办理一个大产权，但是对于出售的每一个车位不能办理产权（有的城市可以办理）。如果是这种情况，整个车位（车库）大产权归房地产开发企业所有，对外出售的是使用权，在财务上，这部分开发成本应作为固定资产核算。出售使用权时，适用的流转税税目难以确定，导致发票的使用存在问题，购买方如果是企业，那么开具的资产类发票将不能予以一次性费用化处理，同时由于没有产权，使用分期费用性处理也存在障碍。

（3）地面车位（车库）等不属于开发产品及产权不归属房地产开发企业的资产，实际上为让渡资产使用权而不是提供服务，认定租赁处理比较公允。当然，账外处理将不会存在上述问题，特别是针对出售给个人的行为。

第八章　房地产项目竣工验收与结算

第一节　房地产项目竣工验收

竣工验收是指建设工程项目竣工后，由投资主管部门会同建设、设计、施工、设备供应单位及工程质量监督等部门，对该项目是否符合规划设计要求以及建筑施工和设备安装质量进行全面检验后，取得竣工合格资料、数据和凭证的过程。竣工验收是全面考核建设工作，检查是否符合设计要求和工程质量的重要环节，对促进建设项目（工程）及时投产，发挥投资效果，总结建设经验有重要作用。

房地产开发项目的竣工验收是指整个建设项目已按设计要求全部建设完成，并已符合竣工验收标准，由建设单位（发包人）组织设计、施工、监理等单位和档案部门进行全部工程的竣工验收。全部工程的竣工验收，一般是在单位工程、单项工程竣工验收的基础上进行。对已经交付竣工验收的单位工程（中间交工）或单项工程，并已办理了移交手续的，原则上不再重复办理验收手续，但应将单位工程或单项工程竣工验收报告作为全部工程竣工验收的附件加以说明。对一个建设项目的全部工程竣工验收而言，大量的竣工验收基础工作已在单位工程和单项工程竣工验收中完成。实际上，全部工程竣工验收的组织工作，大多由发包人负责，承包人主要是为竣工验收创造必要的条件。全部工程竣工验收的主要任务是，负责审查建设工程各个环节的验收情况；听取各有关单位（设计、施工、监理等）的工作报告；审阅工程竣工档案资料的情况；实地查验工程并对设计、施工、监理等方面工作和工程质量、试车情况等做综合评价。承包人作为建设工程的承包（施工）主体，应全过程参与工程竣工验收。

房地产开发项目的竣工验收可以形象地理解为产品要经过质量检测，合格后才能出厂，如果检测不合格，按评定标准划分为废品、次品（需要适当返修）、合格品等。所以，房地产从业人员，特别是财务人员，了解和掌握竣工验收，对于成本结转和收入及销售成本的确认和结转有重要意义。

一、验收对象

凡新建、扩建、改建的基本建设项目和技术改造项目，按批准的设计文件规定的内容建成，符合验收标准的，必须及时组织验收，办理资产的移交手续。房地产开发项目一般属于新建项目，少数代建项目属于改建或扩建项目。对房地产开发项目进行验收的主要目的和作用在于进行资产移交前，通过验收工作实地查验工程，并对设计、施工、监理等方面的工作和工程质量、试车情况等做出综合评价，评估建设项目是否按规划设计的要求进行建设，达到相应的质量标准。

二、验收依据

竣工验收依据可概括为以下几点：

（1）上级主管部门的批准文件；

（2）《可行性研究报告》、初步设计文件及批复文件；

（3）施工图设计文件及设计变更洽商记录；

（4）国家颁布的各种标准和现行的施工质量验收规范；

（5）《工程承包合同》；

（6）《技术设备说明书》；

（7）关于工程竣工验收的其他规定；

（8）从国外引进新技术或成套设备的项目，以及中外合资项目，要按照签订的合同和进口国提供的设计文件等进行验收。

三、验收条件

建设单位在收到施工单位提交的工程竣工报告，并具备以下条件后，方可组织勘察、设计、施工、监理等单位有关人员进行竣工验收：

（1）完成工程设计和合同约定的各项内容。

（2）施工单位对工程质量进行检查，确认工程质量符合有关法律、法规和工程建设强制性标准，符合设计文件及合同要求，并出具《工程竣工报告》。该报告应经总监理工程师（针对委托监理的项目）、项目经理和施工单位有关负责人审核签字。

（3）有完整的技术档案和施工管理资料。

（4）建设行政主管部门及委托的工程质量监督机构等有关部门责令整改的问题全部整改完毕。

（5）对于委托监理的工程项目，具有完整的监理资料，监理单位出具《工程质量评估报告》，该报告应经总监理工程师和监理单位有关负责人审核签字。未委托监理的工程项目，《工程质量评估报告》由建设单位出具。

（6）勘察、设计单位对勘察、设计文件及施工过程中由设计单位签署的《设计变更通知书》进行检查，并出具《质量检查报告》，该报告应经该项目勘察、设计负责人和各自单位有关负责人审核签字。

（7）有规划、消防、环保等部门出具的验收认可文件。

（8）有建设单位与施工单位签署的《工程质量保修书》。

四、验收内容

（1）检查工程是否按批准的设计文件建成，配套、辅助工程是否与主体工程同步建成；

（2）检查工程质量是否符合国家和铁道部颁布的相关设计规范及工程施工质量验收标准；

（3）检查工程设备配套及设备安装、调试情况，国外引进设备的合同完成情况；

（4）检查概算执行情况及财务竣工决算编制情况；

（5）检查联调联试、动态检测、运行试验情况；

（6）检查环保、水保、劳动、安全、卫生、消防、防灾安全监控系统、安全防护、应急疏散通道、办公生产生活房屋等设施是否按批准的设计文件建成且合格，精测网复测是否完成、复测成果和相关资料是否移交设备管理单位，工机具、常备材料是否按设计配备到位，地质灾害整治及建筑抗震设防是否符合规定；

（7）检查工程竣工文件编制完成情况，竣工文件是否齐全、准确；

（8）检查建设用地权属来源是否合法，面积是否准确，界址是否清楚，手续是否齐备。

五、验收人员

由建设单位负责组织竣工验收小组。验收组组长由建设单位法人代表或其委托的负责人担任。验收组副组长中至少有一名工程技术人员。验收组成员由建设单位上级主管部门、建设单位项目负责人、建设单位项目现场管理人员及勘察、设计、施工、监理单位与项目无直接关系的技术负责人或质量负责人组成，也可邀请有关专家加入验收小组。

验收委员会或验收组负责审查工程建设的各个环节，听取各有关单位的工作报告，审阅工程档案资料并实地查验建筑工程和设备安装情况，对工程设计、施工和设备质量等方面做出全面评价。不合格的工程不予验收，对遗留问题提出具体解决意见，限期落实完成。

六、验收程序

1. 申请报告

当工程具备验收条件时，承包人即可向监理人报送竣工申请。

2. 验收

监理人收到承包人按要求提交的竣工验收申请后，应审查申请报告的各项内容，并按不同情况进行处理。

3. 单位工程验收

在全部工程竣工前需要使用已经竣工的部分工程时，可以根据合同约定或经发包人同意，提出对部分工程进行验收的申请。验收合格后，由监理人向承包人出具经发包人签字确认的单位工程验收证书。

4. 施工期运行

施工期运行是指合同工程尚未全部竣工，其中某项或某几项单位工程或工程设备安装已竣工，根据专用合同条款约定，需要投入施工期运行的，经验收合格，证明能确保安全后，才能在施工期投入运行。

5. 试运行

6. 竣工清场

除合同另有约定外，工程接收证书颁发后，承包人应按要求对施工现场进行整理，直至监理人检验合格为止，竣工清场费用由承包人承担。在办理验收手续之前，必须对所有竣工验收项目的财产和物资进行清理。

7. 档案移交

建设项目（包括单项工程）竣工验收前，各有关单位应将所有技术文件进行系统整理，由建设单位分类立卷，在竣工验收时，交生产单位统一保管，同时将与所在地区有关的文件交当地档案管理部门，以满足生产、维修的需要。

第二节 房地产项目竣工结算

房地产开发项目竣工后，发、承包双方应及时办理工程竣工结算，否则工程不得交付使用，有关部门不予办理权属登记。建设工程结算应根据编制的预算定额、单位基价表、费用定额、工程类别费用核定书、差价调整等有关规定，以及招标文件、承发包合同、施工图、施工组织设计方案、会审记录、开工报告、隐蔽验收和工程进度记录、设计变更资料、现场签证和竣工图等进行编制。

一、业务事项描述

（一）竣工结算概述

竣工结算（本书涉及的竣工结算特指项目通过工程竣工验收后进行的财务账款的结算）是指一个建设项目或单项工程、单位工程全部竣工，发承包双方根据现场施工记录，设计变更通知书，现场变更鉴定定额预算单价等资料，进行合同价款的增减或调整计算。

（二）竣工结算方式和编审

竣工结算分为单位工程竣工结算、单项工程竣工结算和建设项目竣工结算。单位工程竣工结算由承包人编制，发包人审查；实行总承包制的工程，由具体承包人编制，在总承包人审查的基础上，发包人审查。单项工程竣工结算或建设工程竣工总结算由总（承）包人编制，发包人可直接进行审查，也可以委托具有相应资质的工程造价咨询机构进行审查。单项工程竣工结算或建设项目竣工总结算经发、承包人签字盖章后生效。

（三）竣工结算业务处理

通常情况下，当项目完成竣工验收后，施工方按合同约定会向房地产开发企业申请进行结算，按合同约定时间，由工程造价部门或委托相关造价师事务所对施工方提交的结算资料（主要包括项目工程造价资料、签证资料等）进行审核（包括对不符合事实和有争议的造价进行磋商，最终协商一致）和价格调差等处理后，形成最终的结算依据。有些公司在结算审核时会进行结算前的工程竣工审计，以保证最终结算金额的真实、准确。

（四）竣工结算价款支付

发包人收到承包人递交的竣工结算报告及完整的结算资料后，应进行核实并给予确认或者提出修改意见。发包人根据确认的竣工结算报告向承包人支付工程竣工结算价款，保留5%左右的质量保证（保修）金，待工程交付使用1年质保期到期后清算（合同另有约定的，从其约定）。质保期内如有返修，发生的费用应在质量保证（保修）金内扣除。

根据确认的竣工结算报告，承包人向发包人结算工程款。发包人应在收到申请后15天内支付结算款，到期没有支付的应承担违约责任。承包人可以催告发包人支付结算价款，如达成延期支付协议，发包人应按同期银行贷款利率支付拖欠工程价款的利息；如未达成延期支付协议，承包人可以与发包人协商将该工程折价，或向人民法院申请将该工程拍卖，承包人就该工程折价或者拍卖的价款优先受偿。

二、会计核算

竣工结算的主要会计事项是，根据双方最终确认的工程总造价，一方面清理已支付的工程款，并检查已开具的发票是否与之一致。另一方面，检查已开具的发票与合同约定是否一致，包括税率、金额、开票信息等是否存在瑕疵，对于确有问题的发票，要登记备注，通知对方予以更换；对已审核需要支付的未付工程款，应通知施工单位开具增值税专用发票。此时，最为重要的是要求施工单位按照确认的结算总造价开具全部的增值税专用发票，以便能及时进行开发成本的结转。

支付工程款且收到施工单位开具的相应发票，分别借记“开发成本——建筑安装工程”科目（对应具体项目）和“应交税费——增值税（进项）”科目，贷记“银行存款”科目；如未收到相应发票，为了能及时有效地进行成本结转，原则上不再支付工程款。支付最后结算工程款时，原始凭证一般为对应金额的增值税专用发票、银行结算凭证、双方确认的工程总造价结算书以及相关的资金审批材料等。

在进行结算时，存在施工单位按确认总造价开具完对应的增值税专用发票，但按合同约定需要预留质保金的情况，所以在付款时，一定要注意将预留的质保金部分扣下暂不支付，对未付的预留质保金，贷记“其他应付款——质保金（质保金单位）”科目。未来需要维修、维护时，如果施工单位在按约定完成维修、维护工作，质保期结束，根据施工方的请求，将预扣的质保金退还给施工方，借记“其他应付款——质保金（质保金单位）”科目，贷记“银行存款”科目。若质保期内，施工方因别的原因不能按合同约定及时进行维修、维护工程，在施工方同意的情况下，开发方或物业管理方自行寻找其他单位进行维修、维护的，冲减施工方的质保金，借记“其他应付款——质保金（质保金单位）”科目，贷记“银行存款”科目。如果是施工方自行进行维修、维护的，即请求开发单位退还质保金的申请、相关人员审核审批的资金材料、银行结算凭证；如果涉及外单位提供维修、维护工作的，即增值税普通发票、工程造价结算书、工程款支付申请书（提示：支付申请书中必须要有涉及相关人员对维修、维护工作的验收评价意见）、银行结算凭证等可作为支付质保金的会计凭证的支撑原始凭证资料。

【例 8-1】 A 房地产开发企业于 2019 年 7 月 15 日组织 B 施工总承包单位、C 监理公司、D 设计公司、E 勘察公司、建设管理部门中质量安全规划设计及消防等相关方面的主管工作人员，对 A 房地产开发企业建设开发的某都市花园项目进行整体竣工验收。经专家验收后，对验收过程中存在的相关问题进行整改，并约定时间对要求整改的问题进行检查，后经再次复验后同意通过验收。A 房地产开发企业与 B 施工总承包单位确认的最后结算工程总造价为 20.78 亿元，前期已经累计支付工程进度款 17.55 亿元，合同约定工程通过竣工验收后支付至工程总造价的 95%，留 5%作为质量保证金，质量保证金在竣工验收后两年无利息返还。假设施工方增值税税率为 9%。

会计处理：

（1）按合同约定支付剩余工程款为 20.78×95%-17.55=2.191（亿元），质保金为 20.78×5%=1.039（亿元），收到 B 施工总承包单位开具增值税专用发票 [20.78-17.55=3.23（亿元）]、工程总造价结算书（总造价 20.78 亿元）、工程款支付申请书（申请支付工程款金额 3.23 亿元，其中质保金 1.039 亿元，本次实付 2.191 亿元）等资料。

借：开发成本——建筑安装工程（某都市花园）　3.23 亿元
　　应交税费——增值税（进项税）　0.267 亿元
　贷：银行存款/应付账款——B 施工总承包单位　2.191 亿元
　　　其他应付款——质保金——B 施工总承包单位　1.039 亿元

（2）质保期内未发生维修、维护，到期退还质保金，收到 B 施工总承包单位提交的质保金返还支付申请书，并经相关工程人员及相关资金审批人审批。

借：其他应付款——质保金——B 施工总承包单位　1.039 亿元
　贷：银行存款　1.039 亿元

（3）若质保期内发生维修、维护，由 B 总承包单位完成，到期退还质保金的会计业务处理与上述（2）中业务处理相同。

（4）质保期内发生维修、维护，但B总承包单位未处理，由A公司联系B总承包单位申请自行找M公司维修、维护，累计支付0.4亿元。

向M公司支付时

借：其他应付款——质保金——B施工总承包单位　　　　0.4亿元

　贷：银行存款　　　　　　　　　　　　　　　　　　　0.4亿元

质保期到期，退还B施工总承包单位质保金［1.039-0.4=0.639（亿元）］

借：其他应付款——质保金——B施工总承包单位　　　　0.639亿元

　贷：银行存款　　　　　　　　　　　　　　　　　　　0.639亿元

三、税务事项描述

竣工验收与结算阶段主要涉税事项因涉及最后工程款的结算支付，需要对收到的施工单位开具的增值税专用发票进行检查和对进项税进行认证以便后续抵扣，同时，在这一阶段还会涉及因销售房屋、商铺等物业，需要按其金额分类，对增值税、土地增值税、企业所得税、增值税附加等税种的相关计征比例、税率进行计算和申报缴纳。

重点是城镇土地使用税计税截止时间和计税面积。

（一）土地使用税计税截止时间

《财政部　国家税务总局关于房地产城镇土地使用税有关问题的通知》（财税〔2008〕152号）第三条规定，纳税人因房地产、土地的实物或权利状态发生变化而依法终止发生变化的当月末。

上述文件实质是强调，纳税人不再是土地使用税纳税人时，其由土地使用税纳税人转为非土地使用税纳税人的当月，依然要计算缴纳土地使用税。文件中“权利状态发生变化”，一般理解为土地使用权发生转移。“实物状态发生变化”，多数财务人员感到难以理解，实际上可按《国家土地管理局确定土地所有权和使用权的若干规定》（〔1995〕国土籍字第26号）第二十九条规定理解，原房屋拆除、改建或自然坍塌等原因，已经变更了实际土地使用者的，经依法审核批准，可将土地使用权确定给实际土地使用者、空地及房屋坍塌或拆除后两年以上仍未恢复使用的土地，由当地县以上人民政府收回土地使用权。

因此，实践中多数省份认为房地产开发企业开发项目土地使用税应以项目宗地使用权转移登记给业主的月份作为计税截止月份，因为房地产开发企业销售行为是陆续发生的，陆续交付业主使用，为业主办理土地使用证是分批办理的，因此，截止月份也呈现分批的特点。房地产开发企业如果未能给购房者办理土地使用证，就应继续照常纳税。

但是，考虑到实践中经常出现业主入住多年未取得土地使用证现象，以及部分地区土地管理部门尚未全面开展为业主办理土地使用证业务的客观事实，如果单纯以土地使用证为准，会造成开发项目越多的房地产开发企业，土地使用税税负越重的不公平现实。

对此，笔者认为，实践操作应以房地产开发企业交付业主使用当月作为土地使用税计税截止时限，不仅符合实质重于形式原则，也有一定的法律依据。《国家税务总局关于房产税城镇土地使用税有关政策的通知》（国税发〔2003〕第89号）第二条第（一）项规定，购置新建商品房，自房屋交付使用之次月起计征城镇土地使用税。对于房地产开发企业而言，销售开发产品并交付业主使用当月，仍对交付业主房产所占土地缴纳土地使用税。此后，由业主在房屋交付使用次月开始缴纳土地使用税（个人居住免税）。整个过程实现了土地使用税的无缝衔接，国家对此宗地一直在征收土地使用税，而且也未重复征税。如果房地产开发企业已将房屋交付业主使用，但未给业主办理土地使用证，而继续缴纳土地使用税，则因业主从房屋交付使用次月也开始缴纳土地使用税，明显产生了对同一土地、同一时间征收两次土地使用税的重复征税现象。下面两个城市的地方税收文件和笔者的观点是一致的。

《青岛市地方税务局关于明确房地产企业商品房开发期间城镇土地使用税有关问题的通知》（青地税函〔2009〕128号）第二条规定，房地产企业开发商品已经销售的，土地使用税纳税义务的截止时间为商品房实物或权利状态发生变化即商品房交付使用的当月末。商品房交付使用，是指房地产企业将已建成的房屋转移给买受人占有，其外在表现主要是将房屋的钥匙交付给买受人。

《西安市地方税务局关于明确房地产开发企业开发用地城镇土地使用税征收起止时间有关问题的通知》（西地税发〔2009〕248号）规定，房地产开发企业房地产开发用地城镇土地使用税征收截止时间应为《商品房买卖合同》或其他协议文件约定房屋交付的当月末；未按《商品房买卖合同》或其他协议文件约定时间交付房屋的，城镇土地使用税征收截止时间为房屋实际交付的当月末。

（二）计税面积

1. 扣除免税面积

开发项目竣工交付使用后，小区内的学校、医院、托儿所、幼儿园用地，小区外与社会公用地段未加隔离的绿化用地、道路用地，可以享受土地使用税减免税政策，不再具有争议。小区内的荒山、林地、湖泊可供小区内的业主日常观赏和休憩，属于已利用土地，不能享受土地使用税免税政策，亦无争议。

开发项目竣工交付使用后，小区内的道路、绿地、公共设施用地，原则上也可享受免税政策，予以扣除。因为根据《物权法》规定，小区内的道路、绿地、公共设施属于业主所共有。所以，小区内的道路、绿地、公共设施用地本质上是多人院落用地的集合。《国家税务局关于检发〈关于土地使用税若干具体问题的解释和暂行规定〉的通知》（国税地〔1988〕第15号）第十八条规定，个人所有的居住房屋及院落用地免税，由省、自治区、直辖市税务局确定。既然各地对个人所有的居住房屋及院落用地出台的都是免税政策，那么上述小区内的道路、绿地、公共设施用地也就予以免税。

但是在实践中，有的省份考虑入住率，有的没有考虑入住率。例如：《江西省地方税务局关于对房地产开发企业征收城镇土地使用税问题的批复》（赣地税函〔2005〕197号）第二条规定，对销售过程中的道路、绿化、公共设施所占用的土地面积，应在整个房屋售出80%后停止征收城镇土地使用税。

《吉林省地方税务局关于明确房产税土地使用税有关政策的通知》（吉地税发〔2006〕42号）第五条规定，对房地产开发企业开发的居民小区竣工后，其小区内按照规定标准进行绿化和修建公共道路的用地，暂免征收土地使用税。

2. 计算应税面积和应纳税额

应税面积=项目总计面积-免税面积-交付购买的业主使用面积

交付业主使用面积=（项目总计税面积-免税面积）×（交付购买的业主房产建筑面积÷项目房产总可售面积）

应纳税额=∑月单位税额×应税面积

因为房地产开发企业陆续销售，陆续交付购买房产的业主使用，所以房地产开发企业在应用上述公式计算时，应逐月计算，然后再累加税额。

四、风险防范

竣工验收与结算阶段，如果未能依据竣工验收报告等相关资料在当期及时对收入、成本及税费进行结转，可能向外界传递其财务信息未能如实反映公司真实状况的信号，也就是通常所说的公司会计信息失真。如果是上市公司，将会造成公司股价的波动；如果是非上市公司，将会对公司融资及税务带来潜在的负面影响和不必要的风险。所以，不管是上市公司还是非上市公司，竣工验收非常重要，一方面，通过竣工验收，证明公司开发的产品经检验合格，得到相关监管部门认可，是制作《房屋质量合格说明书》的重要依据，也是公司办理《房屋产权证》的必要条件，同时，也可作为会计核算中对收入、成本费用等结转时间的判断标准。另一方面，通过竣工验收，在今后公司将物业移交业主与物业管理公司时，能更清楚地界定房地产开发企业与业主、物业管理公司之间的责任和义务。

在竣工验收与结算阶段，主要的风险表现如下：

（一）人员舞弊造成的工程质量隐患与工程造价偏高风险

人员舞弊造成的工程质量隐患与工程造价偏高，通常与公司内部控制是否健全有很大的关联性，一般内控健全的公司发生这种风险的可能性较低，而内控不健全的公司发生的可能性较高。

比如，某公司成立时间较短、开发项目不多、公司规模小、资金实力不强、人员较少、项目管理经验不丰富、制度欠完善，就很容易出现舞弊情况。最直接的表现就是现场工程管理人员对工程变更和签证把关不严，甚至在最后的竣工验收阶段还存在工程现场变更和签证的增加情形。

众所周知，现场变更与签证的增加是工程量增加的主要原因，工程量增加意味着工程总造价增加。合理的工程变更与工程签证，要经过论证并进行全程记录，建设单位、监理单位、施工单位的项目负责人、工程技术负责人、现场工程师及工程造价人员要参与论证，涉及设计、勘察工作的，还需要设计单位与勘察单位派人参加。

加强内部审计、建立有奖举报制度、委托第三方造价公司进行全程跟踪、成本控制等是控制这类风险的主要手段。

（二）销售相关物业时未按税法要求的计征比例计算，导致未足额预缴相关税费带来的税务风险

会计或财务人员对税务知识更新较慢、业务水平不高、风险意识淡薄，公司主要管理者授意，公司资金紧张等，都可能导致未能按规定的预征率进行增值税、土地增值税及企业所得税的计算和缴纳。比如，按税法规定，普通住宅的土地增值税预征率为2%，非普通住宅为3%，其他类型为4%。在实际业务中，会计或相关财务人员可能会统一按2%，或按某一具体数据进行计算和预缴。这样每期预缴的税金与实际预缴的税金之间就会存在差异，经过一定时间的累计，这个数据会不断扩大，而后面又没有及时进行纠正和调整，假如期间也没有进行自查，当突然被税务机关抽中稽查时，就会被要求补缴税款、滞纳金，并面临税务机关的处罚。

（三）未付工程款带来的问题和风险

由于资金紧张或工程款的日常结算存在争议，公司未能及时、友好地处理与合作单位之间的问题，有时候会被诉至法院，可能出现法院强制执行或者冻结账户等情形，从而影响正常的生产经营。除此之外，施工方还可以建设方未按合同约定及时付款为由，不提供相应的竣工备案资料，导致项目迟迟不能按计划备案，影响后续《房屋产权证》的办理及产权的移交，进而引发业主的诉讼和赔偿等。

（四）清理检查发票，排除风险隐患

在竣工结算阶段，通过对所有涉及施工的发票进行检查、验证，可以排查出前期因工作人员业务疏忽，未能发现的发票问题（包括开票不合规，金额、税率不对应，假发票等）进行及时补救，从而降低涉税风险。

第三节　房地产项目开发成本的结转

一、业务事项描述

通常情况下，竣工项目经验收交接后，应及时办理资产移交手续，做好资产的管理。房地产开发项目最终形成的商品是商品房，房地产开发项目最后一道质量检测工序是竣工验收，如合格，即达到所谓的“出厂标准”。此时，在会计流程上需要将所有的开发成本进行结转。所以，取得合格的竣工验收报告并备案，标志着会计上的产品出厂条件达成，是进行开发成本结转的重要时间节点，也是重要的结转依据。

房地产项目开发成本的结转并不是在收到合格的竣工验收报告，办理完全部的工程款结算后，即将所有的开发成本按其明细科目余额直接结转到开发产品上，而是从总的开发成本中扣除无偿赠与地方政府、公用事业单位或由企业与国家有关业务管理部门、单位合资建设，完工后有偿移交的，国家有关业务管理部门、单位给予的经济补偿冲减对应的开发成本后（具体的建筑安装工程费用加上应分配的土地征用及拆迁补偿、前期工程费、基础设施费、配套设施费和开发间接费等其他开发成本）结转到开发产品上的成本。上述需要移交的物业的开发成本在具体移交后，以移交文件资料为依据，将其结转到营业外支出。

需要特别说明的是，由企业与国家有关业务管理部门、单位合资建设，完工后有偿移交的项目，如果是全额有偿，全部冲减成本后无结转金额；如果是部分有偿，则未得到补偿部分的成本支出，在结转时视同捐赠进行会计处理。

在竣工验收与结算阶段的工作中，存在的问题主要有成本结转应该在何时进行？成本结转的判断依据是什么？成本结转时的会计凭证是否需要附原始会计凭证等。

在实际工作中，许多会计人员在进行成本结转时，编制的会计凭证后面没有附原始凭证，一些会计人员和财务管理者认为不需要，有一部分人甚至不知道究竟应该附什么资料作为原始凭证。笔者认为，绝大多数财务或会计人员在工作中违背了会计学原理中所述的“进行会计处理应依据原始凭证编制记账凭证”的最基本要求，埋下了很多隐患。可见有必要加强财务和会计人员对基础会计理论的学习和理解，以更好地指导工作，降低风险，这也是保障会计工作质量，提升职业判断能力和素养的基础。

二、会计核算

已经竣工验收合格，并取得相应《竣工验收合格报告》、《竣工验收合格备案表》、双方确认的最终结算工程造价资料、《开发成本结转明细表》等资料的项目，可以将开发成本结转到开发产品上，这意味着开发项目完工，开发方与施工方的委托建造工作基本完成（类似于制造业的产品由在产品向完工产品转变，对完工产品进行入库登记，并结转其生产成本）。会计处理借记“开发产品（对应项目）”科目，贷记“开发成本——土地征用及拆迁补偿（对应项目）/前期费用（对应项目）/建设工程安装费用（对应项目）/基础设施费（对应项目）/配套设施费（对应项目）/开发间接费（对应项目）”科目。

无偿赠与地方政府、公用事业单位或由企业与国家有关业务管理部门、单位合资建设，完工后移交的相关移交资料，借记“营业外支出”科目，贷记“开发成本——土地征用及拆迁补偿（对应项目）/前期费用（对应项目）/建设工程安装费用（对应项目）/基础设施费（对应项目）/配套设施费（对应项目）/开发间接费（对应项目）”科目。

【例 8-2】 A 房地产开发企业于 2019 年 7 月 15 日组织 B 施工总承包单位、C 监理公司、D 设计公司、E 勘察公司、建设管理部门中质量安全规划设计及消防等相关方面的主管工作人员对 A 房地产开发企业建设开发的某都市花园项目进行整体竣工验收。经专家验收后，要求对验收过程中的相关问题进行整改，并约定时间对要求整改的问题进行检查，后经再次复验后同意通过验收。经 A 房地产开发企业与 B 施工总承包单位双方确认的最后结算工程总造价为 20.78 亿元并已经支付，经核实 A 房地产开发企业开发某都市花园项目开发成本中各成本支出累计如下：土地征用及拆迁补偿 18.56 亿元，前期费用 2.23 亿元，建筑安装工程费 20.78 亿元，基础设施费 1.88 亿元，配套设施费 1.27 亿元，开发间接费 1.38 亿元。

成本结转会计处理：

借：开发产品——某都市花园　　46.1 亿元

　贷：开发成本——土地征用及拆迁补偿（某都市花园）　　18.56 亿元

　　　　　　——前期费用（某都市花园）　　2.23 亿元

　　　　　　——建筑安装工程费（某都市花园）　　20.78 亿元

　　　　　　——基础设施费（某都市花园）　　1.88 亿元

　　　　　　——配套设施费（某都市花园）　　1.27 亿元

　　　　　　——开发间接费（某都市花园）　　1.38 亿元

三、税务事项

这一阶段涉及的税金主要有合同印花税、城镇土地使用税、列入成本的增值税进项税等。

在进行开发成本结转前，需要对已发生的开发成本中取得的所有发票进行逐项清理和检查，要求相关单位对存在问题的发票及时采取补救措施。最好的方式是建立开发成本支付明细台账，为后续土地增值税清算作铺垫。

四、风险防范

如果后续工作中发现已经结转的开发成本涉及的发票存在问题，可能会给土地增值税清算埋下隐患。所以，在结转前，应该对开发成本各明细项目进行核查和清理，看是否存在遗漏或重复计入现象，比如，还未收到预付款发票，导致未能结转到开发成本上。如果开发成本存在遗漏或重复现象，将会影响产品单位成本计算金额的准确性，从而影响利润和税金，导致严重损失。所以，确保开发成本数据的准确，是防止产品单位成本计算金额产生偏差的关键，对企业利润及税金都有重大影响。

第九章　房地产项目移交

第一节　房地产项目移交概述

项目移交是指全部合同收尾后，在政府项目监管部门或社会第三方中介组织协助下，项目业主与全部项目参与方之间进行项目所有权移交的过程。项目移交包括实体移交和文件资料移交，项目移交方和项目接收方要在项目移交报告上签字，形成完整的项目移交报告。项目移交报告表明项目移交的结束。本书中的项目移交，特指房地产项目移交，是房地产开发项目经竣工验收合格且办理竣工验收备案后，办理房地产开发项目移交手续，将开发建设项目的所有权移交给房地产开发企业的过程。

一、移交依据

对于不同行业、不同类型的项目，国家或相应的行业主管部门出台了各类项目移交的规程或规范。下面依据投资主体的不同，分别就个人投资项目、企（事）业单位投资项目和国家投资项目的移交范围与依据进行介绍。

1. 个人投资项目移交的范围与依据

个人投资项目（如外商投资的项目）一旦验收完毕，应由项目团队与项目业主按合同进行移交。移交的范围是合同规定的项目成果、完整的项目文件、项目合格证书、项目产权证书等。

2. 企（事）业单位投资项目移交的范围与依据

在企（事）业单位投资项目中，如企业利用自有资金进行的技术改造项目，企（事）业单位为项目业主，应由企（事）业单位的法人代表出面代表项目业主进行项目移交。移交的依据是项目合同。移交的范围是合同规定的项目成果、完整的项目文件、项目合格证书、项目产权证书等。

3. 国家投资项目移交的范围与依据

国家投资项目的投资主体是国家，通过国有资产的代表实施投资行为。一般来说，中小型项目是地方政府的某个部门担任业主的角色；大型项目通常是委托地方政府的某个部门担任建设单位（项目业主），但建成后的所有权属于国家。因为项目建成后，项目的使用者（业主）与项目的所有者（国家）不一致，所以，国家投资项目的竣工验收和移交要分两个层次进行。

（1）项目团队向项目业主进行项目验收和移交。一般是项目已竣工并通过验收之后，由监理工程师协助项目团队向项目业主进行项目所有权的移交。

（2）项目业主向国家进行的验收与移交。由国家有关部委组成验收工作小组，在项目竣工验收试运行一年左右进驻项目现场，在全面检查项目的质量、档案、环保、财务、预算、安全及项目实际运行的性能指标、参数等情况之后，进行项目移交。移交在项目法人与国家有关部委或国有资产授权代表之间进行。

房地产开发项目的移交类似上述企（事）业单位投资项目移交，双方移交的依据是《工程施工总承包合同》。移交的范围是工程施工总承包合同约定的建造项目、完整的施工文件、施工资料、施工图、竣工图、《设备设施质量合格证书》、《质量检测报告》、《竣工验收报告》、《竣工验收备案表》、《消防验收合格证》等文件资料。

二、移交内容

项目移交包括实体移交和文件移交，项目移交方和项目接收方将在项目移交报告上签字，形成完整的项目移交报告。项目移交报告表明项目移交的结束。

1. 项目实体移交

项目实体移交包括可交付的一切项目实体或项目服务。在提供项目移交报告之前应当进行项目移交的检查工作，仔细填写移交检查表。项目移交检查表是罗列项目所有交付成果的表格，并对其中的具体细节进行描述，以便今后核对。其形式比较简单，可参照下表。

序号	项目可交付成果	备注
1	可交付成果 1	
2	可交付成果 2	
……	……	
n	可交付成果 n	

2. 项目文件移交

一般情况下，项目文件移交是贯穿项目整个生命周期，在收尾阶段，项目的文件移交具有更重要的意义和作用。项目的各个阶段移交的文件资料是不同的。

初始阶段应当移交的主要文件资料有《项目初步可行性研究报告》及其相关附件、《项目详细可行性报告》及其附件、《项目方案报告》、《项目评估与决策报告》。

计划阶段应当移交的主要文件资料有项目描述文件、项目计划文件等。

实施阶段应当移交的主要文件资料有项目中可能的外购和外包合同、标书、项目变更文件、所有项目会议记录、项目进展报告等。

收尾阶段应当移交的主要文件资料有《项目测试报告》、《项目质量验收报告》、项目评价资料、《项目移交文件一览表》、各款项结算清单、《项目移交报告》等。

三、移交程序

房地产开发项目经竣工验收合格且办理竣工验收备案后，便可办理工程移交手续。即将开发项目的所有权移交给房地产开发企业。开发项目的移交包括项目实体移交和项目文件移交两部分。以房地产开发项目移交为例，移交的内容如下：

（1）工程实体移交，即建（构）筑物实体和工程内包括的各种设备实体的移交。工程实体移交的繁简程度因工程项目承发包模式及工程项目本身的具体情况不同而不同。

（2）工程档案移交。移交时要编制《工程档案移交清单》。施工总承包单位和房地产开发企业按清单查阅清楚并认可后，双方在《工程档案移交清单》上签字盖章，一式两份，双方各自保存一份，以备查对。

（3）在办理工程项目移交前，施工总承包单位要编制《竣工结算书》，以此作为向房地产开发企业结算最终工程价款的依据。《竣工结算书》通过监理工程师审核、确认，并经房地开发企业工程造价部门再次审议，经双方最终确认后，才能通知施工总承包单位开具相应发票，由房地产开发企业财务部门与施工总承包单位项目团队办理工程价款的拨付手续。

当房地产开发项目的实体移交、文件资料移交和开发项目款项结清后，开发项目移交方和开发项目接收方将在《开发项目移交报告》上签字，形成完整的《开发项目移交报告》。《开发项目移交报告》构成开发项目移交的结果。

四、项目回访

1. 项目回访的目的和意义

房地产开发项目验收、移交后，按采购合同的条款要求和国家有关规定，在预约的期限内由项目经理部组织原项目人员主动对交付使用的竣工项目进行回访，听取开发项目业主对项目质量、功能的意见和建议。一方面，对项目运行中出现的质量问题，在《项目质量回访报告》中进行登记，及时采取措施加以解决；另一方面，对项目实施过程中采用的新思想、新工艺、新材料、新技术、新设备等，经运行证明其性能和效果达到预期目标的，要予以总结、确认，为改进提升积累数据。项目回访、保修的意义在于：

（1）有利于项目团队重视管理，增强责任心，保证工程质量，不留隐患，树立向用户提供优质工程的良好形象。

（2）有利于及时听取用户意见，发现问题，找到工程质量的薄弱环节，不断改进工艺，总结经验，提高项目管理水平。

（3）有利于加强项目团队与用户的联系和沟通，增强用户对项目团队的信任感，提高项目团队的信誉。

2. 项目回访的方式

项目移交后，项目团队应定期对用户进行回访，特别是在保修期内，至少应回访一次。如保修期为一年，可在半年左右进行第一次回访，一年到期时进行第二次回访，并填写回访卡。不同的项目，回访的方式不同。以常见的工程项目为例，回访的方式一般有以下三种：

一是季节性回访。大多数是在雨季回访屋面、墙面的防水情况，冬季回访锅炉房及采暖系统的情况；发现问题采取有效措施，及时解决。二是技术性回访。主要了解在施工过程中采用的新材料、新技术、新工艺、新设备等的技术性能和使用后的效果，发现问题及时解决；同时总结经验，获取科学依据，不断改进与完善，为进一步推广创造条件。这种回访既可以定期进行，也可以不定期进行。三是保修期满前的回访。这种回访一般是在保修期即将到期之前进行，既可以解决问题，又提醒建设单位注意对建筑的维护和使用。

五、项目保修

项目合同中一般都规定保修期，并对这段时间内发生的质量问题规定预先处理方式，项目团队可以按照合同要求进行保修。

在保修期内，如果用户发现问题，一般有如下处理方法：

（1）因项目团队施工质量造成的问题，应由项目团队无偿进行保修。

（2）因设计不合理造成使用问题，应由用户提出修改方案或由原设计单位提出修改方案，用户向项目团队提出委托，进行处理或返修，原则上费用由用户承担。

（3）因用户在使用后有新的要求或用户使用不当需进行局部处理和返修时，由双方协商解决，如由原项目团队进行处理或施工，费用由用户承担。

（4）对无法协商解决的项目质量及其他问题，可请法律部门调解，也可提交有关仲裁部门仲裁解决。

第二节　房地产项目移交的具体操作

一、业务事项

房地产开发项目通过竣工验收且合格，意味着房地产开发方委托建造的工程项目在质量、规划功能、规划建设内容、消防设施设备等方面已按规划和设计图纸的要求建造完成，质量达到了设计和规范标准，能满足正常的生产和使用，具备了移交的条件，可以进行移交。房地产开发企业开发的项目最终都以商品房的形式出售给购房人，其房屋权属的最终所有权是房地产开发企业或承购人。所以，房地产开发项目的移交程序是，承建方将所承建项目先移交给房地产开发企业，房地产开发企业再将已经销售的房屋移交给承购人（房地产开发企业将承购人所购买的商品房移交给承购人简称“交房”）。在实际工作中，根据房地产开发业务的特点和工作需要，通常先将房地产开发项目移交给房地产开发企业委托的物业管理公司，再由房地产开发企业组织销售人员与物业管理公司将已销售的商品房移交给承购人，从而完成整个房地产开发项目的移交。

（一）移交前的工作准备

对于经过竣工验收且合格，达到移交条件的房地产开发项目，在进行正式的项目移交前，需要做大量的准备工作，具体内容如下：

第一，寻找一家具有相应的物业管理资质和服务能力的物业管理公司，对移交后的项目进行管理并提供物业服务，也可以由房地产开发企业或其股东出资成立自己的物业管理公司（请参考第二章第一节相关内容），负责房地产开发项目移交后的物业（实物资产）管理（主要包括小区出入管理，交通管理，公共区域卫生，道路清扫，安保，消防设备设施、电梯、安防设备设施及公共区域照明设备设施的维护和日常保养等），并为业主提供物业服务。

第二，房地产开发企业与物业管理公司共同签署移交项目的《物业委托管理服务协议》。

第三，《物业委托管理服务协议》签署后，物业管理公司需要对拟接收移交的项目进行工作准备，包括人员安排计划及培训，办公场所的选取，工作服务流程和标准，需要与业主签署的《物业服务合同》等。

第四，房地产开发企业与施工单位提前就移交项目进行准备，并检查如下资料：

（1）移交资料清单；

（2）竣工图；

（3）设备清单（包括规格、型号，操作手册，维护保养须知等）；

（4）相关人员的操作培训；

（5）接收单位（一般为物业管理公司接收公共设施的管理维护工作）；

（6）移交前的物料准备；

（7）移交中突发事件处置预案；

（8）其他与移交有关事项的准备工作。

上述需要移交的图纸、设备、物资等应事先登记造册，制作并填写相应的表格，形成书面移交资料，以便在正式移交时，在移交现场按单册对设备一一进行清点，并由相关人员签字确认，形成最终的交接管理档案。

第五，确定计划移交时间，并通知相关移交人员按时到场办理移交。

（二）正式办理移交

根据确定的正式移交日期，由房地产开发企业组织相关施工单位和物业管理公司相关技术和责任人员到场，按事先准备的移交资料对现场对应设备设施进行逐项对应清点、检查、测试、操作演示和必要的现场使用、维护培训，并对清点认可的内容进行现场签字确认。如有问题需要事后整改的，应对其进行记录，以待后续整改和完善。现场实物清查完成后，房地产开发企业应协调施工方在规定时间内对存在的问题进行整改，同时提交开发项目的竣工图，《竣工验收合格报告》，《电梯检测报告》，电梯、消防、供电、供水、供暖等相关设备的采购合同，维修、保养细则及联系方式等资料，并对提供的资料与清单进行核对，然后签字确认，这样即完成房地产开发项目的初次移交工作。

初次移交工作完成后，物业管理公司根据房地产开发企业确定的交房时间，责令销售部门统一通知业主，在规定的时间内根据与业主约定的具体交房时间，召集由物业、销售、工程等部门组成的交房小组与承购人共同到场，与承购人或其委托人一起按商品房预售（销售）合同上约定的交房标准和内容进行逐项清点、检查和测试，对业主提出的问题进行记录。属于应该协调施工方维修的，应在双方给定的时间内整改到位，然后双方在《交房签收表》上签字确认，即完成房屋移交工作。

房屋移交工作完成，意味着房地产开发企业按《房屋预售（销售）合同》约定的责任和义务初步完结（因为还需要协助业主办理《房屋所有权证》），后续由物业管理公司根据《物业服务协议》为业主提供相应的物业服务。

（三）移交后的跟踪管理

为了提高房地产开发企业的品牌口碑，通常需要在交房后跟踪业主对房屋使用的反馈信息，包括产品在质保期内的问题协调以及对下一开发项目有利的数据和信息收集。

二、会计核算

房地产项目移交阶段的会计核算主要有前期物业费的会计处理、收入和销售成本结转的会计处理，本节主要介绍前期物业费的会计处理，关于收入和销售成本结转的会计处理在后面章节详细介绍。

房地产开发项目经竣工验收合格后，按规定应由施工方将开发项目移交给房地产开发企业，但实务中，房地产开发企业通常委托物业管理公司来进行具体的物业管理（实物资产）。物业管理公司从代理房地产开发企业接收房地产开发项目，到帮助房地产开发企业将其所销售的房屋移交给承购人期间提供了相应的管理和服务，为了维持物业管理公司的正常生产经营，需要收取相应的服务费用。通常将物业管理公司从代理房地产开发企业接收房地产开发项目到帮助房地产开发企业将其所销售的房屋移交给承购人这段时间，提供的管理和服务相应收取的费用称为前期物业费。《国家发展改革委　建设部关于印发物业服务收费管理办法的通知》（发改价格〔2003〕1864 号）第十六条规定，纳入物业管理范围的已竣工但尚未出售，或者因开发建设单位原因未按时交给物业买受人的物业，物业服务费用或者物业服务资金由开发建设单位全额缴纳。

房地产开发企业前期物业费属于尚未销售的开发产品，或者虽已销售但尚未确认收入的开发产品应负担的成本，属于可对象化的费用，应在发生时借记“开发产品”科目，贷记“银行存款”科目。

【例 9-1】 A 房地产开发企业 2018 年 9 月 20 日完成项目移交后，A 房地产开发企业与 B 物业管理公司达成协议，委托 B 物业管理公司代表 A 房地产开发企业负责对其开发的房地产项目进行接收，并负责接收后与业主的交房及未交完房前对相关物业资产的日常管理，管理期为 2 年。自签订《物业委托管理协议》之日起，第一年物业管理费为 100 万元，第二年物业管理费为 100 万元。B 物业管理公司按合同约定付款金额开具增值税发票。假定物业管理公司增值税税率为 6%。

会计处理

(1) 2018 年 9 月 21 日支付第一年物业管理费，同时 B 物业管理公司开具增值税专用发票

借：开发产品（某都市花园） 943 400 元
　　应交税费——增值税（进项） 56 600 元
　贷：银行存款 1 000 000 元

若 2018 年 9 月 21 日支付第一年物业管理费，同时 B 物业管理公司开具增值税普通发票

借：开发产品（某都市花园） 1 000 000 元
　贷：银行存款 1 000 000 元

(2) 2019 年 9 月 21 日支付第二年物业管理费，同时 B 物业管理公司开具增值税专用发票

借：开发产品（某都市花园） 943 400 元
　　应交税费——增值税（进项） 56 600 元
　贷：银行存款 1 000 000 元

三、税务事项

在项目移交阶段，相关涉税事宜主要是前期物业费涉及的增值税、合同印花税、土地使用税截止时间的计算、销售增值税销项的确认等，以及对预售的房屋进行收入和销售成本的结转所关联的相关税务的处理，分别是收到前期物业费发票，取得增值税专用发票，需要进行认证申报，进行收入结转，需要确认增值税销项税及涉及当期应纳增值税和增值税附加的正确计算，现房销售增值税销项税的处理及当期各种税金的计算、申报和缴纳工作，相对于前期，业务的复杂度有所提升。

项目移交后城镇土地使用税截止时间的确定与计算请参考第八章第二节房地产项目竣工结算。

四、关注要点

目前，部分学者认为前期物业费应该归集到开发产品上，开发产品仅影响企业所得税。但查阅相关法规文件，没有发现前期物业费不能归集到开发成本上的规定。所以，如果将前期物业费列入开发成本，一定程度上能增加土地增值税的抵扣金额，有可能减少土地增值税的缴纳金额。

五、风险防范

这一阶段的税务风险主要是关于城镇土地使用税截止时间与计税面积的确认。截止时间与计税面积能否正确确认，会影响城镇土地使用税的计算准确性，增大涉税风险。

第三节 房地产项目收入的结转

一、业务事项

房地产开发项目具有投资金额大、周期长的显著特点，一个房地产开发项目从拿地、规划设计、报建、施工建设、销售、竣工验收、项目移交到转入下一个项目开发，需要经历一年或几年时间。为了能及时回笼资金，减少投资压力，按国家现行政策规定：房地产开发项目投资总额达三分之一以上，工程进度达总工程量三分之一以上，可以向相关行政主管部门申请办理《房屋预售许可证》，进行房屋销售。这里所说的销售，实质上是预售，因为还没有形成真正意义上的产品，预售房屋尚处于开发建造过程中，通常大家把这样的房屋称为期房。

在这个过程中，销售所取得的款项并不是真正意义上的收入，如果按会计准则有关收入确定的条件要求，并不具备关于收入确认的实质要件，所以不能作为收入进行处理。我们把房地产开发项目在竣工验收合格并办理备案手续之前的销售行为统称为预售，在竣工验收合格并办理备案手续之后的销售统称为现房销售。预售阶段所取得的销售款项，一般作为预收款项进行处理，因为对于预售的商品房，如果到了合同约定的交付日期，产品达不到合同约定的交付标准，房地产开发企业将会面临退款或赔偿。当房地产开发项目竣工验收合格，办理备案手续后，就具备了交付条件，所以把办理竣工验收，并在完成竣工验收备案手续后向建设主管部门申请取得“三书一证一表”，且房屋使用权已正式移交业主（取得业主接收文件），作为预收款项确认的时间临界点，也是预收账款结转到收入的判断依据和标准。

在实务中，有时虽然已经为业主办理了房屋移交手续，但项目并未通过竣工验收，不能仅以房屋已经移交承购人就认为房屋的风险责任已经转移，以此作为确认收入结转的依据，因为此时移交的房屋很可能是带有瑕疵的产品，是具有安全隐患的，不能准确地称之为商品，房地产开发企业需要对此承担安全使用连带责任。换句话说，存在因使用安全问题带来的经济利益流出的可能性，风险责任并没有完全转移。关于交付使用条件，《中华人民共和国建筑法》《城市房地产管理法》《城市房地产开发经营管理条例》均规定，建筑工程竣工验收合格后，方可交付使用；未经验收或验收不合格的，不得交付使用。同时，《中华人民共和国消防法》规定，单体必须经过消防验收，才能交付使用。“三书一证一表”是楼房质量经过国家有关部门权威认可的标准，是商品房交付使用的必要条件。“三书”是指《住宅质量保证书》《住宅使用说明书》及《建筑工程质量认定书》；“一证”是指《房地产开发建设项目竣工验收合格证》；“一表”是指《建筑工程竣工验收备案表》。建设部发布的《商品住宅实行住宅质量保证书和住宅使用说明书制度的规定》第三条规定，房地产开发企业在向用户交付新建的商品住宅时，必须提供住宅质量保证书和住宅使用说明书。经验收合格发给房地产开发项目《竣工验收合格证》，经过备案发给《建筑工程竣工验收备案表》。另外，具体的交付使用条件，还要看《商品房买卖合同》，可以在《商品房买卖合同》及其附件、补充协议中加以约定，如将公共配套设施验收合格（包括水、电、煤气、宽带、有线、安防、绿化、道路和电梯等）作为交付使用的条件，同时在合同中约定在未达到交付使用条件时，房地产开发企业要承担的违约责任。

上述条件达成，才能作为收入的确认依据。

二、会计核算

房地产开发企业所开发的项目完工，通过竣工验收，并向购房者办理了房屋移交手续，应按原先收取的预售金额，借记“预收账款”科目，贷记“营业收入”“应交税费——增值税（销项税）”科目，同时也可以在此时对面积补退进行处理，借记“银行存款”或红字（退面积差款）“预收账款”科目，贷记“营业收入”“应交税费——增值税（销项税）”或“银行存款”科目。该部分的支撑原始凭证资料为《商品房买卖合同》、发票、《面积补差表》、《成本费用结转表》、《预缴税费结转表》等。

（一）收入结转的会计处理

【例 9-2】 A 房地产开发企业于 2019 年 7 月 15 日组织 B 施工总承包单位、C 监理公司、D 设计公司、E 勘察公司、建设管理部门中的质量安全规划设计及消防主管工作人员对 A 房地产开发企业建设开发的某都市花园项目进行整体竣工验收。经专家验收后，对验收过程中存在的相关问题提出整改要求，并约定时间对整改问题进行检查，后经再次复验后同意通过验收。A 房地产开发企业依据最终的《竣工验收合格报告》办理了备案手续，随后组织物业和销售部门向购房者办理了交房手续。截至上述工作完成时，A 房地产开发企业实现预售收入 4.2 亿元（其中住宅 3.3 亿元，商铺 0.9 亿元）。假设 A 房地产开发企业所在地销售不动产增值税税率

9%，城市建设维护税税率7%，教育费附加3%，地方教育费附加2%，增值税税率按3%预缴，土地增值税税率分别按普通住宅2%、非普通住宅3%、其他4%预缴，已实现销售的住宅中80%为普通住宅（120平方米以下），20%为非普通住宅。

收入及各项税费结转的会计处理：

（1）收入的结转

借：预收账款——客户名（某都市花园）　　4.2亿元

　贷：营业收入　　3.853 2亿元

　　应交税费——增值税（销项税）　　0.346 8亿元

（2）由于增值税前期是按销售额预缴的，实际增值税涉及清算，故实际增值税及附加需要在清算时才能得出，所以涉及清算的税种均在清算章节进行详细介绍。

（二）面积补差的会计业务处理

【例9-3】 2018年10月5日，A房地产开发企业拿到房屋产权部门的最终测绘面积报告资料，经核对原销售合同，发现客户张三合同销售面积为118.5平方米，最终产权测绘面积为116.2平方米，合同销售单价为8 000元/平方米；客户李四合同销售面积为110.5平方米，最终产权测绘面积为113.8平方米，合同销售单价为8 500元/平方米。按销售合同约定，若合同面积与最终产权实测面积相差正负3%以内，双方应按合同价格向对方补差，超出3%的不做补差。

会计处理如下：

（1）客户张三面积补差款为（118.5−116.2）×8 000＝18 400（元），即需要退张三面积补差款18 400元

借：预收账款——张三（某都市花园）　　18 400元

　贷：银行存款/现金　　18 400元

注：对于退还的面积补差款的会计处理分录，最好是用同方向负数来处理。

需要退款时，最好的会计处理分录为

借：银行存款　　−18 400元

　贷：预收账款——张三（某都市花园）　　−18 400元

（2）客户李四面积补差款为（113.8−110.5）×8 500＝28 050（元），即补收李四面积补差款28 050元

借：银行存款/现金　　28 050元

　贷：预收账款——李四（某都市花园）　　28 050元

第四节　房地产项目销售成本的结转

一、业务事项

产品成本是指企业生产产品发生的各种耗费，可以指一定时期内生产一定数量

的产品发生的成本总额，也可以指一定时期内生产产品的单位成本。根据产品的生产成本计算得到精准的产品单位成本，不仅可以作为产品定价的依据，也是制定公司营销策略，进行经营决策的重要指标。进行产品单位成本计算的目的就是通过不同的计算方法，进行推理、论证，以获得更接近于真实的产品单位成本，从而有利于企业在经营过程中做出更有效的决策。

按收入和成本对应配比原则，房地产开发企业在确认房地产销售收入的同时，应结转相应的成本。

进行成本结转的关键是如何计算得到单位成本。其中，可售面积指标又是一个难点。房地产开发企业一般可以从以下几个途径确定可售面积指标：一是从政府相关测绘部门提供的查丈报告获得；二是按《预售许可证》上列示的面积提取数量；三是对于车位面积的取得，如果查丈报告中明确的，以查丈报告为准，没有查丈报告的，可以向工程部门等索取资料。

（一）现行单位成本计算公式

《国家税务总局关于印发〈房地产开发经营业务企业所得税处理办法〉的通知》（国税发〔2009〕31号）第十四条规定，已销开发产品的计税成本，按当期已实现销售的可售面积和可售面积单位工程成本确认。

可售面积单位工程成本和已销开发产品的计税成本按下列公式计算确定：

可售面积单位工程成本＝成本对象总成本÷成本对象总可售面积

已销开发产品的计税成本＝已实现销售的可售面积×可售面积单位工程成本

解读上述公式可以发现，可售面积单位工程成本仅指工程成本，不包括土地成本、前期报建成本、规划设计费、小区道路建设成本、绿化成本及开发间接费等，即会计核算中通常所说的建筑安装工程费用这一部分。但房地产开发企业的产品开发成本按会计核算分类主要由土地征用及拆迁补偿费、前期工程费、建筑安装工程费、基础设施费、配套设施费和直接列入具体项目不需要分摊的开发间接费等构成，所以由上述公式计算出来的单位成本与真实的产品单位成本之间存在差异，不符合实际情况，因此，建议将公式修正和完善如下：

开发产品单位成本＝成本对象总成本÷成本对象总可售面积

已销开发产品的计税成本＝已实现销售的可售面积×开发产品单位成本

在实务中，不管是《国家税务总局关于印发〈房地产开发经营业务企业所得税处理办法〉的通知》（国税发〔2006〕31号），还是《国家税务总局关于印发〈房地产开发经营业务企业所得税处理办法〉的通知》（国税发〔2009〕31号）等文件，均明确要求房地产开发企业的成本对象由企业在开工之前合理确定，并报主管税务机关备案。成本对象一经确定，不能随意更改或相互混淆，如确需改变成本对象的，应征得主管税务机关同意。2014年1月28日，国务院发布《关于取消和下放一批行政审批项目的决定》（国发〔2014〕5号），取消了房地产开发企业开发产品计税成本对象事先备案制度，更改为房地产开发企业应依据计税成本对象确定原则确定已完工开发产品的成本对象，并就确定原则、依据，共同成本分配原则、方法，以及开发项目基本情况、开发计划等出具专项报告，在开发产品完工当年，企业所得税年度纳税申报时，随同《企业所得税年度纳税申报表》一并报送主管税务机关。

（二）开发成本的数据归集情况和产品单位成本的计算方法

房地产开发企业的经营特点主要为，按项目或将一个项目分成几期进行立项申报和规划设计，办理相应的《土地使用权证》《建筑用地规划许可证》《建筑工程规划许可证》《施工许可证》《预售房许可证》和《房屋产权证》。另外，房地产开发企业在委托设计单位、勘察单位和施工单位进行设计、勘察和具体工程施工建造时，也是按项目或项目分期签订合同、设计图纸、勘察和施工建造，最后按合同约定的支付条件进行款项结算。所以，财务上支付的每一笔款项仅能对应到具体的项目或项目分期，无法再进行细分。针对这种情形，在会计核算时，通常是在一级成本科目下按项目或项目分期，将成本科目细分为六大类，即土地征用及拆迁补偿款、前期工程费、建筑安装工程费、基础设施费、配套设施费和开发间接费，将开发间接费再细分为办公费、工资及附加、水电费、招待费等，以此来反馈各项成本费用的消耗水平，这些数据基本满足了日常运营管理的需求。

但是任何一个房地产开发项目都不可能是单纯的住宅、商业（含商铺、商场、写字楼与公寓）或别墅（花园洋房），要么是住宅加商业，要么是住宅加商业加别墅，或其他组合产品。由于原成本数据只对应项目或分期，并未直接对应具体产品，这样要得到不同产品的单位成本，就需要对成本数据按一定的标准或依据进行拆分计算，从而得出所需产品的对象总成本，进而计算出其单位成本。由于采用不同的标准或依据计算得到的产品单位成本不同，导致计算所得的产品单位成本与真实的产品单位成本之间存在偏差。这个偏差越小，对于决策的影响就越小；偏差越大，导致决策错误的可能性越大。所以，对产品单位成本计算方法的研究有利于缩小和纠正这种偏差，从而提高数据对决策的参考价值。

从上面修正后的开发产品单位成本计算公式可以看出，计算单位成本的关键即计算成本对象总成本。在常规思路下，各种产品成本数据是由构成产品的直接材料、直接人工和制造费用归集形成的，房地产开发企业的成本数据不是按产品直接归集的，而是按项目或项目分期打包归集的，一个项目往往包含一种、两种或多种产品。所以，只能依据产品倒回去找构成具体产品成本的数据或依据，需要对项目或项目分期数据进行整理、拆分或分配，从而得到各种产品的对象总成本。

《国家税务总局关于印发〈房地产开发经营业务企业所得税处理办法〉的通知》（国税发〔2009〕31 号和国家税务总局公告 2018 年第 31 号）第二十九条规定，企业开发、建造的开发产品应按制造成本法进行计量与核算。其中，应计入开发产品成本中的费用属于直接成本和能够分清成本对象的间接成本，直接计入成本对象。共同成本和不能分清负担对象的间接成本，应按受益的原则和配比的原则分配至各成本对象。具体分配方法有以下几种：

（1）占地面积法；

（2）建筑面积法；

（3）直接成本法；

（4）预算造价法。

不同人员对于文件中成本的分配方法理解不同，导致运算结果相差很大。由于成本归集科目在产品之间的纵向关联较小，给财务或会计人员理解和运用带来很大困难，根据“房地产相关成本可明确受益对象的直接计入相关物业，不能区分的则按共同成本归集后进行分摊”这一原则，编者依据多年实务项目数据计算推演，总结上述分配方法在实务中的具体运用如下：

成本项目	成本性质	所得税分摊方法	土地增值税分摊方法
土地成本	共同成本	占地面积法	占地面积法
前期工程费	共同成本	建筑面积法	建筑面积法
基础设施建设费	共同成本	建筑面积法	建筑面积法
建安工程费	直接成本	工程造价法	工程造价法
公共配套设施费	共同成本	建筑面积法	建筑面积法
开发间接费（不含利息）	共同成本	建筑面积法	建筑面积法
利息	共同成本	预算成本法或实际成本法	实际成本法或建筑面积法

目前，实务中对于产品公共成本分摊的计算，运用最多的是占地面积法和建筑面积法，因为这两种方法可以直接且快速地从规划或工程上获得相应数据。直接成本法和预算造价法应用较少的原因：第一，按以前文件要求，在房地产项目开工前，需要向当地税务机关申报项目成本的核算方法；第二，这两种方法需要做大量的解释沟通工作；第三，会计人员及相关税务人员的经验和业务水平以及对建筑施工知识的欠缺。

（三）现行产品单位成本计算方法的改进和完善

通过多年对实际项目数据的测算发现，不管是以占地面积法，还是以建筑面积法为基础计算出的分配系数进行产品成本的分配，得到的产品单位成本均与真实产品单位成本存在偏差，有时偏差还很大。其实，最主要的偏差是当产品中存在商业时，计算得到的商业产品单位成本与住宅、别墅等产品单位成本基本一致，但是商业的售价通常高于住宅的售价，这就使得住宅的毛利非常低，商业的毛利非常高，这样的结论与事实严重不符。

通过大量项目数据测算后得出结论：以不同产品的工程造价为基础，对共同成本进行分配，计算得到各产品的成本对象总成本是最合适、最易于操作，也最接近真实成本的方法。该方法的原理和思路是：首先，对有组合产品的楼栋中的共同部分的工程造价（也可理解为共同成本）以按产品类型划分归属的工程造价为基础计算分配系数，进行第一次不同类别产品之间的分配，得到该楼栋中各类产品的成本对象工程造价；如果该楼栋只有一种产品，不需要进行分配，则直接以该楼栋工程造价作为该楼栋产品的成本对象工程造价。其次，以分配后各楼栋产品的成本对象工程造价为基础计算分配系数，对其他共有的开发成本费用进行第二次分配，得到各楼栋和产品的最终成本对象总成本。最后，将得到的最终成本对象总成本按上述修正和完善的产品单位成本计算公式进行计算，即可得到各楼栋产品的产品单位成本。这一方法的实施关键点是工程造价部门根据施工图，按照产品的功能类型分别计算得到各自的工程造价，这个数据是最真实反映各类产品成本构成的直接成本，同时也是用来结算建筑安装工程费的主要依据。

二、按不同方法计算产品单位成本

1. 以各类产品的直接成本和建筑面积作为基础计算分配系数，对成本对象总成本进行分配后，计算得出各产品单位成本

分析：由于本项目中配套建设的学校最终要把产权移交出去，在核算中，学校的成本是单独归集在配套设施下的，可先将项目按构成的直接成本在配套设施与非配套设施之间对公共成本（除建造成本外）进行第一步分配，再按建筑面积对住宅和商业两种产品进行分配，并分别计算各自的单位成本。

（1）其他开发成本的分配

学校的建设成本为 3. 08 亿元，非配套建设成本为 23. 8 亿元，其他公共开发成本分别是，土地征用及拆迁补偿款 20. 4 亿元，前期费用 1. 36 亿元，基础设施 1. 02 亿元，开发间接费 4. 36 亿元，其他开发成本合计 27. 38 亿元，先按建设成本对其他开发成本进行分配，计算如下：

配套的学校对其他开发成本的分配系数＝3. 08÷(3. 08+23. 8）＝0. 115

非配套的部分对其他开发成本的分配系数＝23. 8÷(3. 08+23. 8）＝0. 885

配套的学校分配的其他开发成本＝分配系数×其他开发成本

＝0. 115×27. 38

＝3. 149（亿元）

非配套的部分分配的其他开发成本＝分配系数×其他开发成本

＝0. 885×27. 38

＝24. 231（亿元）

（2）住宅与商业之间的分配

住宅的可售面积为 44 万平方米，商业的可售面积为 10 万平方米，对住宅与商业的分配计算如下：

住宅的分配系数＝44÷(44+10)＝0. 815

商业的分配系数＝10÷(44+10)＝0. 185

住宅的成本对象总成本＝0. 815×(24. 231+23. 8)＝39. 145（亿元）

商业的成本对象总成本＝0. 185×(24. 231+23. 8)＝8. 886（亿元）

学校的成本对象总成本＝3. 08+3. 149＝6. 229（亿元）

（3）根据分配后的成本对象总成本计算各产品单位成本

住宅的单位成本＝39. 145（亿元）÷44（万平方米）＝8 896. 59（元/平方米）

商业的单位成本＝8. 886（亿元）÷10（万平方米）＝8 886（元/平方米）

2. 以建筑面积作为基础计算分配系数，对成本对象总成本进行分配后，计算得出各产品单位成本

分析：先按建筑面积把学校、住宅和商业等各种类别的产品对其他开发成本进行分配，再按可售面积对分配后的成本对象总成本进行第二次分配，计算得到各产品的单位成本。

（1）其他开发成本的分配

学校的建筑面积为6万平方米，住宅的建筑面积为44万平方米，写字楼的建筑面积为6万平方米，其他商业的建筑面积为4万平方米，其他开发成本为27. 38亿元，按建筑面积对其他开发进行分配，计算如下：

学校的分配系数＝6÷(6+44+6+4)＝0. 1

住宅的分配系数＝44÷(6+44+6+4)＝0. 733

写字楼的分配系数＝6÷(6+44+6+4)＝0. 1

其他商业的分配系数＝4÷(6+44+6+4)＝0. 067

学校分配的其他开发成本＝0. 1×27. 38＝2. 738（亿元）

住宅分配的其他开发成本＝0. 733×27. 38＝20. 07（亿元）

写字楼分配的其他开发成本＝0. 1×27. 38＝2. 738（亿元）

其他商业分配的其他开发成本＝0. 067×27. 38＝1. 834（亿元）

（2）住宅与商业之间的分配

住宅的建筑面积为44万平方米，商业的建筑面积为10万平方米，对住宅与商业之间的分配计算如下：

住宅的分配系数＝44÷(44+10)＝0. 815

商业的分配系数＝10÷(44+10)＝0. 185

住宅的成本对象总成本＝0. 815×(20. 07+2. 738+1. 834+23. 8)

＝39. 480（亿元）

商业的成本对象总成本＝0. 185×（20. 07+2. 738+1. 834+23. 8)

＝8. 961（亿元）

学校的成本对象总成本＝3. 08+2. 738＝5. 818（亿元）

（3）根据分配后的成本对象总成本计算各产品单位成本

住宅的单位成本＝39. 480（亿元）÷44（万平方米）＝8 972. 73（元/平方米）

商业的单位成本＝8. 961（亿元）÷10（万平方米）＝8 961（元/平方米）

3. 以工程造价作为基础计算分配系数，对成本对象总成本进行分配后，计算得

出各产品单位成本

分析：从以上资料可知，涉及的公共成本是商住混合楼中的地下室部分和其他开发成本部分，对于各自能够独立归集进入直接成本对象的成本，不需要进行分配，因此，按工程造价对商住混合楼的公共成本进行分配，再将分配后的各产品成本作为基础对其他开发成本进行分配，直到多次分配后得到各自的成本对象总成本。

（1）商住混合同楼地下室成本的分配

住宅的分配系数＝3 800÷(3 800+4 900)＝0.437

商业的分配系数＝4 900÷(3 800+4 900)＝0.563

住宅对地下室的分配成本＝4 725×8×0.437＝1.652（亿元）

商业对地下室的分配成本＝4 725×8×0.563＝2.128（亿元）

（2）计算住宅与商业造价

住宅的总造价＝1.652（亿元）+3 600×40 000×3÷1（亿元）＝5.972（亿元）

商业的总造价＝2.128（亿元）+5 300×60 000÷1（亿元）＝5.308（亿元）

（3）建筑安装工程成本的分配

住宅的分配系数＝5.972÷(5.972+5.308)＝0.529

商业的分配系数＝5.308÷(5.972+5.308)＝0.471

住宅的建筑安装成本＝23.8×0.529＝12.590

商业的建筑安装成本＝23.8×0.471＝11.209

（4）其他开发成本的分配

学校的分配系数＝3.08÷(3.08+12.590+11.209)＝0.115

住宅的分配系数＝12.590÷(3.08+12.590+11.209)＝0.468

商业的分配系数＝11.209÷(3.08+12.590+11.209)＝0.417

学校的其他开发成本＝0.115×27.38＝3.149（亿元）

住宅的其他开发成本＝0.468×27.38＝12.814（亿元）

商业的其他开发成本＝0.417×27.38＝11.417（亿元）

学校的成本对象总成本＝3.149+3.08＝6.229（亿元）

住宅的成本对象总成本＝12.814+12.590＝25.404（亿元）

商业的成本对象总成本＝11.417+11.209＝22.626（亿元）

（5）根据分配后的成本对象总成本计算各产品单位成本

住宅的单位成本＝25.404（亿元）÷44（万平方米）＝5 773.64（元/平方米）

商业的单位成本＝22.626（亿元）÷10（万平方米）＝22 626（元/平方米）

通过对比上述三种方法得到的结果，可以得出结论：不管是按直接成本加建筑面积，还是以建筑面积作为基础计算分配公共成本，由于作为分配基础的数据中可能存在未能分离出的部分公共成本（不是最纯的直接成本），导致最终计算得到的各产品单位成本与实际的产品单位成本存在偏差。换句话说，由于成本数据是按项目或项目分配归集，并非按产品直接归集，需要按一定的分配基础对公共成本进行分配，所选的分配基础与产品的直接关联度越高，最终分配得到的成本就越精确，偏离度就越小，反之偏离度就越大。从上述计算推演可以看出，知道各产品的直接工程造价后，可以精确地计算出各楼栋的各类别产品的单位成本，计算出来的产品单位成本就是我们需要的最终产品单位成本，可以直接用于制定更精确的产品单价策略和营销策略，也可以计算得到各楼栋的盈亏水平。其他方法得到的数据比较粗糙，而且可能扭曲事实。

综上所述，按现有产品单位成本计算公式计算得到的产品单位成本与真实数据相差很多，需要对现有公式进行修正和完善。对于分配基础，建议选择按施工图计算出各具体产品或区域的工程造价，以此作为最终产品单位成本计算分配的依据，为实际工作决策和最终销售成本结转提供准确的数据支撑，更精确地反映企业的盈利水平，更好地对企业进行管理。

三、会计核算

房地产开发企业在确认销售收入的同时，应结转成本，借记“营业成本”科目，贷记“开发产品”科目。

【例 9-4】A 房地产开发企业开发某阳光花园项目，项目基本概况：土地面积为 40 万平方米，容积率为 1.5，总规划设计开发建筑面积为 60 万平方米，住宅建筑面积为 44 万平方米，商业建筑面积为 10 万平方米（住宅以下的沿街商铺为 4 万平方米，独立写字楼为 6 万平方米/栋），项目配套小学建筑面积为 6 万平方米。项目共有 13 栋建筑，其中，独立写字楼 1 栋，建筑面积为 6 万平方米；商住混合楼 8 栋，上部为住宅，下部为商铺，商住混合楼商业建筑面积均为 5 000 平方米/栋，住宅建筑面积均为 4 万平方米/栋；纯住宅楼 3 栋，建筑面积为 4 万平方米/栋；学校综合楼 1 栋，建筑面积为 6 万平方米/栋。经房管局测得的住宅可售面积为 44 万平方米，商业可售面积为 10 万平方米。项目累计发生的开发成本支出为：土地征用及拆迁补偿款为 20.4 亿元，前期费用为 1.36 亿元，建筑安装工程费用为 23.8 亿元，基础设施费为 1.02 亿元，配套设施费为 3.08 亿元，开发间接费为 4.36 亿元。假设配套设施费全部为修建配套的学校的费用，其所发生的成本等于其工程造价，除配套的学校外，每栋商住混合楼的住宅部分的工程造价为 3 800 元/平方米，商业部分的工程造价为 4 900 元/平方米，地下室部分的工程造价为 4 725 万元，独立写字楼的工程造价为 5 300 元/平方米，纯住宅楼的工程造价为 3 600 元/平方米。使用不同方法计算产品单位成本，结果如下：

截至 2019 年 6 月 20 日，A 房地产开发企业完成竣工验收，并于当年 7 月 25 日取得《竣工合格备案表》。截至 7 月底，累计销售住宅 30 万平方米，商业全部实现销售，按规定于 7 月底结转了销售收入和销售成本。

采用【例 9-4】的工程造价方法计算得到产品单位成本，进行销售成本结转的会计处理如下：

累计实现住宅销售 30 万平方米和商业销售 10 万平方米，应结转的销售成本计算如下：

住宅应结转的销售成本 = 300 000（平方米）×5 773.64（元/平方米）= 17.321（亿元）

商业应结转的销售成本 = 100 000（平方米）×22 626（元/平方米）= 22.626（亿元）

借：营业成本——住宅　　17.321 亿元

　　　　　　——商业　　22.626 亿元

　贷：开发产品——住宅　　17.321 亿元

　　　　　　　——商业　　22.626 亿元

第十章　房地产项目清算与后续持有

第一节　房地产项目清算概述

通常房地产开发项目在完成竣工验收且办理完备案手续后，会将前期预售的房屋按合同约定向客户进行移交，对于未销售的现房要么继续销售，要么根据公司情况持有一段时间再择机销售。在这一阶段，由于工程实体施工已经全部完成，未销售部分只占项目开发量的一半左右，根据后续销售情况，房地产开发企业会逐渐进入销售收入和销售成本的结转阶段。同时，需要对前期预缴的税金进行清理和清算，掌握整个项目的盈亏情况，并对整个项目的开发工作做出全面评估与总结，为公司后续开发经营总结经验，以便改进和提高，实现可持续发展的远大目标。在完成竣工验收并办理备案手续后，房地产开发项目在清算及持有阶段按时间顺序开展的财税业务主要有以下几项：

一、增值税清理

在通常情况下，按增值税的计缴原理和方法，企业在实现销售时同步确认销售收入和增值税销项税额，在取得购入的原材料和投入增值业务而产生支出时确认成本和增值税进项税额，并在每个会计和纳税期间进行税金的计算和缴纳。由于房地产开发项目通常周期较长，为了让房地产开发企业能够持续经营，并减轻其资金压力，按现行法规规定，允许房地产开发企业在项目投入、工程形象进度达到一定比例后进行预售。为了保证国计民生投入及政府正常运转开支，便于与企业业务相协调，财政部和国家税务总局对于房地产开发企业在预售阶段以预售收到的预收款项为基础，确定预征税率，让房地产开发企业在预售阶段预缴税金，在开发项目完成竣工验收且办理备案手续，达到正式的销售条件后转为正常的计征方式。因此，从这一过程来看，房地产开发企业所缴纳的增值税需要在这个环节进行清理和清算。在根据真实的纳税时间和依据进行计算后予以修正，从而履行真实的纳税义务。

由于前期增值税及附加是按预收房款预征的，在完成竣工验收并办理备案手续后，以实际交付客户商品房的时间作为增值税的纳税时间，需要按企业确定的计征模式对结转的收入重新计算应缴纳的增值税金额（指采用简易计算模式或小规模纳税人），或增值税销项税额（指一般纳税人一般计征模式）。到这一时点，房地产开发企业取得的应列入开发产品的开发成本的进项税额已经基本到位，相应的开发产品单位成本也可以计算得出，也就可以清楚地计算出应纳增值税额。

在营改增试点政策中，并没有“项目增值税清算”这一说法。2016 年5 月18 日，《安徽省房地产行业营改增试点政策问题解答》中针对这一问题是这样解答的：“8. 是否有增值税清算制度？答：根据现行营改增试点政策，没有增值税清算制度。”为了便于与土地增值税清算比较，把这部分内容放入项目清算这一章来介绍。

二、土地增值税清理与清算

土地增值税清算，是指纳税人在符合土地增值税清算条件后，依照税收法律、法规及土地增值税有关政策规定，计算房地产开发项目应缴纳的土地增值税税款，并填写《土地增值税清算申报表》，向主管税务机关提供有关资料，办理土地增值税清算手续，结清该房地产开发项目应缴纳的土地增值税税款的行为。

为了规范土地市场和房地产市场交易秩序，合理调节土地增值收益，现行的《中华人民共和国土地增值税暂行条例》已实行 27 年，虽然以后陆续发布土地增值税相关文件，但税企争议一直不断。财政部、国家税务总局在 2019 年 7 月 16 日公布了《中华人民共和国土地增值税法（征求意见稿）》。

在进行土地增值税清算前，一定要仔细阅读国家税务总局制定的土地增值税清算涉及的法规，熟悉每个项目所在省市的土地增值税清算规定，认真领会规定的精神。

房地产开发企业、税务师事务所重点关注的土地增值税清算法规除《土地增值税暂行条例及实施细则》外，还有国家税务总局颁布的《关于房地产开发企业土地增值税清算管理有关问题的通知》（国税发〔2006〕187 号）、《土地增值税清算鉴证业务准则》（国税发〔2007〕132 号）、《土地增值税清算管理规程》（国税发〔2009〕91 号）、《关于土地增值税清算有关问题的通知》（国税函〔2010〕220 号）、《关于修订土地增值税纳税申报表的通知》（税总函〔2016〕309 号）、《国家税务总局关于营改增后土地增值税若干征管规定的公告》（国家税务总局公告 2016 年第 70 号）等法规。

房地产开发企业应根据这些规定及本地区的规定进行土地增值税清算。

三、企业所得税清理与项目盈亏清算

这里所说的企业所得税清理与清算在实务中应区别于税法上规定的每一个年度所进行的企业所得税汇算清缴，是指房地产开发企业从投入到销售清盘，对于房地产开发项目投入产出的经济利润的计算，是项目后续评估的基础和前提条件。

企业按规定对开发项目进行土地增值税清算后，当年企业所得税汇算清缴出现亏损，且没有后续开发项目的，按照《关于房地产开发企业土地增值税清算涉及企业所得税退税有关问题的公告》（国家税务总局公告 2016 年第 81 号）规定，计算出该项目由于土地增值税导致的各年度多缴企业所得税税款，并申请退税。

第二节 房地产项目增值税清理

根据现行的《中华人民共和国增值税暂行条例》及其相关规定，增值税的计算原理表述为：

应纳增值税=增值税销项税额-增值税进项税额

要正确计算各期应缴纳的增值税，需要准确计算其销售税额和进项税额，再按条例规定哪些情况下视同销售，调整增加对应的销项税；哪些情况下的进项税额不能得到抵扣，调整减少对应的进项税额，按上述公式计算当期的销项税额与累计的未抵扣的进项税。如果应纳增值税金额大于零，表明当期需要按该数额进行填报申报缴纳增值税，并做相应的缴纳增值税的会计账务处理；如果应纳增值税金额小于零，表明当期无须缴纳增值税，但仍然需要按规定填报《增值税纳税申报表》进行税务申报，不做相应的增值税缴纳的会计账务处理。

一、会计核算

（一）预缴、结转增值税的账务处理

《财政部关于印发增值税会计处理规定的通知》（财会〔2016〕22号）规定，企业预缴增值税时，借记“应交税费——预交增值税”科目，贷记“银行存款”科目。房地产开发企业在预缴增值税后，直至纳税义务发生时方可从“应交税费——预交增值税”科目结转至“应交税费——未交增值税”科目。

（二）增值税差额征收的账务处理

《财政部关于印发增值税会计处理规定的通知》（财会〔2016〕22号）规定，按现行增值税制度规定企业发生相关成本费用允许扣减销售额的，发生成本费用时，按应付或实际支付的金额，借记“主营业务成本”“存货”“工程施工”等科目，贷记“应付账款”“应付票据”“银行存款”等科目。待取得合规增值税扣税凭证且纳税义务发生时，按照允许抵扣的税额，借记“应交税费——应交增值税（销项税额抵减）”科目，贷记“主营业务成本”“存货”“工程施工”等科目。

二、房地产开发企业预售阶段的增值税处理

由于房地产开发企业在预售阶段未实现销售，仅根据房地产开发企业的经营特点，按相关税收法规规定的预征率和预收款项进行增值税预缴。

当房地产开发企业在预售阶段与客户签订商品房预售（销售）合同并收到款项时，借记“银行存行”科目，贷记“预收账款”科目。同时，根据收到的预收款项金额，按预征率计算出应预缴的土地增值税及附加。目前，规定的增值税预征率为3%，附加的城市建设维护税、教育费附加、地方教育费附加等都以实际税率计

算出的预缴增值税金额为税基计算附加税。在缴纳预缴税款时，借记“应交税费——预缴增值税”“应交税费——预缴城市建设维护税”“应交税费——预缴教育费附加”“应交税费——预缴地方教育费附加”等科目，贷记“银行存款”科目。

【例 10-1】A 房地产开发企业开发的东方花园项目于 2018 年 5 月正式开盘预售，到 5 月 18 日共签订商品房预售（销售）合同 15 份，总计金额 200 万元，A 房地产开发企业按规定向承购人开具了预售房发票和收款收据。该批房屋全部采用按揭方式销售，共收到首付款 50 万元，其余资金全部通过按揭贷款支付，按揭款于 2018 年 7 月 20 日到账。A 房地产开发企业根据收款收据、银行进账单、预售房发票记账联、银行通知单和银行支付凭证等原始凭证进行账务处理。

（1）5 月 18 日收到首付款

借：银行存款　　500 000 元

　贷：预收账款　　500 000 元

（2）计算并预缴增值税及附加

借：应交税费——预缴增值税　　15 000 元

　　　　　　——预缴城建税　　1 050 元

　　　　　　——预缴教育费附加　　450 元

　　　　　　——预缴地方教育费附加　　300 元

　贷：银行存款　　16 800 元

（3）7 月 20 日收到银行拨付的按揭贷款

借：银行存款　　1 500 000 元

　贷：预收账款　　1 500 000 元

（4）计算并预缴增值税及附加

借：应交税费——预缴增值税　　45 000 元

　　　　　　——预缴城建税　　3 150 元

　　　　　　——预缴教育费附加　　1 350 元

　　　　　　——预缴地方教育费附加　　900 元

　贷：银行存款　　50 400 元

三、结转收入时的增值税处理

当房地产开发项目通过竣工验收并办理相应的竣工验收备案手续后，取得“三书一证一表”，按商品房预售（销售）合同约定的交房条件按期向客户交房后，根据《交房签收表》等资料，进行收入的确认，并将预收账款结转到销售收入，同时结转销售成本。请参考第九章第三节房地产项目收入的结转和第四节房地产项目销售成本的结转。

在进行收入确认时，借记“预收账款”科目，贷记“营业收入”“应交税费——增值税（销项）”科目，同时进行销售成本结转，借记“营业成本”科目，贷记“开发产品”科目。

【例 10-2】 A 房地产开发企业开发东方花园项目，可售面积为 80 万平方米，其中商业为 10 万平方米，住宅为 70 万平方米，商业销售均价为 50 000 元/平方米，住宅销售均价为 18 000 元/平方米，商业单方成本为 15 000 元/平方米，住宅单方成本为 11 000 元/平方米。项目从 2018 年 5 月开始预售，2018 年 11 月开发项目通过竣工验收并办理竣工验收备案手续，取得“三书一证一表”。2018 年 12 月开始按商品房预售（销售）合同约定分批向承购人交房。截至 2018 年 12 月，交房前预售共计 1 834 户，销售面积为 229 250 平方米，预收账款累计金额为 41.265 亿元；12 月当月交房 560 户，销售面积为 70 000 平方米，对应预售金额为 12.6 亿元；2019 年 1 月交房 480 户，销售面积为 60 000 平方米，对应预售金额为 10.8 亿元；2 月交房 750 户，销售面积为93 750平方米，对应预售金额为 16.875 亿元；其余 44 户在 3 月交房，销售面积为 5 500 平方米，对应预售金额为 0.99 亿元。增值税进项税累计可抵扣金额为 12.82 亿元，假设不考虑后期的现房销售情况。

（1）2018 年 12 月，根据编制的收入确认明细表（含购房人、房号、面积等信息）进行收入确认，并结转对应的销售成本，会计处理如下：

12 月交房 560 户，对应销售面积为 70 000 平方米，预售含税金额为 12.6 亿元，换算为不含税收入 = 12.6÷(1+11%) = 11.45（亿元），销项税额 = 12.6−11.45 = 1.15（亿元）。

借：预收账款　　12.6 亿元

　贷：营业收入　　11.45 亿元

　　　应交税费——增值税（销项）　　1.15 亿元

由于当期销项税额只有 1.15 亿元，而累计可抵扣进项税额为 12.82 亿元，且前期按累计预收款项计算累计预缴的增值税额为 41.265÷（1+11%）×3% = 1.16（亿元），由于销项税额远小于抵扣进项，且前期已经预缴了 1.16 亿元，所以本期纳税申报时，仅需要在《增值税纳税申报表》上填列（假设不存在其他特殊事项）：应抵扣税额合计栏填列 12.82 亿元，销项税额栏本期数中填列 1.15 亿元，本年累计数中填列 1.15 亿元，实际抵扣税额栏填列 1.15 亿元，应纳税额栏填列 0。表示当期纳税为 0，不需要缴纳增值税款。具体参见《增值税纳税申报表》（一般纳税人适用）。

结转销售成本

借：营业成本　　7.7 亿元

　贷：开发产品　　7.7 亿元

（2）2019 年 1 月，根据编制的收入确认明细表（含购房人、房号、面积等信息）进行收入确认，并结转对应的销售成本，会计处理如下：

1 月交房 480 户，对应销售面积为 60 000 平方米，预售含税金额为 10.8 亿元，换算为不含税收入 = 10.8÷(1+11%) = 9.73（亿元），销项税额 = 10.8−9.73 = 1.07

(亿元)。

借：预收账款 10.8 亿元

贷：营业收入 9.73 亿元

应交税费——增值税（销项） 1.07 亿元

由于当期销项税额只有 1.07 亿元，而累计可抵扣进项税额为 12.82−1.15=11.67（亿元），且前期按累计预收款项计算累计预缴的增值税额=41.265÷(1+11%)×3%=1.16（亿元），由于销项税额远小于抵扣进项，且前期已经预缴了 1.16 亿元，所以本期纳税申报时，仅需要在《增值税纳税申报表》上填列（假设不存在其他特殊事项）：应抵扣税额合计栏填列 11.67 亿元，销项税额栏本期数中填列 1.07 亿元，本年累计数中填列 1.07 亿元，实际抵扣税额栏填列 1.07 亿元，应纳税额栏填列 0。表示当期纳税为 0，不需要缴纳增值税款。具体参见《增值税纳税申报表》(一般纳税人适用)。

结转销售成本

借：营业成本 6.6 亿元

贷：开发产品 6.6 亿元

(3) 2019 年 2 月确认收入、销项税额与结转销售成本与上述（1)、(2）原理类似，不再详细说明。

(4) 2019 年 3 月确认收入、销项税额与结转销售成本与上述（1)、(2）原理类似，不再详细说明。

需要特别说明的是，当满足收入确认条件，又实现销售时，对于当期销售的现房，已经满足销售确认条件的，直接确认收入和增值税销项税额，在当期填列《增值税纳税申报表》时，需要把当期现售和确认的前期预售结转的收入对应计提的增值税销项税额加总填列在当期销项税额栏，将本期数加上本年累计数填列在本年累计数栏。但该表中本年累计数是自动生成的，不需要手工再行填列。

综上所述，为了保证申报数据的准确，应该建立《增值税预缴实缴明细表》，详细记录预售阶段计算预缴的增值税金额，结转时应计提的增值税销项金额，取得的进项明细金额等，这样便于对增值税进行有效管控。另外，也可以通过下面公式来计算验证：

当期应缴纳的增值税=销项税额−可抵扣进项税额−可抵减的预缴金额

第三节 房地产项目土地增值税预征和清算

一、土地增值税预征

（一）预征期间

《土地增值税暂行条例实施细则》（财法字〔1995〕6 号）第十六条规定，纳税人在项目全部竣工结算前转让房地产取得的收入，由于涉及成本确定或其他原因，而无法据以计算土地增值税的，可以预征土地增值税，待该项目全部竣工、办理结算后再进行清算，多退少补。具体办法由各省、自治区、直辖市地方税务局根据当地情况制定。

根据上述规定，土地增值税预征期间是指房地产开发项目开始预售至项目全部竣工结算。

（二）预征计税依据

土地增值税预征的计税依据是纳税人在项目全部竣工结算前转让房地产取得的收入，项目全部竣工结算后转让房地产取得的收入不再预征。

（三）预征率

财税〔2006〕21号文件第三条第一款规定，各地要进一步完善土地增值税预征办法，根据本地区房地产业增值水平和市场发展情况，区别普通住房、非普通住房和商用房等不同类型，科学合理地确定预征率，并适时调整。工程项目竣工结算后，应及时进行清算，多退少补。

土地增值税预征率的设定是否科学合理甚为关键。在房地产预售环节，根据售价及工程建设总投资测算，测算应交纳土地增值税税额，以预计的应纳税额除以预计的转让收入，计算出一个比例，作为预征率。预征率设定过高，会加重房地产企业资金负担，遏制房地产行业发展规模和速度，造成项目清算后大面积退税现象；预征率设定过低，会减轻房地产企业资金负担，使房地产行业发展规模和速度增长过快，造成清算后大面积补税现象。无论设置过高，还是过低，都会对均衡组织财政收入目标产生较大冲击。

当前，全国各地税务机关一般规定了0.5%~5%的预征比例税率。对单纯开发普通标准住宅项目的纳税人，预征率暂定为0.5%~2%；对开发高级公寓、写字楼、别墅、度假村及其他非普通标准住宅项目的纳税人，预征率暂定为1%~5%；对纳税人既从事普通标准住宅开发，又从事其他房地产开发的，在其转让并取得收入时，能分别正确核算项目收入金额的，应按相应的预征率分别预征土地增值税，否则一律从高确定适用预征率。

各地经济适用房的预征率均为零，主要是考虑经济适用房多为普通住宅，项目增值一般不会超过扣除项目金额的20%，可以享受免征土地增值税的税收优惠；如果预征，不仅会造成项目清算后大面积退税现象，而且会加重房地产企业资金负担，同国家鼓励发展经济适用房项目的宏观政策相违背。

（四）预征计算公式

$$预征土地增值税税额 = \sum 出售不同类型商品房所取得的收入 \times 不同预征比例$$

（五）未按规定预缴土地增值税的法律责任

财税〔2006〕21号文件第三条第二款规定，对未按预征规定期限预缴税款的，应根据《中华人民共和国税收征管法》及其实施细则的有关规定，从限定的缴纳税款期限届满的次日起，加收滞纳金。

二、会计核算

（一）土地增值税预缴、结转和计提的财务处理

预缴土地增值税时，借记“应交税费——预缴土地增值税”科目，贷记“银行存款”科目。

结转时，借记“应交税费——应缴土地增值税”科目，贷记“应交税费——预缴土地增值税”科目。

计提时，借记“税金及附加”科目，贷记“应交税费——应缴土地增值税”科目。

（二）土地增值税清算后补缴的土地增值税账务处理

补缴税金及附加、土地增值税时，借记“税金及附加”科目，贷记“应交税费——应交（城建税、教育费附加、地方教育费附加、水利建设基金、土地增值税）”科目；交纳时，借记“应交税费——应交（城建税、教育费附加、地方教育费附加、水利建设基金、土地增值税）”科目，贷记“银行存款”科目。

多缴纳的土地增值税一般是从后续项目预征的土地增值税中抵减。

三、土地增值税清算

（一）清算程序

1. 清算条件

（1）纳税人应进行土地增值税清算的情形

①房地产开发项目全部竣工、完成销售的；

②整体转让未竣工决算房地产开发项目的；

③直接转让土地使用权的。

（2）主管税务机关可要求纳税人进行土地增值税清算的情形

①已竣工验收的房地产开发项目，已转让的房地产建筑面积占整个项目可售建筑面积的比例在85%以上，或该比例虽未超过85%，但剩余的可售建筑面积已经出租或自用的；上述“已转让的房地产建筑面积”包括房地产开发企业将开发产品用于职工福利、奖励、对外投资、分配给股东或投资人、抵偿债务、换取其他单位和个人的非货币性资产等，发生所有权转移时应视同销售的房地产面积。

②取得《销售（预售）许可证》满3年仍未销售完毕的。

③纳税人申请注销税务登记，但未办理土地增值税清算手续的。

④省级税务机关规定的其他情况。

2. 清算手续时限

（1）纳税人应进行土地增值税清算的，须在满足清算条件之日起90日内到主管税务机关办理清算手续；

（2）主管税务机关要求纳税人进行土地增值税清算的，须在主管税务机关限定的期限内办理清算手续。

应进行土地增值税清算的纳税人或经主管税务机关确定需要进行清算的纳税人，在上述规定的期限内拒不清算或不提供清算资料的，主管税务机关可依据《中华人民共和国税收征收管理法》有关规定处理。

3. 清算报送资料

（1）清算土地增值税书面申请、《土地增值税纳税申报表》；《项目竣工决算报表》、取得土地使用权所支付的地价款凭证、《国有土地使用权出让合同》、《银行贷款利息结算通知单》、《项目工程合同结算单》、《商品房购销合同统计表》等与转让房地产的收入、成本和费用有关的证明资料；主管税务机关要求报送的其他与土地增值税清算有关的证明资料等。

（2）纳税人委托税务中介机构审核鉴证的清算项目，还应报送中介机构出具的《土地增值税清算税款鉴证报告》。

（二）清算单位的确定

《土地增值税暂行条例实施细则》第八条规定，土地增值税以纳税人房地产成本核算的最基本的核算项目或核算对象为单位计算。

《国家税务总局关于武汉宝安房地产开发有限公司缴纳土地增值税的批复》（国税函〔2003〕922号）进一步明确，房地产开发有限公司一次性购入的土地，分别转让土地的行为，应按最基本的核算项目，分次分别计征土地增值税。

国税发〔2006〕187号文件规定，土地增值税以国家有关部门审批的房地产开发项目为单位进行清算，对于分期开发的项目，以分期项目为单位清算。开始项目中同时包含普通住宅和非普通住宅的，应分别计算增值额。

（三）收入的确认

1. 基本原则。

转让国有土地使用权、地上建筑物及其附着物并取得收入，即以出售或者其他方式有偿转让房地产的行为，不包括以继承、赠与方式无偿转让房地产的行为。纳税人转让房地产取得的收入，包括货币收入、实物收入和其他收入，包括转让房地产的全部价款及有关的经济收益。

2. 确认总可售面积与已销售面积。

总可售面积：《建设工程规划许可证》《销售许可证》《大产权证》《测绘表》等载明面积；已销售面积：核对《销售合同》、《销控表》、《代销清单》、视同销售业务文件、开发产品明细账、销售成本明细账。

3. 确认销售金额：《销售合同》《销控表》《按揭贷款合同》、视同销售文件、销售发票、销售收据、预收账款、主营业务收入。

4. 确认销售实现时间：《销售合同》约定的交款时间、《按揭贷款合同》约定的付款时间、签订《销售合同》（网签）时间、视同销售业务产权转移时间。

5. 若取得货币收入之外的其他收入，如实物收入、视同销售收入等，需要并入清算项目的收入额。

6. 发票开具情况的确认：一般以全额开具的发票作为收入的确认，未开具发票或未全额开具发票的，以交易双方签订的销售合同所载的售房金额及其他收入进行确认。因房屋面积确认发生的补、退房款相应调整收入确认。未开具发票，未签订《销售合同》，但实际已投入使用的收入，按本企业在同一地区、同一年度销售的同类房地产的平均价格确定。

7. 纳税人因转让房地产收取的违约金、滞纳金、赔偿金、分期付款利息及其他性质的经济收益，均应确认为房地产转让收入。但因购买方违约，导致房产未能转让所收取的违约金，不属于该套房地产的转让收入，应作为纳税人的营业外收入，只需缴纳企业所得税。

8. 房地产开发企业将开发的部分房地产转为企业自用或用于出租等商业用途时，如果产权未发生转移，不征收土地增值税，在税款清算时不列入收入，不扣除相应的成本和费用。

9. 营改增后土地增值税应税收入确认。

依据《关于营改增后契税　房产税　土地增值税　个人所得税计税依据问题的通知》（财税〔2016〕43 号）和《关于营改增后土地增值税若干征管规定的公告》（国家税务总局公告 2016 年第 70 号）规定。

（1）关于营改增后土地增值税应税收入确认问题

营改增后，纳税人转让房地产的土地增值税应税收入不含增值税收入。《中华人民共和国土地增值税暂行条例》等规定的土地增值税扣除项目涉及的增值税进项税额，允许在销项税额中计算抵扣的，不计入扣除项目，不允许在销项税额中计算抵扣的，可以计入扣除项目。

适用增值税一般计税方法的纳税人，其转让房地产的土地增值税应税收入不含增值税销项税额；适用简易计税方法的纳税人，其转让房地产的土地增值税应税收入不含增值税应纳税额。

为方便纳税人，简化土地增值税预征税款计算，房地产开发企业采取预收款方式销售自行开发的房地产项目的，可按照以下方法计算土地增值税预征计征依据：

土地增值税预征的计征依据=预收款-应预缴增值税税款

（2）关于营改增后视同销售房地产的土地增值税应税收入确认问题

纳税人将开发产品用于职工福利、奖励、对外投资、分配给股东或投资人、抵偿债务、换取其他单位和个人的非货币性资产等，发生所有权转移时应视同销售房地产，其收入应按照《国家税务总局关于房地产开发企业土地增值税清算管理有关问题的通知》（国税发〔2006〕187号）第三条规定执行。

纳税人安置回迁户，其拆迁安置用房应税收入和扣除项目的确认，应按照《国家税务总局关于土地增值税清算有关问题的通知》（国税函〔2010〕220号）第六条规定执行。

【例10-3】一般纳税人A房地产开发企业销售房地产取得预收款10 900万元。

方法一：按以上公式，则

预缴增值税计税依据=10 900÷(1+9%)=10 000（万元）

预缴增值税税款=10 000×3%=300（万元）

预缴土地增值税计税依据=预收款-应预缴增值税税款=10 900-300=10 600（万元）

预缴土地增值税=预缴土地增值税计税依据=10 600×2%=212（万元）

方法二：按土地增值税应税收入不含增值税销项税额，则

预缴土地增值税=预收款÷1.09×2%=10 900÷1.09×2%=200（万元）

注意：预收款期间没有达到增值税纳税义务时间不需要确认销售收入，不用扣减土地价款。

两种计算方法结果不一样，212-200=12（万元），在预收款期间，方法一比方法二多预征12万元，测算土地增值税预征率3%时多预征18万元。

预征土地增值税额的多少影响预征期和后期土地增值税清算的资金流。

【例10-4】2020年5月，一般纳税人A房地产开发企业进行土地增值税清算，其销售开发的房地产取得销售收入（含税）总计7亿元，2017年12月取得土地时向政府部门支付土地价款2亿元［不含契税等，取得省级以上财政部门监（印）制的财政票据］，支付其他单位和个人拆迁补偿费0.5亿元。计算土地增值税应税收入。

1. 一般纳税人采用一般计税方法，销售额中允许扣除支付给政府部门的土地价款和拆迁补偿费。

增值税销项税额=(全部价款和价外费用-当期允许扣除的土地价款)÷(1+9%)×9%=(7-2.5)÷(1+9%)×9%=0.37（亿元）

2. 土地增值税应税收入=增值税含税收入-增值税销项税额=7-0.37=6.63（亿元）

（四）成本、费用的归集及扣除项目的梳理

1. 扣除项目凭证标准

除另有规定外，扣除取得土地使用权所支付的金额、房地产开发成本、费用及与转让房地产有关的税金，须提供合法有效的凭证；不能提供合法有效凭证的，不予扣除。

2. 扣除成本框架

土地增值税总体扣除成本框架如下：

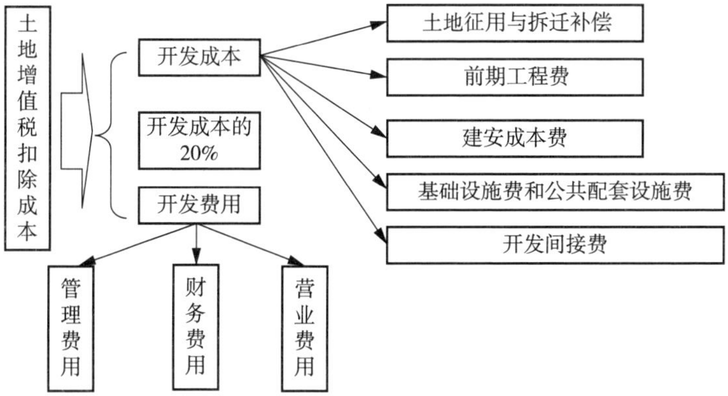

3. 取得土地使用权所支付的金额

需关注支付的价款和取得使用权过程中发生的手续费是否取得符合税法规定的有效凭证；是否存在土地闲置费、土地出让金的滞纳金计入了土地成本的情况；以及融资支付土地使用权价款所产生的利息费用不应计入开发成本，而应调整至开发费用。

4. 房地产开发成本

需关注各项成本记录是否正确，是否存在将开发费用计入开发成本从而多计加计扣除的情况；关注是否存在三项预提成本，仅企业所得税可根据《国家税务总局关于印发房地产开发经营业务企业所得税处理办法的通知》（国税发〔2009〕31号）扣除预提成本，土地增值税不允许扣除项目中加入预提成本。

5. 房地产开发费用

直接按照熟知的以5%和10%两个比例进行开发费用的扣除，不考虑借款利息的资本化问题。

6. 共同成本费用的分摊

若存在多个房地产项目共同承担成本费用的情况，需检查共同费用是否按清算项目可售建筑面积占多个项目可售总建筑面积的比例或其他税务机关认可的方法进行分摊，然后再计入当期清算项目的扣除金额。

可售面积和不可售面积的区分可参照下表。

<table>
<tr><td rowspan="12">建筑面积</td><td rowspan="3">套内建筑面积</td><td colspan="2">套内使用面积</td><td rowspan="9">房产证面积</td><td colspan="3">住宅</td><td rowspan="6">可售面积</td></tr>
<tr><td colspan="2">套内墙体面积</td><td colspan="3">商铺</td></tr>
<tr><td colspan="2">阳台建筑面积</td><td rowspan="6">独立使用的公共配套设施</td><td colspan="2">营利性</td></tr>
<tr><td rowspan="9">公共建筑面积</td><td rowspan="5">参加公摊公共建筑面积</td><td rowspan="2">幢内电梯井、楼梯、垃圾道、变电室、设备间、公共门厅和走道、地下设备等</td><td rowspan="5">非营利性资产</td><td>产权归开发商</td></tr>
<tr><td>产权不明</td></tr>
<tr><td rowspan="3">套（单元）与公用建筑空间之间的分隔墙以及外墙（包括山墙）墙体水平投影面积的一半</td><td>无偿赠与地方政府、公共事业单位以外其他单位</td></tr>
<tr><td>无偿移交地方政府、公共事业单位</td><td rowspan="6">不可售面积</td></tr>
<tr><td>产权属业主共有</td></tr>
<tr><td rowspan="4">不参加公摊公共建筑面积</td><td>本幢值班警卫室、物业房</td><td rowspan="3">公共配套设施（非营利）</td><td colspan="2">公共配套设施 1</td></tr>
<tr><td>为多幢服务的警卫房、管理用房、发电配电设备</td><td rowspan="3">无房产证面积</td><td colspan="2" rowspan="2">公共配套设施 2</td></tr>
<tr><td>地下人防工程及过道</td></tr>
<tr><td>地上架空层</td><td colspan="3">次品</td></tr>
</table>

7. 税金及加计扣除

可扣除的税金，需取得相关完税凭证。土地增值税扣除项目涉及的增值税进项税额，允许在销项税额中计算抵扣的，不计入扣除项目；不允许在销项税额中计算抵扣的，可以计入扣除项目。加计扣除项目，则需关注是否存在违反加计扣除的情况，如未开发即转让土地使用权的，不允许加计扣除。

8. 代收费用扣除问题

对于代收费用作为转让收入计税的，在计算扣除项目金额时，可予以扣除，但不允许作为加计 20%扣除的基数；对于代收费用未作转让房地产的收入计税的，在计算增值额时不允许扣除代收费用。

（五）尾盘销售申报

首次清算时未能销售的房地产，日后产生销售的，纳税人应按规定清算，办理尾盘清算申报。各地对尾盘申报有相应的申报表，应据实填报。发生多预缴土地增值税行为的，可在尾盘申报时申请退税。

（六）其他关注点

关注普通住宅是否符合免税条件，是否与其他业态类型分开核算，未分开核算的，不得享受免税政策；是否存在因国家建设需要被征用或收回而享受免税的项目，如存在，需取得相关证明文件等。各地税务机关对土地增值税清算有明确的备查资料，应整理造册备查。

四、土地增值税清算涉及的涉税事项描述

（1）《关于全面推开营业税改征增值税试点的通知》（财税〔2016〕36号）附件2《营业税改征增值税试点有关事项的规定》，房地产开发企业中的一般纳税人销售其开发的房地产项目（选择简易计税方法的房地产老项目除外），以取得的全部价款和价外费用，扣除受让土地时向政府部门支付的土地价款后的余额为销售额。

（2）2018年4月27日，国家税务总局货物劳务司解答有关规定的问题：房地产开发企业一次性转让尚未完工的在建工程，该工程项目适用一般计税方法的，以取得的全部价款和价外费用，一次性扣除向政府部门支付的土地价款后的余额计算缴纳增值税。

（3）《关于明确金融房地产开发教育辅助服务等增值税政策的通知》（财税〔2016〕140号）规定，《营业税改征增值税试点有关事项的规定》（财税〔2016〕36号）第一条第（三）项第10点中“向政府部门支付的土地价款”，包括土地受让人向政府部门支付的征地和拆迁补偿费用、土地前期开发费用和土地出让收益等。

房地产开发企业中的一般纳税人销售其开发的房地产项目（选择简易计税方法的房地产老项目除外），在取得土地时向其他单位或个人支付的拆迁补偿费用也允许在计算销售额时扣除。纳税人按上述规定扣除拆迁补偿费用时，应提供拆迁协议、拆迁双方支付和取得拆迁补偿费用凭证等能够证明拆迁补偿费用真实性的材料。

（4）国家税务总局关于发布《房地产开发企业销售自行开发的房地产项目增值税征收管理暂行办法》的公告（国家税务总局公告2016年第18号）第五条规定，当期允许扣除的土地价款按照以下公式计算：

当期允许扣除的土地价款=（当期销售房地产项目建筑面积÷房地产项目可供销售建筑面积）×支付的土地价款

当期销售房地产项目建筑面积，是指当期进行纳税申报的增值税销售额对应的建筑面积。

房地产项目可供销售建筑面积，是指房地产项目可以出售的总建筑面积，不包括销售房地产项目时未单独作价结算的配套公共设施的建筑面积。

支付的土地价款，是指向政府、土地管理部门或受政府委托收取土地价款的单

位直接支付的土地价款。

第六条规定，在计算销售额时从全部价款和价外费用中扣除土地价款，应当取得省级以上（含省级）财政部门监（印）制的财政票据。

第十四条规定，一般纳税人销售自行开发的房地产项目适用一般计税方法计税的，应按照《营业税改征增值税试点实施办法》（财税〔2016〕36号文件，以下简称《试点实施办法》）第四十五条规定的纳税义务发生时间，以当期销售额和11%的适用税率计算当期应纳税额，抵减已预缴税款后，向国家税务主管机关申报纳税。未抵减完的预缴税款可以结转下期继续抵减。

（5）《国家税务总局关于土地价款扣除时间等增值税征管问题的公告》（国家税务总局公告2016年第86号）规定，“当期销售房地产项目建筑面积”“房地产项目可供销售建筑面积”，是指计容积率地上建筑面积，不包括地下车位建筑面积。

（6）《财政部　税务总局　海关总署关于深化增值税改革有关政策的公告》（2019年第39号）规定，税率调整为9%。

要根据上述增值税清算中涉及的有关规定进行税务处理。

【例10-5】 A房地产开发企业于2019年7月15日组织B施工总承包单位、C监理公司、D设计公司、E勘察公司、建设管理部门中质量安全规划设计及消防等相关方面的主管工作人员对A公司建设开发的某都市花园项目一期（总分两期开发）进行整体竣工验收，截至通过验收时，A公司累计完成可售建筑面积70%的销售，实现预售收入4.2亿元。其中住宅3.3亿元，商铺0.9亿元。

已知A房地产开发企业所在地销售不动产增值税税率9%，城市建设维护税税率7%，教育费附加3%，地方教育费附加2%，增值税按3%预缴。通过招拍挂取得土地价款及拆迁补偿费1亿元，已预缴增值税1 155.96万元（4.2÷1.09×3%），预缴增值税附加138.72万元（1 155.96×12%），项目开发过程中取得进项发票税额850万元。

会计核算：

1. 计算可扣除土地价款=70%×10 000=7 000（万元），

增值税销售额=(42 000-7 000)/1.09=32 110.09（万元），

增值税销项税额=32 110.09×9%=2 889.91（万元）。

2. 计算应补缴的增值税=2 889.91-850-1 155.96=883.95（万元）。

3. 计算应补缴的增值税附加=（2 889.91-850)×12%-138.72=106.07（万元）。

五、土地增值税清算实例

1. 房地产开发企业转让房产

【例10-6】 2018年，某房地产开发企业开发一栋写字楼并出售，取得的销售收入总额2 000万元，支付开发写字楼的地价款（包含契税）400万元，开发过程中支付拆迁补偿费100万元，供水供电基础设施费80万元，建筑工程费520万元，开发过程中向金融机构借款500万元，借款期限1年，金融机构年利率5%。施工、销售过程中发生的管理费用和销售费用共计260万元。该企业销售写字楼缴纳的印花税、城市维护建设税、教育费附加共计110万元。

计算该企业该项目应缴土地增值税税额。

（一）收入2 000万元

（二）扣除

1. 取得土地使用权所支付的金额=400万元

2. 房地产开发成本=100+80+520=700（万元）

3. 房地产开发费用=80万元，其中：

（1）利息支出=500×5%=25（万元）

（2）其他=1 100×5%=55万元（管理费用和销售费用不能据实扣除）

4. 税金=110（万元）

5. 加计扣除=1 100×20%=220（万元）

扣除项目金额合计=400+700+80+110+220=1 510（万元）

（三）增值额=2 000−1 510=490（万元）

（四）税率

增值额÷扣除项目金额=490÷1 510=32%

（五）税额

应缴纳土地增值税税额=490×32%=156. 8（万元）

以上各项税额填入《土地增值税纳税申报表（二）》（从事房地产开发的纳税人清算适用）。

2. 非房地产开发企业转让不动产

【例10−7】 某工业企业转让一幢20世纪90年代建造的厂房，当时造价100万元，并无偿取得土地使用权。如果按现行市场价计算材料费、人工费，建造同样的房子需600万元。该房子为七成新，按500万元出售，支付有关税费共计27. 5万元。计算企业转让旧房应缴纳的土地增值税额。

解析：出售旧房及建筑物，首先按评估价格及有关因素计算、确定扣除项目金额，再根据上述方法计算应纳税额。

具体计算步骤：

1. 计算评估价格。其公式为评估价格=重置成本价×成新度折扣率

2. 汇集扣除项目金额。

3. 计算增值率。

4. 依据增值率确定适用税率。

5. 依据适用税率计算应纳税额。

应纳税额=增值额×适用税率−扣除项目金额×速算扣除系数

(1) 评估价格=600×70%=420(万元)

(2) 允许扣除的税金27.5万元

(3) 扣除项目金额合计=420+27.5=447.5(万元)

(4) 增值额=500−447.5=52.5(万元)

(5) 增值率=52.5÷447.5×100%=11.73%

(6) 应纳税额=52.5×30%−447.5×0=15.75(万元)

3. 个人转让商铺之发票扣除法

【例10−8】 2017年9月,王某转让店铺一套,转让价格为1 000万元,该房系王某2011年11月1日购买,发票显示购买价格为400万元,相对应的契税完税凭证显示王某缴纳契税12万元。王某应缴纳的土地增值税为多少?

解析:

(一)计税收入

1. 应缴纳的增值税=(1 000−400)÷(1+5%)×5%=28.57(万元)

2. 计税收入

根据《财政部 国家税务总局关于营改增后契税房产税土地增值税个人所得税计税依据问题的通知》(财税〔2016〕43号)第三条规定,土地增值税纳税人转让房地产取得的收入为不含增值税收入。《中华人民共和国土地增值税暂行条例》等规定的土地增值税扣除项目涉及的增值税进项税额,允许在销项税额中计算抵扣的,不计入扣除项目;不允许在销项税额中计算抵扣的,可以计入扣除项目。

计税收入=1 000−28.57=971.43(万元)。

(二)可扣除房地产原值

根据《财政部 国家税务总局关于土地增值税若干问题的通知》(财税〔2006〕21号)第二条第一款规定,纳税人转让旧房及建筑物,凡不能取得评估价格,但能提供购房发票的,经当地税务部门确认,《条例》第六条第(一)、第(三)项规定的扣除项目的金额,可按发票所载金额并从购买年度起至转让年度止每年加计5%计算。对纳税人购房时缴纳的契税,凡能提供契税完税凭证的,准予作为"与转让房地产有关的税金"予以扣除,但不作为加计5%的基数。

可扣除房产原值=400+400×6×5%=520(万元)

(三)与转让房地产相关的税金

1. 城建税(7%)、教育费附加(3%)、地方教育费附加(2%)合计=28.5714×12%=3.43(万元);

2. 购买时缴纳的契税为12万元,允许扣除的是原不动产所有人王某购买时缴纳的契税,而不是本次转让环节受让人缴纳的契税;

3. 假设不考虑各环节印花税问题,当地税务机关规定教育费附加可视同税金扣除,与转让房地产有关的税金为3.43+12=15.43(万元)。

(四)扣除项目金额=可扣除房产原值+与转让房地产有关的税金=520+15.43=

535.43（万元）。

（五）增值额=计税收入-扣除项目金额=971.43-535.43=436（万元）。

（六）增值率=增值额÷扣除项目金额=436÷535.43=81.43%。

（七）应缴纳的土地增值税=436×40%-535.43×5%=147.63（万元）。

第四节 房地产项目企业所得税清理与盈亏清算

本节所述的企业所得税的清理与清算，有别于通常情况下企业所得税年终至次年4月30日前按企业所得税法规定进行的年度汇算清缴。本节主要针对已经按照商品房预售（销售）合同约定的条件和时间办理了交房手续，仅剩余少量产品的项目。根据公司战略考虑，对未售部分暂不出售，作持有处理，在会计上应转入投资性房地产进行管理和计提折旧，房地产开发企业为了对整个项目的投入产出效率进行评价而做整体性清理和清算。这种清算是一种测算性的清算，并不是实质性的清算，目的是得到项目在清算时点的盈亏结论，对于整个项目从开发到清算时点的工作成果进行全面梳理和总结，也在一定程度上对工程进行总结性评价，便于提高后续项目的开发和管理效率。

一、项目收入数据的清理

统计已经销售的不含税的各种产品的具体销售收入（最好细分到具体楼栋和楼层），包括对转入的投资性房地产（持有性物业）和车位等的收入进行估计。

二、项目支出数据的清理

按照开发成本项目构成状况明细填列各具体开发成本明细，最后按各种维度进行分配，对应具体的产品成本，销售费用、财务费用、管理费用、税金（各种税金能细化到具体项的）等进行罗列，最后将销售费用、财务费用、管理费用和税金换算成对应产品的综合单方单位金额。

三、项目盈亏结果的计算

根据上述数据计算出最终的盈亏结果。

四、项目盈亏报告的撰写

根据上述数据及结果，编写项目盈亏报告。

五、数据成果的利用

通过上述清算工作，一方面，可以得到一些数据和指标，为后续项目提供参考，另一方面，可以查找不足，总结经验，为后续项目的运营管理提供帮助，以达到改进和完善的目的。

第五节 房地产项目清算的风险防范

在清算阶段，主要存在土地增值税风险，还涉及企业所得税和房产税风险。

国家税务总局层面的文件往往无法解决土地增值税清算过程中出现的具体问题，各省出台的文件不一定规范。税务机关在土地增值税清算时往往面临着被复议、诉讼时文件依据不充分的问题，存在很大的执法风险。纳税人在不同地区往往税负差异很大，税企争议也很大，矛盾突出，土地增值税成了税企争议最多的一个税种。企业要从源头加强收入、成本、预征、清算、申报、清算后尾盘处理等各环节的风险防范，并做好和税务机关的沟通，使企业的风险降到最低。

下面介绍一些税企争议大，需要重点关注的风险。

一、清算单位的确定风险防范

《国家税务总局关于房地产开发企业土地增值税清算管理有关问题的通知》（国税发〔2006〕187号）规定，土地增值税以国家有关部门审批的房地产开发项目为单位进行清算，对于分期开发的项目，以分期项目为单位清算。

现行地方规定，比如山东省关于修订《山东省地方税务局土地增值税“三控一促”管理办法》的公告（山东省地方税务局公告2017年第5号）规定，土地增值税以国家有关部门审批、备案的房地产开发项目为单位进行清算，对于分期开发的项目，以分期项目为单位进行清算。具体清算单位由主管税务机关结合《建设用地规划许可证》《建设工程规划许可证》确定。

国家税务总局并无对“分期开发的项目”界定的文件，在实务中引起了众多争议。各省做法不一，有的以经济发展部门或发改委立项作为分期标准，有的以工程规划许可证作为分期标准，有的以企业会计核算对象作为分期标准，清算单位标准不一。同一集团公司在全国不同地区的房地产项目因为清算单位标准不一而税负差异巨大。

《中华人民共和国土地增值税暂行条例实施细则》（财法字〔1995〕6号）规定，纳税人成片受让土地使用权后，分期分批开发、转让房地产的，对允许扣除项目的金额可按转让土地使用权的面积占总面积的比例计算分摊。按此办法难以计算或明显不合理的，也可按建筑面积或税务机关确认的其他方式计算分摊。《国家税务总局关于房地产开发企业土地增值税清算管理有关问题的通知》（国税发〔2006〕187号）规定，属于多个房地产项目共同的成本费用，应按清算项目可售建筑面积占多个项目可售总建筑面积的比例或其他合理的方法，计算确定清算项目的扣除金额。

《国家税务总局关于广西土地增值税计算问题请示的批复》（国税函〔1999〕

112 号）规定，可转让土地面积为开发土地总面积减除不能转让的道路、绿化等公共设施用地面积后的剩余面积。虽然没有抄送各省市，但符合土地增值税立法精神，对各省市有效力。计算分摊时，公共设施面积在分期分批开发完工转让的土地面积和开发土地总面积中要么都包含，要么都不包含，并不影响计算结果。

实务中，会计处理一般是单独核算分期分批开发成本对象，如果没有单独核算的可按此规定处理。

【例 10-9】 A 房地产开发企业于 2017 年 2 月以 2 800 万元通过招拍挂取得 40 000平方米的土地使用权，用于开发写字楼和商品房，分三期开发。第一期工程于 2018 年 11 月 30 日竣工，写字楼占地面积 12 000 平方米，建筑面积 60 000 平方米。截至 12 月 31 日，对外销售写字楼 50 000 平方米，其余的 10 000 平方米中，7 000平方米用于出租，另外 3 000 平方米转为本企业固定资产作办公用。

2019 年 12 月，第二期商品房全部竣工验收，建筑面积为 30 000 平方米，占地面积 7 000 平方米，一、二期累计支付开发成本 27 000 万元（不含税），2020 年 2 月，当地税务机关要求进行第一期土地增值税清算。

在清算时可做以下处理：

（1）应扣除的取得土地使用权支付的金额 = 2 800×(12 000÷40 000)×(50 000÷60 000) = 700（万元）

（2）应扣除的开发成本金额（按占地面积分摊）= 27 000×(12 000÷19 000)×(50 000÷60 000) = 14 210.53（万元）

（3）应扣除的开发成本金额（按建筑面积分摊）= 27 000×(60 000÷90 000)×(50 000÷60 000) = 15 000（万元）

通过案例可以看出，用占地面积和建筑面积分摊的开发成本金额不一样。

二、成本对象的分类风险防范

（一）《中华人民共和国土地增值税暂行条例实施细则》（财法字〔1995〕6 号）规定，土地增值税以纳税人房地产成本核算的最基本的核算项目或核算对象为单位计算。

《财政部　国家税务局关于土地增值税一些具体问题规定的通知》（财税字〔1995〕48 号）规定，对纳税人既建普通标准住宅又搞其他房地产开发的，应分别核算增值额。不分别核算增值额或不能准确核算增值额的，其建造的普通标准住宅不能适用《中华人民共和国土地增值税暂行条例》（国务院令〔1993〕第 138 号）第八条的建造普通标准住宅出售，增值额未超过扣除项目金额 20%的，免征土地增值税的规定。国税发〔2006〕187 号文件规定，开发项目中同时包含普通住宅和非普通住宅的，应分别计算增值额。《土地增值税清算鉴证业务准则》（国税发〔2007〕132 号）规定，同一个项目既有普通住宅，又有非普通住宅，审核扣除项目金额是否分开核算。

《国家税务总局关于印发土地增值税清算管理规程》的通知（国税发〔2009〕

91号）规定，对不同类型房地产分别计算增值额、增值率，缴纳土地增值税。

现行地方规定，比如《安徽省土地增值税清算管理办法》的公告（〔2017〕年第6号）规定，对同一开发项目或同一分期项目中既建有普通标准住宅又建有非普通标准住宅（其他类型房地产）的，如纳税人在清算报告中就其普通标准住宅申请免征土地增值税，应分别计算增值额、增值率以及应缴的土地增值税；如纳税人在清算报告中提出放弃申请免征普通标准住宅土地增值税权利的，应以整个开发项目为对象，统一计算增值额、增值率以及应缴的土地增值税。纳税人在清算申报时未明确是否就其普通标准住宅申请免征土地增值税的，主管地税机关应告知纳税人相关政策，并将清算报告退还纳税人，待纳税人明确后予以受理。

（二）对于商铺住宅联体重叠型房地产，实务中都是以商铺联体住宅作为一个项目在当地建设主管部门报批的，绝不是把商铺和商铺上面的普通住宅分别向当地建设主管部门报批。应把商铺住宅联体作为一个项目清算单位，不能把商铺和商铺上面的普通住宅分别作为一个清算项目。

实务中为达到分别核算的要求，有两种计算方法：一是先整体计算增值额和增值率。确定适用税率后，再按面积分别核算增值额，计算土地增值税。二是先按各自面积分开计算增值额与增值率，再分别确定适用税率计算土地增值税。两种方法计算的土地增值税税额不一样。

分别核算增值额对并列型房地产项目来说不难做到，但对重叠型房地产项目来说则困难重重。因为重叠型房地产项目存在特殊性，截至现在还没有找到一个指标能作为权数肩负起合理分摊扣除项目的重任，不能很好地体现公平合理原则，导致税企争议从来没间断过。从现有的税法来看，方法一符合商铺住宅联体重叠型房地产按“最基本的核算项目或核算对象为单位计算”的规定，也符合财税字〔1995〕48号文件“分别核算增值额”的规定。方法二虽然符合国税发〔2009〕91号文件对不同类型房地产是否分别计算增值额、增值率，缴纳土地增值税的规定，但是显然不符合“纳税人房地产成本核算的最基本的核算项目或核算对象为单位计算”的规定，因为方法二把商铺和商铺上面的普通住宅看成不同的成本核算单位。

现有的土地增值税法规运用起来自相矛盾。安徽省的规定遵从了普通住宅区分计算增值额的立法原意，对于业态区分计算的本意是保障纳税人享受普通住宅免税的权利，没有硬性地把一块土地切分为多块清算单位和业态，没有强制采用三分法或二分法清算。

（三）土地增值税清算方法——一分法、二分法、三分法。

2014年8月28日，国家税务总局发布《关于印发全国县级税务机关纳税服务规范（1.0版）相关表证单书的通知》（税总发〔2014〕109号）附件的《土地增值税清算申报表》中列示了“普通住宅、非普通住宅、其他类型房地产”三列，自此如江西省、重庆市、四川省、山东省、吉林省、广西壮族自治区、广东省等多省份依据这个文件附件制定了必须按三种类型进行预征并清算的三分法，三分法下同一项目中不同类型的增值额不能正负相抵，在清算时点计算的应缴土地增值税款是三种方法中最多的。

北京市地税局2016年第7号公告、贵州省地方税务局2016年第13号公告等规定强制使用二分法，要求填列“普通住宅、其他类型房地产”。

安徽省地税局2017年第6号公告、天津市地税地〔2011〕24号文件等规定可在一分法和二分法中自由选择。

同一清算单位内划分几种成本对象，对土地增值税影响巨大，特别是在普通住宅为负增值或增值率超过20%不享受免税的情况下，普通住宅和非普通住宅是否分别核算，车位属于非普通住宅还是其他类型房地产等问题都需确认。采用三分法、二分法还是一分法核算，对土地增值税清算税负影响巨大。项目所在省市有规定的按照规定执行，没有规定按照应纳税额少的进行申报，让企业的涉税风险降到最低。

三、房屋售价的调整风险防范

在清算中，如存在售价偏低且无正当理由的，税务机关一般按本企业在同一地区、同一年度销售的同类房地产的平均价格确定；对于本企业无参照价格的，可参照当地当年、同类房地产的市场价格或评估价值确定。

实务中，部分项目无本企业参照价格，其周边可参考的当年同类房地产市场价格也较少，税务机关委托评估公司进行评估，如果企业有异议，可能会自行委托其他评估公司进行评估。由于目前并无相关文件明确土地增值税清算中应采用何种评估方法，可能出现两家评估公司评估方法和评估结论差异较大的情况，导致税企争议较大。

四、土地使用权的风险防范

（一）纳税人销售自行开发的房地产项目，且选用增值税一般计税方法计税的，按规定允许以本项目土地价款扣减销售额而减少的销项税金，不调减在土地增值税清算时确认的土地成本，不调增土地增值税清算收入。会计处理调减“主营业务成本”，按照《财政部关于印发增值税会计处理规定的通知》（财会〔2016〕22号）规定，借记“应交税费——应缴增值税（销项税额抵减）”，贷记“主营业务成本”。

如果不是出让土地，而是从其他纳税人处购买的转让土地（在建工程）取得专用发票的，则按财税〔2016〕43号文件规定涉及的增值税进项税额，不计入扣除项目的土地成本，即调减在土地增值税清算时确认的土地成本。

注意：按规定允许以本项目土地价款扣减销售额而减少的销项税金，不调增土地增值税清算收入。但个别地方税务机关如《广州市地方税务局关于印发土地增值税清算工作有关问题处理指引的通知》（穗地税函〔2016〕188号）却调增土地增值税清算收入，项目所在地在广州市的要按地方规定执行。

（二）纳税人在取得土地使用权时按国家统一规定缴纳的有关费用，包括为取得土地使用权所支付的契税。关于政府土地返还款在土地增值税上的处理，税务总局没有规定，返还的土地款必须冲减土地成本的地方规定有江苏省的苏地税规〔2012〕1号、辽宁省的辽地税函〔2012〕92号、大连市的大地税函〔2008〕188号、安徽省的安徽省2017年第6号公告等。返还土地款的风险防范请参考第四章第三节土地使用权获取的风险防范。

（三）关于发生的成本费用支出，能分清成本核算对象的，直接计入特定成本对象，分不清成本对象的共同成本费用采用合理方法分摊，方法有占地面积法、建筑面积法、直接成本法、预算造价法等。

关于土地征用及拆迁补偿费的分摊。同一宗土地分期分批开发转让房地产的，每期（批）按占地面积法分摊。同一项目中建造不同类型房地产的，按建筑面积法分摊，需要特别注意的是，同一项目中同时包含占地相对独立的房地产（有道路、围墙等明显分隔标志区域的联排别墅、合院式别墅、单体商业服务建筑，以下简称别墅区）和其他多层高层建筑的，先按照别墅区的独立占地面积占清算项目总占地面积的比例，计算别墅区应分摊的土地成本；对剩余的土地成本，按照剩余普通住宅、非普通住宅和其他类型房地产建筑面积比例计算分摊。

对于土地征用及拆迁补偿费之外的共同成本分摊，通常按建筑面积分摊。上述处理是会计处理的通常做法，也是一些地方税务机关土地增值税清算的做法，如青岛市地税《关于贯彻落实山东省地方税务局土地增值税“三控一促”管理办法若干问题的公告》（青岛市地方税务局公告2018年第4号）及解读。

计算土地分摊时，分期分批开发完工转让的土地面积和开发土地总面积要么都包含，要么都不包含公共设施面积，有的会计处理以都不包含公共设施面积的占地投影面积分摊，并不影响计算结果。

税务机关认为企业分摊的共同成本费用不合理、不合规的，有权根据《国家税务总局关于印发〈土地增值税清算管理规程〉的通知》（国税发〔2009〕91号）中“第二十一条审核扣除项目是否符合下列要求：（五）纳税人分期开发项目或者同时开发多个项目的，或者同一项目中建造不同类型房地产的，应按照受益对象，采用合理的分配方法，分摊共同的成本费用。第二十二条审核取得土地使用权支付金额和土地征用及拆迁补偿费时应当重点关注：（一）同一宗土地有多个开发项目，是否予以分摊，分摊办法是否合理、合规，具体金额的计算是否正确”的规定，采用其他方法来分摊。

五、地下车位收入和成本分摊的确认风险防范

（一）《中华人民共和国土地增值税暂行条例》规定转让国有土地使用权、地上的建筑物及其附着物并取得收入的单位和个人，为土地增值税的纳税义务人。目前很多地区车位无法办理产权，其并未取得《土地使用权证》，其转让行为是否属

于土地增值税的征收范围存在争议。也有企业变相销售车位，与业主签订《车位租赁合同》，租期为20年，20年后可继续使用车位。《2011年度国家税务总局房地产专业税收答疑（六）》附件2第61条解释："房地产企业出售的地下停车位，以转让有限产权或永久使用权方式销售建筑物，视同销售建筑物。取得销售收入的应缴纳营业税、土地增值税、企业所得税。受让方不能办理车位产权手续，不需要缴纳车位契税。"永久使用权没有期限限制，指划拨用地，比如农村的宅基地，一些国有企业或者事业单位取得的划拨用地。

在转让无产权的地下非人防车位时，实务中出现两种截然不同的做法：一种是实质重于形式，将无产权车位的转让销售收入确认为土地增值税清算收入，同时允许成本扣除，这样规定的有江苏省、湖北省、天津市、海南省、安徽省等有关省市；另一种是形式重于实质，将无产权地下车位转让销售收入不确认为土地增值税清算收入，同时不允许成本扣除，这样规定的有辽宁省、贵州省、山东省、广东省、福建省等有关省市。经测算，第二种形式缴纳土地增值税比第一种要多。

（二）房地产项目总建筑面积的计算分为计容积率面积和不计容积率面积两种。和地上建筑相连的地下建筑有地下车位（人防车位和非人防车位）、地下储藏室等开发产品。对于地下不计容积率面积不能办理权属登记，会计处理作为公共配套设施费处理计入地上的开发产品成本中，也是房地产开发企业所得税的处理办法。对于无产权的地下车位成本，在土地增值税清算时采用二分法、三分法的，允许成本扣除的要计算成本，不允许成本扣除的也要计算成本，从地上所属开发成本中扣减，按照建筑面积占比法仅分摊在不含室内（外）装修费用的全部建筑安装工程费中，不分摊土地成本。

具有产权的地下车位会计处理和税法处理一致，不仅分摊建安费，还要分摊土地成本，土地出让金要么在《国有土地出让权出让合同》中注明缴纳，要么后期签订补充协议补缴。《国土资源部关于严格落实房地产用地调控政策促进土地市场健康发展有关问题的通知》（国土资发〔2010〕204号）规定，经依法批准调整容积率的，国土主管部门应当按照批准调整时的土地市场楼面地价核定应补缴的土地出让价款。地方规定如《江苏省地方税务局公告关于土地增值税若干问题的公告》（苏地税规〔2015〕8号）："土地成本仅在能够办理权属登记手续的建筑物及其附着物之间进行分摊。"《厦门市土地增值税清算管理办法》（厦地税2016年第7号公告）："不计容积率的地下车位、人防工程、架空层、转换层等不计算分摊取得土地使用权所支付的金额。"

六、建安成本的风险防范

（一）决算金额与预算金额、合同造价比对。开发项目建筑工程造价和工程总承包合同标明的造价，分别与相应的建筑工程决算金额比对分析。

（二）土建工程平方米造价比对。建筑工程单位成本，与开工年份建筑工程主管部门公布的相应建设工程单位（平方米）造价进行比对分析。

（三）主要建筑材料用量比对。将钢材、商砼、水泥等主要材料耗用数据，与当地相应工程主要材料用量标准比对分析。

（四）关联企业比对。将主要建筑材料供应商、建筑总承包商的投资人等信息，比对分析。

营改增后，土地增值税纳税人接受建筑安装服务取得的增值税发票，应当在发票的备注栏注明建筑服务发生地县（市、区）名称及项目名称，否则不得计入土地增值税扣除项目金额。

七、多个（分期）项目共同发生的公共配套设施费的风险防范

房地产开发企业开发建造的与清算项目配套的居委会、派出所、会所、停车场（库）、物业管理场所、变电站、热力站、水厂、文体场馆、学校、幼儿园、托儿所、医院、邮电通信等公共设施，按以下原则处理：

（1）建成后产权属于全体业主所有的，其成本、费用可以扣除；

（2）建成后无偿移交给政府、公用事业单位，用于非营利性社会公共事业的，其成本、费用可以扣除；

（3）建成后有偿转让的，应计算收入，并准予扣除成本、费用。

房地产开发企业在项目建设用地边界外（国家有关部门审批的项目规划外，即“红线”外）承诺为政府或其他单位建设公共设施或其他工程的，房地产开发企业在计算本项目土地增值税时，国家税务总局没有规定，税企争议大。地方规定允许扣除的有穗地税函〔2014〕175 号、琼地税函〔2015〕917 号文件；不允许扣除的有桂地税发〔2008〕44 号、苏地税规〔2012〕1 号、山西省地方税务局公告 2014 第 3 号文件，根据和项目是否存在关联判断是否扣除的有鄂地税发〔2013〕44 号文件。

八、质量保证金扣除的风险防范

房地产开发企业在工程竣工验收后，根据合同约定，扣留建筑安装施工企业一定比例的工程款，作为开发项目的质量保证金，在计算土地增值税时，建筑安装施工企业就质量保证金向房地产开发企业开具发票的，按发票所载金额予以扣除；未开具发票的，扣留的质保金不得计算扣除。

九、土地增值税清算中利息费用的风险防范

《国家税务总局关于土地增值税清算有关问题的通知》（国税函〔2010〕220 号）第三条规定：

（一）财务费用中的利息支出，凡能够按转让房地产项目计算分摊并提供金融机构证明的，允许据实扣除，但最高不能超过按商业银行同类同期贷款利率计算的

金额。其他房地产开发费用，在按照“取得土地使用权所支付的金额”与“房地产开发成本”金额之和的5%以内计算扣除。

（二）凡不能按转让房地产项目计算分摊利息支出或不能提供金融机构证明的，房地产开发费用在按“取得土地使用权所支付的金额”与“房地产开发成本”金额之和的10%以内计算扣除。全部使用自有资金，没有利息支出的，按照以上方法扣除。上述具体适用的比例按省级人民政府此前规定的比例执行。

在以上规定的具体执行中，应注意以下几点：

第一，文件规定税前扣除的金融机构利息费用不能超过商业银行同类同期贷款利率，这里的“商业银行同类同期贷款利率”是指“中国人民银行规定的基准利率和浮动利率”。《国家税务总局关于企业所得税若干问题的公告》（国家税务总局公告2011年第34号）规定，企业在按照合同要求首次支付利息并进行税前扣除时，应提供“金融企业的同期同类贷款利率情况说明”，以证明其利息支出的合理性。

第二，文件规定的扣除比例都是“5%以内”或者“10%以内”，具体适用的比例按省级人民政府此前规定的比例执行。因此，房地产开发企业还应注意所在省份规定的具体扣除比例。

第三，在目前对房地产开发企业限制放贷的情况下，如果房地产开发企业的资金全部来源于非金融机构借款，通常利率较高，利息支出较大。由于土地增值税清算时只能按“取得土地使用权所支付的金额”与“房地产开发成本”金额之和的10%以内扣除，可能导致实际发生的利息费用超限额的问题，这是房地产开发企业筹划融资结构时应该预见的问题。

《关于土地增值税一些具体问题规定的通知》（财税字〔1995〕48号）第八条对于扣除项目金额中的利息支出如何计算的问题规定如下：

（一）利息的上浮幅度按国家的有关规定执行，超过上浮幅度的部分不允许扣除；

（二）对于超过贷款期限的利息部分和加罚的利息不允许扣除。

“金融企业的同期同类贷款利率情况说明”中，应包括在签订该借款合同当时，本省任何一家金融企业提供同期同类贷款利率情况。该金融企业应为经政府有关部门批准成立的可以从事贷款业务的企业，包括银行、财务公司、信托公司等金融机构。同期同类贷款利率是指在贷款期限、贷款金额、贷款担保以及企业信誉等条件基本相同的情况下，金融企业提供贷款的利率，这个利率既可以是金融企业公布的同期同类平均利率，也可以是金融企业对某些企业提供的实际贷款利率。

青岛市地方税务局公告2018年第4号规定，关于金融机构证明确认问题，房地产开发企业向金融机构贷款使用的借据（借款合同）、利息结算单据等，视同金融机构证明。

信托公司是非商业银行金融机构，信托公司不给借款人开具利息发票，只开具各式各样的利息清单或收据。支付给信托公司的利息允许土地增值税扣除，但必须索取信托公司开具的利息发票。

第四，开发项目全部使用自有资金，没有利息支出的，开发费用在按“取得土地使用权所支付的金额”与“房地产开发成本”金额之和的10%以内计算扣除。这一规定对于房地产开发企业而言是相对有利的。

第五，如果房地产开发企业存在多种渠道来源的借款，不可将从金融机构取得的借款费用据实扣除，又将其他渠道的借款费用与其他开发费用一并按“取得土地使用权所支付的金额”与“房地产开发成本”金额之和的10%以内计算扣除，只能在国税函〔2010〕220号文件第三条（一）、（二）项所述两种办法中选择一种确定扣除金额。

【例 10-10】A房地产开发企业开发某住宅项目，共支付地价款200万元，开发成本为400万元，实际发生利息支出40万元，所在地方规定按最高5%、10%计算。分析其开发费用。

开发费用分析：

如果能够按转让房地产项目计算分摊并提供金融机构证明，房地产开发费用=40+(200+400)×5%=70（万元）。

如果不能按照转让房地产项目计算分摊利息支出，或不能够提供金融机构款证明，房地产开发费用=(200+400)×10%=60（万元）。

以上两种利息支出计算扣除金额是不一样的，可以选择。

第六，土地增值税清算时，已经计入房地产开发成本的利息支出，应调整至财务费用中计算扣除。

【例 10-11】A房地产开发企业某项目取得土地使用权成本为20 000万元，房地产开发成本为80 000万元，其中“开发成本——开发间接费用”中利息支出6 000万元，请分析在计算该房地产开发企业土地增值税时，有关利息和其他开发费用的税务处理。

A房地产开发企业计入土地增值税扣除项目的房地产开发成本为80 000-6 000=74 000（万元）。

凡能够按转让房地产项目计算分摊并提供金融机构证明的，按照第一种方式计算可扣除的房地产开发费用6 000+（20 000+80 000-6 000)×5%=10 700（万元）。

凡不能按转让房地产项目计算分摊利息支出或不能提供金融机构证明的，按照第二种方式计算可扣除房地产开发费用（20 000+80 000-6 000)×10%=9 400（万元）。

十、拆迁安置费扣除的风险防范

（一）房地产开发企业用建造的本项目房地产安置回迁户的，安置用房视同销售处理，按《国家税务总局关于房地产开发企业土地增值税清算管理有关问题的通知》（国税发〔2006〕187号）第三条第（一）款规定确认收入，同时将此确认为房地产开发项目的拆迁补偿费。

房地产开发企业支付给回迁户的补差价款，计入拆迁补偿费；回迁户支付给房地产开发企业的补差价款，应抵减本项目拆迁补偿费。

（二）房地产开发企业采取异地安置，异地安置的房屋属于自行开发建造的，房屋价值按国税发〔2006〕187号文件第三条第（一）款的规定计算，计入本项目的拆迁补偿费；异地安置的房屋属于购入的，以实际支付的购房支出计入拆迁补偿费。

（三）货币安置拆迁的，房地产开发企业凭合法有效凭据计入拆迁补偿费。此处的合法有效凭据是由被拆迁方签字的收据和拆迁补偿协议。

十一、与转让房地产有关的税金的风险防范

在营改增前，与转让房地产有关的税金是指在转让房地产时缴纳的营业税、城市维护建设税、教育费附加；在营改增后，与转让房地产有关的税金不包括增值税。房地产开发企业实际缴纳的城市维护建设税、教育费附加，凡能够按清算项目准确计算的，允许据实扣除；凡不能按清算项目准确计算的，则按该清算项目预缴增值税时实际缴纳的城建税、教育费附加扣除。

地方教育费附加，比照教育费附加计入与转让房地产有关的税金计算扣除，但是安徽省合肥市、甘肃省明确规定不包括地方教育费附加，类似情况要和税务沟通。根据《增值税会计处理规定》（财会〔2016〕22号）规定，印花税不再计入管理费用科目，计入税金附加科目，所以与转让房地产有关的税金应包含印花税，不再执行《关于土地增值税一些具体问题规定的通知》（财税字〔1995〕48号）的规定。

十二、是否允许加计开发成本的20%扣除的风险防范

《关于印发土地增值税宣传提纲的通知》（国税函发〔1995〕110号）和《土地增值税清算鉴证业务准则的通知》（国税发〔2007〕132号）规定，允许加计开发成本的20%扣除的有：

（1）对取得土地使用权后投入资金，将生地变为熟地转让的，计算其增值额时。

（2）对于取得土地使用权后，仅进行土地开发（如“三通一平”等），不建造房屋即转让土地使用权的。

（3）对取得土地使用权后进行房地产开发建造的。

不允许加计开发成本的20%扣除的有：

（1）对取得土地（不论是生地还是熟地）使用权后，未进行任何形式的开发即转让的。

（2）对于取得了房地产产权后，未进行任何实质性的改良或开发即再行转

让的。

对于企业购买未竣工的房地产开发项目投入资金继续建设后转让或销售商品房的成本扣除问题，国家税务总局没有规定，各省市规定各不相同。

（1）规定允许加计扣除的有《关于印发土地增值税等财产行为税政策执行问题处理意见的通知》（渝财税〔2015〕93号）。

（2）规定不得作为土地成本和房地产开发成本加计20%扣除，但企业购买在建项目所支付的价款及税金允许扣除，允许作为房地产开发费用按比例计算扣除的基数，后续建设支出的扣除项目处理按照《土地增值税暂行条例》第六条及其实施细则第七条相关规定执行的有《河北省地方税务局关于对地方税有关业务问题的解答》（2014年）、《天津市地方税务局关于土地增值税清算有关问题的公告》（天津市地方税务局公告2016年第25号）、《广西壮族自治区房地产开发项目土地增值税管理办法（试行）的公告》（广西壮族自治区地方税务局公告2018年第1号）。

（3）不得作为土地成本和房地产开发成本加计20%扣除以及房地产开发费用按比例计算扣除的基数，但企业购买在建项目所支付的价款及税金允许扣除，后续建设支出的扣除项目处理按照《中华人民共和国土地增值税暂行条例》第六条及其实施细则第七条相关规定执行的有《浙江省地方税务局关于土地增值税若干政策问题的公告》（2014年第16号）、青岛市地方税务局公告2018年4号解读。其目的是防止购买未竣工房地产开发项目发生金额重复加计的情况。

注意：《中华人民共和国城市房地产管理法》第三十九条规定，以出让方式取得土地使用权，转让房地产时，完成开发投资总额25%以上才可以进行转让。《国土资源部关于进一步做好闲置土地处置工作的意见》（国土资发〔2008〕178号）规定，认定标准中的“总投资额”不包括取得土地使用权的费用和向国家缴纳的相关税费。

十三、房地产开发企业销售已装修的房屋，其装修费用可以计入房地产开发成本的风险防范

对可移动的物品（家用电器、家具、日用品、装饰用品等）支出国家税务总局没有规定，各地大多是不计收入，也不允许扣除相关成本费用，地方规定如《关于土地增值税若干问题的公告》（苏地税规〔2015〕8号）、《安徽省土地增值税清算管理办法》（〔2017〕年第6号公告）、青岛地税《关于贯彻落实山东省地方税务局土地增值税“三控一促”管理办法若干问题的公告》（青岛市地方税务局公告2018年第4号）。还有些地区规定，装修费是政府部门要求必须安装的给予扣除成本。

十四、售楼部、样板房等营销设施费，在土地增值税清算中如何扣除的风险防范

房地产开发企业单独修建的售楼部、样板房等营销设施费，应分不同情况

处理：

（一）房地产开发企业在开发小区内、主体外，单独修建临时性建筑物最终会拆除的作为售楼部、样板房。

2010年8月23日，国家税务总局纳税服务司对于土地增值税做了如下解答：其发生的设计、建造、装修等费用，应计入房地产销售费用扣除。售楼部、样板房内的资产，如空调、电视机等资产性购置支出不得在销售费用中列支。

关于企业所得税，国税发〔2009〕31号规定，开发产品计税成本开发间接费指企业为直接组织和管理开发项目所发生的，且不能将其归属于特定成本对象的成本费用性支出。主要包括管理人员工资、职工福利费、折旧费、修理费、办公费、水电费、劳动保护费、工程管理费、周转房摊销以及项目营销设施建造费等。

需要注意的是，会计制度规定营销设施的建造费应归集为固定资产，而企业所得税规定营销设施的建造费要计入开发间接费。税法规定，既然没有计入固定资产，也就不需要计提折旧了，也就是说，企业所得税不允许将营销设施的建造费通过计提折旧的形式转入销售费用，而要一次性计入开发成本。

关于房产税的规定，①《财政部 税务总局关于房产税若干具体问题的解释和暂行规定》（财税地字〔1986〕8号）规定，凡是在基建工地为基建工地服务的各种工棚、材料棚、休息棚和办公室、食堂、茶炉房、汽车房等临时性房屋，不论是施工企业自行建造，还是由基建单位出资建造交施工企业使用的，在施工期间，一律免征房产税。但是，如果在基建工程结束以后，施工企业将这种临时性房屋交还或者估价转让给基建单位的，应当从基建单位接收的次月起，依照法规征收房产税。②《财政部 国家税务总局关于安置残疾人就业单位城镇土地使用税等政策的通知》（财税〔2010〕121号）规定，对按照房产原值计税的房产，无论会计上如何核算，房产原值均应包含地价，包括为取得土地使用权支付的价款、开发土地发生的成本费用等。宗地容积率低于0.5的，按房产建筑面积的2倍计算土地面积，并据此确定计入房产原值的地价。

营销设施建设费不属于财税地字〔1986〕8号文件免征房产税的列举范围，应当缴纳房产税，且根据会计处理的相关规定，营销设施建设费只有建造成本，不包括土地成本。因此，按照财税〔2010〕121号文件规定，计算房产税时，必须要进行纳税调整，房产原值应包含地价。

（二）房地产开发企业在主体内单独修建临时售楼部、样板房的，其发生的设计、建造、装修等费用，建成后有偿转让的，应计算收入并准予扣除。

（三）房地产开发企业利用规划配套设施（如会所、物业管理用房），发生的售楼部、样板房的设计、建造、装修等费用，按以下原则处理：

（1）建成后产权属于全体业主所有的，其成本、费用可以扣除。

（2）建成后无偿移交给政府、公用事业单位，用于非营利性社会公共事业的，其成本、费用可以扣除。

（3）建成后有偿转让的，应计算收入，并准予扣除成本、费用。

十五、地方政府要求房地产开发企业代收的费用如何计征土地增值税的风险防范

《财政部　国家税务总局关于土地增值税一些具体问题规定的通知》（财税字〔1995〕48号）第六条规定，对于县级及县级以上人民政府要求房地产开发企业在售房时代收的各项费用，如果代收费用是计入房价中向购买方一并收取的，可作为转让房地产所取得的收入计税；如果代收费用未计入房价中，而是在房价之外单独收取的，可以不作为转让房地产的收入。

对于代收费用作为转让收入计税的，在计算扣除项目金额时，可予以扣除，但不允许作为加计20%扣除的基数；对于代收费用未作为转让房地产的收入计税的，在计算增值额时不允许扣除代收费用。

十六、清算后的尾盘问题的风险防范

企业完成清算后仍有剩余房产在继续销售的，是按月归集进行清算申报，还是滚动归集进行清算申报并无文件明确规定。企业完成清算后，继续支付并取得合法有效凭证支出，是否允许二次清算，各地做法不一。

关于清算后尾盘土地增值税的缴纳，主要有两种方法：一种是以《国家税务总局关于房地产开发企业土地增值税清算管理有关问题的通知》（国税发〔2006〕187号）规定的“在土地增值税清算时未转让的房地产，清算后销售或有偿转让的，纳税人应按规定进行土地增值税的纳税申报，扣除项目金额按清算时的单位建筑面积成本费用乘以销售或转让面积计算。单位建筑面积成本费用=清算时的扣除项目总金额÷清算的总建筑面积”为主导，按清算时单位建筑面积成本费用计算。

另一种是以京地税地〔2007〕325号文件、《大连市地方税务局关于进一步明确土地增值税若干问题的通知》（大地税函〔2007〕200号）、《广西壮族自治区地方税务局关于明确土地增值税清算若干政策问题的通知》（桂地税发〔2008〕44号）、《湖北省房地产开发企业土地增值税清算管理办法》（鄂地税发〔2008〕207号）、南昌市地方税务局公告2014年第3号、《重庆市地方税务局关于土地增值税若干政策执行问题的公告》（重庆市地方税务局公告2014年第9号）等地方政策为代表的尾盘销售二次清算。

【例10-12】A房地产开发企业2016年10月开发20万平方米商业楼，2018年底工程全部竣工，截至2019年6月，共销售19万平方米，销售了95%，销售收入为133 000万元，符合清算条件，清算时开发成本是62 400万元。另有500万元成本没有取得合法票据，于清算后取得。清算后该房地产开发企业又将余下1万平方米房屋分2次销售，2019年5月，销售4 000平方米，销售收入为2 760万元，2019年7月，销售6 000平方米，销售收入为4 080万元，计算该单位清算时、清算后各

应该缴纳的土地增值税（不含税金额，忽略税金及附加）。

（一）完工清算应缴纳的土地增值税计算

1. 按照政策规定，案例中的A房地产开发企业，符合清算条件，则土地增值税计算：

（1）清算时收入=133 000万元

（2）清算时的扣除项目总额=62 400×95%×130%=77 064（万元）

（3）增值额=133 000-77 064=55 936（万元）

（4）增值率=55 936÷77 064=72.58%，适用第二档税率

（5）清算时应缴纳土地增值税=55 936×40%-77 064×5%=22 374.4-3 853.2=18 521.2（万元）

2. 清算后转让房地产应纳税计算：

根据国税发〔2006〕187号文件规定，

（1）清算时的单位建筑面积成本费用=77 064÷190 000=0.405 6（万元/平方米）

（2）2015年5月扣除项目总额=0.405 6×4 000=1 622.4（万元）

（3）2015年5月增值率=（2 760-1 622.4）÷1 622.4=1 137.6÷1 622.4=70.12%

（4）应缴纳土地增值税=1 137.6×40%-1 622.4×5%=455.04-81.12=373.92（万元）

（5）2013年7月扣除项目总额=0.405 6×6 000=2 433.6（万元）

（6）2013年7月增值率=（4 080-2 433.6）÷2 433.6=1 646.4÷2 433.6=67.65%

（7）应缴纳土地增值税=1 646.4×40%-2 433.6×5%=658.56-121.68=536.88（万元）

（8）清算时+清算后应缴纳土地增值税=18 521.2+373.92+536.88=19 432（万元）

（二）二次清算的应缴纳土地增值税计算

1. 清算时，土地增值税计算过程同上。

2. 清算后转让房地产二次清算应纳税计算：

纳税人达到清算条件并进行土地增值税清算后，继续支付并取得合法、有效凭证的支出，可申请二次清算，但必须是所有成本、费用均已全部发生，全部销售完毕后，主管税务机关可根据实际情况重新调整扣除项目金额并调整应纳土地增值税税额。二次清算后，纳税人不得再要求进行土地增值税清算。

按照上述政策规定，案例中调整后应缴纳的土地增值税计算：

（1）销售收入=133 000+2 760+4 080=139 840（万元）

（2）开发成本=62 400+500=62 900（万元）

（3）扣除项目总额=62 900×130%=81 770（万元）

（4）增值率=（139 840-81 770）÷81 770=58 070÷81 770=71.02%

（5）调整后应缴纳土地增值税=58 070×40%-81 770×5%=19 139.5（万元）

至此，实行二次清算的少缴纳土地增值税=19 432-19 139.5=292.5（万元）

通过以上计算可以看出，清算方法不同，应缴纳的土地增值税也不一样。方法一在前期清算的时候，没有考虑清算后继续支付并取得合法、有效凭证的成本和费用，后续的成本和费用没有参与扣除，必然形成前期清算和清算后再转让房地产的土地增值税总税负大于二次清算重新根据所有成本费用计算出的土地增值税税负。在房屋没有全部销售完毕达到清算条件的情况下，不要主动清算，除非是税务部门强制要求清算的，这样做一是减少补缴土地增值税的资金压力，二是避免因为没有二次清算的具体规定，只能按国税发〔2006〕187号文件规定计算，出现土地增值税税负过大的现象。

十七、法院判例：江苏大山房地产开发有限公司与江苏省宿迁地方税务局稽查局二审行政判决书

江苏省高级人民法院行政判决书（2015）苏行终字第00508号

上诉人（原审原告）江苏大山房地产开发有限公司，住所地泗洪县经济开发区东区

法定代表人　殷荣富，该公司董事长

委托代理人　周炳泉，该公司工作人员

委托代理人　张崇练，泗洪县泗洲法律服务所法律工作者

被上诉人（原审被告）　江苏省宿迁地方税务局稽查局，住所地宿迁市宿城区发展大道78号地税大厦

法定代表人　曹方文，该局局长

委托代理人　黄昊，江苏省宿迁地方税务局工作人员

委托代理人　姜亚春，江苏宿兴律师事务所律师

上诉人江苏大山房地产开发有限公司（以下简称大山公司）因诉江苏省宿迁地方税务局稽查局（以下简称宿迁地税稽查局）税务处理决定一案，不服江苏省宿迁市中级人民法院（2014）宿中行初字第00045号行政判决，向本院提起上诉。本院2015年7月27日立案受理后依法组成合议庭，并于2015年10月24日公开开庭审理了本案。上诉人大山公司的委托代理人周炳泉、张崇练，被上诉人宿迁地税稽查局副局长王筱祥作为行政机关负责人，以及委托代理人黄昊、姜亚春到庭参加了诉讼。本案现已审理终结。

一审法院经审理查明，大山公司于2007年4月成立，在泗洪县青阳镇以出让方式取得国有建设用地50.99亩，开发泗洪第一街房地产项目。该项目建筑面积114 936.73平方米，2008年12月取得《预售许可证》，截至2013年12月31日，对外销售27 237.97平方米，以房地产对外投资入股42 415.75平方米。2014年3月10日至6月10日宿迁地税稽查局对大山公司2010年1月1日至2013年12月31日的涉税情况进行了检查，认定大山公司在营业税、城市维护建设税、教育费附加、地方教育费附加、印花税、城镇土地使用税、房产税、个人所得税、土地增值税九种

税费申缴上存在违法事实，并作出宿地税稽处〔2014〕60号《税务处理决定书》，要求大山公司补缴或者调整相关税款，其中应补缴土地增值税19 282 778.61元。对该处理决定中关于营业税、城市维护建设税、教育费附加、地方教育费附加、印花税、城镇土地使用税、房产税、个人所得税八项处理结果，大山公司无异议，并按照要求履行了相关义务，但对处理决定中关于土地增值税清算认定的事实和处理结果有异议，向宿迁市地方税务局申请复议。2014年12月1日宿迁市地方税务局作出宿地税复决〔2014〕1号行政复议决定，维持了宿迁地税稽查局作出的土地增值税清算处理决定。大山公司不服，向法院提起诉讼，请求撤销宿地税稽处〔2014〕60号《税务处理决定书》中关于土地增值税（清算）的处理决定。一审法院认为：

一、关于在确认地价款时是否应当从大山公司实际支付的出让金中减去政府奖励的1 600万元问题。

江苏省地方税务局2012年8月20日制定的《关于土地增值税有关业务问题的公告》(苏地税规〔2012〕1号）（以下简称《江苏地税1号公告》）规定：纳税人为取得土地使用权所支付的地价款，在计算土地增值税时，应以纳税人实际支付土地出让金，减去因受让该宗土地政府以各种形式支付给纳税人的经济利益后予以确认。本案中，大山公司从泗洪县财政局获得的1 600万元奖励是基于受让土地而取得的，因此宿迁地税稽查局在计算大山公司为取得土地使用权所支付的地价款时，从大山公司交付的土地出让金中扣减1 600万元，有事实和法律依据，并无不当。

二、关于地下一层可售面积如何确定问题。

《建设项目竣工规划验收合格证》不是认定房屋产权面积的直接依据，而且本案中大山公司提供的验收合格证系复印件，字迹模糊，部分内容难以辨认，因此该材料不符合证据的形式要求，不能作为有效证据使用。泗洪县房地产管理处系房屋产权确认登记的法定机构，其出具的房屋登记信息能够证明泗洪第一街地下一层H01部分的面积为18 826.26平方米，所有权人为大山公司。大山公司称地下一层可办理产权面积为10 613.08平方米，其余属于不可办理产权的公共设施，与查明事实不符。大山公司称H01部分的房产证是临时性的，亦缺乏依据。

三、关于大山公司向非金融机构借款利息能否直接计入开发费用问题。

根据《中华人民共和国土地增值税暂行条例实施细则》第七条第（三）项的规定：开发土地和新建房屋及配套设施的费用（以下简称房地产开发费用），是指与房地产开发项目有关的销售费用、管理费用、财务费用。财务费用中的利息支出，凡能够按转让房地产项目计算分摊并提供金融机构证明的，允许据实扣除……凡不能按转让房地产项目计算分摊利息支出或不能提供金融机构证明的，房地产开发费用按本条(一)、(二）项规定计算的金额之和的10%以内计算扣除。《国家税务总局关于土地增值税清算有关问题的通知》《江苏地税1号公告》规定：财务费用中的利息支出，凡不能按转让房地产项目计算分摊利息支出或不能提供金融机构证明的，房地产开发费用按取得土地使用权所支付的金额与房地产开发成本金额之和的10%计算扣除。根据上述规定，向非金融机构借款的，房地产开发费用应当按照“取得土地使用权所支付的金额”与“房地产开发成本”两项金额之和的一定比例计算扣除。本案中，大山公司系向非金融机构借款，因此其支付的利息不能直接计入开发费用予以扣除。宿迁地税稽查局按照取得土地使用权所支付的金额与房地产开发成本之和的10%计算大山公司的房地产开发费用，符合法规规定，并无不当。

四、关于大山公司以不动产对外投资计税价格确认问题。

《国家税务总局关于房地产开发企业土地增值税清算管理有关问题的通知》第三条规定，非直接销售和自用房地产的收入确定：房地产开发企业将开发产品用于……对外投资等，发生所有权转移时应视同销售房地产，其收入按下列方法和顺序确认：①按本企业在同一地区、同一年度销售的同类房地产的平均价格确定；②由主管税务机关参照当地当年、同类房地产的市场价格或评估价值确定。本案中，大山公司在同一地区、同一年度无同类房地产销售平均价格，当地当年也无同类房地产的市场价格，因此宿迁地税稽查局在清算时只能按评估价值确认收入。大山公司称应以协议价格确认收入，无法律依据。

五、关于应收未收的款项是否应当确认为销售收入问题。

土地增值税计征的对象是土地增值部分，清算目的是确定土地的增值额。本案中，《商品房买卖合同》签订后，房屋已交付，虽然有部分购房款未实际收取，但不影响增值额的计算。相反，仅按照实际收取的部分购房款确认收入，则不能正确反映增值。而且《国家税务总局关于土地增值税清算有关问题的通知》也明确规定，土地增值税清算时，未开具发票或未全额开具发票的，以交易双方签订的销售合同所载的售房金额及其他收益确认收入。因此，宿迁地税稽查局按《商品房买卖合同》约定的售房价款全额确认收入，有法律依据，并无不当。综上，宿迁地税稽查局作出的宿地税稽处〔2014〕60号税务处理决定中关于土地增值税（清算）的处理决定事实清楚，适用法律、法规正确。大山公司要求撤销土地增值税清算处理决定，无事实和法律依据。一审法院根据《中华人民共和国行政诉讼法》第六十九条的规定，判决驳回大山公司的诉讼请求。

上诉人大山公司上诉称，一审认定事实不清，适用法律错误。①县政府奖励上诉人的1 600万元不涉及土地开发成本，一审法院认为其应从土地出让金中扣除，认定事实错误，适用法律不当；②认定上诉人地下一层可售面积18 826.25平方米不当，其可售面积应为10 613.08平方米；③向非金融机构借款的利息39 514117元做调减不合情理；④将上诉人对外投资的不动产评估价作为销售价计税不当，上诉人以不动产对外投资计税价格没有明显偏低，不应以评估价进行清算；⑤将应收未收款的368万元纳入征税错误。请求撤销本院一审判决，依法改判或发回重审，撤销被上诉人税务处理决定中关于土地增值税（清算）的处理决定。

被上诉人宿迁地税稽查局答辩称，一审判决有事实根据和法律依据。①政府奖励的 1 600 万元应当作为减少土地出让金的支出；②一审认定的地下一层可售面积正确，上诉人已经拿到了房产证并且进行了抵押；③因为是向非金融机构的借款，所以不能采用据实扣除法，而应采用综合扣除法；④企业以非货币资产对外进行投资，应以评估价来确认投资价格；⑤应收款应当作为销售收入进行纳税。请求本院驳回上诉，维持一审判决。

上诉人大山公司提起上诉后，一审法院已将各方当事人在一审中提交的证据材料随案移送本院。

本院庭审中，各方当事人对一审判决认定的本案事实的客观真实性均无异议，本院依法予以确认。

本院庭审中，双方当事人围绕被上诉人宿迁地税稽查局 2014 年 8 月 7 日作出的宿地税稽处〔2014〕60 号税务处理决定的合法性，重点是被上诉人宿迁地税稽查局是否具有作出本案税务处理决定的法定职权，以及涉案的政府奖励是否调减取得土地使用权支付的地价款，地下一层可销售面积究竟是多少，向非金融机构借款的利息如何计入开发费用，以不动产对外投资计税价格如何确认，应收未收的款项是否应当确认收入等六个方面的问题，进行了辩论。

上诉人大山公司认为，①纳税人土地增值税清算业务是主管税务机关的职责，而非稽查局职责，因此被上诉人作出清算处理决定超出了行政职权范围。从湖北省地方税务局鄂地税发〔2013〕44 号《关于进一步规范土地增值税征管工作的意见》可以看出，在土地增值税清算工作中，税务部门、主管税务机关和稽查局的职责不一样，可作为本案的参考。土地增值税应当由税务局的征收部门而非稽查部门进行清算，处理也应由征收部门进行。②上诉人收到的 1 600 万元是项目建设的奖励而非购买土地的奖励，被上诉人依据《江苏地税 1 号公告》文件处理 1 600 万元财政补贴，适用法律错误。上诉人所支付的出让金应该作为对土地所有权的支付，得到全额确认。③上诉人的地下一层可售面积应当按照《竣工验收合格证》上的范围予以确定。④上诉人在开发前因公司尚未成立而无法办理银行贷款，是以江苏天然园米面实业有限公司的名义向银行和泗洪县宏源公司进行借款，进行房地产项目开发的，因此，虽然不是直接向银行借款，但是已实际支出了相关的利息，在进行清算时，应当按照账面全部计入开发费用。⑤被上诉人通过价格评估机构对上诉人对外投资房产进行评估错误。上诉人的投资协议价格仅低于评估价格的 6.05%，此偏差属于正常范围，不属于价格明显偏低，被上诉人评估时没有考虑特殊销售情形。⑥应收未收款只是债权，并不是实际收入，被上诉人不应当将此确认为销售收入。

被上诉人宿迁地税稽查局认为，①江苏省机构编制委员会办公室《关于印发江苏省宿迁地方税务局及所属县区局主要职责机构设置和人员编制规定的通知》（苏编办发〔2010〕30 号）（以下简称《江苏编办 30 号文》）第三条第一款第一项明确了被上诉人有监督、检查全市地税系统征管对象执行地方税收、法规、政策及制度情况，查处税收征收违法案件的权力。上诉人没有依照规定的时间对土地增值税进行清算，未依法申报缴纳土地增值税，其行为本身已构成违法，被上诉人对上诉人的违法行为依法进行立案查处，符合法律规定，并无超越职权。上诉人认为主管税务机关不包含稽查局是错误的，稽查局也是税务主管机关。②泗洪县财政局情况说明和中共泗洪县委会议纪要足以证明，涉案的1 600万元是土地出让金的奖励，被上诉人对此进行调整，符合《江苏地税1号公告》的规定，不存在适用法律错误。③涉案的地下一层可销售面积应当按照房产证上的面积计算，且上诉人对上述房产已设立了抵押，因此是有价值的面积，也是可以销售的面积。④上诉人向非金融机构借款，只能按照金额之和的10%来进行综合扣除。⑤根据相关法律规定，对作为出资的非货币财产应当评估作价，核实财产，不得高于或低于作价。被上诉人用评估的方法来确认价格正确。

本院认为，《中华人民共和国税收征收管理法》（以下简称《税收征管法》）第十四条规定，本法所称税务机关是指各级税务局、税务分局、税务所和按照国务院规定设立的并向社会公告的税务机构。《中华人民共和国税收征收管理法实施细则》（以下简称《征管法实施细则》）第九条规定，税收征管法第十四条所称按照国务院规定设立的并向社会公告的税务机构，是指省以下税务局的稽查局。国家税务总局《税务稽查工作规程》（国税发〔2009〕157号）第二条规定，税务稽查由税务局稽查局依法实施。稽查局的主要职责是依法对纳税人、扣缴义务人和其他涉税当事人履行纳税义务、扣缴义务情况及涉税事项进行检查处理，以及围绕检查处理开展的其他相关工作。《江苏编办30号文》已经明确了被上诉人宿迁地税稽查局相应的工作职责，因此被上诉人宿迁地税稽查局具有作出本案被诉的税务处理决定的法定职权。上诉人大山公司二审中提供的湖北地方税务局鄂地税发〔2013〕44号《关于进一步规范土地增值税征管工作的若干意见》并未涉及税务机关职权划分问题，与本案没有关联性，依法不予采信。同时，被上诉人宿迁地税稽查局一审提供的《税务稽查立案审批表》《税务检查通知书》《税务事项通知书》《税务稽查报告》和相关税务文书送达回证等证明，被上诉人宿迁地税稽查局作出的税务处理决定，行政程序符合国家税务总局《税务稽查工作规程》的相关规定。

《江苏地税1号公告》系根据《中华人民共和国土地增值税暂行条例》及其实施细则和其他税收法律法规作出的规范性文件，其制定规则、程序等符合《税收规范性文件制定管理办法》（国家税务总局令第20号）的规定，本案在卷证据表明，上诉人大山公司取得的1 600万元奖励款，系泗洪县政府给上诉人的土地出让金奖励。根据《中华人民共和国土地增值税暂行条例》第六条第（一）项计算增值额的扣除项目包括：“（一）取得土地使用权所支付的金额”以及《中华人民共和国土地增值税暂行条例实施细则》第七条：“取得土地所支付的金额，是指纳税人为取得土地使用权所支付的地价款和按国家统一法规缴纳的费用”的规定，《江苏地税1号公告》确定，“纳税人为取得土地使用权所支付的地价款，在计算土地增值税时，应以纳税人实际支付的土地出让金（包括后期补缴的土地出让金），减去因受让该宗土地政府以各种形式支付给纳税人的经济利益后予以确认”并无不当。被上诉人宿迁地税稽查局在被诉的税务处理决定中，据此将1 600万元土地出让金奖励款，在计算土地增值税时从取得土地使用权所支付的地价款中予以扣减，符合上述法律法规和规范性文件的规定。

上诉人大山公司开发的泗洪第一街项目地下部分由H01和H02两部分构成。泗洪县房地产管理处有关H01的登记信息显示为，所有权人：江苏大山房地产开发有限公司，证号：S025168，房号：H01，面积：18 826.26平方米，设计用途：商业；他项权证号：T029576，他项权人：中国农业发展银行丹阳市支行，权利价值：158 000 000元。因该房屋已拥有合法的所有权证，并设定了他项权利，故被上诉人宿迁地税稽查局在被诉的税务处理决定中认定上诉人大山公司地下一层可售面积为18 826.26平方米正确。

上诉人大山公司2009年至2013年支付泗洪宏源公有资产管理有限公司利息2 608 617元，支付苏中实业有限公司利息36 905 500元，两项合计39 514 117元，系向非金融机构借款利息，根据《中华人民共和国土地增值税暂行条例实施细则》第七条第（三）项：“开发土地和新建房及配套设施的费用（以下简称房地产开发费用），是指与房地产开发项目有关的销售费用、管理费用、财务费用。财务费用中的利息支出，凡能够按转让房地产项目计算分摊并提供金融机构证明的，允许据实扣除，但最高不能超过按商业银行同类同期贷款利率计算的金额，其他房地产开发费用，按本条（一）、（二）项规定计算的金额之和的5%以内计算扣除。凡不能按转让房地产项目计算分摊利息支出或不能提供金融机构证明的，房地产开发费用按本条（一）、（二）项规定计算的金额之和的10%以内计算扣除”，以及《国家税务总局关于土地增值税清算有关问题的通知》（国税函〔2010〕220号）及《江苏地税1号公告》的规定：财务费用中的利息支出，凡能够按转让房地产项目计算分摊并提供金融机构证明的，允许据实扣除，但最高不能超过按商业银行同类同期贷款利率计算的金额。其他房地产开发费用，按照“取得土地使用权所支付的金额”与“房地产开发成本”金额之和的5%计算扣除；凡不能按转让房地产项目计算分摊利息支出或不能提供金融机构证明的，房地产开发费用按“取得土地使用权所支付的金额”与“房地产开发成本”金额之和的10%计算扣除。被上诉人宿迁地税稽查局在被诉的税务处理决定中将房地产开发费用按“取得土地使用权所支付的金额”与“房地产开发成本”金额之和的10%计算扣除，符合上述法律规范的规定。这种计算扣除，并非上诉人所说的“调减”。

根据《中华人民共和国公司法》第二十七条的规定，股东可以用货币出资，也可以用实物、知识产权、土地使用权等能用货币估价并能依法转让的非货币财产作价出资；但是，法律、行政法规规定不得作为出资的财产除外。对作为出资的非货币财产应当评估作价，核实财产，不得高估或者低估作价。法律、行政法规对评估作价有规定的，从其规定。上诉人大山公司以不动产对外投资，应当评估作价。根据《国家税务总局关于房地产开发企业土地增值税清算管理有关问题的通知》（国税发〔2006〕187号）第三条的规定，非直接销售和自用房地产的收入确定：房地产开发企业将开发产品用于职工福利、奖励、对外投资、分配给股东或投资人、抵偿债务、换取其他单位和个人的非货币性资产等，发生所有权转移时应视同销售房地产，其收入按下列方法和顺序确认：①按本企业在同一地区、同一年度销售的同类房地产的平均价格确定；②由主管税务机关参照当地当年、同类房地产的市场价格或评估价值确定。上诉人大山公司在同一地区、同一年度无同类房地产销售平均价格，当地当年也无同类房地产的市场价格，因此，被上诉人宿迁地税稽查局按照上述规定的方法和顺序，评估价值确定收入正确。且根据《税收征管法》第三十六条："企业或者外国企业在中国境内设立的从事生产、经营的机构、场所与其关联企业之间的业务往来，应当按照独立企业之间的业务往来收取或者支付价款、费用；不按照独立企业之间的业务往来收取或者支付价款、费用，而减少其应纳税的收入或者所得额的，税务机关有权进行合理调整"，《征管法实施条例》第五十四条："纳税人与其关联企业之间的业务往来有下列情形之一的，税务机关可以调整其应纳税额：……（四）转让财产、提供财产使用权等业务往来，未按照独立企业之间业务往来作价或者收取、支付费用"的规定，被上诉人宿迁地税稽查局针对上诉人大山公司将不动产投资给自己的关联企业，依法进行合理调整也是合法、适当的。

关于应收未收的款项是否应当确认收入问题。上诉人大山公司称，其项目在销售中有几户购房户仅支付首付款后就未能履行合同，形成应收未收款项368万元，被上诉人应在清算过程中据实认定。经查，上诉人大山公司所述四套商铺，购销双方已签订了《商品房买卖合同》，合同约定付款方式为购买人支付首付款若干，余款通过银行按揭方式支付。购买人已支付首付款的，上诉人大山公司开具了预收款发票，且房屋已交付。根据《中华人民共和国土地增值税暂行条例》第五条："纳税人转让房地产所取得的收入，包括货币收入、实物收入和其他收入"，《中华人民共和国土地增值税暂行条例实施细则》第五条："条例第二条所称的收入，包括转让房地产的全部价款及有关的经济收益"，以及《国家税务总局关于土地增值税清算有关问题的通知》（国税函〔2010〕220号）第一条关于土地增值税清算时收入确认的问题规定，土地增值税清算时，未开具发票或未全额开具发票的，以交易双方签订的销售合同所载的售房金额及其他收益确认收入。被上诉人宿迁地税稽查局在被诉的税务处理决定中按其合同约定的售房价款全额确认收入，符合上述规定。

综上，上诉人大山公司的上诉请求和理由，缺乏事实根据和法律依据，依法不予支持。一审判决认定事实清楚，适用法律正确，审判程序合法。依照《中华人民共和国行政诉讼法》第八十九条第一款第（一）项的规定，判决如下：

驳回上诉，维持原判。

二审案件受理费人民币50元，由上诉人江苏大山房地产开发有限公司承担。

本判决为终审判决。

审　判　长　　史　笔
代理审判员　　许傲雪
代理审判员　　丁　钰
二〇一五年十月二十四日
书　记　员　　谌　莹

第六节　房地产项目后评估

房地产项目后评估是指房地产项目的开发、销售工作基本结束后，对项目实施全过程进行回顾、分析，从而总结项目开发的经验、教训的过程。其核心内容包括两方面：一是《项目可行性研究报告》、《项目市场定位报告》、《项目规划设计方案》、全过程成本管理指标等集团批复文件与最终实际完成情况的对比分析；二是开发过程中房地产的经验与教训的提炼总结。

一、房地产项目后评估工作总则

（一）房地产项目后评估资料收集

房地产项目后评估应收集以下资料，包括但不限于：

1. 投资方面

《项目建议书》《可行性研究报告》以及投资买地过程中的相关决策文件。

2. 营销方面

《项目市场定位报告》《项目营销策划报告》《项目营销进度和价格专题报告》《项目营销阶段总结报告》以及相关营销过程中的决策文件等。

3. 设计方面

《项目概念设计方案》《项目规划设计方案》《项目初步设计方案》《施工图设计方案》《平立面设计方案》《项目规划设计工作总结报告》及相关规划设计过程决策文件等。

4. 进度方面

《项目发展总进度计划》《各版本项目发展详细进度计划》《项目发展纲要报告》《项目进度控制对比分析报告》及相关项目进度控制工作文件等。

5. 成本方面

项目发展各阶段成本控制目标、各版本项目发展成本预测明细表、各阶段项目发展成本分析报告及相关成本管理工作文件等。

6. 工程合约管理

《项目施工策划方案》《项目施工管理阶段总结》《项目合约分判策划报告》、

《项目合约分判工作阶段总结》《项目竣工验收报告》等相关项目施工过程文件等。

（二）房地产项目后评估工作流程

房地产项目后评估流程为，确定编写房地产项目后评估项目及工作总目标→成立房地产项目后评估领导小组和工作小组→确立房地产项目后评估编写责任部门或责任人→收集编写房地产项目后评估的相关资料→工作小组按照指引分工编写报告→编写单位内部综合评审报告初稿并报工程管理部→工程管理部汇总整理报房地产项目后评估工作小组→房地产项目后评估工作小组第一次交流形成初步意见→工程管理部汇总形成报告交职能部门和项目公司征求意见→工程管理部将意见交房地产项目后评估工作小组进行第二次交流→房地产项目后评估报告定稿并报领导小组→输出工作成果，实现持续改进。

二、房地产项目后评估报告内容

（一）房地产项目基本概况

概括描述项目的基本情况，具体内容可参照初步方案或扩初方案，相关数据以最终实际完成情况为准。

项目规划指标变化情况（主要经济技术）包括物业类型、占地面积、容积率、建筑面积、公建面积、车位数量等。

（二）房地产项目后评估综述

1. 综合评估结论

从投资、定位、规划设计、发展进度、成本、资金、施工管理、合约安排等各个方面给出高度概括的评价，提炼和总结出本项目发展过程中值得借鉴和推广的经验，同时总结本项目开发过程中有待改进的方面，以利于今后的项目发展。经验和教训应在后文中进行具体描述，要做到前后内容的相互对应和支持。

2. 对项目后续开发的建议

在总结项目经验、教训的基础上，提炼对未来项目开发的建议，此建议应与项目发展过程中的经验、教训相对应。

3. 发展模式的优劣势分析

对项目的整体组织、开发和运作模式的优劣势进行分析和总结。

（三）房地产项目投资管理评估

（1）宏观经济和房地产市场发展变化分析。

（2）土地协议执行情况。

检讨土地协议执行情况和双方的合作方式，土地费用的支付进度、方式等。

（3）项目经济技术指标变化情况及其对最终收益的影响。

（4）以财务指标为主要依据的项目综合评价。

由于项目开发期间开发成本、进度和销售价格的变动，原来投资测算的各种财务指标也会发生相应调整，所以要通过对比分析各种财务指标的变化情况，总结本项目投资为公司带来的经济效益。参考的主要财务指标有项目现金流量和动态回收期，成本利润率、税后净利润和内部收益率，项目资金来源和资金最高需求点等。通过对项目财务情况的全面分析，对项目投资收益进行综合评价，明确项目是否达到预期。

（四）房地产项目财务管理评估

1. 房地产项目销售收入指标完成情况

检讨项目销售收入指标完成情况是否达到预期的收入目标，通过将项目销售收入总额和单位售价的实际数与可研预期数对比，分析项目销售收入的完成情况及影响的主要因素。

2. 房地产项目发展成本控制情况

检讨项目发展成本的控制情况，应对发展成本进行详细分析，特别是建安成本是否达到预期控制目标，其间采取了哪些控制措施，取得哪些效果，有什么经验教训，同时还应对成本增长幅度与售价增长幅度进行比较分析。

3. 房地产项目经济效益实现情况

检讨项目经济效益的实现情况，特别是项目税后利润、成本利润率、内部收益率等重要指标的完成情况，通过比较（与可行性研究报告、其他同类型项目比较）分析，评价是否达到预期的经济效益目标。

4. 房地产项目现金流量变化情况和资金使用效益

检讨项目现金流量的变化情况，分析项目现金的流出、流入的规律及影响变化的主要原因，重点把握项目回收期、资金回笼情况、资金需求最高点、资金平衡点等变化情况；同时检讨资金的调度、使用情况。

5. 房地产项目税务筹划情况

检讨项目的税务筹划情况，对营业税、企业所得税、土地增值税等做出分析，特别是在税收优惠政策利用、合理避税方面做了哪些筹划，取得了哪些成果，有什么经验和教训。

（五）房地产项目营销管理评估

（1）各类型物业销售情况。

（2）与进行市场定位时的房地产市场情况对比分析。

（3）销售时机。

（4）市场定位与实际建设成果的对比分析。

（5）预期销售价格与实际价格的对比分析。

（6）物业管理和物业管理费的检讨。

（7）计划销售期、速度与实际情况的对比分析。

（8）实际成交客户与市场定位目标客户的区别及原因分析。

（9）综合评述营销工作。

（10）提出可借鉴的经验。

（六）房地产项目设计管理评估

（1）项目完成情况介绍。

（2）项目的建筑标准。

（3）项目设计过程回顾与完成情况。

（4）项目实施过程的管理工作总结。

（5）项目实施各阶段与相关部门的协调配合。

（6）项目设计管理方面的突出经验与教训。

（7）限额设计执行情况。

（8）售后使用情况。

（9）附件。

（七）房地产项目进度、工程管理评估

（1）项目计划执行情况。

（2）项目施工计划执行情况。

（3）售楼计划检讨。

（4）报建工作流程改进建议。

（5）项目发展管理体系检讨。

（八）房地产项目成本管理评估

（1）项目发展阶段成本管理情况。

（2）项目成本管理经验。

（3）项目成本明细统计。

（九）房地产项目物业管理评估

（十）房地产项目人力资源、行政管理评估

（十一）房地产项目意外情况的规避和总结

通过分析不可预见事件的实际发生情况和采取的应对措施，总结风险控制的经验，为今后项目开发的风险控制提供参考，包括检讨项目不确定性因素的发生情况及采取的对策、盈亏平衡点的变动分析等。

第七节　房地产项目后续持有

房地产开发企业自持物业是指房地产开发企业开发的非销售经营性物业。经营

性物业是指以经营性、收益性房屋为主要对象的物业管理，如房地产开发企业开发建设并拥有所有权的写字楼、商铺、商场、购物中心、购物广场等经营性不动产。

房地产开发企业自持物业分为出租物业与自营物业两种。

根据《企业会计准则——投资性房地产及指南》的规定，应纳入投资性房地产核算的有以经营租赁方式出租的土地使用权和建筑物，持有并准备在增值后转让的土地使用权和建筑物，按租赁协议向承租人提供的相关辅助服务在整个协议中不重大的，如建筑物出租并向承租人提供保安、维修等辅助服务的。

根据《企业会计准则——固定资产》的规定，尚未出租的物业及自营物业应纳入固定资产核算。

一、出租物业的会计核算与税务处理

投资性房地产初始计量的确认条件，后续计量模式的变更，投资性房地产的转换及处置等基础会计问题不再赘述，在此只讲解投资性房地产的确认、出租收入、后续物业支出的账务处理。

（一）出租物业确认的会计核算处理

1. 会计核算处理

建造成本应先归集于“开发成本”科目，待到项目竣工，租赁开始日，将建造成本与土地成本一并转入“投资性房地产”科目，借记“投资性房地产”科目，贷记“开发成本”科目。若房地产开发企业的房地产建成后，最初并未确定作为投资性房地产，也可先记入“固定资产——不动产”科目，等以后再转入“投资性房地产”科目。

2. 投资性房地产的明细核算

由于出租物业是分区域出租的，因此，要按照不同业态进行辅助核算，单独归集每个出租业态的建造成本，使每个业态成本具有可计量性，防止因部分出租造成投资性房地产难以确认。“投资性房地产”科目可按不同的业态分别设置明细科目。

【例 10-13】 A 房地产开发企业的写字楼于 2020 年 2 月 1 日竣工，总成本为 4 亿元，总建筑面积为 5 万平方米，出租面积比例为 80%。A 房地产开发企业根据有关原始凭证，应作如下账务处理：

40 000×80% = 32 000（万元）

借：投资性房地产——写字楼　　32 000 万元

　贷：开发成本　　32 000 万元

（二）出租物业的会计核算处理

1. 租金收入的账务处理

房地产开发企业按合同约定收到租金时，借记“银行存款”等科目，贷记“预收账款”科目。

每一会计期间确认租金收入时，根据权责发生制原则计算的该会计期间应确认租金收入的金额，借记“预收账款”科目，贷记“其他业务收入”科目，贷记“应交税费——应缴增值税（销项税额）”科目，发生租赁合同中止，退还租金时，按退还的租金金额，借记“预收账款”等科目，贷记“银行存款”等科目。

上述与租赁相关的税金，除增值税外，根据《财政部关于印发〈增值税会计处理规定〉的通知》（财会〔2016〕22号）规定，记入“税金及附加”科目。

【例10-14】 A房地产开发企业与某客户签订租赁合同，租赁合同中的期限为2020年1月1日到2020年3月31日，租赁标准为每月10万元。2020年1月2日，A公司实际收到租金30万元。为简化计算，不考虑城建税、教育费附加、地方教育费附加、印花税。

作账务处理如下：

（1）2020年1月2日收到租金时

借：银行存款　　30万元

　贷：预收账款　　30万元

（2）2020年1月末确认当月租金收入时

借：预收账款　　10万元

　贷：其他业务收入　　9.17万元

　　应交税费——应缴增值税（销项税额）　　0.83万元

2. 免租期支出的账务处理

房地产开发企业在出租业务中，有时会给承租人一定额度的租金优惠，这种租金优惠往往以免租期的形式体现。按规定计算应缴纳房产税时，借记“税金附加”科目，贷记“应交税费——应缴房产税”科目。

（三）出租物业后续支出的会计核算处理

1. 资本化的后续支出

与投资性房地产有关的后续支出，满足投资性房地产确认条件的应当计入投资性房地产成本。例如，企业为了提高投资性房地产的使用效能，往往需要对投资性房地产进行改建、扩建，使其更加坚固耐用，或者通过装修改善室内装潢，改扩建或装修支出满足确认条件的，应当将其资本化。企业对某项投资性房地产进行改扩建等再开发且将来仍作为投资性房地产的，再开发期间应继续将其作为投资性房地产，再开发期间不计提折旧或摊销。

【例10-15】 2019年3月，A房地产开发企业与乙企业的一项办公楼经营租赁合同即将到期，该办公楼按照成本模式进行后续计量，原价为2 000万元，已计提折旧600万元。为了提高办公楼的租金收入，A房地产开发企业决定在租赁期满后对办公楼进行改扩建，并与丙企业签订了《经营租赁合同》，约定自改扩建完工时将厂房出租给丙企业。3月15日，与乙企业的租赁合同到期，办公楼随即进入改扩建工程施工阶段。12 月 10 日，办公楼改扩建工程完工，共发生支出 150 万元（为简化计算，含税），即日按照租赁合同出租给丙企业。本例中，改扩建支出属于资本化的后续支出，应当计入投资性房地产的成本。A 房地产开发企业的账务处理如下：

（1）2019 年 3 月 15 日，投资性房地产转入改扩建工程

借：在建工程 14 000 000 元

  投资性房地产累计折旧（摊销） 6 000 000 元

 贷：投资性房地产——办公楼 20 000 000 元

（2）2019 年 3 月 15 日至 12 月 10 日

借：在建工程 1 500 000 元

 贷：银行存款等 1 500 000 元

（3）2019 年 12 月 10 日，改扩建工程完工

借：投资性房地产——办公楼 15 500 000 元

 贷：在建工程 15 500 000 元

2. 费用化的后续支出

与投资性房地产有关的后续支出，不满足投资性房地产确认条件的应当在发生时计入当期损益。

【例 10-16】 A 房地产开发企业对其某项投资性房地产进行日常维修，发生维修支出 1.09 万元。本例中，日常维修支出属于费用化的后续支出，应当计入当期损益。A 房地产开发企业的账务处理如下：

借：其他业务成本 10 000 元

  应交税费——应缴增值税（进项税额） 900 元

 贷：银行存款 10 900 元

二、自营物业的会计核算与税务处理

（一）自营物业的会计核算

1. 自营物业的确认和初始计量

自营物业应在竣工验收并达到预定可使用状态时确认为固定资产。这一点与出租物业不同，出租物业在租赁期开始时才能确认为投资性房地产，而自营物业在开始使用或营业前，只要达到了预定可使用状态就可以确认为固定资产，自营物业作为固定资产应当按照成本进行初始计量。自行建造自营物业的成本，由建设该项资产达到预定可使用状态前所发生的必要支出构成。

与建造出租物业不同的是，单独建造自营物业的成本中不包括为开发建造自营物业而购入的土地成本，也就是说，自营物业土地使用权的账面价值不与其地上建筑物合并计算成本，而仍作为无形资产进行核算，土地使用权与地上建筑物分别进行摊销和提取折旧。

2. 自营物业的账务处理

（1）自营物业成本支出的账务处理

自营物业建造成本核算与出租物业相同，和销售物业一起开发的先计入开发成本，待完工后转入固定资产。单独开发的计入在建工程，待完工后转入固定资产，企业按照自营物业的不同产品进行明细核算。发生成本支出时，借记“开发成本”“在建工程”科目，贷记“银行存款”“应付账款”等科目。

在实务中，待竣工报告完成后，依据竣工报告即可进行转固定资产的会计处理。

（2）自营物业竣工及暂估入账的处理

自营物业在竣工验收达到预定可使用状态时，将其成本从“开发成本”“在建工程”科目转入“固定资产”科目，会计入账依据为竣工报告。对于已经发生但尚未开票入账的成本应暂估入账。会计分录为借记“固定资产”相关明细科目，贷记“开发成本”“在建工程”“应付账款”等科目。

税法规定，企业固定资产投入使用后，由于工程款项尚未结清未取得全额发票的，可暂按合同规定的金额计入固定资产计税基础计提折旧，待发票取得后进行调整，但该项调整应在固定资产投入使用后12个月内进行。

【例10-17】2019年11月26日，A房地产开发企业单独建造的办公楼竣工，该办公楼开发成本总计5亿元，其中土地成本1亿元，在建工程4亿元（含税）。根据有关原始凭证，作如下账务处理：

（1）支付土地成本时

借：无形资产——土地使用权　　100 000 000元

　贷：银行存款　　100 000 000元

（2）2019年11月26日结转成本时

借：固定资产——酒店　　400 000 000元

　贷：在建工程——酒店　　400 000 000元

（二）自营物业后续支出的会计核算

参考出租物业，不再赘述。

（三）自营物业处置的会计核算

当自营物业被处置，或者永久退出使用且预计不能从其处置中取得经济利益时，应当终止确认该项自营物业。

企业出售、转让、报废自营物业或发生自营物业毁损时，应当将处置收入扣除账面价值和相关税费后的金额计入当期损益。自营物业的账面价值是自营物业成本扣减累计折旧和累计减值准备后的金额。具体核算过程如下：

房地产开发企业处置自营物业时，按该项固定资产账面价值，借记“固定资产清理”科目；按已提的累计折旧，借记“累计折旧”科目；按其账面原价，贷记“固定资产”科目。已计提减值准备的，还应同时结转已计提的减值准备。

处置自营物业时应支付的相关税费及其他费用，借记“固定资产清理”科目，贷记“银行存款”“应缴税费”等科目。

收回出售自营物业的价款时，借记“银行存款”等科目，贷记“固定资产清理”科目。

自营物业清理完成后，产生生产经营期间正常的处理损失的，借记“营业外支出——处置非流动资产损失”科目，贷记“固定资产清理”科目，产生处理收益的，借记“固定资产清理”科目，贷记“营业外收入”科目。

三、后续持有涉税事项描述

根据税法的规定，房地产开发企业经营物业应缴纳的税金包括房产税、城镇土地使用税、增值税及附加、印花税，自营物业应缴纳房产税、城镇土地使用税。

（一）后续持有的房产税、城镇土地使用税规定

《国家税务总局关于房产税城镇土地使用税有关政策规定的通知》（国税发〔2003〕89号）规定，对房地产开发企业建造的商品房，在售出前房地产开发企业已使用或出租、出借的商品房应按规定征收房产税。房地产开发企业自用、出租、出借本企业建造的商品房，自房屋使用或交付之次月起计征房产税。

《财政部　国家税务总局关于房产税城镇土地使用税有关政策的通知》（财税〔2006〕186号）规定，对居民住宅区内业主共有的经营性房产，由实际经营（包括自营和出租）的代管人或使用人缴纳房产税。其中自营的，依照房产原值减除10%至30%后的余值计征，没有房产原值或不能将业主共有房产与其他房产的原值准确划分开的，由房产所在地地方税务机关参照同类房产核定房产原值；出租的，依照租金收入计征。以出让或转让方式有偿取得土地使用权的，应由受让方从合同约定交付土地时间的次月起缴纳城镇土地使用税；合同未约定交付土地时间的，由受让方从合同签订的次月起缴纳城镇土地使用税。

《财政部　国家税务总局关于房产税城镇土地使用税有关问题的通知》（财税〔2008〕152号）规定，关于房产原值如何确定的问题，对依照房产原值计税的房产，不论是否记载在会计账簿固定资产科目中，均应按照房屋原价计算缴纳房产税。房屋原价应根据国家有关会计制度规定进行核算。对纳税人未按国家会计制度规定核算并记载的，应按规定予以调整或重新评估。关于房产税、城镇土地使用税纳税义务截止时间的问题，纳税人因房产、土地的实物或权利状态发生变化而依法终止房产税、城镇土地使用税纳税义务的，其应纳税款的计算应截止到房产、土地的实物或权利状态发生变化的当月末。

房产出租按租金收入12%计征房产税，房产自营部分按房产余值的1.2%从价计征房产税。注意：根据《财政部　国家税务总局关于廉租住房经济适用住房和住房租赁有关税收政策的通知》（财税〔2008〕24号）规定，对企事业单位、社会团体以及其他组织按市场价格向个人出租用于居住的住房，减按4%的税率征收房产税。

后续持有房地产的纳税人确有困难，需要申请定期减免房产税、城镇土地使用

税的，房产税由省级税务机关核准，但某些省份，比如山东省地方税务局公告2018年7号规定，由县级税务机关核准即可，城镇土地使用税由县级税务机关核准。需要注意的地方规定，如青岛市地方税务局公告2018年第20号规定房地产开发用地不能申请减免房产税、城镇土地使用税。

（二）出租物业有关的增值税规定

《财政部　国家税务总局关于全面推开营业税改征增值税试点的通知》（财税〔2016〕36号）第四十五条第（二）款规定，纳税人提供租赁服务采取预收款方式的，其纳税义务发生时间为收到预收款的当天。

《财政部　国家税务总局关于营改增后契税　房产税　土地增值税　个人所得税计税依据问题的通知》（财税〔2016〕43号）规定，房产出租的，计征房产税的租金收入不含增值税。如果以合同规定的租金收入计征，纳税人在合同中注明其租金不含增值税的，可直接以合同租金为计税依据。如果纳税人租金收入未达起征点的，不需要缴纳增值税，也不存在从租金收入中扣减增值税的问题。

《国家税务总局关于土地价款扣除时间等增值税征管问题的公告》（国家税务总局公告2016年第86号）规定，纳税人出租不动产，租赁合同中约定免租期的，不属于《营业税改征增值税试点实施办法》（财税〔2016〕36号文件印发）第十四条规定的视同销售服务。

（三）出租物业企业所得税规定

《国家税务总局关于贯彻落实企业所得税法若干税收问题的通知》（国税函〔2010〕79号）规定，关于租金收入确认问题，根据《实施条例》第十九条的规定，企业提供固定资产、包装物或者其他有形资产的使用权取得的租金收入，应按交易合同或协议规定的承租人应付租金的日期确认收入的实现。其中，如果交易合同或协议中规定租赁期限跨年度，且租金提前一次性支付的，根据《实施条例》第九条规定的收入与费用配比原则，出租人可对上述已确认的收入，在租赁期内，分期均匀计入相关年度收入。

（四）地下建筑城镇土地使用税规定

房地产开发企业出租地上车位、地上（下）车库，原则上只要坐落在开征范围内，就应继续征收土地使用税。但是，对于地下车库占地，虽然国家没有出台免税政策，但是各地征免政策不一。例如，《黑龙江省税务局关于土地使用税若干政策业务问题的解释和规定》（黑税地字〔1989〕50号）第八条规定，凡由“人防费”投资（包括有部分人防费投资的）建设的，“地下商业街”“地下商店”“地下车库”等占地，暂不征收土地使用税。不属于“人防费”投资的，应照章征收土地使用税。

《广西壮族自治区税务局关于城镇土地使用税若干具体问题的解释和规定》（税二（11）字〔1989〕131号）第十条规定，为鼓励利用地下人防设施（不包括楼房的地下室），对于人防部门管理的人防设施，暂免征收土地使用税。

《上海市税务局关于征收土地使用税有关问题的补充规定》（沪税地〔1990〕54号）第一条规定，地下人防设施，不论作为营业使用还是非营业使用，不论是出租还是自用，都不征收土地使用税。如果地下人防设施以上的地面属于企业（包括自收自支的事业单位，下同）范围内用地或者是机关、团体、事业、军队和个人的出租房屋用地或营业用地，其地面部分仍应征收土地使用税。

《重庆市地方税务局关于房产税城镇土地使用税有关政策问题的通知》（渝地税发〔2003〕301号）第二条第（一）项规定，对房地产开发企业修建的地下车库、会所，凡对外出租或经营的，均应按规定征收房产税和土地使用税。

税企双方应注意；如果对地下车库占地征税，则其地上和地下建筑物所占的同一宗地只能缴纳一次土地使用税，不能重复征税。从2009年12月1日起，根据《财政部　国家税务总局关于房产税城镇土地使用税有关问题的通知》（财税〔2009〕128号）第四条规定，单独建造的地下车库用地暂按应征税款的50%征收城镇土地使用税。

第八节　房地产项目后续持有的风险防范

后续持有风险主要来自租赁合同双方风险和涉税风险。

一、租赁合同双方风险防范

（一）租赁合同履行过程中常见的风险

（1）出租人不按合同规定的时间交付租赁房屋，或者交付的房屋有瑕疵。实践中往往表现为迟延履行，或者履行有瑕疵，损害承租人的道路不畅、场地不清等利益。

（2）出租人不履行合同规定的维修和保养义务。租赁房屋的缺损虽然不是因为承租人的过错所引起，但纠纷却频频出现。

（3）承租人不按合同约定支付租金，主要是迟延支付。

（4）承租人擅自改变租赁房屋的现状。

（5）承租人擅自将租赁房屋变相转租、转让、变相合租等。

（6）承租人逾期不返还租赁房屋，或拒不腾房。

（7）转租人利用租赁房屋套取押金、保证金、转让费。

（二）风险防范

（1）订立租赁合同前尽可能了解合同一方的有关信息。订立租赁合同前应对对方的经营范围、资信状况以及履约能力、商业信誉进行必要的考察，也可以通过对方同行业或相关企业进行了解。

（2）房屋租赁合同应由专业律师起草、修改、把关。

①租赁合同中的条款，应尽量详尽明确。尤其是主要条款不能遗漏，否则易出现纠纷。

②租赁金额约定明确，对商户欠租如何承担责任的约定问题。应在租赁合同中写明在商户欠租的情况下，开发企业享有对商户采取停水停电的权利，房地产开发企业作为使用人与自来水公司和电力公司签订了《用水协议》和《购电协议》，商户和自来水公司、电力公司并没有直接签约。在这种情况下，对于商户的欠租，房地产开发企业可以采取停水停电措施。因为商户和自来水公司、电力公司并不存在水、电使用合同，房地产开发企业是使用人，对于商户的欠租行为开发企业有权采取停水停电的自助措施。开发企业应事先书面通知商户，提前告知将采取停水、停电措施，这样能避免因贸然停电给商户带来突然损失，以减小风险。

③对合同用语应当反复斟酌，表述应清晰具体，避免模棱两可，避免歧义。

④在租赁合同中，对于租赁房屋的使用、维修保养、房屋装修程度等应当予以明确规定，以避免出现纠纷。

⑤在租赁合同中约定明确的违约条款及赔偿数额，双方权利义务应对等。

⑥为避免合同欺诈，可以附加一些条款，如担保条款、期限条款、条件条款等，以保证合同顺利履行。

⑦租赁房屋，应采用书面形式。未采用书面形式的，视为不定期租赁。对于不定期租赁，可以依法随时解除。

⑧装修期间（免租期）如何约定问题。房地产开发企业在招商时往往会给予商户一定期限的装修期，在装修期内商户享受免租的待遇。一些房地产开发企业为了在财务统计上便于操作，把装修期独立于正式的租赁期限以外。这种方式很容易出现法律风险，应将装修期纳入正式租赁期限，因为在租赁期限内，双方存在租赁法律关系，存在约定双方权利义务的租赁合同，出现任何纠纷可以直接适用租约。如果装修期独立于正式租赁期限以外，则在双方租赁合同约定的租期尚未开始，并且商户未实际开始经营前，双方的法律关系应如何界定？

二、涉税风险防范

（一）物业管理公司转租房产

对于物业管理公司代房地产开发企业管理房屋出租，实质为转租房产的情况，地方规定如2017年12月29日《湖北省营改增问题集》56条：物业公司将代开发商管理的房屋出租，房屋产权不属于物业公司的，如何计税？若由物业公司给承租方开具增值税发票，应按照不动产租赁适用税率开具增值税发票。其中，一般纳税人适用的征收率为9%，小规模纳税人适用的征收率为5%。一般纳税人出租的不动产是在2016年4月30日之前取得的，可以选择简易办法征税，征收率为5%。

（二）物业公司是否缴纳房产税

财税〔2006〕186号文件规定，对居民住宅区内业主共有的经营性房产，由实际经营（包括自营和出租）的代管人或使用人缴纳房产税。但是物业用房不是经营性房产不缴纳房产税，地方规定如《南通市市区新建住宅区配套用房管理暂行规定》（通政规〔2013〕6号）规定，非营业性配套用房，是指为住宅区居民服务、不以营利为目的配置的配套用房，开发建设成本已列入住宅区房屋开发建设成本，其所有权属全体业主所有，开发建设单位须无偿移交；主要包括物业管理用房、安全技监用房、公厕、配电房、垃圾房及门卫室等为所在小区服务配建的用房。

（三）地下建筑是否缴纳房产税

房地产开发企业的地下人防、地下非人防车位自用、出租是否缴纳房产税比较复杂。

《财政部　国家税务总局关于具备房屋功能的地下建筑征收房产税的通知》（财税〔2005〕181号）

一、凡在房产税征收范围内的具备房屋功能的地下建筑，包括与地上房屋相连的地下建筑以及完全建在地面以下的建筑、地下人防设施等，均应当依照有关规定征收房产税。上述具备房屋功能的地下建筑是指有屋面和维护结构，能够遮风避雨，可供人们在其中生产、经营、工作、学习、娱乐、居住或储藏物资的场所。

二、自用的地下建筑，按以下方式计税：

1. 工业用途房产，以房屋原价的50%~60%作为应税房产原值。应纳房产税的税额=应税房产原值×［1-（10%-30%）］×1.2%。

2. 商业和其他用途房产，以房屋原价的70%~80%作为应税房产原值。应纳房产税的税额=应税房产原值×［1-（10%-30%）］×1.2%。房屋原价折算为应税房产原值的具体比例，由各省、自治区、直辖市和计划单列市财政和地方税务部门在上述幅度内自行确定。

3. 对于与地上房屋相连的地下建筑，如房屋的地下室、地下停车场、商场的地下部分等，应将地下部分与地上房屋视为一个整体，按照地上房屋建筑的有关规定计算征收房产税。

三、出租的地下建筑，按照出租地上房屋建筑的有关规定计算征收房产税。

部分地区规定和国家规定不一致，《沈阳市地方税务局关于深航（沈阳）置业有限公司地下停车位税政问题的批复》（沈地税函〔2013〕54号）规定，对符合辽地税函〔2011〕183号文件规定免税的地下人防工程，无论是自用、出租，还是销售长期使用权，均不征收房产税。对不符合辽地税函〔2011〕183号文件规定免税的地下停车位均按从租计征房产税。对房屋开发公司将地下停车位无偿移交给有关联关系的物业公司，由物业公司向业主收取租金的，按上述规定确定物业公司是否缴纳房产税。

根据上述规定，将缴纳房产税情况整理如下：

地下建筑类别		自用是否缴纳房产税	出租是否缴纳房产税	辽宁省自用、出租
与地上房屋相连的地下建筑	人防设施	否	是	否
	非人防设施	是	是	是
单独且完全建在地面以下的建筑	人防设施	是	是	否
	非人防设施	是	是	是

（四）出租物业关于无租使用其他单位房产的房产税缴纳问题

《财政部　国家税务总局关于房产税城镇土地使用税有关问题的通知》（财税〔2009〕128号）规定，无租使用其他单位房产的应税单位和个人，依照房产余值代缴纳房产税。

在无租使用情况下，房产税的纳税义务主体仍然是产权所有人，只是由使用人代产权所有人代为缴纳房产税。房产税属于财产税，即使是使用人缴纳，也属于代收代缴。

《财政部　国家税务总局关于房产税若干具体问题的解释和暂行规定》（财税地字〔1986〕8号）第七条规定，纳税单位和个人无租使用房产管理部门，免税单位及纳税单位的房产，应由使用人代缴纳房产税。因为没有确定计税依据，造成征税机关和企业误解，被财税〔2009〕128号废止，明确了计税依据为房产余值。财税〔2009〕128号文件“其他单位”就是财税地字〔1986〕8号文件里的“房产管理部门，免税单位及纳税单位”。

在实务中，无租使用方可以在电子税务局进行房产税信息采集并缴纳房产税，但是“代缴”造成了使用方不能在企业所得税前扣除代缴的房产税涉税风险。国家税务总局仍没有对“代缴”做出进一步规定或废止。于是个别省份为解决这个矛盾，规定了不是由使用方“代缴”，而是由使用方“缴纳”。《广东省税务局关于印发房产税、车船使用税若干具体问题的解释和规定的通知》（粤税三字〔1987〕6号）第十条规定，（1）企业单位无租使用机关、团体、事业单位的房产，应由使用单位负责缴纳房产税。（2）企业单位的房产无租借给机关、团体、部队、事业单位自用，免征房产税。湖北省1997年制定的《房产税征收管理办法》第三条规定，纳税单位和个人无租使用其他单位的房产，由使用人缴纳。

个别省份规定由使用人缴纳房产税的，纳税义务主体就成了使用人，不存在不能在企业所得税前扣除缴纳的房产税的风险。

在实务中，应问清楚当地税务局有无由使用人缴纳的文件规定，出租方和承租方协商好，以免使用人代缴造成企业所得税不能税前扣除的涉税风险。

第十一章　房地产企业特殊业务

第二章至第十章是以单一房地产开发企业为主体的开发全流程讲解，很多时候房地产开发企业会发生和其他一方或多方的业务，比如资产收购、股权收购、分立、合并、房地产投资、定向开发、代建开发、合作开发等。

本章介绍常见的资产收购、股权收购、代建开发、合作开发等业务。

第一节　资产收购和股权收购概述

公司并购是涉及目标公司控股权转移的各种产权交易形式的总称，投资者进行并购的目的通常是获得目标公司的资产、技术、经营权或市场等，一般以购买目标公司的资产或股权方式进行，也就是通常所称的资产收购和股权收购。从被收购方角度说，就是资产转让和股权转让。

我国的公司并购始于20世纪90年代。当前，房地产开发企业通过招拍挂取得土地使用权竞争激烈，企业常通过在建工程资产收购、股权收购寻求更广阔的发展空间。

很多大型房地产开发企业通过设立投资拓展部来完成并购工作，主要根据公司土地、项目资源进行项目前期调查研究、策划、规划、项目谈判、土地招拍挂，开展项目尽职调查、项目评估、交易方案设计、法律文件签署以及决策实施，编制投资调研报告、可行性研究报告及框架协议相关内容。公司设计部、工程部、成本合约部、财务部、销售部参与项目静态、动态测算，会计师事务所、律师事务所参与尽职调查。

一、资产收购和股权收购的比较

（一）定义不同

股权收购是从股东手上购买目标公司股东出资权利的一种收购方式。它通过购买目标公司股东的股权或股份（有限责任公司为股权，股份有限公司为股份）的方式进行，达到控制目标公司的目的。目前，除了在建工程以外，其他资产较少的目标公司使用较为普遍，股权收购之后转让100%股权。资产收购则是收购者以支付有偿对价直接取得目标公司资产所有权的一种收购方式。资产收购可以让投资者以最便捷的方式直接取得选中的优质资产，同时又可以与目标公司划清关系。

（二）主体不同

资产收购的主体是作为买卖双方的两家公司，即收购方和目标公司（资产所有权人）。股权收购的主体是收购方和目标公司的股东。资产收购的签约主体是目标公司与收购方，股权收购的签约主体是目标公司的股东和收购方。

（三）收购的标的不同

资产收购的标的是资产的所有权，出售的资产可以是目标公司的全部资产，也可以是经过选择的特定资产，且不包括该公司的负债，与公司的债权债务不发生任何关系，收购价格一般仅取决于资产的市场价值。股权收购的标的是目标公司的投资者的股权，可以是部分股权，也可以是全部股权。影响收购价格的因素则很多，包括目标公司的资产价值、债权债务数额及或有负债。

（四）支付对价的方式选择不同

资产收购时用于支付收购款的通常只能是货币，而股权收购的支付手段除货币外，还有很多种，如股权、实物资产、经营管理权等。

（五）收购受益人不同

资产收购后，资产的所有权与目标公司分离，收购款进入目标公司成为公司的收入，但股东不能从资产出售行为中直接受益。股权收购后，资产仍留在目标公司，股东直接取得收购款后，股东与目标公司分离，失去对目标公司的控制权。

二、资产收购和股权收购的涉税事项

资产收购和股权收购的纳税明细见下表。

转让方式	纳税主体	增值税	契税	土地增值税	所得税	印花税
股权转让	转让方	否	否	否	是	是
	收购方	否	否	否	否	是
在建工程转让	转让方	是	否	是	是	是
	收购方	否	是	否	否	是

（一）需要注意在建工程转让的有关规定

1. 转让方增值税有关规定

财税〔2016〕47号文件规定，纳税人转让2016年4月30日前取得的土地使用权，可以选择简易计税方法，以取得的全部价款和价外费用减去取得该土地使用权的原价后的余额为销售额，按照5%的征收率计算缴纳增值税。

2018年4月27日，国家税务总局货物劳务司解答：“房地产开发企业一次性转让尚未完工的在建工程，该工程项目适用一般计税方法的，以取得的全部价款和价外费用，一次性扣除向政府部门支付的土地价款后的余额计算缴纳增值税。”

2. 转让方土地增值税有关规定

《关于印发土地增值税宣传提纲的通知》（国税函发〔1995〕110号）和《土地增值税清算鉴证业务准则的通知》（国税发〔2007〕132号）规定，允许加计开发成本的20%扣除的有：

（1）对取得土地使用权后投入资金，将生地变为熟地转让的，计算其增值额时。

（2）对于取得土地使用权后，仅进行土地开发（如“三通一平”等），不建造房屋即转让土地使用权的。

（3）对取得土地使用权后进行房地产开发建造的。

不允许加计开发成本的20%扣除的有：

（1）对取得土地（不论是生地还是熟地）使用权后，未进行任何形式的开发即转让的。

（2）对于取得了房地产产权后，未进行任何实质性的改良或开发即再行转让的。

关于企业购买未竣工的房地产开发项目投入资金继续建设后转让或销售商品房的成本扣除问题，国家税务总局没有规定，各省市规定各不相同。

（1）规定允许加计扣除的有《关于印发土地增值税等财产行为税政策执行问题处理意见的通知》（渝财税〔2015〕93号）。

（2）规定不得作为土地成本和房地产开发成本加计20%扣除，但企业购买在建项目所支付的价款及税金允许扣除，允许作为房地产开发费用按比例计算扣除的基数，后续建设支出的扣除项目处理按照《中华人民共和国土地增值税暂行条例》第六条及其实施细则第七条相关规定执行。有《河北省地方税务局关于对地方税有关业务问题的解答》（2014年）、《天津市地方税务局关于土地增值税清算有关问题的公告》（天津市地方税务局公司2016年第25号）、《广西壮族自治区房地产开发项目土地增值税管理办法（试行）的公告》（广西壮族自治区地方税务局公告2018年第1号）。

（3）不得作为土地成本和房地产开发成本加计20%扣除以及房地产开发费用按比例计算扣除的基数，但企业购买在建项目所支付的价款及税金允许扣除，后续建设支出的扣除项目处理按照《天津市地方税务局公司土地增值税暂行条例》第六条及其实施细则第七条相关规定执行。目的是防止购买未竣工房地产开发项目发生金额重复加计。有《浙江省地方税务局关于土地增值税若干政策问题的公告》（浙江地方税务局2014年第16号）、青岛市地方税务局公告2018年4号解读。

3. 转让方投资总额的有关规定

《中华人民共和国城市房地产管理法》第三十九条规定，以出让方式取得土地使用权，转让房地产时，应当符合下列条件：按照出让合同约定已经支付全部土地使用权出让金，并取得土地使用权证书。按照出让合同约定进行投资开发，属于房屋建设工程的，完成开发投资总额的25%以上，属于成片开发土地的，形成工业用地或者其他建设用地条件。转让房地产时房屋已经建成的，还应当持有房屋所有权证书。

最高人民法院《关于土地转让方未按规定完成土地的开发投资即签订土地使用权转让合同的效力问题的答复》（法函（2003）24号）明确规定，以出让方式取得土地使用权，转让方未同时符合上述两个条件的，转让合同无效。

2016年6月1日，国土资源部发布施行《闲置土地处置办法》（中华人民共和国国土资源部令第53号）规定，已投资额、总投资额：均不含国有建设用地使用权出让价款、划拨价款和向国家缴纳的相关税费。

（二）股权转让的有关规定

股权转让不缴纳土地增值税。

【例11-1】 A公司有一块土地，共32.77亩，2016年8月，签订《土地出让合同》，缴纳土地出让金24 999.78万元，每亩762.89万元。发生期间费用很少（忽略不计），没有负债。2020年3月，转让土地出让金63 000万元，每亩1 922.49万元。转让土地时发生在建工程支出7 000万元（不含税），已达到开发投资总额25%以上。

从转让方角度测算：

（一）转让在建工程

1. 增值税：（63 000−24 999.78）÷1.09×0.09＝3 137.63（万元），税金附加3 137.63×12.5%＝392.2（万元）。

2. 印花税：63 000×0.05%＝31.5（万元）

3. 土地增值税增值额：63 000÷1.09−（24 999.78＋7 000）×1.3−31.5−392.2＝15 774.76（万元）

税额：15 774.76×30%−0＝4 732.43（万元）

4. 企业所得税：（63 000÷1.09−4 732.43−31.5−24 999.78−7 000−392.2）×25%＝5 160.57（万元）

合计缴纳13 454.33万元。

（二）转让股权

1. 企业股东缴纳企业所得税（63 000−原始投资注册资本5 000）×25%＝14 500（万元），实际工作中并入股东所在企业合并计算所得税。

2. 印花税：63 000×0.05%＝31.5（万元）

合计缴纳14 531.5万元。

从税款缴纳来说，方案一少纳税1 077.17万元，建议选择方案一转让在建工程。

从收购方角度测算：

（一）在建工程收购

契税：63 000÷1.09×4%＝2 311.93（万元）

印花税：63 000×0.05%＝31.5（万元）

支付土地款：63 000万元

合计支付65343.43万元

（二）股权收购（100%收购）

印花税：63 000×0.05%＝31.5（万元）

支付股权价格：63 000万元（含股权溢价部分：63 000－24 999.78－7 000＝31 000.22）

合计支付63 031.5万元。

从税款缴纳来说，方案二少缴纳契税2 311.93万元，建议选择方案二进行股权收购。

通过以上案例可知，转让方缴税少的是转让在建工程，收购方缴税少的是股权收购，两者并不一致。并购土地情况很复杂，不仅要考虑税负问题，还要考虑其他方面。

至于以哪种模式拿地，先做出两种模式的初步净利润测算，其中股权收购模式在做出账面净利润测算后，还要减去股权溢价部分，得出最后的实际净利润。同时，需要考虑双方列出的条件、谈判等有关情况。综合所有因素做出最有利于双方的选择。

三、资产收购和股权收购的会计事项

（一）财务尽职调查报告

如果转让方发生资产、负债事项较少，可由公司财务部进行财务尽职调查；如果转让方发生资产、负债事项较多，可聘请会计师事务所等社会中介机构进行财务尽职调查。

财务尽职调查报告模板如下：

目录

一、投入资本说明

二、公司架构及产权关系

三、产业链业务关系

四、资产状况

1. 截至××××年××月××日财务状况
2. 货币资金
3. 应收货款
4. 预付账款
5. 其他应收款
6. 存货
7. 长期投资
8. 固定资产及在建工程
9. 无形资产

10. 长期待摊费用

五、现金流量

1. 各年现金流量简表
2. 经营活动产生现金的能力
3. 投资活动产生现金的能力
4. 筹资活动产生现金的能力
5. 关注事项

六、经营结果

1. ××××年度经营结果一览
2. 关注事项

七、盈利能力分析

1. 盈利能力指标
2. 销售毛利率分析
3. 销售净利率分析
4. 收入构成分析
5. 主要产品盈利分析
6. 盈利能力评价
7. 关注事项

八、成本费用

1. 成本
2. 费用
3. 成本费用应关注的事项

九、债项

十、税项

十一、关联交易

十二、抵押担保、或有事项及重大财务事项

十三、主要业务循环

1. 采购。主要原料：年均采购量、价格、主要供应商、结算政策
2. 销售。主要产品：主要客户、销量、价格、结算政策

十四、未来资金测算、盈利测算

十五、主要合同

十六、关注事项及风险分析

十七、总体评价

1. 关于资产质量的总体评价
2. 关于价值评价应考虑的因素
3. 关注事项

4. 综合评估

（二）有关会计核算事项处理

转让方转让在建工程选择一般计税方法计征增值税的，收购方按照转让方开具的9%的增值税专用发票上的增值税进项税额抵扣销项税额。

转让方转让在建工程选择简易计税方法计征增值税的，收购方按照转让方开具的5%的增值税专用发票上的增值税进项税额抵扣销项税额。

由于测试模板的不同，开工时间节点不同，导致现金流不同，从而导致净利润有高有低。一般销售净利润率和实际情况相比，上下浮动2个百分点。

收购方与转让方签订的在建工程的收购合同，转让方向收购方开具的增值税专用发票、收购方向转让方支付的资金流等凭证是证明与收购企业生产经营有关的合理、合法的支出，可以在收购方的企业所得税前进行扣除。双方凭发票及资金流原始凭证进行会计处理。

通过股权收购获得开发项目，一般为非同一控制下的收购，企业合并属于控股合并。非同一控制下的企业合并形成的长期股权投资按照《企业会计准则第2号——长期股权投资》执行，在购买日应当按照确定的企业合并成本，作为形成的对被购买方长期股权投资的初始投资成本，借记“长期股权投资”科目、通常按支付合并对价的账面价值，贷记有关资产科目等。为企业合并发生的审计、法律服务、评估咨询等中介费及其他相关费用，应借记“管理费用”科目，贷记“银行存款”等科目。购买方作为合并对价发行的权益性证券或债务性证券发生的交易费用，应计入其初始确认金额。

通过资产收购获得开发项目，外购的房屋建筑物支付的价款及缴纳的税费，用于建造对外出售的房屋建筑物的，借记“开发成本——土地征用及拆迁补偿费”，贷记“银行存款”等科目。

第二节　资产收购和股权收购的风险防范

一、资产收购和股权收购的风险防范

公司并购过程中存在着许多明确或潜在的风险，能否做好风险防范决定着并购的成败。

（一）收购过程中常见的风险考量点

1. 法律风险

目标公司持续经营的合法性。收购前目标公司尚在正常生产经营，并不表示收购后必然能够正常生产经营。目标公司设立过程中是否有特许情况，原审批过程中是否向有关管理部门作出过承诺，是否受到过行政处罚，并购是否符合当时法律、法规和规范性文件的规定，并购是否须前置审批等环节均有可能存在并购障碍。收购标的是否履行了必要的资产评估、验资等程序，当处置标的涉及国有资产时受限更多。

对于收购方而言，导致收购合同效力瑕疵的风险更多来自出售方，如是否有权出售资产或股权，签约前是否已履行了法定程序，是否已取得充分授权等，均有可能使所签的收购协议无效或部分无效。

2. 价值风险

目标公司资产、债权债务等情况可能会影响并购的成败。当股权收购时，目标公司的债权债务不发生转移，是承继的。对如实记载目标公司会计账簿的债权债务，收购方可以事先作出恰当评估，但对于或有负债或侵权之债，只有当债权人主张时才会露出水面，如未能事先进入收购价格的评估考量范围，最终达成的交易价格必然存在价值风险。当资产收购时，资产的所有权瑕疵、品质瑕疵等也须重点予以关注，如果在交易过程中资产被查封，将是一件十分麻烦的事。

3. 税务风险

不论是资产收购还是股权收购，税务都是无法避开的环节。从表面上来看，资产收购的税务风险是可预测的，在可控范围内，双方仅需按税法规定测算所需缴纳的总费用，再约定交易税费如何分担即可。在实际操作过程中，也会遇到无法完成交易的情况，如出售方以往欠税未缴清，税务部门不同意开具交易发票导致无法办理权属过户。股权收购时，税务风险更多，如目标公司欠税、有无不良记录、是否需补缴税款等。股权转让所得如何申报纳税，目标公司是否有代扣代缴义务等也会给并购增加成本风险。

4. 效益风险

目标公司的资产状况、经营能力、经营状况、竞争能力、技术能力、盈利能力、员工素质等都是效益风险的因素。

5. 股权代持风险

应该慎用以隐名股东的方式持股，如果必须采用股权代持的方式，《股权代持协议》一定要包含以下六个条款，并在实际运营中遵循四条建议，以确保自身合法权益。

（1）隐名股东已将代持股份出资款足额交付显名股东，专用于隐名股东对目标公司的出资，显名股东予以确认（证明已出资）。

（2）隐名股东作为实际出资者，对公司享有实际的股东权利并有权获得相应的投资收益；显名股东仅得以自身名义将隐名股东的出资向公司出资，并代隐名股东持有该等投资所形成的股东权益，对该等出资所形成的股东权益不享有任何收益权或处置权（包括但不限于股东权益的转让、担保）（证明隐名股东成为股东的真实意思表示）。

（3）在委托持股期限内，隐名股东有权在条件具备时，将相关股东权益转移到自己或自己指定的任何第三人名下，届时涉及的相关法律文件，显名股东须无条件同意，并无条件承受（可以提前要求名义持股人签署股权转让协议）。

（4）显名股东在以股东身份参与公司经营管理需要行使表决权时，至少应提前3日取得隐名股东书面授权，未经授权不得行使表决权（可以在签署协议时，要求显名股东签署委托隐名股东行使表决权的授权书）。

（5）显名股东承诺将其未来收到的因代表股份所产生的任何投资收益（包括现金股息、红利或任何其他收益分配）全部转交给隐名股东。

（6）隐名股东有权随时解除代持股协议，显名股东应当按隐名股东指示向其移转"代表股份"或股权收入；在隐名股东拟向公司股东或股东以外的人转让、质押"代表股份"时，显名股东应对此提供必要的协助及便利。

公司日常运营中隐名股东应做到以下四点，以确保自身合法权益：

（1）代持股协议签订后，隐名股东要保留其向显名股东支付出资的记录，以及显名股东向公司注资的记录，尽量保证专卡专用，并在同一时间段内支付。

（2）隐名股东需要取得公司其他股东认可其为真正股东的证明，以及目标公司予以确认的证明，例如通过股东会决议、公司章程修正案等方式确认或公司向隐名股东签发加盖公章的出资证明书、股东名册等。

（3）隐名股东可以在签订代持协议的同时，要求显名股东签署隐名股东出席股东会的授权书，以保障行使表决权；同时，留存参加股东会、董事会等参与公司管理的证据。

（4）在公司运营中，隐名股东还应对董事会席位、公司高管职位及公司财务人员作出安排，防止显名股东滥用股东权力，通过当年度不分红、少分红、高额提取资本公积金、关联交易、自我交易等方式将隐名股东的利润"黑"掉。

（二）资产收购和股权收购的风险防范

（1）资产收购可以避开目标公司股东间的争端，直接与目标公司签约。如果目标公司股东结构复杂，但整体收购时，又必须要取得全体股东书面一致同意，因此，收购股权的谈判难度大，进度慢。由于任何股东对其他股东对外转让的股权均享有优先购买权，所以当股权收购遇到少数股东阻挠时，收购风险增大。

（2）资产收购可以避免承担转让方的或有负债，降低并购风险。负债的风险主要来自对外担保、税务征收与处罚、侵权行为、违规行为处罚、未入账的其他或有负债等。如果目标公司有存续年限较长、历史沿革复杂、经营管理者变更频繁、长期亏损等情况，则负债产生的可能性会增大。在会计师事务所所作的评估报告、审计报告中一般也不会反映，除非是目标公司主动告之。

（3）资产收购可以避免未足额出资部分的出资义务。如果目标公司的注册资本与实收资本不一致，说明股东尚未全额出资。由于股东有足额出资的义务，对于注册资本与实收资本之间的差额，债权人可以要求股东在未足额出资的范围内承担赔偿责任，即公司的债务可能会转嫁给新的股东。

（4）资产收购不用担心股权溢价部分不视同成本在所得税和土地增值税前扣除，股权溢价指股权收购对价款中扣除对应股权所支配净资产金额的差额。不用担心标的企业未来的税务检查风险。例如，该企业账上有 3000 万元白条，不用担心标的企业既往少缴的税款遇到的税务检查风险（不能为目标企业的过去买单，例如：过去有偷税行为）。

（5）资产收购所需调查的信息相对较少，承担的风险也相对较小。资产收购只需要考虑资产实际价值、权属、过户税费、未来增值空间等。股权收购则要对企业做相对全面的调查，如企业历史沿革、人事关系、股权结构、股东意愿、债务、或有债务、税务、资产状况，稍有遗漏都有可能使实际收购成本增加。

（6）资产收购税务成本较高，房地产转让时产生土地增值税、印花税、增值税、企业所得税等税费。股权转让方式下，交易发生在目标公司的股东之间，收购股权系收购方对外投资，仅仅缴纳印花税，不产生其他税费。

不管是资产收购还是股权收购，都不能简单地用好与坏来评判，需要根据并购案的具体情况取舍采用，综合分析，利大于弊的即为合适的方式。

资产收购和股权收购并不是对立的，有时在一个并购案中可以结合采用。通过二者的结合以取得优质资产、排除潜在债务、避免重大纠纷，最终甩掉包袱，轻装上阵。在公司并购实践中，大型公司为确保收购的成功，对收购方式的选择往往慎之又慎，有时不惜花费大量时间、精力和费用。也有些投资者仅凭自己对目标公司的感觉，有时甚至仅仅考虑股权收购在当下可以少缴税，就做出最终的决定，结果可能事与愿违、得不偿失。投资者必须对目标公司进行必要的调查，最好是委托律师、会计师、资产评估公司、财务咨询公司等专业机构进行尽职调查，对于目标公司存在的各种风险以及风险的程度就会比较清楚，可以采取排除风险或者降低风险的措施，从而促进收购的进行。

二、资产转让和股权转让的风险防范

（一）转让的法律风险防范

如果不对转让的在建工程进行资产评估，就会使资产转让价值与实际价值不符，发生转让价格小于市场价格的风险，损害公司利益。这种转让行为若经过了股东会的同意与决策，就属于平等主体之间的交易行为，法律尊重当事人双方的意思自治。

协助进行工商变更登记是转让合同义务的一部分，但并非主要义务。在出让股东已经全部接收了收购方的股权转让价款并进行了公司财务、管理等项交接后，可认为合同已经实际履行。收购方可以要求公司或出让人协助办理工商登记手续，如果受阻可以以公司或出让人为被告或共同被告向法院提起诉讼。

股权转让纠纷中，对方聘请的律师来调查时，如果对方律师没有法院发出的调查令，可以不予配合，索要相关资料时也可以不予配合。

股东一方既不来开股东会，也不愿转让股份，使公司运营陷入僵局怎么办？首先要看这个股东是大股东还是小股东，如果是小股东，表示他放弃股东的权利，只要在程序上没有过错，一般对公司的运营没有实质性影响；如果是大股东，则要看其是否损害了其他股东的利益和公司利益，一般大股东处在控股地位，不会故意损害自己的利益，如果故意不参加股东会，则有可能使公司运营陷入僵局，此时小股东或其他股东有权利依据《中华人民共和国公司法》规定，自行召集和主持股东会。如果大股东及他委派的高级管理人员故意损害其他股东利益，其他股东还可以依《中华人民共和国公司法》规定对其提起诉讼，寻求司法救济。

（二）股权转让的土地增值税风险防范

股权转让不缴纳土地增值税的，地方规定如，广东粤地税函〔1998〕65 号，上海、安徽皖地税政三字〔1996〕367 号文件，最高人民法院（2014）民二终字第 264 号，江苏省（2014）苏商再终字第 0006 号判决书。

有的省份规定缴纳，比如，湖南省湘地税财行便函〔2015〕3 号、广西国税函〔2000〕687 号、国税函〔2009〕387 号，天津国税函〔2011〕415 号文件，陕西（2015）安中行终字第 00037 号判决书。

其实，国税函〔2000〕687 号、国税函〔2009〕387 号、天津国税函〔2011〕415 号三个文件均没有抄送其他单位，后两个文件在国家税务总局网站政策库也查询不到。根据 2010 年 4 月 21 日国家税务总局纳税咨询平台的答复，税务总局对某个下级机关的请示进行批复时，如果批复仅对个别单位作出，并且没有抄送其他单位的，该批复仅对其主送单位和批复中提及的个别问题具有约束力。所以，这三个文件是个案文件，只对个别问题有约束力。湖南省制定的文件违背了股权转让不缴纳土地增值税的精神，文件里引用的上述三个文件本身只是对个案的规定。

如转让项目所在地在湖南、广西、天津的，还要充分和当地税务机关沟通协调，尽量减少涉税风险；也可以规避一次 100%转让股权的方式，改为分次转让，如首次转让 95%，第二次转让 5%。

第三节　代建概述

一、代建的类型

1. 政府代建

政府代建是最初的代建模式，代建方与政府相关部门合作，承接安置房、限价房等保障性住房和大型公共服务配套的建设管理和服务，依据项目的投资、销售或利润总额收取佣金。政府代建项目的利润较低，收入不超过工程总概算的 2%，但可以获得更多的社会资源。

2. 项目代建

近年来，越来越多的品牌房企开始给小开发商代建项目，以获得更高的利润，有些能达到销售收入的5%~8%。从前期的规划设计到后期的物业管理，全程获得的收益并不比单独拿地开发低。

代建是一种轻资产运营模式，常见的就是项目代建。项目代建是指与已经取得土地证的企业对接，由委托方承担全部或部分资金，代建方承担开发任务，通过管理和品牌输出，为已获得项目的委托方提供房地产项目前期管理、规划设计管理、工程营造管理、成本管理、营销管理、竣工交付管理等全过程或部分管理。代建方可以成立专业资产管理公司（可以在经营范围内包含销售代理，也可以专门成立销售代理公司）进行代建。简单来说，就是品牌房企为不知名的小开发商提供全程的开发管理服务，输出品牌，提升产品的市场价值。项目代建流程如下图所示。

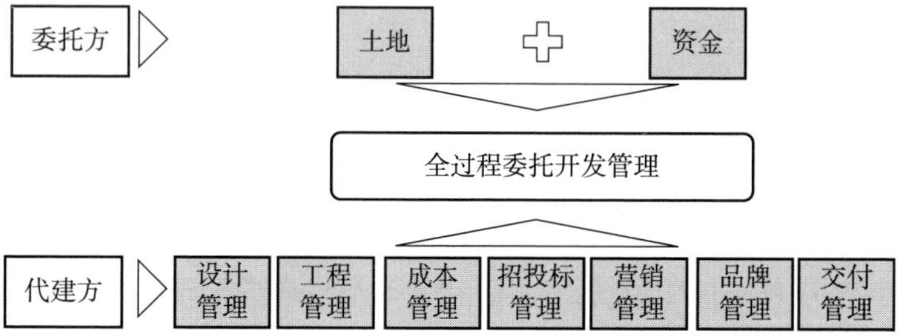

3. 资本代建

项目代建之后，品牌房企又把资本引进代建项目，与各类做房地产投资的金融机构对接，代建方为其投资项目提供全过程开发管理服务，实现“资本+代建”双赢。举个例子，地产基金A是一家专注于房地产股权投资的金融机构，拥有财富端募集资金的优势，但是缺乏项目操盘经验，或者没有操盘团队，那么他们找品牌房企合作就非常合适。资本代建流程如下图所示。

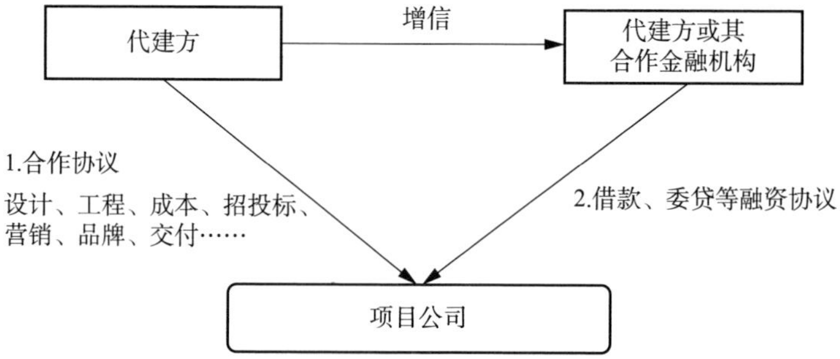

4. 代建4.0模式

以绿城的代建4.0模式为例，既包括事前的基金安排与销售约定机制（有点售价对赌的意思），也包括事中的各种管控，更涵盖了楼盘交付之后的各种服务。用他们自己发明的专业术语来说，叫作“QR 协定”（品质信用协定）与“VS 计划”（价值分享计划）。代建 4.0 模式如下图所示。

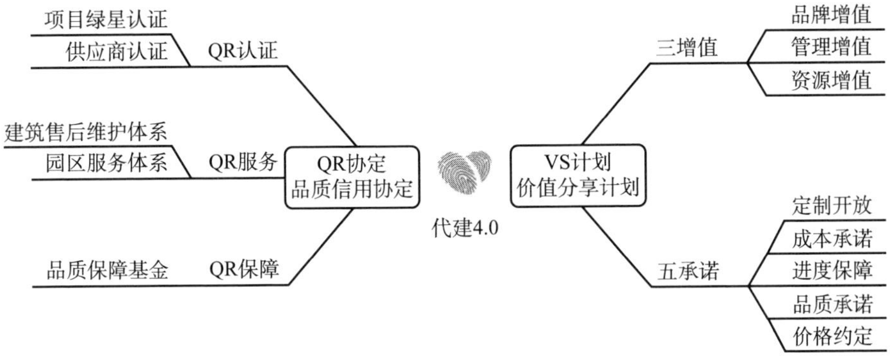

二、代建工程必备条件及代建合作要点

（一）代建工程必备条件

（1）委托方拥有土地使用权且不发生土地使用权转移。

（2）委托方取得了有关部门的批复，即委托方立项。

（3）签订委托代建合同，列明合理代建费。

（4）不以受托方的名义办理工程结算（部分省份税务机关规定的必备条件，会计处理不受此限制）。

（二）代建合作要点

代建合作中，委托方拥有投资决策权、监督权、建议权和知情权，享有项目的投资收益，承担投资风险。代建方负责开发环节的全过程管理。双方通过《项目开发代建管理合作协议》约定主要事项。

1. 项目建设管理事项

主要是对项目定位、设计、施工、销售方面的决策对等的约定，具体包括编制项目开发生产计划、规划方案设计确定、施工图设计及审核、“三通一平”工作、建设用地地质勘探、桩基施工管理、供应商的考察与确定、施工协议的签订、组织总包资源单位进场及施工、协助委托方完成工程款支付、工程竣工验收、销售排期及售价等。

2. 办理政府部门相关手续

包括办理《建设用地规划许可证》《建设工程规划许可证》《施工许可证》《工程验收报告》《单项验收合格文件》等。

3. 项目成本控制

对项目建设资金使用计划、项目建设预算编制、工程量清单及招标参考价编制与审核、工程变更及洽商的测算与审核、工程竣工结算等做出约定。

4. 品牌输出

项目可以使用代建方的品牌。

5. 利润分享

通常模式为代建方收取固定管理费，同时对于利润部分分成做出约定。

6. 公司控制权

涉及法定代表人及公司高管人员任免权、股东委托投票权、公司账册和印章的管理权等。

7. 融资事项

代建方负责为项目公司融资，通常会为此提供增信。

8. 管理团队

委托方派驻项目公司的管理人员与委托方签订劳动合同，并向项目公司收取此部分费用。

三、代建工程会计处理方式

关于代建工程的会计核算，企业会计准则及企业财务通则没有涉及。代建工程有两种会计处理方式。

第一种方式是受托方与委托方实行全额结算（原票转交），只向委托方收取代建手续费的业务，就是说，在建设过程中施工方、设计方、监理等不与房地产开发企业（受托方）签订合同，直接与委托方签订合同，受托方只收取一定代理费的房地产开发方式。

代建方的代建工程成本核算很简单，仅核算代建手续费即可，在工程结束时仅就代建手续费向委托方开具发票。

委托方凭签订合同的施工方、设计方、监理等提供的发票和房地产开发企业开具的代建手续费发票计入开发产品或固定资产。委托方自用产权不发生转移的不缴纳增值税、土地增值税、所得税等税种，委托方产权发生转移的（如委托代建的商品房等再销售）则缴纳增值税、土地增值税、所得税等。

第二种方式是受托方与委托方实行拨付结算，即在建设过程中施工方、设计方、监理等直接与房地产开发企业（受托方）签订合同，不与委托方签订合同（部分省和税务部门不认可这种代建模式），资金由委托方拨付给房地产开发企业，房地产开发企业再拨付给施工方、设计方、监理等，最后移交给委托方，并向委托方收取代建手续费的业务。

在这种方式中，代建工程开发成本是指房地产开发企业接受委托单位的委托，代为建设除土地、房屋以外的市政工程（如城市道路、基础设施、园林绿化、旅游风景）等所发生的各项费用支出。在房地产开发企业的某些业务中，与其说代建，不如说是配建更恰当。

代建房屋的拨付通常采取第一种方式，代建方仅仅进行资金代收代付的拨付结算。

房地产开发企业发生的各项代建市政工程支出和对代建工程分配的开发间接费用，应记入“开发成本——代建工程开发成本”科目的借方和“银行存款”“应付账款——应付工程款”“原材料”“应付职工薪酬”“开发间接费用”等科目的贷方。同时，应按成本核算对象和成本项目分别归类计入各代建工程开发成本明细分类账。代建工程开发成本明细分类账的格式，基本上和房屋开发成本明细分类账相同。完成全部开发过程并经验收的代建工程，应将其实际开发成本自“开发成本——代建工程开发成本”科目的贷方转入“开发产品”科目的借方，并在将代建工程移交委托代建单位，办妥工程价款结算手续后，将代建工程开发成本自“开发产品”科目的贷方转入“主营业务成本”科目的借方。同时，记入“主营业务收入——代建工程收入”科目，包含确认的结算成本和代建手续费，也可分为“主营业务收入——代建工程结算收入”（这种情况下收入和成本相同）和“主营业务收入——代建工程手续费收入”。

房地产开发企业不仅核算代建工程成本、收入，还要核算代建手续费。

委托方凭竣工时房地产开发企业交付委托方的代建工程竣工验收证明、价款结算账单、代建合同、房地产开发企业开具的代建手续费发票等交接手续资料计入固定资产。

四、代建工程的涉税事项描述

（一）委托方税务处理

《国家税务总局关于印发〈房地产开发经营业务企业所得税处理办法〉的通知》（国税发〔2009〕31号）第二十七条开发产品计税成本支出的内容如下：（六）开发间接费，指企业为直接组织和管理开发项目所发生的，且不能将其归属于特定成本对象的成本费用性支出。主要包括管理人员工资、职工福利费、折旧费、修理费、办公费、水电费、劳动保护费、工程管理费、周转房摊销以及项目营销设施建造费等。

在《中华人民共和国土地增值税暂行条例实施细则》（财法字〔1995〕6号）第七条第（二）项中规定，开发间接费用，是指直接组织、管理开发项目发生的费用，包括工资、职工福利费、折旧费、修理费、办公费、水电费、劳动保护费、周转房摊销等。

广州市地方税务局《关于印发2014年土地增值税清算工作有关问题的处理指引的通知》（穗地税函〔2014〕175号）第二条规定，关于项目管理费、境外设计费的扣除问题：“房地产开发企业委托第三方公司进行房地产项目开发管理，支付的有关项目管理费用，能证明直接属于该开发项目、贯穿于工程开发建设的全过程，且在财务核算时与行政管理部门、财务部门及销售部门发生的管理费用、财务费用及销售费用分开核算的，经主管税务机关审核后，允许作为开发间接费用予以扣除。”

如上所述，代建管理费在会计规定和企业所得税规定中包含在开发成本项目内，但国家税务总局没有明确土地增值税开发成本的开发间接费中包括代建管理费，也没有明确土地增值税开发成本其他成本项目包括代建管理费。这是因为1995年制定《土地增值税暂行条例实施细则》的时候还没有代建业务发生。

目前，只有广州税务局明文规定代建管理费作为开发间接费在土地增值税税前扣除，其他省市均没有明确。

（二）代建方税务处理

（1）《江西省国家税务局关于全面推开营改增政策问题解答三（建筑服务业）的通知》（赣国税营改增办发〔2016〕51号）十三、代建行为如何开具增值税发票?

答：根据营改增试点政策及国税函〔1998〕554号文件精神，对代建工程业务按以下原则处理：

（一）如工程施工单位与业主签订工程建设合同，代建单位只负责代办手续及工程监管，代建单位收取的管理费按提供代理服务征收增值税。

（二）如工程施工单位与代建单位签订工程建设合同，且代建单位与业主间不需办理产权转移手续，代建单位按提供建筑服务征税，向业主开具增值税发票；施工单位按提供建筑服务征税，向代建单位开具增值税发票。

（三）如工程施工单位与代建单位签订工程建设合同，且代建单位与业主间需要办理产权转移手续，代建单位按销售不动产征税，向业主开具增值税发票；施工单位按提供建筑服务征税，向代建单位开具增值税发票。

（2）河北省国家税务局关于全面推开营改增，有关政策问题的解答八（2017-06-06）对关于全面推开营改增后，纳税人“代建”房屋的行为如何征收增值税问题做出如下解释。

纳税人接受建房单位委托，为其代建房屋的行为，应按“经纪代理服务”税目征收增值税，其销售额为其向委托方收取的代建手续费。这里所指的代建房屋行为必须同时符合下列条件：

（一）以委托方的名义办理房屋立项及相关手续；（二）与委托方不发生土地使用权、产权的转移业务；（三）与委托方事前签订委托代建合同；（四）不以受托方的名义办理工程结算。

（3）陕西国税解答房地产企业增值税问题（2017.6.30）。

地产公司受当地政府委托代建拆迁安置房，能否按经纪代理服务缴纳增值税?

答：通常情况下，代建房屋以委托方（政府或企业）名义进行立项，土地和后续报建手续均登记在委托方名下，受托方一般不垫付资金，而由委托方承担全部建设费用。房地产开发企业与委托方签订合同，受托进行房屋代建，在实际操作中还可能存在代为立项、垫付建设资金等情形。因此，房地产开发企业代建房屋应根据其实际从事的业务性质缴纳增值税。

①仅从事代建项目管理的，应就其取得的代建管理费收入按照“经纪代理服务”缴纳增值税。

②房地产开发企业以自己名义立项、取得土地和后续报建手续建设房屋的，属于自行开发房地产行为，项目完工移交委托方时，应按“销售不动产”缴纳增值税。

③从事代建管理外，房地产开发企业为代建项目垫付全部或部分建设资金的，应就其取得的资金占用费（利息性质）的收入按“贷款服务”缴纳增值税。

（4）注册会计师教材《税法》对土地增值税的房地产代建行为解释为：房地产开发公司代客户进行房地产的开发，开发完成后向客户收取代建收入的行为。对于房地产开发公司而言，虽然取得了收入，但没有发生房地产权属的转移，其收入属于劳务收入性质，故不属于土地增值税的征税范围。

（5）《关于全面推开营业税改征增值税试点的通知》（财税〔2016〕36号）附件二规定，经纪代理服务，以取得的全部价款和价外费用，扣除向委托方收取并代为支付的政府性基金或者行政事业性收费后的余额为销售额。向委托方收取的政府性基金或者行政事业性收费，不得开具增值税专用发票。

（6）《关于企业所得税应纳税所得额若干税务处理问题的公告》（国家税务总局公告2012年第15号）规定，三、关于从事代理服务企业营业成本税前扣除问题：从事代理服务、主营业务收入为手续费、佣金的企业（如证券、期货、保险代理等企业），其为取得该类收入而实际发生的营业成本（包括手续费及佣金支出），准予在企业所得税前据实扣除。

代建方注意事项：

如果委托代建业务同时符合以上条件，增值税一般纳税人企业按“现代服务—商务辅助服务—经纪代理”税率6%收到的“代建管理费”征收增值税。

如果不能同时符合以上条件，委托方和受托方办理产权转移的，增值税一般纳税人企业按“销售不动产”税率9%收到的“代建管理费”缴纳增值税，并缴纳土地增值税。

如果不能同时符合以上条件，委托方和受托方不办理产权转移的，增值税一般纳税人企业按“建筑服务”税率9%收到的“代建管理费”缴纳增值税。

代建方应严格按照代建模式处理，防止处理不恰当额外承担本属于委托方的税款，得不偿失。

（三）双方印花税不征收

《国家税务总局关于印花税若干具体问题的解释和规定的通知》（国税发〔1991〕155号）规定，十四、代理单位与委托单位签订的代理合同，是否属于应税凭证？在代理业务中，代理单位与委托单位之间签订的委托代理合同，凡仅明确代理事项、权限和责任的，不属于应税凭证，不贴印花。

印花税只对税目税率表中列举的凭证和经财政部确定征税的其他凭证征税，未列举的不需要贴花。企业所签订的代建合同、营销活动的代理合同，明确代理事项、权限和责任的，即使明确金额，因为不存在购销关系，不属于应税凭证，不贴印花。

五、代建公司盈亏平衡点

假设 A 房地产开发企业代建项目四年销售完毕，销售额 10 亿元，派驻团队工资社保由委托方承担。收取委托代建管理费为销售额的 3%，收取代理销售佣金 2%。为计算方便，只考虑增值税、企业所得税，其他小税种不考虑。

收入情况：10（亿元）×5% = 5 000（万元）

费用情况：留在代建公司的管理人员的工资社保，6（人）×48（个月）×1.3（万元）= 374（万元）

代理销售人员工资社保：10（亿元）×1% = 1 000（万元）

业务招待费、水电费、办公费、固定资产折旧、车辆修理、加油费、销售费用等有关费用共计 900 万元

税金情况：增值税 5 000（万元）×5.5% = 275（万元），企业所得税（5 000-374-1 000-900）×25% = 681.5（万元）

净利润：5 000-374-1 000-900-275-681.5 = 1 770（万元）

净利润率约 35%，代理回收款达到合同收入的 65%，即达到盈亏平衡点。

第四节　代建的风险防范

一、委托方、代建方风险防范

（一）税务机关要求“代建方只能收取管理费（手续费）”的风险

为了规避代建业务不被认可的风险，操作时，需要代建方和委托方签订代建合同，约定好收取代建管理费的方式，如按工程总概算或按销售收入的一定比例收取代建管理费，以规避被税务局不认定为代建业务的风险。

（二）垫资的风险

很多情况下，拥有土地使用权的一方缺乏资金，需要代建方垫资，如果代建方垫资，就不符合部分省市税务机关规定房地产委托代建业务的必备条件。

为了规避代建方垫资的嫌疑，建议在代建协议中不要涉及垫资、借款事宜，也不得由代建公司直接借款给对方企业或者项目公司使用，可由其他可控制的第三方

另行签订借款协议。

二、委托方细分手续费、佣金每项不超过合同收入5%的涉税风险防范

《关于企业手续费及佣金支出税前扣除政策的通知》（财税〔2009〕29号）规定，一、企业发生与生产经营有关的手续费及佣金支出，不超过以下规定计算限额以内的部分，准予扣除；超过部分，不得扣除。按与具有合法经营资格中介服务机构或个人（不含交易双方及其雇员、代理人和代表人等）所签订服务协议或合同确认的收入金额的5%计算限额。二、企业应与具有合法经营资格的中介服务企业或个人签订代办协议或合同，并按国家有关规定支付手续费及佣金。除委托个人代理外，企业以现金等非转账方式支付的手续费及佣金不得在税前扣除。

需要注意的是，手续费及佣金支出税前扣除标准不是收入总额的5%，应该是每一份服务协议或者合同允许税前扣除的额度都不能超过5%，超过5%的部分，都不允许税前扣除。合同签订时要把项目代建细分为前期管理、规划设计管理、工程营造管理、成本预算管理、竣工交付管理、营销管理等，分别注明每项代理费用金额，并且每项不要超过合同收入5%并转账支付。

三、事中风险防范和管控

（一）控制项目总目标

委托方在项目确权后，以契约形式委托代建方负责包括项目前期管理、规划设计管理、工程营造管理、成本管理、营销管理、竣工交付管理等开发环节的全过程管理。委托协议确定后，双方共同制订产品设计方案，共同进行项目目标成本制定，确定项目的总目标；在总目标成本的基础上形成“最高目标成本限额”和“省奖超罚”的补充经济条款。

（二）分权管控，职责清晰

1. 责权区分

委托方岗位：项目公司董事会是委托方经营决策机构，代表委托方行使监督权、决策权、建议权和知情权，财务负责人由委托方派遣。

委托方职责：委托方负责涉及与土地取得以及主要规划指标调整相关的前期审批事项。

代建方岗位：负责项目管理团队组建，项目总经理及主要专业负责人由代建方派遣。项目管理团队根据合同约定和项目公司董事会的授权，在项目公司管理制度的约束下行使项目运营管理权，履行项目委托管理职责和义务，拥有财务知情权和部分控制权，确保项目公司账面上的资金能够应对各种可能发生的危机。

代建方职责：负责推荐规划设计单位，负责在充分与委托方沟通的基础上选定重大规划设计方案、项目规划方案等。

2. 付款模式和付款条件控制

项目成本款项：项目公司实行资金预算管理制度，项目经营团队负责定期编制资金使用计划，上报项目公司董事会同意后，合理安排资金使用。委托方在资金计划和上报进度确认后直接将款项支付给供应商，避免代建方代付或周转，可以有效提高付款效率，提升供应商的满意度，保证现场施工进度，提高供应商的配合度。

委托开发管理费款项：签订委托合同后付相应的首付款。根据项目工程形象进度及计划达成率进行进度款付款，同时保留质保金，形成对代建方的制约。按照不同的销售去化比进行管理费用的付款。最后，按照项目的后期维护约定付尾款。

3. 成本和招标管理

根据概算、预算设定项目成本管理目标，实行全过程动态成本管理。

4. 品牌使用及推广

委托方的项目可以使用代建方品牌字样作为项目推广案名。

5. 销售代理公司的筛选和考核目标的制定

（1）严格筛选销售代理公司，与委托方另行签订销售代理合同。同时，打造完善的服务体系，提升客户满意度。

（2）整体目标考核。以双方约定的项目经营指标（如成本差异率、施工进度偏差、销售总额、利润指标等）作为整体经营考核目标，结合项目物业类型、总销售额、销售去化速度等因素确定委托开发管理费取费标准。

（三）南铁分局与怡康房产公司委托代建合同工程款纠纷案

江苏省高级人民法院民事判决书

（2003）苏民终字第013号

上诉人（原审被告）　上海铁路局南京铁路分局（以下简称南铁分局），住所地南京市下关区和叶里180号

法定代表人　范鸣云，南铁分局局长

委托代理人　钱苏平，江苏当代律师事务所律师

委托代理人　贾小健，江苏当代律师事务所律师

被上诉人（原审原告）　常州市怡康房地产开发有限公司（以下简称怡康房产公司），住所地常州市关河中路74号

法定代表人　俞国钢，怡康房产公司总经理

委托代理人　谢元福，江苏博爱星律师事务所律师

委托代理人　邓慧杰，女，怡康房产公司会计，住常州市锦绣花园35-J-202

上诉人南铁分局与被上诉人怡康房产公司委托代建合同工程款纠纷一案，不服江苏省常州市中级人民法院（2002）常民一初字第24号民事判决，向本院提起上诉。本院于2003年1月9日立案受理后，依法组成合议庭，于2003年2月18日公开开庭审理了本案。上诉人南铁分局的委托代理人钱苏平、贾小健，被上诉人怡康房产公司的委托代理人谢元福、邓慧杰到庭参加诉讼。本案现已审理终结。

经审理查明，怡康房产公司开发的怡康花园小区总面积35万平方米，占地约350亩，北临沪宁铁路。其中有宽27米、长200米的土地使用权属南铁分局所有。为解决职工住房，1999年11月23日，南铁分局（甲方）与江苏省建设房屋开发总公司常州公司（后整体转给怡康房产公司）（乙方）签订了《关于委托代建常州怡康花园临铁路部分职工住宅并参加怡康花园组团协议书》（以下简称《委托代建协议》），其中约定：①怡康花园铁路住宅位于怡康花园小区东端，由1#楼、2#楼共计6个单元组成，建筑楼层为六层，户型面积为88.8平方米和94.4平方米，共计71户，总建筑面积为7 021平方米（以产权部门最终核定面积为准）。②甲方负责立项、用地性质的变更及相关费用投入；甲方委托乙方负责该项目的规划设计、勘探、施工报批，根据甲方及工程设计要求进行住宅及配套工程施工和有关施工协调、房屋交接工作；乙方配合甲方办理房屋产权注册登记手续，有关费用由甲方承担。③采用价格一次性包干的方式，按建筑面积1 180元/平方米计算，总价款为828.478万元整；甲方于本合同生效日起一周内付代建款50万元；1999年12月30日前付前期规费共计161.483万元，其余款项由甲方按工程进度逐期支付给乙方（付款时间另行商定）。每平方米的价格包含如下费用：建安造价、前期规费、配套费用。④房屋质量达优良工程。合同签订后，南铁分局按约于1999年12月13日支付50万元工程款，怡康房产公司于2000年12月开始施工。后南铁分局又于2000年2月2日付80万元、2001年11月15日付100万元工程款。

2001年11月27日，怡康房产公司（甲方）与南铁分局（乙方）签订《补充协议》，其中约定：①房屋总建筑面积7 061.03平方米，总价833.201 54万元。乙方已预付甲方230万元，11月27日再预付250万元；11月30日甲方交给乙方职工住房钥匙时，乙方再支付甲方100万元；乙方则累计支付甲方580万元；余款253.201 54万元，乙方须于2001年12月31日付讫。②甲方保证在2001年11月30日将钥匙交给乙方职工。③甲方按规定承担乙方职工入住后的房屋维修责任。④双方互换的土地面积不等，乙方大于甲方的土地面积。但乙方从双方友好合作的前提出发，对多置换的土地面积不再计价。⑤甲方提出，乙方因故未能及时按约定预付的款额至2001年11月15日须付利息59万元。乙方按程序汇报后，甲乙双方另行协商。补充协议签订后，怡康房产公司按约交付了住房钥匙，南铁分局于2001年11月28日付250万元、2001年12月1日付100万元、2002年1月21日付100万元、2002年1月30日付30万元、2002年2月5日付70万元、2002年6月4日付7万元。南铁分局已付工程款787万元，尚欠怡康房产公司46.201 54万元。

原审法院认为，双方签订的《委托代建协议》和《补充协议》系双方真实意思表示，其内容不违反法律规定，双方均应严格履行。双方在合同中虽未约定违约责任，但由于南铁分局在履行合同中未能依约支付工程款，而怡康房产公司为全面完成合同义务，依约交付南铁分局的职工住宅，贷款垫资所造成的利息损失已客观存在，并有双方签订的补充协议佐证，南铁分局提出未答应支付而形成抗辩的理由不能成立，不予支持。南铁分局应遵循诚实信用原则，偿还怡康房产公司为其垫付的代建工程款和利息。

据此，原审法院判决：南铁分局自判决生效之日起十日内偿还怡康房产公司垫付工程款46.201 54万元和利息61.855 564万元，合计108.057 104万元。案件受理费1.541 3万元，由南铁分局负担。

南铁分局不服原审判决，向本院上诉称：①被上诉人没有证据可以证明上诉人同意或者追认被上诉人贷款600万元。上诉人对被上诉人的贷款是否用于上诉人的职工住宅也不知晓，因为同时在建的还有被上诉人的自有房产，且被上诉人出示的两份借款合同由于超过了举证期限而没有进行质证。②双方订立的补充协议第五条，上诉人认为系被上诉人提出的新要约，而上诉人没有做出承诺，一审法院却以此为据判令上诉人承担被上诉人的贷款利息显然不当。③上诉人与被上诉人订立的两份合同对违约责任均未约定，在履行过程中上诉人积极付款，但被上诉人没有将该公司的发票及时交给上诉人，使上诉人在财务上不能及时入账。为此，上诉人多次向被上诉人提出，只要及时交付正确发票，上诉人即支付尾款46.201 54万元。但其至今未交付正确发票。请求二审法院依法改判，判令被上诉人自行承担贷款利息。

怡康房产公司辩称：①上诉人除50万元是按期付款，其他都没按期付款，不得已才向银行贷款，因此由违约拖欠支付工程款的上诉人支付贷款利息，合理合法。②关于补充协议第五条，当时上诉人并未反对，而是说要向领导汇报后支付，但贷款利息是客观存在的，上诉人是否承诺支付利息不是其应否承担违约责任的必要条件。③发票问题不能成为上诉人不付工程款的抗辩理由，合同中并未约定被上诉人应何时开具发票。

经双方当事人确认，本案的争议焦点是：①怡康房产公司贷款利息是否应由南铁分局承担；②南铁分局未按期支付46.20154万元尾款是否构成违约。

关于怡康房产公司贷款利息是否应由南铁分局承担的问题。本院认为，在2001年11月27日的《补充协议》第五条中，要求南铁分局支付利息59万元系怡康房产公司单方提出，对该要约南铁分局并未做出承诺，双方并未就此达成一致，且怡康房产公司亦无证据证明其贷款600万元是用于垫资建设怡康花园铁路住宅工程。因此，原审判决关于贷款垫资所造成的利息损失已客观存在，并有双方签订的《补充协议》予以佐证的认定没有事实依据。对于南铁分局未按约付款所应承担的违约责任，由于双方在合同中没有约定违约金，怡康房产公司亦未举出具有证明力的证据证明其具体损失，因此，应根据双方在《委托代建协议》和《补充协议》中确定的付款日期，按中国人民银行同期同类贷款利率计算南铁分局实际拖欠工程款给怡康房产公司造成的资金占用利息损失。

关于南铁分局未按期支付46.20154万元尾款是否构成违约的问题。本院认为，怡康房产公司已按合同约定将房屋交付南铁分局，南铁分局也应按合同约定将工程款付清。双方在合同中对怡康房产公司开具工程款发票的具体时间并无特别约定，根据交易惯例，发票应在款付清后由收款人出具。故南铁分局以怡康房产公司未开具正规税务发票为由拒不付款的理由不能成立，本院不予支持。

二审审理期间，怡康房产公司提出一审法院认定的南铁分局2000年11月15日付100万元工程款有误，应为2001年11月15日付工程款100万元。南铁分局对该事实不持异议，本院予以确认。

综上所述，原审判决认定事实基本清楚，但判决南铁分局承担怡康房产公司贷款利息无事实和法律依据，本院予以改判。依照《中华人民共和国民事诉讼法》第一百五十三条第一款第（三）项的规定，判决如下：

一、撤销江苏省常州市中级人民法院（2002）常民一初字第24号民事判决；

二、南铁分局自本判决生效之日起十日内偿还怡康房产公司工程款46.20154万元；

三、南铁分局自本判决生效之日起十日内支付下列利息（按中国人民银行同期同类贷款利率计算）给怡康房产公司：80万元之利息（自1999年12月30日至2000年2月2日）；81.483万元之利息（自1999年12月30日至2001年11月15日）；250万元之利息（自2001年11月27日至2001年11月28日）；100万元之利息（自2001年11月30日至2001年12月1日）；100万元之利息（自2001年12月31日至2002年1月21日）；30万元之利息（自2001年12月31日至2002年1月30日）；70万元之利息（自2001年12月31日至2002年2月5日）；7万元之利息（自2001年12月31日至2002年6月4日）；46.20154万元之利息（自2001年12月31日至付款之日止）。

四、怡康房产公司自南铁分局付清上述工程款和利息之日起十日内按国家有关法律规定向南铁分局出具工程款发票。

一、二审案件受理费各15 413元，由南铁分局和怡康房产公司各半负担。

本判决为终审判决。

审判长 马 荣

审判员 晋海莉

审判员 张晓岚

二〇〇三年三月三十一日

第五节 合作开发概述

一、合作开发的定义

广义的合作开发包括以各类形式联合开发土地、建设房屋建筑等行为，且不限于商业性房地产开发，开发主体不一定是房地产开发企业。狭义的合作开发主要是指商业性开发，即双方（或多方）当事人约定，由一方提供建设用地，另外一方提供资金、劳务和技术等，合作开发房地产项目，共担风险、共享收益的一种房地产开发模式，最为常见的是以房地产开发企业为主体的联合开发。

二、合作开发的法律界定

合作开发不仅仅是一方提供资金、一方提供土地使用权，认定是否属于合作开发，必须依据相关法律法规。

第一，《最高人民法院关于审理房地产管理法施行前房地产开发经营案件若干问题的解答》（法发〔1996〕第2号）规定，五、关于以国有土地使用权投资合作建房问题 18. 享有土地使用权的一方以土地使用权作为投资与他人合作建房，签订的合建合同是土地使用权有偿转让的一种特殊形式，除办理合建审批手续外，还应依法办理土地使用权变更登记手续。未办理土地使用权变更登记手续的，一般应当认定合建合同无效，但双方已实际履行了合同，或房屋已基本建成，又无其他违法行为的，可认定合建合同有效，并责令当事人补办土地使用权变更登记手续。

第二，《最高人民法院关于审理涉及国有土地使用权合同纠纷案件适用法律问题的解释》（法释〔2005〕5号）规定，

三、合作开发房地产合同纠纷

第十四条　本解释所称的合作开发房地产合同，是指当事人订立的以提供出让土地使用权、资金等作为共同投资，共享利润、共担风险合作开发房地产为基本内容的协议。

第十五条　合作开发房地产合同的当事人一方具备房地产开发经营资质的，应当认定合同有效。

当事人双方均不具备房地产开发经营资质的，应当认定合同无效。但起诉前当事人一方已经取得房地产开发经营资质或者已依法合作成立具有房地产开发经营资质的房地产开发企业的，应当认定合同有效。

第十六条　土地使用权人未经有批准权的人民政府批准，以划拨土地使用权作为投资与他人订立合同合作开发房地产的，应当认定合同无效。但起诉前已经办理批准手续的，应当认定合同有效。

第二十三条　合作开发房地产合同的当事人要求将房屋预售款充抵投资参与利润分配的，不予支持。

第二十四条　合作开发房地产合同约定提供土地使用权的当事人不承担经营风险，只收取固定利益的，应当认定为土地使用权转让合同。

第二十五条　合作开发房地产合同约定提供资金的当事人不承担经营风险，只分配固定数量房屋的，应当认定为房屋买卖合同。

第二十六条　合作开发房地产合同约定提供资金的当事人不承担经营风险，只收取固定数额货币的，应当认定为借款合同。

第二十七条 合作开发房地产合同约定提供资金的当事人不承担经营风险，只以租赁或者其他形式使用房屋的，应当认定为房屋租赁合同。

第二十八条 本解释施行前最高人民法院发布的司法解释与本解释不一致的，以本解释为准。

按上述司法解释，合作建房需要符合以下几个条件：一是享有出让土地的土地使用权（需办理土地使用权变更登记）；二是合作双方共享利润、共担风险；三是至少一方应具有房地产开发经营资质。

第三，2008 年 10 月 23 日国务院发布《全国土地利用总体规划纲要（2006—2020 年）》规定，坚守 18 亿亩耕地红线，在农村土地上的小产权房不允许再建。以后缩小了合作建房的范围。

三、合作开发的会计核算处理

《企业会计准则》及《企业财务通则》中，没有说明合作开发房地产具体的会计核算方法，所以，这个问题值得我们探讨。

合作开发中，对于独立法人公司的会计处理无特别之处，但是对于由一方（房地产开发企业，以下简称甲方）提供土地使用权和资金，另一方（企业、单位、个人等，以下简称乙方）提供开发资金的有特殊处理办法。这种情况实际上是外单位向房地产开发企业某一项目投资，以项目股份制为载体的一种融资方式，指将土地使用权以外的其他资产投入建房的行为，也是国税发〔2009〕31 号文第 36 条“合作建造开发产品的税务处理问题”所规定的税务行为。

在这种方式中，甲方有一块土地急需进行房地产开发，但因资金紧张而与乙方科目进行合作，甲方出地和部分资金或只出地，乙方出资。项目完成后，退还乙方出资，双方就此项目按开发合同或协议约定向投资方分配开发产品或项目利润。

从表面上来看，乙方是出资方，应该作为一种投资，由于投资时间比较长，应记入“长期股权投资”科目；甲方是受资方，理应记入“实收资本”科目。事实上，这样处理是错误的，双方并非真正的投资与被投资关系，而是债权债务关系。根据上述企业所得税的实质重于形式的分析，税收上按照投资收益处理。

（1）分配开发产品的会计处理

受资方甲方会计处理：①接受乙方资金时，借：银行存款；贷：长期应付款——乙方。②项目完成后，双方就此项目按合同分配开发产品时，借：销售费用；贷：开发产品。③项目完成后，按合同退还相当于乙方资金数额的开发产品时，借：长期应付款——乙方；贷：开发产品。

出资方乙方会计处理：①出资时，借：长期应收款；贷：银行存款。②项目完成后，双方就此项目按合同收到开发产品时，借：固定资产（房地产开发企业是开发产品）；贷：其他业务收入。③项目完成后，按合同收到退还的相当于投资款的开发产品时，借：固定资产；贷：长期应收款。

（2）分配项目利润的会计处理

受资方甲方会计处理：①接受乙方资金时，借：银行存款；贷：长期应付款——乙方。②项目完成后，双方就此项目所获得的收益按合同分成时，借：利润分配——应付某项目利润；贷：应付股利——乙方。③支付乙方所获得的收益时，借：应付股利——乙方；贷：银行存款。④项目完成后，按合同退还乙方资金时，借：长期应付款——乙方；贷：银行存款。

如果在项目部采取独立核算可这样处理，甲、乙双方按股份比例派员参与管理，以甲方名义开设银行专户，在会计核算上作为一个会计主体，自负盈亏，独立纳税，进行利润分成。特殊的会计处理如下：

A. 项目部接受投资方按股份比例投入土地款及前期费用时，

借：银行存款——专户

　贷：长期应付款——甲方

　　　长期应付款——乙方

同时，甲公司在投入资金时，

借：长期应收款——项目部

　贷：银行存款——一般结算户

月末，项目部单独编制有关财务报表，但由于该项目的拍卖土地、立项、领取预售证等环节都是以甲方名义办理，对外仍属于甲方开发的项目之一，因此必须将项目部的财务报表与甲方的财务报表合并。将两张报表相同的会计项目金额相加，将甲方的“长期应收款——项目部”与项目部的“其他应付款——甲方”抵消。

B. 结转收入、成本并形成项目利润，交纳所得税后，对投资方分配利润时同上处理。

C. 项目部业务结束，将全部资产、负债与甲方并账。

出资方乙方会计处理：①出资时，借：长期应收款——甲方；贷：银行存款。②项目完成后，双方就此项目所获得的收益按协议分利时，借：应收股利——甲方；贷：其他业务收入。③收到甲方支付的合作项目收益时，借：银行存款；贷：应收股利——甲方。④项目完成后，按合同收到的退还投资款时，借：银行存款；贷：长期应收款——甲方。

上述个别科目说明：如果只反映项目合作方的出资额，无法反映受资方自身在该项目合作中的出资额，显然不能真实地反映投资者的出资比例。所以，因项目合作而接受的资金只能看作是借入资金，由于合作时间比较长，且为非金融借款，故作为“长期应付款”科目处理，出资方则可作为“长期应收款”科目处理。

这种项目合作的融资行为，类似于公司之间的资金拆借，是有偿使用的，但所付的代价并非本金的一定百分比，而是合作项目所获收益的一定百分比，并应记入“财务费用”科目。不过，由于项目合作业务的特殊性，即所付的代价需按项目所获税后收益计算，所有损益类账户均已结平，此时通过“利润分配——未分配利润”项目核算，但必须在会计报表附注中说明此处的“利润分配——未分配利润”项目的减少相当于“财务费用”项目的增加。

四、合作开发的涉税描述

合作开发房地产涉及多个税种，主要有增值税、土地增值税、企业所得税、印花税、契税五个税种。本书引用的相关文件对合作开发的范围规定有所不同，有些情况本身并非法律意义上的合作开发，对此可以理解为是出于各税种的征税需要，相应分析和计征各税种时分别援引各税种具体规定为宜。法律、税收、会计这三者对合作开发的范围是有区别的。

（一）土地增值税

《财政部　国家税务总局关于土地增值税一些具体问题规定的通知》（财税字〔1995〕48号）（二）：关于合作建房的征免税问题：对于一方出地，一方出资金，双方合作建房，建成后按比例分房自用的，暂免征收土地增值税，建成后转让的，应征收土地增值税。文件未明确双方具体情况的，可以加以分析。

《国家税务总局关于合作建房营业税问题的批复》（国税函〔2005〕1003号）指出，“甲方提供土地使用权，乙方提供所需资金，以甲方名义合作开发房地产项目的行为，不属于合作建房”这一精神同样适用于土地增值税，这种情况下，将建成的房产分配给出资单位不能享受财税字〔1995〕48号文件（二）暂免征土地增值税的优惠，应视为实际销售征税。至于出资一方取得房屋所有权后再行转让的，应对其销售行为征收土地增值税。

其实真正的合作开发，是指由一方（企业、单位、个人等，以下简称甲方）提供土地使用权，另一方（房地产开发企业，以下简称乙方）提供建房资金，以乙方名义合作开发的行为。

双方成立新的合营企业。甲方将土地使用权投资给合营企业按照《财政部　国家税务总局关于土地增值税若干问题的通知》（财税〔2006〕21号）规定，对于以土地（房地产）作价入股进行投资或联营的，凡所投资、联营的企业从事房地产开发的，或者房地产开发企业以其建造的商品房进行投资和联营的，均不适用《财政部国家税务总局关于土地增值税一些具体问题规定的通知》（财税字〔1995〕48号）第一条暂免征收土地增值税的规定。需要对以土地使用权出资环节计征土地增值税。

①房屋建成后双方采取风险共担、利润共享的分配方式的，合营企业销售的不动产要缴纳土地增值税。②甲方（出地企业）按销售收入的一定比例提成的方式参与分配，或提取固定利润的，合营企业销售的不动产要缴纳土地增值税。③房屋建成后按一定比例分配房产（而不是分配最终经营成果的），合营企业分配房屋给合营各方的行为，属于财税字〔1995〕48号文规定的暂免征收土地增值税的情况。④合营各方分配的房屋再销售的，应对其销售行为征收土地增值税。

不成立新企业，以乙方名义开发。甲方把土地销售给乙方，不属于合作开发。甲方把土地投资给乙方或转让给乙方，属于合作开发，建立新项目部。参照成立新的合营企业进行税务处理。

需要注意的例外情况是，村里出地、房地产开发企业出资及资质的合作开发不属于税法的合作，将建成的房产分配给村里（以转让房屋的所有权为代价，换取土地的使用权）需征收土地增值税。

（二）增值税

2016年5月12日，《国家税务总局营改增政策解答》规定，以无形资产、不动产对外投资要缴纳增值税。转让无形资产、不动产根据《关于全面推开营业税改征增值税试点的通知》（财税〔2016〕36号）规定，缴纳增值税。

不论是否成立独立法人公司，房屋建成后按一定比例分配房产（而不是分配最终经营成果的），分配房屋给以名义开发的企业或单独成立的法人企业不缴纳增值税，但是分配房屋给合作另一方的行为，属于《关于全面推开营业税改征增值税试点的通知》（财税〔2016〕36号）规定的视同销售情况，要征收增值税。最后，合营各方分配的房屋再销售的，应对其销售行为征收增值税。

（三）企业所得税

合作开发涉及的企业所得税处理主要依据《国家税务总局关于印发〈房地产开发经营业务企业所得税处理办法〉的通知》（国税发〔2009〕31号）和新《企业所得税法》及其实施细则。

1. 国税发〔2009〕31号文第三十一条、第三十七条

第三十一条　企业以非货币交易方式取得土地使用权的，应按下列规定确定其成本：

（一）企业、单位以换取开发产品为目的，将土地使用权投资企业的，按下列规定进行处理：

1. 换取的开发产品如为该项土地开发、建造的，接受投资的企业在接受土地使用权时暂不确认其成本，待首次分出开发产品时，再按应分出开发产品（包括首次分出的和以后应分出的）的市场公允价值和土地使用权转移过程中应支付的相关税费计算确认该项土地使用权的成本。如涉及补价，土地使用权的取得成本还应加上应支付的补价款或减除应收到的补价款。

2. 换取的开发产品如为其他土地开发、建造的，接受投资的企业在投资交易发生时，按应付出开发产品市场公允价值和土地使用权转移过程中应支付的相关税费计算确认该项土地使用权的成本。如涉及补价，土地使用权的取得成本还应加上应支付的补价款或减除应收到的补价款。

（二）企业、单位以股权的形式，将土地使用权投资企业的，接受投资的企业应在投资交易发生时，按该项土地使用权的市场公允价值和土地使用权转移过程中应支付的相关税费计算确认该项土地使用权的取得成本。如涉及补价，土地使用权的取得成本还应加上应支付的补价款或减除应收到的补价款。

第三十七条　企业以换取开发产品为目的，将土地使用权投资其他企业房地产开发项目的，按以下规定进行处理：

企业应在首次取得开发产品时，将其分解为转让土地使用权和购入开发产品两项经济业务进行所得税处理，并按应从该项目取得的开发产品（包括首次取得的和以后应取得的）的市场公允价值计算确认土地使用权转让所得或损失。

说明：第三十一条和第三十七条实质是外单位出地，房地产开发企业名义立项开发项目，不一定成立独立法人公司，也符合土地增值税的合作建房规定。第三十一条是接收投资企业的土地使用权成本确认处理，第三十七条是投资企业的土地使用权成本确认处理。

2. 国税发〔2009〕31 号文第三十六条

第三十六条　企业以本企业为主体联合其他企业、单位、个人合作或合资开发房地产项目，且该项目未成立独立法人公司的，按下列规定进行处理：

（一）凡开发合同或协议中约定向投资各方（即合作、合资方，下同）分配开发产品的，企业在首次分配开发产品时，如该项目已经结算计税成本，其应分配给投资方开发产品的计税成本与其投资额之间的差额计入当期应纳税所得额；如未结算计税成本，则将投资方的投资额视同销售收入进行相关的税务处理。

（二）凡开发合同或协议中约定分配项目利润的，应按以下规定进行处理：

1. 企业应将该项目形成的营业利润额并入当期应纳税所得额统一申报缴纳企业所得税，不得在税前分配该项目的利润。同时，不能因接受投资方投资额而在成本中摊销或在税前扣除相关的利息支出。

2. 投资方取得该项目的营业利润应视同股息、红利进行相关的税务处理。

说明：第三十六条实质是外单位向房地产开发企业某一项目投资，以项目股份制为载体的一种融资方式，指土地使用权以外的其他资产投入建房的企业所得税问题，并不符合土地增值税的合作建房规定。

第三十六条第（一）部分的说明：房地产开发企业为各税种的主要纳税人，投资方仅在分得开发产品时计征印花税及契税等。如果投资方将分得的开发产品再进行销售，将涉及税金及附加、印花税、土地增值税、企业所得税等。

第三十六条第（二）部分的说明：强调了实质重于形式的要求。虽然合作各方没有另外单独成立法人公司，对于转让的部分，合作者没有成为法律形式上的股东，但是由于双方实质上是共同投资、共担风险、共享利润的投资行为，因此，所得税按照实质性投资收益进行税收处理。如果税收上不作为投资处理，就只能作为资金借贷关系处理，合作方投资收回的利润，视同借款利息收入，房地产开发企业就可以将分配的利润作为利息支出，按税法规定税前列支。

第六节 合作开发的风险防范

房地产项目合作开发周期长，投资成本高，不可预测的风险很多。

一、项目开发主体的风险防范

（一）审查投资的项目与实际建造的项目是否吻合

有的房地产开发企业因为手中有多个楼盘在建，会使用移花接木的手段来套取投资。比如，用地段位置好的甲项目吸引投资人眼球，然后在签订合同时用地段差的乙项目来代替。甲、乙两个项目的名称往往非常相似，不仔细审查是无法发现的。另外，还要关注该项目的市场销售预期是否乐观。

（二）审查房地产开发企业的资信情况

房地产开发企业的资信情况决定了项目的成功率，房地产开发企业诚信度越高，事后纠纷越少，合作成功率越高。在进行投资时，有必要聘请律师、会计师进行尽职调查，对开发商的银行账户、不动产和动产情况、履约情况、财务状况、现金流量、债权债务、劳动人事制度、社会保险缴纳等进行全面调查，看是否存在不良记录、是否有诉讼或其他纠纷。做到知己知彼，有备无患。

（三）审查房地产开发企业与建筑单位或监理单位的关系

有些房地产开发企业与建筑单位或监理单位关系密切，甚至投资者相同。显然，如果存在这样的关系，该项目的投资额就无法事先准确预算，或者不是合同能约束的。即使签订了正式的施工合同，在实践中，也存在大量的洽商变更，如果房地产开发企业与建筑单位或监理单位恶意串通，造成建安成本大幅度增加，则合作方的利润无法保证。

二、合同转性的风险防范

合作开发合同有可能转性为《土地使用权转让合同》《房屋买卖合同》《借款合同》《房屋租赁合同》。不承担经营风险的合作开发合同按照合同实际内容、真实目的给合同定性。如果当事人签订名不副实的合作合同，一旦纠纷发生，就要承担相应的法律后果。

三、资金监管的风险防范

资金监管是合作中很重要的问题，主要涉及如何保障投入项目中的资金真正应用到项目开发中去，不被对方私下挪用或者用于其他目的，尤其在投资方没有决策权时。一般来说，在决定对某项目进行投资时，都会要求对方提供详细的、最新的且经过法定审计事务所审计过的财务报表，来掌握项目的债权债务关系。项目成立时，出资多的合作方要委派财务负责人，出资少的合作方要委派出纳。

在非法人型合作开发合同履行中，为进行合作开发项目的转账结算、投资资金和使用资金的收付活动，合作各方常常约定设立共管账户，以共同监督项目资金的使用。在实践中，因共管账户的管理不规范而产生纠纷的例子很多。有的合作方疏于对共管账户的监督管理，共管账户完全由另一方控制。为了保护合作各方的利益，需要合作各方在合作开发合同中明确约定对共管账户的使用管理办法，尤其是预留印鉴中的财务章和人名章不应由一方保管，而应由各方分别保管，网上银行密码也应分别保管，这样有利于合作各方相互制约和监督。

四、争议解决方式约定不明的风险防范

目前，由于仲裁解决纠纷没有地域和级别管辖的限制，许多房地产合作开发合同中会约定，在发生争议后，通过仲裁的方式解决纠纷，但个别条款约定不明确，导致仲裁协议无效，无法实现当事人希望仲裁解决纠纷的目的。因此，必须明确具体的仲裁机构，同时要约定不能继续通过诉讼的方式解决，否则将导致仲裁协议无效。依法审查签订并诚实履行合作开发合同是避免纠纷发生的基础，要高度重视合同约定，双方的权利、义务及违约责任尤其应具体、明确，受益的分享及风险和损失的分担应清晰、到位，选择仲裁还是选择诉讼等争议解决方式约定要合法。

五、其他风险防范

在项目考察、决策、执行、完结、分配阶段，充分听取项目策划、规划、设计、建筑、金融、税务、监理、会计、法律等专家的意见，在法律框架内保障自身利益，实现双赢。

六、深圳市万科发展有限公司、深圳市黄龙白鹿投资发展有限公司合资、合作开发房地产合同纠纷二审民事裁定书

审理法院：最高人民法院

案号：（2018）最高法民辖终321号

当事人信息

上诉人（一审被告）：深圳市万科发展有限公司（原名深圳市万科房地产有限公司）。住所地：广东省深圳市盐田区梅沙街道环梅路33号万科中心总部大楼5楼A区

法定代表人：辜庆永，该公司董事长

委托诉讼代理人：杨谨睿，该公司员工

被上诉人（一审原告）：深圳市黄龙白鹿投资发展有限公司。住所地：广东省深圳市福田区渔农村海悦华城＊座＊＊＊室

法定代表人：陈毓雯，该公司董事长

一审第三人：雷芳，女，＊＊＊＊年＊＊月＊＊日出生，住湖北省仙桃市

一审第三人：叶润年，男，＊＊＊＊年＊＊月＊＊日出生，住广东省东莞市万江区

审理经过

上诉人深圳市万科发展有限公司（以下简称万科公司），因与被上诉人黄龙白鹿投资发展有限公司（以下简称白鹿公司）、一审第三人雷芳、叶润年合资、合作开发房地产合同纠纷管辖权异议一案，不服广东省高级人民法院（2018）粤民初56-1号民事裁定，向本院提起上诉。本院依法组成合议庭进行了审理，本案现已审理终结。

上诉人诉称

万科公司上诉称，（一）白鹿公司提供的评估报告明显不合理，不能作为认定本案真实标的额的证据，其诉讼请求标的额计算虚高，本案实际诉讼标的额远低于5亿元，根据《最高人民法院关于调整高级人民法院和中级人民法院管辖第一审民商事案件标准的通知》（法发〔2015〕7号）规定，本案不属于广东省高级人民法院级别管辖范围。白鹿公司以第三方机构评估报告为依据，主张深圳市富威东方房地产开发有限公司（以下简称东方公司）与深圳市大浪黄麻埔股份合作公司（以下简称黄麻埔公司）签订的《非农建设用地指标合作开发合同》的解除给万科公司造成损失4.5188745亿元。评估报告中，该金额系以11 097.08平方米指标全部腾挪到目标项目且开发作为前提，换算成对应面积项目可获得的收益得出。但事实上，第一，按照合作条件，项目销售收益由万科公司及深圳市大浪石凹股份有限公司（以下简称石凹公司）享有，与白鹿公司没有关系。第二，东方公司的公章由白鹿公司与万科公司共管，不存在万科公司单方解除《非农建设用地指标合作开发合同》的可能。第三，白鹿公司在《非农建设用地指标合作开发合同》项下未支付任何费用，不会发生损失。第四，即便《非农建设用地指标合作开发合同》不解除，黄麻埔公司指标最终可落土地面积也会在指标基础上打折。根据深圳市规划国土委龙华管理局批复：黄麻埔公司非农指标部分已具备原地开发条件，不予置换；另外一部分约3 245.61平方米，允许按六五折折算（折后2 109.64平方米）予以置换。因此，黄麻埔公司指标落地开发损失与万科公司无关，即便黄麻埔公司指标合同不解除，可落地指标也仅有2 109.64平方米。综上，评估报告明显不合理，不能作为确定本案诉讼标的额的证据，且即便按照评估报告的标准，开发损失也不超过9 000万元。（二）本案系城市更新纠纷，案件发生在深圳本地，城市更新政策体系庞杂，具有非常强的地域特点，涉及主体众多，关乎社会稳定，且已有关联案件在深圳本地受理，案件移交深圳本地法院审理，更有利于争议的妥善处理。白鹿公司与万科公司原建立合作关系的基础是，白鹿公司已通过其实际控制的东方公司与石凹公司就标的项目签署了合作协议，约定东方公司出资并负责报建及开发，获取项目70%权益；石凹公司出地，分得项目30%权益。目前，石凹公司已向广东省深圳

市中级人民法院起诉解除其与东方公司之间的合作协议，本案与该案具有直接的关联关系，该案的判决结果将直接影响本案的实体认定。综上，请求本院撤销广东省高级人民法院（2018）粤民初56-1号民事裁定并将本案移送至广东省深圳市中级人民法院审理。

被上诉人辩称

白鹿公司答辩称，（一）白鹿公司的诉讼请求标的额达到5.018亿元，按照《最高人民法院关于调整高级人民法院和中级人民法院管辖第一审民商事案件标准的通知》（法发〔2015〕7号）的规定，本案应由广东省高级人民法院管辖。（二）白鹿公司要求万科公司支付1亿元违约金和赔偿4.018亿元损失的诉讼请求是否能得到支持属于实体问题而非程序问题，万科公司以此为由提出管辖权异议，于法无据。（三）万科公司的不配合和不作为导致《非农建设用地指标合作开发合同》被无端解除，造成白鹿公司和东方公司约4.5188745亿元的损失，有深圳市英联土地房地产估价顾问有限公司的评估报告为据，足以认定。（四）石凹公司在广东省深圳市宝安区人民法院起诉东方公司解除合同纠纷一案中的诉讼请求无事实和法律根据。白鹿公司已向广东省高级人民法院提起诉讼，要求石凹公司继续履行合同和赔偿东方公司、白鹿公司5.38亿元损失，广东省高级人民法院已以（2018）粤民初55号一案受理白鹿公司的起诉，并进入了实体审理。故万科公司以石凹公司在深圳市起诉东方公司一案为由主张广东省高级人民法院对本案无管辖权，没有事实和法律根据。（五）万科公司提出管辖权异议意在拖延时间，妨害诉讼的顺利进行。综上，请求驳回万科公司的上诉。

本院认为

本院经审查认为，万科公司关于应将本案移送至广东省深圳市中级人民法院审理的上诉主张依据不足，不应支持。

《最高人民法院关于执行级别管辖规定几个问题的批复》（法复〔1996〕5号）第一条规定，在当事人双方或一方全部没有履行合同义务的情况下，发生纠纷起诉至法院的，如当事人在诉讼请求中明确要求全部履行合同的，应以合同总金额加上其他请求额作为诉讼标的额，并据以确定级别管辖；如当事人在诉讼请求中要求解除合同的，应以其具体的诉讼请求数额来确定诉讼标的额，并据以确定级别管辖。白鹿公司的第一项诉讼请求是确认《龙华新区大浪石凹富威新宝城项目合作协议》及其补充协议、白鹿公司与万科公司签订的《股权转让协议书》等已于2017年12月19日解除，因此，本案的诉讼标的额应依据白鹿公司具体的诉讼请求数额来确定。白鹿公司的第三项诉讼请求系判令万科公司向其支付1亿元的违约金，第四项诉讼请求系判令万科公司向其赔偿经济损失4.018亿元，该两项诉讼请求的总额为5.018亿元，白鹿公司已提供了案涉协议、借款合同、支付凭证及《房地产估价报告》等证据予以证明。万科公司虽上诉主张《房地产估价报告》评估价值虚高，但并未提供证据予以证实，对其该主张，本院不予支持。本案原、被告的住所地均在广东省，根据《最高人民法院关于调整高级人民法院和中级人民法院管辖第一审民商事案件标准的通知》（法发〔2015〕7号）第一条“北京、上海、江苏、浙江、广东高级人民法院，管辖诉讼标的额5亿元以上一审民商事案件……”之规定，本案应由广东省高级人民法院管辖。此外，石凹公司诉东方公司一案与本案的诉讼主体、涉及民事法律关系的内容与客体均不相同，故万科公司关于该案与本案具有直接关系，本案在深圳审理更为妥善的上诉主张没有法律依据，本院不予支持。

综上，万科公司的上诉请求不成立。依照《中华人民共和国民事诉讼法》第一百七十条第一款第一项、第一百七十一条规定，裁定如下：

本案裁判结果

驳回上诉，维持原裁定。

本裁定为终审裁定。

审判长　王毓莹

审判员　奚向阳

审判员　张颖新

法官助理　王智锋

二〇一八年九月二十七日

书记员　谢松珊

第七节　房屋置换与原地回迁的财税处理

为了推进安居工程，实现居者有其屋的伟大中国梦，推进城镇化建设除城市扩迁新建外，对原有中心城区进行旧城改造也是近几年城市规划建设的主要发展方向。对于房地产开发企业来说，回迁房并不陌生，因为伴随着房地产市场的发展，拆迁一直没有中断过，所以出现大量的回迁房。实务中，非货币性拆迁业务非常复杂，原地回迁安置业务引发的相关财税问题一直是理论界和实务界存在争议的地方，特别是原址回迁安置中的非货币业务，即对原有居民房屋进行拆迁，原址居民要求按所拆迁房屋产权面积在新建项目中按一定面积进行产权置换。

一、业务分析

通常，房地产开发企业与被拆迁人（单位或个人）通过协商达成的协议只约定被拆迁人原房屋产权面积、原房屋结构状况要素、四边临界和土地权属及未来回迁安置的新房屋面积、楼栋等信息，以及超过双方面积置换部分按什么标准向对方进行价值补偿。这种合同大部分按一比一或一比多的形式进行置换，合同中置换部分仅反映面积数据，不反映价值量。

现在，绝大多数房地产开发企业在会计处理时，将房屋置换误解为非货币性资产交换，按照《企业会计准则第7号——非货币性资产交换》的规定进行财务处理，只将收到补差部分确认收入或支出，对置换给被拆迁人的房产既不确认收入，也不确认成本。主要原因是，按该准则规定，换出的资产应按其公允价值进行计量，而签订的协议中，换出的资产是几年后的资产，其公允价值在该时点不能确定，换入的资产的公允价值也难以取得，需要进行评估，这就增大了业务的处理难度。

面对该业务，很多单位根本不知道如何处理，导致会计处理一直被拖延。这种处理方式表面看似合理，其实是错误地使用了会计政策。另外，由于旧房的规划指标、土地性质及土地使用权、使用年限与新房的规划指标、土地性质及土地使用权、使用年限存在差异，需要在达成置换协议后，在对旧房进行拆除的基础上，对旧房所占用的土地权属、性质及使用年限等进行变更、更改，还需要与新房所在地规划指标等统一，可能需要补交土地出让金及相应的费用。进行调整后，旧房所属地块会补新房屋中其他项目分摊，这些因素都将影响对于旧房价格的确定，也不是单纯地按市场评估就能解决的事项。这些情况都将导致一部分成本未能进入房地产开发企业的开发成本，故不能将该部分成本进行土地增值税的抵扣，给企业带来了巨大的经营和税务风险。

但通过仔细研究可以发现，根据实质重于形式原则，从这项业务的交易实质来看，相当于制造业的以旧换新业务，即新建房产换入被拆迁人的旧房产的一项交易。这项经济业务可以理解为由购买和销售两部分组成，即房地产开发企业先从被拆迁人手中购入旧房，再将新房以相同的价格出售给被拆迁人（这实质是一种附条件的置换行为）。但在实际业务操作过程中，拆迁协议中没有价值标的，即无法确定其计量价格，这个价格既不是目前旧房的评估价，也不是未来新房建成后的同类产品的市场售价，应该是未来新房建成后同类产品的成本价值。从这一点来看，要取得这个计量价格，必须等到项目完工清算后。从时间上看，这是不现实的问题。根据会计估值原理（比如制造业，在购进原材料的过程中，通常是货先到，发票后到，在跨会计期间时，一般采用暂估入账进行处理），可以在实际业务发生时，以本公司上一年完工项目的平均成本作为依据先进行财务处理，等该项目完工清算时再根据实际成本进行调整，从而使企业财务状况得到真实反映。这样，这个问题就迎刃而解，既符合会计相关要求，也有了计税基础。

二、计量价格的确定

由于项目完工时实际发生的成本中包括拆迁时暂估入账的部分成本，这样构成项目的成本（暂估入账部分成本）就成为一个循环，不能得出真实的计量价格，可以采用以下几种方式来确定完工时较为接近真实成本的计量价格。

（一）不考虑非货币性补偿部分的成本法

如果发生非货币性拆迁补偿部分涉及金额不多，可以根据会计上的重要性要求，不确认此部分金额，以项目实际发生的成本剔除暂估入账的成本后的成本计算得出计量价格。

单位计量价格=(项目实际成本-暂估入账成本)÷可售面积

计量价格=单位计量价格×置换面积

(二)修正成本法

以上以项目平均成本为基础，用上一项目到本项目完工期间的平均经济增长率来进行修正。

单位计量价格=（上一项目的平均成本+上一项目的平均成本×上一项目到本项目完工时的平均经济增长率）÷可售面积

计量价格=单位计量价格×置换面积

(三)核定成本法

以主管税务机关或物价部门核定的成本价为准。

(四)成本还原法

本方法是利用数学原理及工具建立模型求解得出的，所以也称数模求解法。下面通过一个数学命题来介绍该方法的原理及模型。

假设：某房地产开发企业开发 A 项目的全部成本为 3 000 万元，建筑面积为 20 000平方米，其中可用于对外销售的面积为 16 000 平方米，用于拆迁置换的面积为 4 000 平方米。将拆迁置换部分的对价成本设定为 M，那么，整个项目的开发成本为 3 000+M，则有下列等式成立：

$$[(3\,000+M)\div 20\,000]\times 4\,000=M$$

公式解析：

(1) [(3 000+M)÷20 000] 为 A 项目的单位成本

(2) [(3 000+M)÷20 000]×4 000 为拆迁置换部分的成本

(3) M 即拆迁置换部分的成本

可以用下图来表示它们之间的关系：

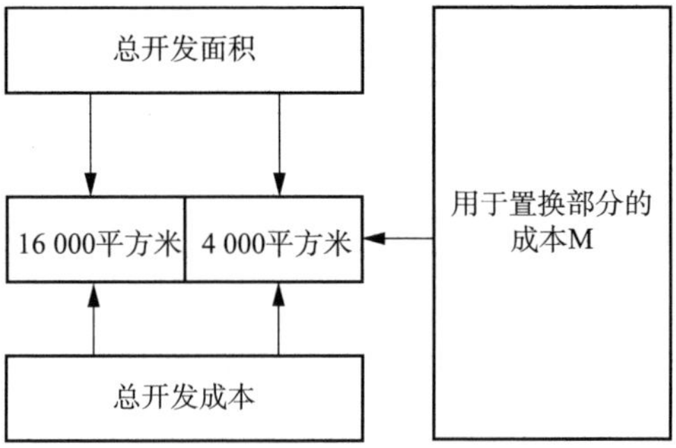

那么，上述公式可转换化为如下通用公式：

[（开发项目发生成本+M）÷项目开发面积]×用于拆迁置换部分面积=M

其中，M即计量价格。

用此方法计算出来的成本即还原的真实成本，也是最精准的成本，与前三种方法相比，此法得到的数据最为精确，也是最推荐的方法。

三、会计处理

1. 根据企业经营活动，实际发生此项经济业务时

借：开发成本——土地征用及拆迁补偿

　贷：其他应付款——其他

上述分录的金额为最近公司已完成项目平均成本。

2. 完工时

（1）先根据实际成本调整拆迁置换部分计量价格

借：开发成本——土地征用及拆迁补偿

　贷：其他应付款——其他

上述分录的金额为实际成本与“1”中计入的成本之差。

（2）结转完成产品成本

借：开发产品

　贷：开发成本

上述分录的金额为全部实际发生的（含已经调整的拆迁置换部分）成本。

3. 在房产移交被拆迁人（房屋置换方）时

不应确认收入

借：其他应付款——其他

　贷：开发产品

四、税收风险防范

（一）增值税

《财政部　国家税务总局关于全面推开营业税改征增值税试点的通知》（财税〔2016〕36号），附件1《营业税改征增值税试点实施办法》规定，下列项目免征增值税，（三十七）土地所有者出让土地使用权和土地使用者将土地使用权归还给土地所有者；第十条规定，销售服务、无形资产或转让不动产，是指有偿提供服务、有偿转让无形资产或者不动产。《销售服务、无形资产、不动产注释》规定，销售不动产是指转让不动产所有权的业务活动。

旧房改造中原地回迁行为不属于纯粹的房屋产权转让和拆迁行为，理由为假如房地产开发企业与原居住地房屋所有权人因达成房屋置换而产生的拆迁回迁行为，其实质并不是完整的以旧换新的经济交易，可以理解为一种附条件的交换。按国家对现行土地使用权的相关法规规定，土地使用权通常是带有使用年限的，原房屋权属所有人所拥有的房屋经过置换后，一般房地产开发企业需要将该原房屋权属附属的土地使用权进行变更、变性，从而使原土地使用权的性质和使用时间与房地产开发企业拟开发项目所属地块的土地性质和年限相同，这中间可能会涉及补交土地出让金的情形，实务中各地的处理存在差异。这种因旧改而产生的资产置换，从社会宏观视角来看，带有一定的公益性，在没有明确规定前，对于资产置换双方来说，被拆迁人取得补偿所得暂按不征增值税处理，对房地产开发企业也不应该征增值税。

有人会认为应该视同销售来征收增值税，根据税法规定，视同销售的情况分别为：（一）将货物交付他人代销；（二）销售代销货物；（三）设有两个以上机构并实行统一核算的纳税人，将货物从一个机构移送到其他机构用于销售，但相关机构设在同一县市的除外；（四）将自产或委托加工的货物用于非应税项目；（五）将自产、委托加工的货物用于集体福利或个人消费；（六）将自产、委托加工或购买的货物用于投资或提供给其他单位、个体经营者；（七）将自产、委托加工或购买的货物分配给股东或投资者；（八）将自产、委托加工或购买的货物无偿赠送给他人。可见，旧房改造中的置换——原地回迁安置完全不属于上述所列情形，因此，也不存在视同销售征收增值税的问题。

（二）土地增值税

土地增值税是以国有土地使用权、地上建筑物及其附着物在转让过程中增值部分为计税依据进行计算征收的一种税，影响增值额的因素主要归结于取得的收入和准予扣除的项目。

从前述增值税影响分析中可以知道，由于需要对置换的原土地使用权的权属及使用年限进行变更、更改，所以会因变更、更改原土地使用权的权属及使用年限产生补缴土地出让金，同样变更土地权属及使用年限后，因为规划建设指标的影响，使得置换后的土地分摊到其所建设的相应项目，所以这部分成本应该计入整个项目进行土地增值税的汇算清缴，而置换后回迁归还原房屋所有权人的土地及应分摊的各项成本也应在进行土地税汇算清缴时剔出。

依据《中华人民共和国土地增值税暂行条例实施细则》第一条第四款、《财政部　国家税务总局关于土地增值税若干问题的通知》（财税〔2016〕21号）第四条，因城市实施规划、国家建设的需要而搬迁，由纳税人自行转让原房地产的，比照本规定免征增值税。

因“城市实施规则”而搬迁，是指因旧城改造或因企业污染、扰民（指产生过量废气、废水、废渣和噪声，使城市居民生活受到一定危害），而由政府或政府有关主管部门根据已审批通过的城市规划确定进行搬迁的情况；因“国家建设的需要”而搬迁，是指因实施国务院、省级人民政府、国务院有关部委批准的建设项目而进行搬迁的情况。

（三）个人所得税

（1）《财政部　国家税务总局关于城镇房屋拆迁有关税收政策的通知》（财税〔2005〕45号）第一条规定，对被拆迁人按照国家有关城镇房屋拆迁管理办法规定的标准取得的拆迁补偿款，免征个人所得税。

（2）《财政部　国家税务总局关于易地扶贫搬迁税收优惠政策的通知》（财税〔2018〕135号）第一条第（一）项，对于易地扶贫搬迁贫困人口按规定取得的住房建设补助资金、拆旧复垦奖励资金等与易地扶贫搬迁相关的货币化补偿和易地扶贫搬迁安置住房（以下简称安置住房），免征个人所得税。

（四）城镇土地使用税

《财政部　国家税务总局关于易地扶贫搬迁税收优惠政策的通知》（财税〔2018〕135号）第二条第（三）项至第（四）项，对安置住房用地，免征城镇土地使用税。在商品住房等开发项目中配套建设安置住房的，按安置住房建筑面积占总建筑面积的比例，计算应予免征的安置住房用地相关的城镇土地使用税。

（五）印花税

依据《财政部　国家税务总局关于易地扶贫搬迁税收优惠政策的通知》（财税〔2018〕135号）第二条规定，对易地扶贫搬迁项目实施主体（以下简称项目实施主体）取得用于建设安置住房的土地，免征印花税。

对安置住房建设和分配过程中应由项目实施主体、项目单位缴纳的印花税，予以免征。

在商品住房等开发项目中配套建设安置住房的，按安置住房建筑面积占总建筑面积的比例，计算应予免征的项目实施主体、项目单位的印花税。

对项目实施主体购买商品住房或者回购保障性住房作为安置住房房源的，免征印花税。

（六）契税

《财政部　国家税务总局关于企业以售后回租方式进行融资等有关契税政策的通知》（财税〔2012〕82号）规定，居民因个人房屋被征收而选择房屋产权调换，并且不缴纳房屋产权调换差价的，对新换房屋免征契税；缴纳房屋产权调换差价的，对差价部分按规定征收契税。

第八节　房地产集团公司向所属子公司提供服务收入的财税处理

为了便于房地产集团公司及所属子公司整体的税务筹划，也为了集团公司平时的业务需要和集团公司平台的正常运转，对于集团公司与所属子公司如何管控，一直是管理与财务研究的主要方向。本节主要从财务及整体税务筹划视角介绍集团公司向所属子公司提供管理服务时如何记账。

一、现行税务法规对于集团提供服务的依据

《国家税务总局关于母子公司间提供服务支付费用有关企业所得税处理问题的通知》（国税发〔2008〕86号）规定，母公司为其子公司提供各种服务发生的费用，应按照独立企业之间公平交易原则确定服务的价格，作为企业正常的劳务费用进行税务处理。母子公司未按独立企业之间的业务往来收取价款的，税务机关有权予以调整。母公司向其子公司提供各项服务，双方应签订服务合同或协议，明确规定提供服务的内容、收费标准及金额等，凡按上述合同或协议规定所发生的服务费，母公司应作营业收入申报纳税。母公司向其多个子公司提供同类项服务，其收取的服务费可以采取分项签订合同或协议收取的方式；也可以采取服务分摊协议的方式，即由母公司与各子公司签订服务费用分摊合同或协议，以母公司为其子公司提供服务所发生的实际费用并附加一定比例利润作为向子公司收取的总服务费，在各服务受益子公司（包括盈利企业、亏损享受减免税企业）之间按独立交易原则合理分摊。

房地产集团公司在按照上述规定操作时，应当根据具体的服务内容向子公司开具“服务业”发票。子公司凭借上述发票预收税前扣除。另外，房地产集团公司与子公司签订服务费用分摊协议时，要注意按照《国家税务总局关于印发〈特别纳税调整实施办法（试行）〉的通知》（国税发〔2009〕2号）文件要求进行操作。

1. 适用对象

企业与其关联方签署成本分摊协议，共同开发、受让无形资产，或者共同提供、接受劳务。

2. 适用范围

成本分摊协议的参与方对开发、受让的无形资产或参与的劳务活动享有受益权，并承担相应的活动成本。关联方承担的成本应与非关联方在可比条件下为获得上述受益权而支付的成本相一致。参与方使用成本分摊协议所开发或受让的无形资产不需要另支付特许权使用费。企业对成本分摊协议所涉及无形资产的劳务受益权应有合理的、可计量的预期收益，且以合理的商业假设和营业常规为基础。涉及劳务的成本分摊协议一般适用于集团采购和集团营销策划。

3. 成本分摊协议内容

（1）参与方的名称、所在国家（地区）、关联关系、在协议中的权利和义务；

（2）成本分摊协议涉及的无形资产或劳务的内容、范围，协议涉及研发或劳务活动的具体承担者及其职责、任务；

（3）协议期限；

（4）参与方预期收益的计算方法和假设；

（5）参与方初始投入和后续成本支付的金额、形式、价值确认的方法以及符合独立交易说明；

（6）参与方会计方法的运用及变更说明；

（7）参与方加入或退出协议的程序及处理规定；

（8）参与方之间补偿支付的条件及处理规定；

（9）协议变更或终止的条件处理规定；

（10）非参与方使用协议成果的规定。

4. 成本分摊协议调整

已经执行并形成一定资产的成本分摊协议，参与方发生变更或协议终止执行，应根据独立交易原则作如下处理：

（1）加入支付，即新参与方为获得已有协议成果的受益权应做出合理的支付；

（2）退出补偿，即原参与方退出协议安排，将已有协议成果的受益权转让给其他参与方应获得合理的补偿；

（3）参与方变更后，应对各方受益和成本分摊情况做出相应调整；

（4）协议终止时，各参与方应对已有协议成果做出合理分配。

企业不按独立交易原则对上述情况做出处理而减少其应纳税所得额的，税务机关有权做出调整。

成本分摊协议执行期间，参与方实际分享的收益与分摊的成本不相配比的，应根据实际情况做出补偿调整。

5. 成本分摊协议备案

企业应自成本分摊协议达成之日起 30 日内，层报国家税务总局备案。税务机关判定成本分摊协议是否符合交易原则须层报国家税务总局审核。

6. 成本分摊协议资料管理

企业执行成本分摊协议期间，应准备和保存以下成本分摊协议的同期资料：

（1）成本分摊协议副本；

（2）成本分摊协议各参与方之间达成的为实施协议的其他协议；

（3）非参与方使用协议的情况、支付的金额及形式；

（4）本年度成本分摊协议的参与方加入或退出情况，包括加入或退出的参与方名称、所在国家（地区）、关联关系，加入支付或退出补偿的金额及形式；

（5）成本分摊协议的变更或终止情况，包括变更或终止的原因、对已形成协议成果的处理或分配；

（6）本年度按照成本分摊协议发生的成本总额及构成情况；

（7）本年度各参与方成本分摊的情况，包括成本金额、形式、对象，做出或接受补偿支付的金额、形式、对象；

（8）本年度协议预期收益与实际比较及由此做出的调整。

企业执行成本分摊协议期间，无论成本分摊协议是否采取预约定价安排的方式，均应在本年度的次年6月20日之前向税务机关提供成本分摊协议的同期资料。

7. 成本分摊协议的税前扣除

（1）对于符合独立交易原则的成本分摊协议，有关税务处理如下：

A. 企业按照协议分摊的成本，应在协议规定的各年度税前扣除；

B. 涉及补偿调整的，应在补偿调整的年度计入应纳税所得额；

C. 涉及无形资产的成本分摊协议，加入支付、退出补偿或终止协议时对协议成果分配的，应按资产购置或处置的有关规定处理。

（2）企业与其关联方签署成本分摊协议，有下列情形之一的，其自行分摊的成本不得税前扣除：

A. 不具有合理商业目的和经济实质；

B. 不符合独立交易原则；

C. 没有遵循成本与收益配比原则；

D. 未按成本办法有关规定备案或准备、保存和提供有关成本分摊协议的同期资料；

E. 自签署成本分摊协议之日起经营期限少于20年。

二、母子公司间提供服务的涉税处理

从上述文件可以看出，当母公司向子公司提供管理服务时，是存在与子公司之间签订服务协议，以服务费的方式由母公司向子公司收取一定服务费的可能的，具体在协议中约定服务的内容、价格与期限，然后按约定的时间由子公司向母公司支付服务费，母公司根据收到的金额开具“服务业”增值税专用发票给子公司。对于母公司来说，其财务处理为：借记“银行存款”科目，贷记“营业收入”和“应交税费——增值税（销售）”科目；对于子公司来说，根据收到的发票、银行付款凭证及合同复印件，其财务处理为：借记“管理费用”和“应交税费——增值税（进项）”科目，贷记“银行存款”科目。

在这一业务中，母公司涉及的税金有增值税及附加、企业所得税，都可以按相关税务处理方式进行抵扣和扣除。

在实务中，有些母公司为子公司提供了相应的服务，发生了差旅费，直接将相关人员的费用凭证拿到子公司作为费用处理，这样存在巨大的税务风险，通过上述方式的处理，可以规避这种风险，减少不必要的损失。

附　录

中华人民共和国城市房地产管理法

（1994年7月5日第八届全国人民代表大会常务委员会第八次会议通过　根据2007年8月30日第十届全国人民代表大会常务委员会第二十九次会议《关于修改〈中华人民共和国城市房地产管理法〉的决定》第一次修正　根据2009年8月27日第十一届全国人民代表大会常务委员会第十次会议《关于修改部分法律的决定》第二次修正　根据2019年8月26日第十三届全国人民代表大会常务委员会第十二次会议《关于修改〈中华人民共和国土地管理法〉、〈中华人民共和国城市房地产管理法〉的决定》第三次修正）

第一章　总　则

第一条　为了加强对城市房地产的管理，维护房地产市场秩序，保障房地产权利人的合法权益，促进房地产业的健康发展，制定本法。

第二条　在中华人民共和国城市规划区国有土地（以下简称国有土地）范围内取得房地产开发用地的土地使用权，从事房地产开发、房地产交易，实施房地产管理，应当遵守本法。

本法所称房屋，是指土地上的房屋等建筑物及构筑物。

本法所称房地产开发，是指在依据本法取得国有土地使用权的土地上进行基础设施、房屋建设的行为。

本法所称房地产交易，包括房地产转让、房地产抵押和房屋租赁。

第三条　国家依法实行国有土地有偿、有限期使用制度。但是，国家在本法规定的范围内划拨国有土地使用权的除外。

第四条　国家根据社会、经济发展水平，扶持发展居民住宅建设，逐步改善居民的居住条件。

第五条　房地产权利人应当遵守法律和行政法规，依法纳税。房地产权利人的合法权益受法律保护，任何单位和个人不得侵犯。

第六条　为了公共利益的需要，国家可以征收国有土地上单位和个人的房屋，并依法给予拆迁补偿，维护被征收人的合法权益；征收个人住宅的，还应当保障被征收人的居住条件。具体办法由国务院规定。

第七条 国务院建设行政主管部门、土地管理部门依照国务院规定的职权划分，各司其职，密切配合，管理全国房地产工作。

县级以上地方人民政府房产管理、土地管理部门的机构设置及其职权由省、自治区、直辖市人民政府确定。

第二章 房地产开发用地

第一节 土地使用权出让

第八条 土地使用权出让，是指国家将国有土地使用权（以下简称土地使用权）在一定年限内出让给土地使用者，由土地使用者向国家支付土地使用权出让金的行为。

第九条 城市规划区内的集体所有的土地，经依法征收转为国有土地后，该幅国有土地的使用权方可有偿出让，但法律另有规定的除外。

第十条 土地使用权出让，必须符合土地利用总体规划、城市规划和年度建设用地计划。

第十一条 县级以上地方人民政府出让土地使用权用于房地产开发的，须根据省级以上人民政府下达的控制指标拟订年度出让土地使用权总面积方案，按照国务院规定，报国务院或者省级人民政府批准。

第十二条 土地使用权出让，由市、县人民政府有计划、有步骤地进行。出让的每幅地块、用途、年限和其他条件，由市、县人民政府土地管理部门会同城市规划、建设、房产管理部门共同拟订方案，按照国务院规定，报经有批准权的人民政府批准后，由市、县人民政府土地管理部门实施。

直辖市的县人民政府及其有关部门行使前款规定的权限，由直辖市人民政府规定。

第十三条 土地使用权出让，可以采取拍卖、招标或者双方协议的方式。

商业、旅游、娱乐和豪华住宅用地，有条件的，必须采取拍卖、招标方式；没有条件，不能采取拍卖、招标方式的，可以采取双方协议的方式。

采取双方协议方式出让土地使用权的出让金不得低于按国家规定所确定的最低价。

第十四条 土地使用权出让最高年限由国务院规定。

第十五条 土地使用权出让，应当签订书面出让合同。

土地使用权出让合同由市、县人民政府土地管理部门与土地使用者签订。

第十六条 土地使用者必须按照出让合同约定，支付土地使用权出让金；未按照出让合同约定支付土地使用权出让金的，土地管理部门有权解除合同，并可以请求违约赔偿。

第十七条 土地使用者按照出让合同约定支付土地使用权出让金的，市、县人民政府土地管理部门必须按照出让合同约定，提供出让的土地；未按照出让合同约定提供出让的土地的，土地使用者有权解除合同，由土地管理部门返还土地使用权出让金，土地使用者并可以请求违约赔偿。

第十八条 土地使用者需要改变土地使用权出让合同约定的土地用途的，必须取得出让方和市、县人民政府城市规划行政主管部门的同意，签订土地使用权出让合同变更协议或者重新签订土地使用权出让合同，相应调整土地使用权出让金。

第十九条 土地使用权出让金应当全部上缴财政，列入预算，用于城市基础设施建设和土地开发。土地使用权出让金上缴和使用的具体办法由国务院规定。

第二十条 国家对土地使用者依法取得的土地使用权，在出让合同约定的使用年限届满前不收回；在特殊情况下，根据社会公共利益的需要，可以依照法律程序提前收回，并根据土地使用者使用土地的实际年限和开发土地的实际情况给予相应的补偿。

第二十一条 土地使用权因土地灭失而终止。

第二十二条 土地使用权出让合同约定的使用年限届满，土地使用者需要继续使用土地的，应当至迟于届满前一年申请续期，除根据社会公共利益需要收回该幅土地的，应当予以批准。经批准准予续期的，应当重新签订土地使用权出让合同，依照规定支付土地使用权出让金。

土地使用权出让合同约定的使用年限届满，土地使用者未申请续期或者虽申请续期但依照前款规定未获批准的，土地使用权由国家无偿收回。

第二节 土地使用权划拨

第二十三条 土地使用权划拨，是指县级以上人民政府依法批准，在土地使用者缴纳补偿、安置等费用后将该幅土地交付其使用，或者将土地使用权无偿交付给土地使用者使用的行为。

依照本法规定以划拨方式取得土地使用权的，除法律、行政法规另有规定外，没有使用期限的限制。

第二十四条 下列建设用地的土地使用权，确属必需的，可以由县级以上人民政府依法批准划拨：

（一）国家机关用地和军事用地；

（二）城市基础设施用地和公益事业用地；

（三）国家重点扶持的能源、交通、水利等项目用地；

（四）法律、行政法规规定的其他用地。

第三章 房地产开发

第二十五条 房地产开发必须严格执行城市规划，按照经济效益、社会效益、环境效益相统一的原则，实行全面规划、合理布局、综合开发、配套建设。

第二十六条 以出让方式取得土地使用权进行房地产开发的，必须按照土地使用权出让合同约定的土地用途、动工开发期限开发土地。超过出让合同约定的动工开发日期满一年未动工开发的，可以征收相当于土地使用权出让金百分之二十以下的土地闲置费；满二年未动工开发的，可以无偿收回土地使用权；但是，因不可抗力或者政府、政府有关部门的行为或者动工开发必需的前期工作造成动工开发迟延的除外。

第二十七条 房地产开发项目的设计、施工，必须符合国家的有关标准和规范。

房地产开发项目竣工，经验收合格后，方可交付使用。

第二十八条 依法取得的土地使用权，可以依照本法和有关法律、行政法规的规定，作价入股，合资、合作开发经营房地产。

第二十九条 国家采取税收等方面的优惠措施鼓励和扶持房地产开发企业开发建设居民住宅。

第三十条 房地产开发企业是以营利为目的，从事房地产开发和经营的企业。设立房地产开发企业，应当具备下列条件：

（一）有自己的名称和组织机构；

（二）有固定的经营场所；

（三）有符合国务院规定的注册资本；

（四）有足够的专业技术人员；

（五）法律、行政法规规定的其他条件。

设立房地产开发企业，应当向工商行政管理部门申请设立登记。工商行政管理部门对符合本法规定条件的，应当予以登记，发给营业执照；对不符合本法规定条件的，不予登记。

设立有限责任公司、股份有限公司，从事房地产开发经营的，还应当执行公司法的有关规定。

房地产开发企业在领取营业执照后的一个月内，应当到登记机关所在地的县级以上地方人民政府规定的部门备案。

第三十一条 房地产开发企业的注册资本与投资总额的比例应当符合国家有关规定。

房地产开发企业分期开发房地产的，分期投资额应当与项目规模相适应，并按照土地使用权出让合同的约定，按期投入资金，用于项目建设。

第四章 房地产交易

第一节 一般规定

第三十二条 房地产转让、抵押时，房屋的所有权和该房屋占用范围内的土地使用权同时转让、抵押。

第三十三条 基准地价、标定地价和各类房屋的重置价格应当定期确定并公布。具体办法由国务院规定。

第三十四条 国家实行房地产价格评估制度。

房地产价格评估，应当遵循公正、公平、公开的原则，按照国家规定的技术标准和评估程序，以基准地价、标定地价和各类房屋的重置价格为基础，参照当地的市场价格进行评估。

第三十五条 国家实行房地产成交价格申报制度。

房地产权利人转让房地产，应当向县级以上地方人民政府规定的部门如实申报成交价，不得瞒报或者作不实的申报。

第三十六条 房地产转让、抵押，当事人应当依照本法第五章的规定办理权属登记。

第二节 房地产转让

第三十七条 房地产转让，是指房地产权利人通过买卖、赠与或者其他合法方式将其房地产转移给他人的行为。

第三十八条 下列房地产，不得转让：

（一）以出让方式取得土地使用权的，不符合本法第三十九条规定的条件的；

（二）司法机关和行政机关依法裁定、决定查封或者以其他形式限制房地产权利的；

（三）依法收回土地使用权的；

（四）共有房地产，未经其他共有人书面同意的；

（五）权属有争议的；

（六）未依法登记领取权属证书的；

（七）法律、行政法规规定禁止转让的其他情形。

第三十九条 以出让方式取得土地使用权的，转让房地产时，应当符合下列条件：

（一）按照出让合同约定已经支付全部土地使用权出让金，并取得土地使用权证书；

（二）按照出让合同约定进行投资开发，属于房屋建设工程的，完成开发投资总额的百分之二十五以上，属于成片开发土地的，形成工业用地或者其他建设用地条件。

转让房地产时房屋已经建成的，还应当持有房屋所有权证书。

第四十条 以划拨方式取得土地使用权的，转让房地产时，应当按照国务院规定，报有批准权的人民政府审批。有批准权的人民政府准予转让的，应当由受让方办理土地使用权出让手续，并依照国家有关规定缴纳土地使用权出让金。

以划拨方式取得土地使用权的，转让房地产报批时，有批准权的人民政府按照国务院规定决定可以不办理土地使用权出让手续的，转让方应当按照国务院规定将转让房地产所获收益中的土地收益上缴国家或者作其他处理。

第四十一条 房地产转让，应当签订书面转让合同，合同中应当载明土地使用权取得的方式。

第四十二条 房地产转让时，土地使用权出让合同载明的权利、义务随之转移。

第四十三条 以出让方式取得土地使用权的，转让房地产后，其土地使用权的使用年限为原土地使用权出让合同约定的使用年限减去原土地使用者已经使用年限后的剩余年限。

第四十四条 以出让方式取得土地使用权的，转让房地产后，受让人改变原土地使用权出让合同约定的土地用途的，必须取得原出让方和市、县人民政府城市规划行政主管部门的同意，签订土地使用权出让合同变更协议或者重新签订土地使用权出让合同，相应调整土地使用权出让金。

第四十五条 商品房预售，应当符合下列条件：

（一）已交付全部土地使用权出让金，取得土地使用权证书；

（二）持有建设工程规划许可证；

（三）按提供预售的商品房计算，投入开发建设的资金达到工程建设总投资的百分之二十五以上，并已经确定施工进度和竣工交付日期；

（四）向县级以上人民政府房产管理部门办理预售登记，取得商品房预售许可证明。

商品房预售人应当按照国家有关规定将预售合同报县级以上人民政府房产管理部门和土地管理部门登记备案。

商品房预售所得款项，必须用于有关的工程建设。

第四十六条 商品房预售的，商品房预购人将购买的未竣工的预售商品房再行转让的问题，由国务院规定。

第三节 房地产抵押

第四十七条 房地产抵押，是指抵押人以其合法的房地产以不转移占有的方式向抵押权人提供债务履行担保的行为。债务人不履行债务时，抵押权人有权依法以抵押的房地产拍卖所得的价款优先受偿。

第四十八条 依法取得的房屋所有权连同该房屋占用范围内的土地使用权，可以设定抵押权。

以出让方式取得的土地使用权，可以设定抵押权。

第四十九条 房地产抵押，应当凭土地使用权证书、房屋所有权证书办理。

第五十条 房地产抵押，抵押人和抵押权人应当签订书面抵押合同。

第五十一条 设定房地产抵押权的土地使用权是以划拨方式取得的，依法拍卖该房地产后，应当从拍卖所得的价款中缴纳相当于应缴纳的土地使用权出让金的款额后，抵押权人方可优先受偿。

第五十二条 房地产抵押合同签订后，土地上新增的房屋不属于抵押财产。需要拍卖该抵押的房地产时，可以依法将土地上新增的房屋与抵押财产一同拍卖，但对拍卖新增房屋所得，抵押权人无权优先受偿。

第四节 房屋租赁

第五十三条 房屋租赁，是指房屋所有权人作为出租人将其房屋出租给承租人使用，由承租人向出租人支付租金的行为。

第五十四条 房屋租赁，出租人和承租人应当签订书面租赁合同，约定租赁期限、租赁用途、租赁价格、修缮责任等条款，以及双方的其他权利和义务，并向房产管理部门登记备案。

第五十五条 住宅用房的租赁，应当执行国家和房屋所在城市人民政府规定的租赁政策。租用房屋从事生产、经营活动的，由租赁双方协商议定租金和其他租赁条款。

第五十六条 以营利为目的，房屋所有权人将以划拨方式取得使用权的国有土地上建成的房屋出租的，应当将租金中所含土地收益上缴国家。具体办法由国务院规定。

第五节 中介服务机构

第五十七条 房地产中介服务机构包括房地产咨询机构、房地产价格评估机构、房地产经纪机构等。

第五十八条 房地产中介服务机构应当具备下列条件：

（一）有自己的名称和组织机构；

（二）有固定的服务场所；

（三）有必要的财产和经费；

（四）有足够数量的专业人员；

（五）法律、行政法规规定的其他条件。

设立房地产中介服务机构，应当向工商行政管理部门申请设立登记，领取营业执照后，方可开业。

第五十九条 国家实行房地产价格评估人员资格认证制度。

第五章 房地产权属登记管理

第六十条 国家实行土地使用权和房屋所有权登记发证制度。

第六十一条 以出让或者划拨方式取得土地使用权，应当向县级以上地方人民政府土地管理部门申请登记，经县级以上地方人民政府土地管理部门核实，由同级人民政府颁发土地使用权证书。

在依法取得的房地产开发用地上建成房屋的，应当凭土地使用权证书向县级以上地方人民政府房产管理部门申请登记，由县级以上地方人民政府房产管理部门核实并颁发房屋所有权证书。

房地产转让或者变更时，应当向县级以上地方人民政府房产管理部门申请房产变更登记，并凭变更后的房屋所有权证书向同级人民政府土地管理部门申请土地使用权变更登记，经同级人民政府土地管理部门核实，由同级人民政府更换或者更改土地使用权证书。

法律另有规定的，依照有关法律的规定办理。

第六十二条 房地产抵押时，应当向县级以上地方人民政府规定的部门办理抵押登记。

因处分抵押房地产而取得土地使用权和房屋所有权的，应当依照本章规定办理过户登记。

第六十三条 经省、自治区、直辖市人民政府确定，县级以上地方人民政府由一个部门统一负责房产管理和土地管理工作的，可以制作、颁发统一的房地产权证书，依照本法第六十一条的规定，将房屋的所有权和该房屋占用范围内的土地使用权的确认和变更，分别载入房地产权证书。

第六章 法律责任

第六十四条 违反本法第十一条、第十二条的规定，擅自批准出让或者擅自出让土地使用权用于房地产开发的，由上级机关或者所在单位给予有关责任人员行政处分。

第六十五条 违反本法第三十条的规定，未取得营业执照擅自从事房地产开发业务的，由县级以上人民政府工商行政管理部门责令停止房地产开发业务活动，没收违法所得，可以并处罚款。

第六十六条 违反本法第三十九条第一款的规定转让土地使用权的，由县级以上人民政府土地管理部门没收违法所得，可以并处罚款。

第六十七条 违反本法第四十条第一款的规定转让房地产的，由县级以上人民政府土地管理部门责令缴纳土地使用权出让金，没收违法所得，可以并处罚款。

第六十八条 违反本法第四十五条第一款的规定预售商品房的，由县级以上人民政府房产管理部门责令停止预售活动，没收违法所得，可以并处罚款。

第六十九条 违反本法第五十八条的规定，未取得营业执照擅自从事房地产中介服务业务的，由县级以上人民政府工商行政管理部门责令停止房地产中介服务业务活动，没收违法所得，可以并处罚款。

第七十条 没有法律、法规的依据，向房地产开发企业收费的，上级机关应当责令退回所收取的钱款；情节严重的，由上级机关或者所在单位给予直接责任人员行政处分。

第七十一条 房产管理部门、土地管理部门工作人员玩忽职守、滥用职权，构成犯罪的，依法追究刑事责任；不构成犯罪的，给予行政处分。

房产管理部门、土地管理部门工作人员利用职务上的便利，索取他人财物，或者非法收受他人财物为他人谋取利益，构成犯罪的，依法追究刑事责任；不构成犯罪的，给予行政处分。

第七章 附 则

第七十二条 在城市规划区外的国有土地范围内取得房地产开发用地的土地使用权，从事房地产开发、交易活动以及实施房地产管理，参照本法执行。

第七十三条 本法自 1995 年 1 月 1 日起施行。

城市房地产开发经营管理条例

（1998 年 7 月 20 日中华人民共和国国务院令第 248 号发布　根据 2011 年 1 月 8 日国务院令第 588 号《国务院关于废止和修改部分行政法规的决定》第一次修订　根据 2018 年 3 月 19 日《国务院关于修改和废止部分行政法规的决定》第二次修订　根据 2019 年 3 月 24 日《国务院关于修改部分行政法规的决定》第三次修订）

第一章　总　则

第一条　为了规范房地产开发经营行为，加强对城市房地产开发经营活动的监督管理，促进和保障房地产业的健康发展，根据《中华人民共和国城市房地产管理法》的有关规定，制定本条例。

第二条　本条例所称房地产开发经营，是指房地产开发企业在城市规划区内国有土地上进行基础设施建设、房屋建设，并转让房地产开发项目或者销售、出租商品房的行为。

第三条　房地产开发经营应当按照经济效益、社会效益、环境效益相统一的原则，实行全面规划、合理布局、综合开发、配套建设。

第四条　国务院建设行政主管部门负责全国房地产开发经营活动的监督管理工作。

县级以上地方人民政府房地产开发主管部门负责本行政区域内房地产开发经营活动的监督管理工作。

县级以上人民政府负责土地管理工作的部门依照有关法律、行政法规的规定，负责与房地产开发经营有关的土地管理工作。

第二章　房地产开发企业

第五条　设立房地产开发企业，除应当符合有关法律、行政法规规定的企业设立条件外，还应当具备下列条件：

（一）有 100 万元以上的注册资本；

（二）有 4 名以上持有资格证书的房地产专业、建筑工程专业的专职技术人员，2 名以上持有资格证书的专职会计人员。

省、自治区、直辖市人民政府可以根据本地方的实际情况，对设立房地产开发企业的注册资本和专业技术人员的条件作出高于前款的规定。

第六条 外商投资设立房地产开发企业的，除应当符合本条例第五条的规定外，还应当依照外商投资企业法律、行政法规的规定。

第七条 设立房地产开发企业，应当向县级以上人民政府工商行政管理部门申请登记。工商行政管理部门对符合本条例第五条规定条件的，应当自收到申请之日起 30 日内予以登记；对不符合条件不予登记的，应当说明理由。

工商行政管理部门在对设立房地产开发企业申请登记进行审查时，应当听取同级房地产开发主管部门的意见。

第八条 房地产开发企业应当自领取营业执照之日起 30 日内，提交下列纸质或者电子材料，向登记机关所在地的房地产开发主管部门备案：

（一）营业执照复印件；

（二）企业章程；

（三）专业技术人员的资格证书和聘用合同。

第九条 房地产开发主管部门应当根据房地产开发企业的资产、专业技术人员和开发经营业绩等，对备案的房地产开发企业核定资质等级。房地产开发企业应当按照核定的资质等级，承担相应的房地产开发项目。具体办法由国务院建设行政主管部门制定。

第三章 房地产开发建设

第十条 确定房地产开发项目，应当符合土地利用总体规划、年度建设用地计划和城市规划、房地产开发年度计划的要求；按照国家有关规定需要经计划主管部门批准的，还应当报计划主管部门批准，并纳入年度固定资产投资计划。

第十一条 确定房地产开发项目，应当坚持旧区改建和新区建设相结合的原则，注重开发基础设施薄弱、交通拥挤、环境污染严重以及危旧房屋集中的区域，保护和改善城市生态环境，保护历史文化遗产。

第十二条 房地产开发用地应当以出让方式取得；但是，法律和国务院规定可以采用划拨方式的除外。

土地使用权出让或者划拨前，县级以上地方人民政府城市规划行政主管部门和房地产开发主管部门应当对下列事项提出书面意见，作为土地使用权出让或者划拨的依据之一：

（一）房地产开发项目的性质、规模和开发期限；

（二）城市规划设计条件；

（三）基础设施和公共设施的建设要求；

（四）基础设施建成后的产权界定；

（五）项目拆迁补偿、安置要求。

第十三条 房地产开发项目应当建立资本金制度，资本金占项目总投资的比例不得低于 20%。

第十四条 房地产开发项目的开发建设应当统筹安排配套基础设施，并根据先地下、后地上的原则实施。

第十五条 房地产开发企业应当按照土地使用权出让合同约定的土地用途、动工开发期限进行项目开发建设。出让合同约定的动工开发期限满1年未动工开发的，可以征收相当于土地使用权出让金20%以下的土地闲置费；满2年未动工开发的，可以无偿收回土地使用权。但是，因不可抗力或者政府、政府有关部门的行为或者动工开发必需的前期工作造成动工迟延的除外。

第十六条 房地产开发企业开发建设的房地产项目，应当符合有关法律、法规的规定和建筑工程质量、安全标准、建筑工程勘察、设计、施工的技术规范以及合同的约定。

房地产开发企业应当对其开发建设的房地产开发项目的质量承担责任。

勘察、设计、施工、监理等单位应当依照有关法律、法规的规定或者合同的约定，承担相应的责任。

第十七条 房地产开发项目竣工，依照《建设工程质量管理条例》的规定验收合格后，方可交付使用。

第十八条 房地产开发企业应当将房地产开发项目建设过程中的主要事项记录在房地产开发项目手册中，并定期送房地产开发主管部门备案。

第四章 房地产经营

第十九条 转让房地产开发项目，应当符合《中华人民共和国城市房地产管理法》第三十九条、第四十条规定的条件。

第二十条 转让房地产开发项目，转让人和受让人应当自土地使用权变更登记手续办理完毕之日起30日内，持房地产开发项目转让合同到房地产开发主管部门备案。

第二十一条 房地产开发企业转让房地产开发项目时，尚未完成拆迁补偿安置的，原拆迁补偿安置合同中有关的权利、义务随之转移给受让人。项目转让人应当书面通知被拆迁人。

第二十二条 房地产开发企业预售商品房，应当符合下列条件：

（一）已交付全部土地使用权出让金，取得土地使用权证书；

（二）持有建设工程规划许可证和施工许可证；

（三）按提供的预售商品房计算，投入开发建设的资金达到工程建设总投资的25%以上，并已确定施工进度和竣工交付日期；

（四）已办理预售登记，取得商品房预售许可证明。

第二十三条 房地产开发企业申请办理商品房预售登记，应当提交下列文件：

（一）本条例第二十二条第（一）项至第（三）项规定的证明材料；

（二）营业执照和资质等级证书；

（三）工程施工合同；

（四）预售商品房分层平面图；

（五）商品房预售方案。

第二十四条 房地产开发主管部门应当自收到商品房预售申请之日起10日内，作出同意预售或者不同意预售的答复。同意预售的，应当核发商品房预售许可证明；不同意预售的，应当说明理由。

第二十五条 房地产开发企业不得进行虚假广告宣传，商品房预售广告中应当载明商品房预售许可证明的文号。

第二十六条 房地产开发企业预售商品房时，应当向预购人出示商品房预售许可证明。

房地产开发企业应当自商品房预售合同签订之日起30日内，到商品房所在地的县级以上人民政府房地产开发主管部门和负责土地管理工作的部门备案。

第二十七条 商品房销售，当事人双方应当签订书面合同。合同应当载明商品房的建筑面积和使用面积、价格、交付日期、质量要求、物业管理方式以及双方的违约责任。

第二十八条 房地产开发企业委托中介机构代理销售商品房的，应当向中介机构出具委托书。中介机构销售商品房时，应当向商品房购买人出示商品房的有关证明文件和商品房销售委托书。

第二十九条 房地产开发项目转让和商品房销售价格，由当事人协商议定；但是，享受国家优惠政策的居民住宅价格，应当实行政府指导价或者政府定价。

第三十条 房地产开发企业应当在商品房交付使用时，向购买人提供住宅质量保证书和住宅使用说明书。

住宅质量保证书应当列明工程质量监督单位核验的质量等级、保修范围、保修期和保修单位等内容。房地产开发企业应当按照住宅质量保证书的约定，承担商品房保修责任。

保修期内，因房地产开发企业对商品房进行维修，致使房屋原使用功能受到影响，给购买人造成损失的，应当依法承担赔偿责任。

第三十一条 商品房交付使用后，购买人认为主体结构质量不合格的，可以向工程质量监督单位申请重新核验。经核验，确属主体结构质量不合格的，购买人有权退房；给购买人造成损失的，房地产开发企业应当依法承担赔偿责任。

第三十二条 预售商品房的购买人应当自商品房交付使用之日起90日内，办理土地使用权变更和房屋所有权登记手续；现售商品房的购买人应当自销售合同签订之日起90日内，办理土地使用权变更和房屋所有权登记手续。房地产开发企业应当协助商品房购买人办理土地使用权变更和房屋所有权登记手续，并提供必要的证明文件。

第五章 法律责任

第三十三条 违反本条例规定，未取得营业执照，擅自从事房地产开发经营的，由县级以上人民政府工商行政管理部门责令停止房地产开发经营活动，没收违法所得，可以并处违法所得5倍以下的罚款。

第三十四条 违反本条例规定，未取得资质等级证书或者超越资质等级从事房地产开发经营的，由县级以上人民政府房地产开发主管部门责令限期改正，处5万元以上10万元以下的罚款；逾期不改正的，由工商行政管理部门吊销营业执照。

第三十五条 违反本条例规定，擅自转让房地产开发项目的，由县级以上人民政府负责土地管理工作的部门责令停止违法行为，没收违法所得，可以并处违法所得5倍以下的罚款。

第三十六条 违反本条例规定，擅自预售商品房的，由县级以上人民政府房地产开发主管部门责令停止违法行为，没收违法所得，可以并处已收取的预付款1%以下的罚款。

第三十七条 国家机关工作人员在房地产开发经营监督管理工作中玩忽职守、徇私舞弊、滥用职权，构成犯罪的，依法追究刑事责任；尚不构成犯罪的，依法给予行政处分。

第六章 附 则

第三十八条 在城市规划区外国有土地上从事房地产开发经营，实施房地产开发经营监督管理，参照本条例执行。

第三十九条 城市规划区内集体所有的土地，经依法征收转为国有土地后，方可用于房地产开发经营。

第四十条 本条例自发布之日起施行。

房屋登记办法

中华人民共和国建设部令第 168 号

《房屋登记办法》已于 2008 年 1 月 22 日经建设部第 147 次常务会议讨论通过，现予发布，自 2008 年 7 月 1 日起施行。

建设部部长　汪光焘

二〇〇八年二月十五日

房屋登记办法

第一章　总　则

第一条　为了规范房屋登记行为，维护房地产交易安全，保护权利人的合法权益，依据《中华人民共和国物权法》《中华人民共和国城市房地产管理法》《村庄和集镇规划建设管理条例》等法律、行政法规，制定本办法。

第二条　本办法所称房屋登记，是指房屋登记机构依法将房屋权利和其他应当记载的事项在房屋登记簿上予以记载的行为。

第三条　国务院建设主管部门负责指导、监督全国的房屋登记工作。

省、自治区、直辖市人民政府建设（房地产）主管部门负责指导、监督本行政区域内的房屋登记工作。

第四条　房屋登记，由房屋所在地的房屋登记机构办理。

本办法所称房屋登记机构，是指直辖市、市、县人民政府建设（房地产）主管部门或者其设置的负责房屋登记工作的机构。

第五条　房屋登记机构应当建立本行政区域内统一的房屋登记簿。

房屋登记簿是房屋权利归属和内容的根据，由房屋登记机构管理。

第六条　房屋登记人员应当具备与其岗位相适应的专业知识。

从事房屋登记审核工作的人员，应当取得国务院建设主管部门颁发的房屋登记上岗证书，持证上岗。

第二章　一般规定

第七条　办理房屋登记，一般依照下列程序进行：

（一）申请；

（二）受理；

（三）审核；

（四）记载于登记簿；

（五）发证。

房屋登记机构认为必要时，可以就登记事项进行公告。

第八条 办理房屋登记，应当遵循房屋所有权和房屋占用范围内的土地使用权权利主体一致的原则。

第九条 房屋登记机构应当依照法律、法规和本办法规定，确定申请房屋登记需要提交的材料，并将申请登记材料目录公示。

第十条 房屋应当按照基本单元进行登记。房屋基本单元是指有固定界限、可以独立使用并且有明确、唯一的编号（幢号、室号等）的房屋或者特定空间。

国有土地范围内成套住房，以套为基本单元进行登记；非成套住房，以房屋的幢、层、间等有固定界限的部分为基本单元进行登记。集体土地范围内村民住房，以宅基地上独立建筑为基本单元进行登记；在共有宅基地上建造的村民住房，以套、间等有固定界限的部分为基本单元进行登记。

非住房以房屋的幢、层、套、间等有固定界限的部分为基本单元进行登记。

第十一条 申请房屋登记，申请人应当向房屋所在地的房屋登记机构提出申请，并提交申请登记材料。

申请登记材料应当提供原件。不能提供原件的，应当提交经有关机关确认与原件一致的复印件。

申请人应当对申请登记材料的真实性、合法性、有效性负责，不得隐瞒真实情况或者提供虚假材料申请房屋登记。

第十二条 申请房屋登记，应当由有关当事人双方共同申请，但本办法另有规定的除外。

有下列情形之一，申请房屋登记的，可以由当事人单方申请：

（一）因合法建造房屋取得房屋权利；

（二）因人民法院、仲裁委员会的生效法律文书取得房屋权利；

（三）因继承、受遗赠取得房屋权利；

（四）有本办法所列变更登记情形之一；

（五）房屋灭失；

（六）权利人放弃房屋权利；

（七）法律、法规规定的其他情形。

第十三条 共有房屋，应当由共有人共同申请登记。

共有房屋所有权变更登记，可以由相关的共有人申请，但因共有性质或者共有人份额变更申请房屋登记的，应当由共有人共同申请。

第十四条 未成年人的房屋，应当由其监护人代为申请登记。监护人代为申请未成年人房屋登记的，应当提交证明监护人身份的材料；因处分未成年人房屋申请登记的，还应当提供为未成年人利益的书面保证。

第十五条 申请房屋登记的，申请人应当使用中文名称或者姓名。申请人提交的证明文件原件是外文的，应当提供中文译本。

委托代理人申请房屋登记的，代理人应当提交授权委托书和身份证明。境外申请人委托代理人申请房屋登记的，其授权委托书应当按照国家有关规定办理公证或者认证。

第十六条 申请房屋登记的，申请人应当按照国家有关规定缴纳登记费。

第十七条 申请人提交的申请登记材料齐全且符合法定形式的，应当予以受理，并出具书面凭证。

申请人提交的申请登记材料不齐全或者不符合法定形式的，应当不予受理，并告知申请人需要补正的内容。

第十八条 房屋登记机构应当查验申请登记材料，并根据不同登记申请就申请登记事项是否是申请人的真实意思表示、申请登记房屋是否为共有房屋、房屋登记簿记载的权利人是否同意更正，以及申请登记材料中需进一步明确的其他有关事项询问申请人。询问结果应当经申请人签字确认，并归档保留。

房屋登记机构认为申请登记房屋的有关情况需要进一步证明的，可以要求申请人补充材料。

第十九条 办理下列房屋登记，房屋登记机构应当实地查看：

（一）房屋所有权初始登记；

（二）在建工程抵押权登记；

（三）因房屋灭失导致的房屋所有权注销登记；

（四）法律、法规规定的应当实地查看的其他房屋登记。

房屋登记机构实地查看时，申请人应当予以配合。

第二十条 登记申请符合下列条件的，房屋登记机构应当予以登记，将申请登记事项记载于房屋登记簿：

（一）申请人与依法提交的材料记载的主体一致；

（二）申请初始登记的房屋与申请人提交的规划证明材料记载一致，申请其他登记的房屋与房屋登记簿记载一致；

（三）申请登记的内容与有关材料证明的事实一致；

（四）申请登记的事项与房屋登记簿记载的房屋权利不冲突；

（五）不存在本办法规定的不予登记的情形。

登记申请不符合前款所列条件的，房屋登记机构应当不予登记，并书面告知申请人不予登记的原因。

第二十一条 房屋登记机构将申请登记事项记载于房屋登记簿之前，申请人可以撤回登记申请。

第二十二条 有下列情形之一的，房屋登记机构应当不予登记：

（一）未依法取得规划许可、施工许可或者未按照规划许可的面积等内容建造的建筑申请登记的；

（二）申请人不能提供合法、有效的权利来源证明文件或者申请登记的房屋权利与权利来源证明文件不一致的；

（三）申请登记事项与房屋登记簿记载冲突的；

（四）申请登记房屋不能特定或者不具有独立利用价值的；

（五）房屋已被依法征收、没收，原权利人申请登记的；

（六）房屋被依法查封期间，权利人申请登记的；

（七）法律、法规和本办法规定的其他不予登记的情形。

第二十三条 自受理登记申请之日起，房屋登记机构应当于下列时限内，将申请登记事项记载于房屋登记簿或者作出不予登记的决定：

（一）国有土地范围内房屋所有权登记，30 个工作日，集体土地范围内房屋所有权登记，60 个工作日；

（二）抵押权、地役权登记，10 个工作日；

（三）预告登记、更正登记，10 个工作日；

（四）异议登记，1 个工作日。

公告时间不计入前款规定时限。因特殊原因需要延长登记时限的，经房屋登记机构负责人批准可以延长，但最长不得超过原时限的一倍。

法律、法规对登记时限另有规定的，从其规定。

第二十四条 房屋登记簿应当记载房屋自然状况、权利状况以及其他依法应当登记的事项。

房屋登记簿可以采用纸介质，也可以采用电子介质。采用电子介质的，应当有唯一、确定的纸介质转化形式，并应当定期异地备份。

第二十五条 房屋登记机构应当根据房屋登记簿的记载，缮写并向权利人发放房屋权属证书。

房屋权属证书是权利人享有房屋权利的证明，包括《房屋所有权证》《房屋他项权证》等。申请登记房屋为共有房屋的，房屋登记机构应当在房屋所有权证上注明“共有”字样。

预告登记、在建工程抵押权登记以及法律、法规规定的其他事项在房屋登记簿上予以记载后，由房屋登记机构发放登记证明。

第二十六条 房屋权属证书、登记证明与房屋登记簿记载不一致的，除有证据证明房屋登记簿确有错误外，以房屋登记簿为准。

第二十七条 房屋权属证书、登记证明破损的，权利人可以向房屋登记机构申请换发。房屋登记机构换发前，应当收回原房屋权属证书、登记证明，并将有关事项记载于房屋登记簿。

房屋权属证书、登记证明遗失、灭失的，权利人在当地公开发行的报刊上刊登遗失声明后，可以申请补发。房屋登记机构予以补发的，应当将有关事项在房屋登记簿上予以记载。补发的房屋权属证书、登记证明上应当注明“补发”字样。

在补发集体土地范围内村民住房的房屋权属证书、登记证明前，房屋登记机构应当就补发事项在房屋所在地农村集体经济组织内公告。

第二十八条 房屋登记机构应当将房屋登记资料及时归档并妥善管理。

申请查询、复制房屋登记资料的，应当按照规定的权限和程序办理。

第二十九条 县级以上人民政府建设（房地产）主管部门应当加强房屋登记信息系统建设，逐步实现全国房屋登记簿信息共享和异地查询。

第三章 国有土地范围内房屋登记

第一节 所有权登记

第三十条 因合法建造房屋申请房屋所有权初始登记的，应当提交下列材料：

（一）登记申请书；

（二）申请人身份证明；

（三）建设用地使用权证明；

（四）建设工程符合规划的证明；

（五）房屋已竣工的证明；

（六）房屋测绘报告；

（七）其他必要材料。

第三十一条 房地产开发企业申请房屋所有权初始登记时，应当对建筑区划内依法属于全体业主共有的公共场所、公用设施和物业服务用房等房屋一并申请登记，由房屋登记机构在房屋登记簿上予以记载，不颁发房屋权属证书。

第三十二条 发生下列情形之一的，当事人应当在有关法律文件生效或者事实发生后申请房屋所有权转移登记：

（一）买卖；

（二）互换；

（三）赠与；

（四）继承、受遗赠；

（五）房屋分割、合并，导致所有权发生转移的；

（六）以房屋出资入股；

（七）法人或者其他组织分立、合并，导致房屋所有权发生转移的；

（八）法律、法规规定的其他情形。

第三十三条 申请房屋所有权转移登记，应当提交下列材料：

（一）登记申请书；

（二）申请人身份证明；

（三）房屋所有权证书或者房地产权证书；

（四）证明房屋所有权发生转移的材料；

（五）其他必要材料。

前款第（四）项材料，可以是买卖合同、互换合同、赠与合同、受遗赠证明、继承证明、分割协议、合并协议、人民法院或者仲裁委员会生效的法律文书，或者其他证明房屋所有权发生转移的材料。

第三十四条 抵押期间，抵押人转让抵押房屋的所有权，申请房屋所有权转移登记的，除提供本办法第三十三条规定材料外，还应当提交抵押权人的身份证明、抵押权人同意抵押房屋转让的书面文件、他项权利证书。

第三十五条 因人民法院或者仲裁委员会生效的法律文书、合法建造房屋、继承或者受遗赠取得房屋所有权，权利人转让该房屋所有权或者以该房屋设定抵押权时，应当将房屋登记到权利人名下后，再办理房屋所有权转移登记或者房屋抵押权设立登记。

因人民法院或者仲裁委员会生效的法律文书取得房屋所有权，人民法院协助执行通知书要求房屋登记机构予以登记的，房屋登记机构应当予以办理。房屋登记机构予以登记的，应当在房屋登记簿上记载基于人民法院或者仲裁委员会生效的法律文书予以登记的事实。

第三十六条 发生下列情形之一的，权利人应当在有关法律文件生效或者事实发生后申请房屋所有权变更登记：

（一）房屋所有权人的姓名或者名称变更的；

（二）房屋坐落的街道、门牌号或者房屋名称变更的；

（三）房屋面积增加或者减少的；

（四）同一所有权人分割、合并房屋的；

（五）法律、法规规定的其他情形。

第三十七条 申请房屋所有权变更登记，应当提交下列材料：

（一）登记申请书；

（二）申请人身份证明；

（三）房屋所有权证书或者房地产权证书；

（四）证明发生变更事实的材料；

（五）其他必要材料。

第三十八条 经依法登记的房屋发生下列情形之一的，房屋登记簿记载的所有权人应当自事实发生后申请房屋所有权注销登记：

（一）房屋灭失的；

（二）放弃所有权的；

（三）法律、法规规定的其他情形。

第三十九条 申请房屋所有权注销登记的，应当提交下列材料：

（一）登记申请书；

（二）申请人身份证明；

（三）房屋所有权证书或者房地产权证书；

（四）证明房屋所有权消灭的材料；

（五）其他必要材料。

第四十条 经依法登记的房屋上存在他项权利时，所有权人放弃房屋所有权申请注销登记的，应当提供他项权利人的书面同意文件。

第四十一条 经登记的房屋所有权消灭后，原权利人未申请注销登记的，房屋登记机构可以依据人民法院、仲裁委员会的生效法律文书或者人民政府的生效征收决定办理注销登记，将注销事项记载于房屋登记簿，原房屋所有权证收回或者公告作废。

第二节 抵押权登记

第四十二条 以房屋设定抵押的，当事人应当申请抵押权登记。

第四十三条 申请抵押权登记，应当提交下列文件：

（一）登记申请书；

（二）申请人的身份证明；

（三）房屋所有权证书或者房地产权证书；

（四）抵押合同；

（五）主债权合同；

（六）其他必要材料。

第四十四条 对符合规定条件的抵押权设立登记，房屋登记机构应当将下列事项记载于房屋登记簿：

（一）抵押当事人、债务人的姓名或者名称；

（二）被担保债权的数额；

（三）登记时间。

第四十五条 本办法第四十四条所列事项发生变化或者发生法律、法规规定变更抵押权的其他情形的，当事人应当申请抵押权变更登记。

第四十六条 申请抵押权变更登记，应当提交下列材料：

（一）登记申请书；

（二）申请人的身份证明；

（三）房屋他项权证书；

（四）抵押人与抵押权人变更抵押权的书面协议；

（五）其他必要材料。

因抵押当事人姓名或者名称发生变更，或者抵押房屋坐落的街道、门牌号发生变更申请变更登记的，无须提交前款第（四）项材料。

因被担保债权的数额发生变更申请抵押权变更登记的，还应当提交其他抵押权人的书面同意文件。

第四十七条 经依法登记的房屋抵押权因主债权转让而转让，申请抵押权转移登记的，主债权的转让人和受让人应当提交下列材料：

（一）登记申请书；

（二）申请人的身份证明；

（三）房屋他项权证书；

（四）房屋抵押权发生转移的证明材料；

（五）其他必要材料。

第四十八条 经依法登记的房屋抵押权发生下列情形之一的，权利人应当申请抵押权注销登记：

（一）主债权消灭；

（二）抵押权已经实现；

（三）抵押权人放弃抵押权；

（四）法律、法规规定抵押权消灭的其他情形。

第四十九条 申请抵押权注销登记的，应当提交下列材料：

（一）登记申请书；

（二）申请人的身份证明；

（三）房屋他项权证书；

（四）证明房屋抵押权消灭的材料；

（五）其他必要材料。

第五十条 以房屋设定最高额抵押的，当事人应当申请最高额抵押权设立登记。

第五十一条 申请最高额抵押权设立登记，应当提交下列材料：

（一）登记申请书；

（二）申请人的身份证明；

（三）房屋所有权证书或房地产权证书；

（四）最高额抵押合同；

（五）一定期间内将要连续发生的债权的合同或者其他登记原因证明材料；

（六）其他必要材料。

第五十二条 当事人将最高额抵押权设立前已存在债权转入最高额抵押担保的债权范围，申请登记的，应当提交下列材料：

（一）已存在债权的合同或者其他登记原因证明材料；

（二）抵押人与抵押权人同意将该债权纳入最高额抵押权担保范围的书面材料。

第五十三条 对符合规定条件的最高额抵押权设立登记，除本办法第四十四条所列事项外，登记机构还应当将最高债权额、债权确定的期间记载于房屋登记簿，并明确记载其为最高额抵押权。

第五十四条 变更最高额抵押权登记事项或者发生法律、法规规定变更最高额抵押权的其他情形，当事人应当申请最高额抵押权变更登记。

第五十五条 申请最高额抵押权变更登记，应当提交下列材料：

（一）登记申请书；

（二）申请人的身份证明；

（三）房屋他项权证书；

（四）最高额抵押权担保的债权尚未确定的证明材料；

（五）最高额抵押权发生变更的证明材料；

（六）其他必要材料。

因最高债权额、债权确定的期间发生变更而申请变更登记的，还应当提交其他抵押权人的书面同意文件。

第五十六条 最高额抵押权担保的债权确定前，最高额抵押权发生转移，申请最高额抵押权转移登记的，转让人和受让人应当提交下列材料：

（一）登记申请书；

（二）申请人的身份证明；

（三）房屋他项权证书；

（四）最高额抵押权担保的债权尚未确定的证明材料；

（五）最高额抵押权发生转移的证明材料；

（六）其他必要材料。

最高额抵押权担保的债权确定前，债权人转让部分债权的，除当事人另有约定外，房屋登记机构不得办理最高额抵押权转移登记。当事人约定最高额抵押权随同部分债权的转让而转移的，应当在办理最高额抵押权确定登记之后，依据本办法第四十七条的规定办理抵押权转移登记。

第五十七条 经依法登记的最高额抵押权担保的债权确定，申请最高额抵押权确定登记的，应当提交下列材料：

（一）登记申请书；

（二）申请人的身份证明；

（三）房屋他项权证书；

（四）最高额抵押权担保的债权已确定的证明材料；

（五）其他必要材料。

第五十八条 对符合规定条件的最高额抵押权确定登记，登记机构应当将最高额抵押权担保的债权已经确定的事实记载于房屋登记簿。

当事人协议确定或者人民法院、仲裁委员会生效的法律文书确定了债权数额的，房屋登记机构可以依照当事人一方的申请将债权数额确定的事实记载于房屋登记簿。

第五十九条 以在建工程设定抵押的，当事人应当申请在建工程抵押权设立登记。

第六十条 申请在建工程抵押权设立登记的，应当提交下列材料：

（一）登记申请书；

（二）申请人的身份证明；

（三）抵押合同；

（四）主债权合同；

（五）建设用地使用权证书或者记载土地使用权状况的房地产权证书；

（六）建设工程规划许可证；

（七）其他必要材料。

第六十一条 已经登记在建工程抵押权变更、转让或者消灭的，当事人应当提交下列材料，申请变更登记、转移登记、注销登记：

（一）登记申请书；

（二）申请人的身份证明；

（三）登记证明；

（四）证明在建工程抵押权发生变更、转移或者消灭的材料；

（五）其他必要材料。

第六十二条 在建工程竣工并经房屋所有权初始登记后，当事人应当申请将在建工程抵押权登记转为房屋抵押权登记。

第三节 地役权登记

第六十三条 在房屋上设立地役权的，当事人可以申请地役权设立登记。

第六十四条 申请地役权设立登记，应当提交下列材料：

（一）登记申请书；

（二）申请人的身份证明；

（三）地役权合同；

（四）房屋所有权证书或者房地产权证书；

（五）其他必要材料。

第六十五条 对符合规定条件的地役权设立登记，房屋登记机构应当将有关事项记载于需役地和供役地房屋登记簿，并可将地役权合同附于供役地和需役地房屋登记簿。

第六十六条 已经登记的地役权变更、转让或者消灭的，当事人应当提交下列材料，申请变更登记、转移登记、注销登记：

（一）登记申请书；

（二）申请人的身份证明；

（三）登记证明；

（四）证明地役权发生变更、转移或者消灭的材料；

（五）其他必要材料。

第四节　预告登记

第六十七条　有下列情形之一的，当事人可以申请预告登记：

（一）预购商品房；

（二）以预购商品房设定抵押；

（三）房屋所有权转让、抵押；

（四）法律、法规规定的其他情形。

第六十八条　预告登记后，未经预告登记的权利人书面同意，处分该房屋申请登记的，房屋登记机构应当不予办理。

预告登记后，债权消灭或者自能够进行相应的房屋登记之日起三个月内，当事人申请房屋登记的，房屋登记机构应当按照预告登记事项办理相应的登记。

第六十九条　预售人和预购人订立商品房买卖合同后，预售人未按照约定与预购人申请预告登记，预购人可以单方申请预告登记。

第七十条　申请预购商品房预告登记，应当提交下列材料：

（一）登记申请书；

（二）申请人的身份证明；

（三）已登记备案的商品房预售合同；

（四）当事人关于预告登记的约定；

（五）其他必要材料。

预购人单方申请预购商品房预告登记，预售人与预购人在商品房预售合同中对预告登记附有条件和期限的，预购人应当提交相应的证明材料。

第七十一条　申请预购商品房抵押权预告登记，应当提交下列材料：

（一）登记申请书；

（二）申请人的身份证明；

（三）抵押合同；

（四）主债权合同；

（五）预购商品房预告登记证明；

（六）当事人关于预告登记的约定；

（七）其他必要材料。

第七十二条　申请房屋所有权转移预告登记，应当提交下列材料：

（一）登记申请书；

（二）申请人的身份证明；

（三）房屋所有权转让合同；

（四）转让方的房屋所有权证书或者房地产权证书；

（五）当事人关于预告登记的约定；

（六）其他必要材料。

第七十三条 申请房屋抵押权预告登记的，应当提交下列材料：

（一）登记申请书；

（二）申请人的身份证明；

（三）抵押合同；

（四）主债权合同；

（五）房屋所有权证书或房地产权证书，或者房屋所有权转移登记的预告证明；

（六）当事人关于预告登记的约定；

（七）其他必要材料。

第五节 其他登记

第七十四条 权利人、利害关系人认为房屋登记簿记载的事项有错误的，可以提交下列材料，申请更正登记：

（一）登记申请书；

（二）申请人的身份证明；

（三）证明房屋登记簿记载错误的材料。

利害关系人申请更正登记的，还应当提供权利人同意更正的证明材料。

房屋登记簿记载确有错误的，应当予以更正；需要更正房屋权属证书内容的，应当书面通知权利人换领房屋权属证书；房屋登记簿记载无误的，应当不予更正，并书面通知申请人。

第七十五条 房屋登记机构发现房屋登记簿的记载错误，不涉及房屋权利归属和内容的，应当书面通知有关权利人在规定期限内办理更正登记；当事人无正当理由逾期不办理更正登记的，房屋登记机构可以依据申请登记材料或者有效的法律文件对房屋登记簿的记载予以更正，并书面通知当事人。

对于涉及房屋权利归属和内容的房屋登记簿的记载错误，房屋登记机构应当书面通知有关权利人在规定期限内办理更正登记；办理更正登记期间，权利人因处分其房屋权利申请登记的，房屋登记机构应当暂缓办理。

第七十六条 利害关系人认为房屋登记簿记载的事项错误，而权利人不同意更正的，利害关系人可以持登记申请书、申请人的身份证明、房屋登记簿记载错误的证明文件等材料申请异议登记。

第七十七条 房屋登记机构受理异议登记的，应当将异议事项记载于房屋登记簿。

第七十八条 异议登记期间，房屋登记簿记载的权利人处分房屋申请登记的，房屋登记机构应当暂缓办理。

权利人处分房屋申请登记，房屋登记机构受理登记申请但尚未将申请登记事项记载于房屋登记簿之前，第三人申请异议登记的，房屋登记机构应当中止办理原登记申请，并书面通知申请人。

第七十九条 异议登记期间，异议登记申请人起诉，人民法院不予受理或者驳回其诉讼请求的，异议登记申请人或者房屋登记簿记载的权利人可以持登记申请书、申请人的身份证明、相应的证明文件等材料申请注销异议登记。

第八十条 人民法院、仲裁委员会的生效法律文书确定的房屋权利归属或者权利内容与房屋登记簿记载的权利状况不一致的，房屋登记机构应当按照当事人的申请或者有关法律文书，办理相应的登记。

第八十一条 司法机关、行政机关、仲裁委员会发生法律效力的文件证明当事人以隐瞒真实情况、提交虚假材料等非法手段获取房屋登记的，房屋登记机构可以撤销原房屋登记，收回房屋权属证书、登记证明或者公告作废，但房屋权利为他人善意取得的除外。

第四章 集体土地范围内房屋登记

第八十二条 依法利用宅基地建造的村民住房和依法利用其他集体所有建设用地建造的房屋，可以依照本办法的规定申请房屋登记。

法律、法规对集体土地范围内房屋登记另有规定的，从其规定。

第八十三条 因合法建造房屋申请房屋所有权初始登记的，应当提交下列材料：

（一）登记申请书；

（二）申请人的身份证明；

（三）宅基地使用权证明或者集体所有建设用地使用权证明；

（四）申请登记房屋符合城乡规划的证明；

（五）房屋测绘报告或者村民住房平面图；

（六）其他必要材料。

申请村民住房所有权初始登记的，还应当提交申请人属于房屋所在地农村集体经济组织成员的证明。

农村集体经济组织申请房屋所有权初始登记的，还应当提交经村民会议同意或者由村民会议授权经村民代表会议同意的证明材料。

第八十四条 办理村民住房所有权初始登记、农村集体经济组织所有房屋所有权初始登记，房屋登记机构受理登记申请后，应当将申请登记事项在房屋所在地农村集体经济组织内进行公告。经公告无异议或者异议不成立的，方可予以登记。

第八十五条 发生下列情形之一的，权利人应当在有关法律文件生效或者事实发生后申请房屋所有权变更登记：

（一）房屋所有权人的姓名或者名称变更的；

（二）房屋坐落变更的；

（三）房屋面积增加或者减少的；

（四）同一所有权人分割、合并房屋的；

（五）法律、法规规定的其他情形。

第八十六条 房屋所有权依法发生转移，申请房屋所有权转移登记的，应当提交下列材料：

（一）登记申请书；

（二）申请人的身份证明；

（三）房屋所有权证书；

（四）宅基地使用权证明或者集体所有建设用地使用权证明；

（五）证明房屋所有权发生转移的材料；

（六）其他必要材料。

申请村民住房所有权转移登记的，还应当提交农村集体经济组织同意转移的证明材料。

农村集体经济组织申请房屋所有权转移登记的，还应当提交经村民会议同意或者由村民会议授权经村民代表会议同意的证明材料。

第八十七条 申请农村村民住房所有权转移登记，受让人不属于房屋所在地农村集体经济组织成员的，除法律、法规另有规定外，房屋登记机构应当不予办理。

第八十八条 依法以乡镇、村企业的厂房等建筑物设立抵押，申请抵押权登记的，应当提交下列材料：

（一）登记申请书；

（二）申请人的身份证明；

（三）房屋所有权证书；

（四）集体所有建设用地使用权证明；

（五）主债权合同和抵押合同；

（六）其他必要材料。

第八十九条 房屋登记机构对集体土地范围内的房屋予以登记的，应当在房屋登记簿和房屋权属证书上注明“集体土地”字样。

第九十条 办理集体土地范围内房屋的地役权登记、预告登记、更正登记、异议登记等房屋登记，可以参照适用国有土地范围内房屋登记的有关规定。

第五章 法律责任

第九十一条 非法印制、伪造、变造房屋权属证书或者登记证明，或者使用非法印制、伪造、变造的房屋权属证书或者登记证明的，由房屋登记机构予以收缴；构成犯罪的，依法追究刑事责任。

第九十二条 申请人提交错误、虚假的材料申请房屋登记，给他人造成损害的，应当承担相应的法律责任。

房屋登记机构及其工作人员违反本办法规定办理房屋登记，给他人造成损害的，由房屋登记机构承担相应的法律责任。房屋登记机构承担赔偿责任后，对故意或者重大过失造成登记错误的工作人员，有权追偿。

第九十三条 房屋登记机构工作人员有下列行为之一的，依法给予处分；构成犯罪的，依法追究刑事责任：

（一）擅自涂改、毁损、伪造房屋登记簿；

（二）对不符合登记条件的登记申请予以登记，或者对符合登记条件的登记申请不予登记；

（三）玩忽职守、滥用职权、徇私舞弊。

第六章 附 则

第九十四条 房屋登记簿的内容和管理规范，由国务院建设主管部门另行制定。

第九十五条 房屋权属证书、登记证明，由国务院建设主管部门统一制定式样，统一监制，统一编号规则。

县级以上地方人民政府由一个部门统一负责房屋和土地登记工作的，可以制作、颁发统一的房地产权证书。房地产权证书的式样应当报国务院建设主管部门备案。

第九十六条 具有独立利用价值的特定空间以及码头、油库等其他建筑物、构筑物的登记，可以参照本办法执行。

第九十七条 省、自治区、直辖市人民政府建设（房地产）主管部门可以根据法律、法规和本办法的规定，结合本地实际情况，制定房屋登记实施细则。

第九十八条 本办法自 2008 年 7 月 1 日起施行。《城市房屋权属登记管理办法》（建设部令第 57 号）、《建设部关于修改城市房屋权属登记管理办法的决定》（建设部令第 99 号）同时废止。

房屋建筑工程质量保修办法

中华人民共和国建设部令　第 80 号

《房屋建筑工程质量保修办法》已于 2000 年 6 月 26 日经第 24 次部常务会议讨论通过，现予发布，自发布之日起施行。

部长俞正声

二〇〇〇年六月三十日

第一条　为保护建设单位、施工单位、房屋建筑所有人和使用人的合法权益，维护公共安全和公众利益，根据《中华人民共和国建筑法》和《建设工程质量管理条例》，制订本办法。

第二条　在中华人民共和国境内新建、扩建、改建各类房屋建筑工程（包括装修工程）的质量保修，适用本办法。

第三条　本办法所称房屋建筑工程质量保修，是指对房屋建筑工程竣工验收后在保修期限内出现的质量缺陷，予以修复。

本办法所称质量缺陷，是指房屋建筑工程的质量不符合工程建设强制性标准以及合同的约定。

第四条　房屋建筑工程在保修范围和保修期限内出现质量缺陷，施工单位应当履行保修义务。

第五条　国务院建设行政主管部门负责全国房屋建筑工程质量保修的监督管理。

县级以上地方人民政府建设行政主管部门负责本行政区域内房屋建筑工程质量保修的监督管理。

第六条　建设单位和施工单位应当在工程质量保修书中约定保修范围、保修期限和保修责任等，双方约定的保修范围、保修期限必须符合国家有关规定。

第七条　在正常使用下，房屋建筑工程的最低保修期限为：

（一）地基基础工程和主体结构工程，为设计文件规定的该工程的合理使用年限；

（二）屋面防水工程、有防水要求的卫生间、房间和外墙面的防渗漏，为 5 年；

（三）供热与供冷系统，为 2 个采暖期、供冷期；

（四）电气管线、给排水管道、设备安装为 2 年；

（五）装修工程为 2 年。

其他项目的保修期限由建设单位和施工单位约定。

第八条 房屋建筑工程保修期从工程竣工验收合格之日起计算。

第九条 房屋建筑工程在保修期限内出现质量缺陷，建设单位或者房屋建筑所有人应当向施工单位发出保修通知。施工单位接到保修通知后，应当到现场核查情况，在保修书约定的时间内予以保修。发生涉及结构安全或者严重影响使用功能的紧急抢修事故，施工单位接到保修通知后，应当立即到达现场抢修。

第十条 发生涉及结构安全的质量缺陷，建设单位或者房屋建筑所有人应当立即向当地建设行政主管部门报告，采取安全防范措施；由原设计单位或者具有相应资质等级的设计单位提出保修方案，施工单位实施保修，原工程质量监督机构负责监督。

第十一条 保修完成后，由建设单位或者房屋建筑所有人组织验收。涉及结构安全的，应当报当地建设行政主管部门备案。

第十二条 施工单位不按工程质量保修书约定保修的，建设单位可以另行委托其他单位保修，由原施工单位承担相应责任。

第十三条 保修费用由质量缺陷的责任方承担。

第十四条 在保修期内，因房屋建筑工程质量缺陷造成房屋所有人、使用人或者第三方人身、财产损害的，房屋所有人、使用人或者第三方可以向建设单位提出赔偿要求。建设单位向造成房屋建筑工程质量缺陷的责任方追偿。

第十五条 因保修不及时造成新的人身、财产损害，由造成拖延的责任方承担赔偿责任。

第十六条 房地产开发企业售出的商品房保修，还应当执行《城市房地产开发经营管理条例》和其他有关规定。

第十七条 下列情况不属于本办法规定的保修范围：

（一）因使用不当或者第三方造成的质量缺陷；

（二）不可抗力造成的质量缺陷。

第十八条 施工单位有下列行为之一的，由建设行政主管部门责令改正，并处 1 万元以上 3 万元以下的罚款：

（一）工程竣工验收后，不向建设单位出具质量保修书的；

（二）质量保修的内容、期限违反本办法规定的。

第十九条 施工单位不履行保修义务或者拖延履行保修义务的，由建设行政主管部门责令改正，处 10 万元以上 20 万元以下的罚款。

第二十条 军事建设工程的管理，按照中央军事委员会的有关规定执行。

第二十一条 本办法由国务院建设行政主管部门负责解释。

第二十二条 本办法自发布之日起施行。

住房城乡建设部　财政部关于印发建设工程质量保证金管理办法的通知

建质〔2017〕138号

党中央有关部门，国务院各部委、各直属机构，高法院，高检院，有关人民团体，各中央管理企业，各省、自治区、直辖市、计划单列市住房城乡建设厅（建委、建设局）、财政厅（局），新疆生产建设兵团建设局、财务局：

为贯彻落实国务院关于进一步清理规范涉企收费、切实减轻建筑业企业负担的精神，规范建设工程质量保证金管理，住房城乡建设部、财政部对《建设工程质量保证金管理办法》（建质〔2016〕295号）进行了修订。现印发给你们，请结合本地区、本部门实际认真贯彻执行。

中华人民共和国住房和城乡建设部

中华人民共和国财政部

2017年6月20日

建设工程质量保证金管理办法

第一条　为规范建设工程质量保证金管理，落实工程在缺陷责任期内的维修责任，根据《中华人民共和国建筑法》《建设工程质量管理条例》《国务院办公厅关于清理规范工程建设领域保证金的通知》和《基本建设财务管理规则》等相关规定，制定本办法。

第二条　本办法所称建设工程质量保证金（以下简称保证金）是指发包人与承包人在建设工程承包合同中约定，从应付的工程款中预留，用以保证承包人在缺陷责任期内对建设工程出现的缺陷进行维修的资金。

缺陷是指建设工程质量不符合工程建设强制性标准、设计文件，以及承包合同的约定。

缺陷责任期一般为1年，最长不超过2年，由发、承包双方在合同中约定。

第三条　发包人应当在招标文件中明确保证金预留、返还等内容，并与承包人在合同条款中对涉及保证金的下列事项进行约定：

（一）保证金预留、返还方式；

（二）保证金预留比例、期限；

（三）保证金是否计付利息，如计付利息，利息的计算方式；

（四）缺陷责任期的期限及计算方式；

（五）保证金预留、返还及工程维修质量、费用等争议的处理程序；

（六）缺陷责任期内出现缺陷的索赔方式；

（七）逾期返还保证金的违约金支付办法及违约责任。

第四条 缺陷责任期内，实行国库集中支付的政府投资项目，保证金的管理应按国库集中支付的有关规定执行。其他政府投资项目，保证金可以预留在财政部门或发包方。缺陷责任期内，如发包方被撤销，保证金随交付使用资产一并移交使用单位管理，由使用单位代行发包人职责。

社会投资项目采用预留保证金方式的，发、承包双方可以约定将保证金交由第三方金融机构托管。

第五条 推行银行保函制度，承包人可以银行保函替代预留保证金。

第六条 在工程项目竣工前，已经缴纳履约保证金的，发包人不得同时预留工程质量保证金。

采用工程质量保证担保、工程质量保险等其他保证方式的，发包人不得再预留保证金。

第七条 发包人应按照合同约定方式预留保证金，保证金总预留比例不得高于工程价款结算总额的3%。合同约定由承包人以银行保函替代预留保证金的，保函金额不得高于工程价款结算总额的3%。

第八条 缺陷责任期从工程通过竣工验收之日起计。由于承包人原因导致工程无法按规定期限进行竣工验收的，缺陷责任期从实际通过竣工验收之日起计。由于发包人原因导致工程无法按规定期限进行竣工验收的，在承包人提交竣工验收报告90天后，工程自动进入缺陷责任期。

第九条 缺陷责任期内，由承包人原因造成的缺陷，承包人应负责维修，并承担鉴定及维修费用。如承包人不维修也不承担费用，发包人可按合同约定从保证金或银行保函中扣除，费用超出保证金额的，发包人可按合同约定向承包人进行索赔。承包人维修并承担相应费用后，不免除对工程的损失赔偿责任。

由他人原因造成的缺陷，发包人负责组织维修，承包人不承担费用，且发包人不得从保证金中扣除费用。

第十条 缺陷责任期内，承包人认真履行合同约定的责任，到期后，承包人向发包人申请返还保证金。

第十一条 发包人在接到承包人返还保证金申请后，应于14天内会同承包人按照合同约定的内容进行核实。如无异议，发包人应当按照约定将保证金返还给承包人。对返还期限没有约定或者约定不明确的，发包人应当在核实后14天内将保证金返还承包人，逾期未返还的，依法承担违约责任。发包人在接到承包人返还保证金申请后 14 天内不予答复，经催告后 14 天内仍不予答复，视同认可承包人的返还保证金申请。

第十二条 发包人和承包人对保证金预留、返还以及工程维修质量、费用有争议的，按承包合同约定的争议和纠纷解决程序处理。

第十三条 建设工程实行工程总承包的，总承包单位与分包单位有关保证金的权利与义务的约定，参照本办法关于发包人与承包人相应权利与义务的约定执行。

第十四条 本办法由住房城乡建设部、财政部负责解释。

第十五条 本办法自 2017 年 7 月 1 日起施行，原《建设工程质量保证金管理办法》（建质〔2016〕295 号）同时废止。

国家发展改革委、建设部关于印发物业服务收费管理办法的通知

发改价格〔2003〕1864号

各省、自治区、直辖市计委（发展改革委）、物价局、建设厅、房地局：

为规范物业服务收费行为，保障业主和物业管理企业的合法权益，根据《中华人民共和国价格法》和《物业管理条例》，我们制定了《物业服务收费管理办法》，现印发给你们，请按照执行。

发展改革委　建设部

二〇〇三年十一月十三日

物业服务收费管理办法

第一条　为规范物业服务收费行为，保障业主和物业管理企业的合法权益，根据《中华人民共和国价格法》和《物业管理条例》，制定本办法。

第二条　本办法所称物业服务收费，是指物业管理企业按照物业服务合同的约定，对房屋及配套的设施设备和相关场地进行维修、养护、管理，维护相关区域内的环境卫生和秩序，向业主所收取的费用。

第三条　国家提倡业主通过公开、公平、公正的市场竞争机制选择物业管理企业；鼓励物业管理企业开展正当的价格竞争，禁止价格欺诈，促进物业服务收费通过市场竞争形成。

第四条　国务院价格主管部门会同国务院建设行政主管部门负责全国物业服务收费的监督管理工作。

县级以上地方人民政府价格主管部门会同同级房地产行政主管部门负责本行政区域内物业服务收费的监督管理工作。

第五条　物业服务收费应当遵循合理、公开以及费用与服务水平相适应的原则。

第六条　物业服务收费应当区分不同物业的性质和特点分别实行政府指导价和市场调节价。具体定价形式由省、自治区、直辖市人民政府价格主管部门会同房地产行政主管部门确定。

第七条　物业服务收费实行政府指导价的，有定价权限的人民政府价格主管部

门应当会同房地产行政主管部门根据物业管理服务等级标准等因素，制定相应的基准价及其浮动幅度，并定期公布。具体收费标准由业主与物业管理企业根据规定的基准价和浮动幅度在物业服务合同中约定。

实行市场调节价的物业服务收费，由业主与物业管理企业在物业服务合同中约定。

第八条 物业管理企业应当按照政府价格主管部门的规定实行明码标价，在物业管理区域内的显著位置，将服务内容、服务标准以及收费项目、收费标准等有关情况进行公示。

第九条 业主与物业管理企业可以采取包干制或者酬金制等形式约定物业服务费用。

包干制是指由业主向物业管理企业支付固定物业服务费用，盈余或者亏损均由物业管理企业享有或者承担的物业服务计费方式。

酬金制是指在预收的物业服务资金中按约定比例或者约定数额提取酬金支付给物业管理企业，其余全部用于物业服务合同约定的支出，结余或者不足均由业主享有或者承担的物业服务计费方式。

第十条 建设单位与物业买受人签订的买卖合同，应当约定物业管理服务内容、服务标准、收费标准、计费方式及计费起始时间等内容，涉及物业买受人共同利益的约定应当一致。

第十一条 实行物业服务费用包干制的，物业服务费用的构成包括物业服务成本、法定税费和物业管理企业的利润。

实行物业服务费用酬金制的，预收的物业服务资金包括物业服务支出和物业管理企业的酬金。

物业服务成本或者物业服务支出构成一般包括以下部分：

1. 管理服务人员的工资、社会保险和按规定提取的福利费等；
2. 物业共用部位、共用设施设备的日常运行、维护费用；
3. 物业管理区域清洁卫生费用；
4. 物业管理区域绿化养护费用；
5. 物业管理区域秩序维护费用；
6. 办公费用；
7. 物业管理企业固定资产折旧；
8. 物业共用部位、共用设施设备及公众责任保险费用；
9. 经业主同意的其他费用。

物业共用部位、共用设施设备的大修、中修和更新、改造费用，应当通过专项维修资金予以列支，不得计入物业服务支出或者物业服务成本。

第十二条 实行物业服务费用酬金制的，预收的物业服务支出属于代管性质，为所交纳的业主所有，物业管理企业不得将其用于物业服务合同约定以外的支出。

物业管理企业应当向业主大会或者全体业主公布物业服务资金年度预决算并每年不少于一次公布物业服务资金的收支情况。

业主或者业主大会对公布的物业服务资金年度预决算和物业服务资金的收支情况提出质询时，物业管理企业应当及时答复。

第十三条 物业服务收费采取酬金制方式，物业管理企业或者业主大会可以按照物业服务合同约定聘请专业机构对物业服务资金年度预决算和物业服务资金的收支情况进行审计。

第十四条 物业管理企业在物业服务中应当遵守国家的价格法律法规，严格履行物业服务合同，为业主提供质价相符的服务。

第十五条 业主应当按照物业服务合同的约定按时足额交纳物业服务费用或者物业服务资金。业主违反物业服务合同约定逾期不交纳服务费用或者物业服务资金的，业主委员会应当督促其限期交纳；逾期仍不交纳的，物业管理企业可以依法追缴。

业主与物业使用人约定由物业使用人交纳物业服务费用或者物业服务资金的，从其约定，业主负连带交纳责任。

物业发生产权转移时，业主或者物业使用人应当结清物业服务费用或者物业服务资金。

第十六条 纳入物业管理范围的已竣工但尚未出售，或者因开发建设单位原因未按时交给物业买受人的物业，物业服务费用或者物业服务资金由开发建设单位全额交纳。

第十七条 物业管理区域内，供水、供电、供气、供热、通讯、有线电视等单位应当向最终用户收取有关费用。物业管理企业接受委托代收上述费用的，可向委托单位收取手续费，不得向业主收取手续费等额外费用。

第十八条 利用物业共用部位、共用设施设备进行经营的，应当在征得相关业主、业主大会、物业管理企业的同意后，按照规定办理有关手续。业主所得收益应当主要用于补充专项维修资金，也可以按照业主大会的决定使用。

第十九条 物业管理企业已接受委托实施物业服务并相应收取服务费用的，其他部门和单位不得重复收取性质和内容相同的费用。

第二十条 物业管理企业根据业主的委托提供物业服务合同约定以外的服务，服务收费由双方约定。

第二十一条 政府价格主管部门会同房地产行政主管部门，应当加强对物业管理企业的服务内容、标准和收费项目、标准的监督。物业管理企业违反价格法律、法规和规定，由政府价格主管部门依据《中华人民共和国价格法》和《价格违法行为行政处罚规定》予以处罚。

第二十二条 各省、自治区、直辖市人民政府价格主管部门、房地产行政主管部门可以依据本办法制定具体实施办法，并报国家发展和改革委员会、建设部备案。

第二十三条 本办法由国家发展和改革委员会会同建设部负责解释。

第二十四条 本办法自 2004 年 1 月 1 日起执行，原国家计委、建设部印发的《城市住宅小区物业管理服务收费暂行办法》（计价费〔1996〕266 号）同时废止。

国务院关于加强固定资产投资项目资本金管理的通知

国发〔2019〕26号

各省、自治区、直辖市人民政府，国务院各部委、各直属机构：

对固定资产投资项目（以下简称投资项目）实行资本金制度，合理确定并适时调整资本金比例，是促进有效投资、防范风险的重要政策工具，是深化投融资体制改革、优化投资供给结构的重要手段。为更好发挥投资项目资本金制度的作用，做到有保有控、区别对待，促进有效投资和风险防范紧密结合、协同推进，现就加强投资项目资本金管理工作通知如下：

一、进一步完善投资项目资本金制度

（一）明确投资项目资本金制度的适用范围和性质。该制度适用于我国境内的企业投资项目和政府投资的经营性项目。投资项目资本金作为项目总投资中由投资者认缴的出资额，对投资项目来说必须是非债务性资金，项目法人不承担这部分资金的任何债务和利息；投资者可按其出资比例依法享有所有者权益，也可转让其出资，但不得以任何方式抽回。党中央、国务院另有规定的除外。

（二）分类实施投资项目资本金核算管理。设立独立法人的投资项目，其所有者权益可以全部作为投资项目资本金。对未设立独立法人的投资项目，项目单位应设立专门账户，规范设置和使用会计科目，按照国家有关财务制度、会计制度对拨入的资金和投资项目的资产、负债进行独立核算，并据此核定投资项目资本金的额度和比例。

（三）按照投资项目性质，规范确定资本金比例。适用资本金制度的投资项目，属于政府投资项目的，有关部门在审批可行性研究报告时要对投资项目资本金筹措方式和有关资金来源证明文件的合规性进行审查，并在批准文件中就投资项目资本金比例、筹措方式予以确认；属于企业投资项目的，提供融资服务的有关金融机构要加强对投资项目资本金来源、比例、到位情况的审查监督。

二、适当调整基础设施项目最低资本金比例

（四）港口、沿海及内河航运项目，项目最低资本金比例由25%调整为20%。

（五）机场项目最低资本金比例维持25%不变，其他基础设施项目维持20%不变。其中，公路（含政府收费公路）、铁路、城建、物流、生态环保、社会民生等领域的补短板基础设施项目，在投资回报机制明确、收益可靠、风险可控的前提下，可以适当降低项目最低资本金比例，但下调不得超过5个百分点。实行审批制的项目，审批部门可以明确项目单位按此规定合理确定的投资项目资本金比例。实行核准或备案制的项目，项目单位与金融机构可以按此规定自主调整投资项目资本金比例。

（六）法律、行政法规和国务院对有关投资项目资本金比例另有规定的，从其规定。

三、鼓励依法依规筹措重大投资项目资本金

（七）对基础设施领域和国家鼓励发展的行业，鼓励项目法人和项目投资方通过发行权益型、股权类金融工具，多渠道规范筹措投资项目资本金。

（八）通过发行金融工具等方式筹措的各类资金，按照国家统一的会计制度应当分类为权益工具的，可以认定为投资项目资本金，但不得超过资本金总额的50%。存在下列情形之一的，不得认定为投资项目资本金：

1. 存在本息回购承诺、兜底保障等收益附加条件；

2. 当期债务性资金偿还前，可以分红或取得收益；

3. 在清算时受偿顺序优先于其他债务性资金。

（九）地方各级政府及其有关部门可统筹使用本级预算资金、上级补助资金等各类财政资金筹集项目资本金，可按有关规定将政府专项债券作为符合条件的重大项目资本金。

四、严格规范管理，加强风险防范

（十）项目借贷资金和不符合国家规定的股东借款、“名股实债”等资金，不得作为投资项目资本金。筹措投资项目资本金，不得违规增加地方政府隐性债务，不得违反国家关于国有企业资产负债率相关要求。不得拖欠工程款。

（十一）金融机构在认定投资项目资本金时，应严格区分投资项目与项目投资方，依据不同的资金来源与投资项目的权责关系判定其权益或债务属性，对资本金的真实性、合规性和投资收益、贷款风险进行全面审查，并自主决定是否发放贷款以及贷款数量和比例。项目单位应当配合金融机构开展投资项目资本金审查工作，提供有关资本金真实性和资金来源的证明材料，并对证明材料的真实性负责。

（十二）自本通知印发之日起，凡尚未经有关部门审批可行性研究报告、核准项目申请报告、办理备案手续的投资项目，均按本通知执行。已经办理相关手续、尚未开工、金融机构尚未发放贷款的投资项目，可以按本通知调整资金筹措方案，并重新办理审批、核准或备案手续。已与金融机构签订相关贷款合同的投资项目，可按照原合同执行。

国务院

2019年11月20日

国家税务总局关于印发《房地产开发经营业务企业所得税处理办法》的通知

国税发〔2009〕31号

各省、自治区、直辖市和计划单列市国家税务局、地方税务局：

为了加强从事房地产开发经营企业的企业所得税征收管理，规范从事房地产开发经营业务企业的纳税行为，根据《中华人民共和国企业所得税法》及其实施条例、《中华人民共和国税收征收管理法》及其实施细则等有关税收法律、行政法规的规定，结合房地产开发经营业务的特点，国家税务总局制定了《房地产开发经营业务企业所得税处理办法》，现印发给你们，请遵照执行。

国家税务总局

二〇〇九年三月六日

房地产开发经营业务企业所得税处理办法

第一章　总　则

第一条　根据《中华人民共和国企业所得税法》及其实施条例、《中华人民共和国税收征收管理法》及其实施细则等有关税收法律、行政法规的规定，制定本办法。

第二条　本办法适用于中国境内从事房地产开发经营业务的企业（以下简称企业）。

第三条　企业房地产开发经营业务包括土地的开发，建造、销售住宅、商业用房以及其他建筑物、附着物、配套设施等开发产品。除土地开发之外，其他开发产品符合下列条件之一的，应视为已经完工：

（一）开发产品竣工证明材料已报房地产管理部门备案。

（二）开发产品已开始投入使用。

（三）开发产品已取得了初始产权证明。

国家税务总局关于房地产开发企业开发产品完工条件确认问题的通知

国税函〔2010〕201号

各省、自治区、直辖市和计划单列市国家税务局、地方税务局：

现就房地产开发企业开发产品完工条件确认有关问题，通知如下：

根据《国家税务总局关于房地产开发经营业务征收企业所得税问题的通知》（国税发〔2006〕31号）规定精神和《国家税务总局关于印发〈房地产开发经营业务企业所得税处理办法〉的通知》（国税发〔2009〕31号）第三条规定，房地产开发企业建造、开发的开发产品，无论工程质量是否通过验收合格，或是否办理完工（竣工）备案手续以及会计决算手续，当企业开始办理开发产品交付手续（包括入住手续）、或已开始实际投入使用时，为开发产品开始投入使用，应视为开发产品已经完工。房地产开发企业应按规定及时结算开发产品计税成本，并计算企业当年度应纳税所得额。

国家税务总局

二〇一〇年五月十二日

第四条 企业出现《中华人民共和国税收征收管理法》第三十五条规定的情形，税务机关可对其以往应缴的企业所得税按核定征收方式进行征收管理，并逐步规范，同时按《中华人民共和国税收征收管理法》等税收法律、行政法规的规定进行处理，但不得事先确定企业的所得税按核定征收方式进行征收、管理。

第二章 收入的税务处理

第五条 开发产品销售收入的范围为销售开发产品过程中取得的全部价款，包括现金、现金等价物及其他经济利益。企业代有关部门、单位和企业收取的各种基金、费用和附加等，凡纳入开发产品价内或由企业开具发票的，应按规定全部确认为销售收入；未纳入开发产品价内并由企业之外的其他收取部门、单位开具发票的，可作为代收代缴款项进行管理。

第六条 企业通过正式签订《房地产销售合同》或《房地产预售合同》所取得的收入，应确认为销售收入的实现，具体按以下规定确认：

（一）采取一次性全额收款方式销售开发产品的，应于实际收讫价款或取得索取价款凭据（权利）之日，确认收入的实现。

（二）采取分期收款方式销售开发产品的，应按销售合同或协议约定的价款和付款日确认收入的实现。付款方提前付款的，在实际付款日确认收入的实现。

（三）采取银行按揭方式销售开发产品的，应按销售合同或协议约定的价款确定收入额，其首付款应于实际收到日确认收入的实现，余款在银行按揭贷款办理转账之日确认收入的实现。

（四）采取委托方式销售开发产品的，应按以下原则确认收入的实现：

1. 采取支付手续费方式委托销售开发产品的，应按销售合同或协议中约定的价款于收到受托方已销开发产品清单之日确认收入的实现。

2. 采取视同买断方式委托销售开发产品的，属于企业与购买方签订销售合同或协议，或企业、受托方、购买方三方共同签订销售合同或协议的，如果销售合同或协议中约定的价格高于买断价格，则应按销售合同或协议中约定的价格计算的价款于收到受托方已销开发产品清单之日确认收入的实现；如果属于前两种情况中销售合同或协议中约定的价格低于买断价格，以及属于受托方与购买方签订销售合同或协议的，则应按买断价格计算的价款于收到受托方已销开发产品清单之日确认收入的实现。

3. 采取基价（保底价）并实行超基价双方分成方式委托销售开发产品的，属于由企业与购买方签订销售合同或协议，或企业、受托方、购买方三方共同签订销售合同或协议的，如果销售合同或协议中约定的价格高于基价，则应按销售合同或协议中约定的价格计算的价款于收到受托方已销开发产品清单之日确认收入的实现，企业按规定支付受托方的分成额，不得直接从销售收入中减除；如果销售合同或协议约定的价格低于基价的，则应按基价计算的价款于收到受托方已销开发产品清单之日确认收入的实现。属于由受托方与购买方直接签订销售合同的，则应按基价加上按规定取得的分成额于收到受托方已销开发产品清单之日确认收入的实现。

4. 采取包销方式委托销售开发产品的，包销期内可根据包销合同的有关约定，参照上述 1 至 3 项规定确认收入的实现；包销期满后尚未出售的开发产品，企业应根据包销合同或协议约定的价款和付款方式确认收入的实现。

第七条 企业将开发产品用于捐赠、赞助、职工福利、奖励、对外投资、分配给股东或投资人、抵偿债务、换取其他企事业单位和个人的非货币性资产等行为，应视同销售，于开发产品所有权或使用权转移，或于实际取得利益权利时确认收入（或利润）的实现。确认收入（或利润）的方法和顺序为：

（一）按本企业近期或本年度最近月份同类开发产品市场销售价格确定；

（二）由主管税务机关参照当地同类开发产品市场公允价值确定；

（三）按开发产品的成本利润率确定。开发产品的成本利润率不得低于 15%，具体比例由主管税务机关确定。

第八条 企业销售未完工开发产品的计税毛利率由各省、自治、直辖市国家税务局、地方税务局按下列规定进行确定：

国家税务总局公告 2018 年第 31 号国家税务总局关于修改部分税收规范性文件的公告，2018 年 6 月 15 日起，本法规“第八条企业销售未完工开发产品的计税毛利率由各省、自治、直辖市国家税务局、地方税务局按下列规定进行确定”中的“国家税务局、地方税务局”修改为“税务局”。

（一）开发项目位于省、自治区、直辖市和计划单列市人民政府所在地城市城区和郊区的，不得低于15%。

（二）开发项目位于地及地级市城区及郊区的，不得低于10%。

（三）开发项目位于其他地区的，不得低于5%。

（四）属于经济适用房、限价房和危改房的，不得低于3%。

第九条 企业销售未完工开发产品取得的收入，应先按预计计税毛利率分季（或月）计算出预计毛利额，计入当期应纳税所得额。开发产品完工后，企业应及时结算其计税成本并计算此前销售收入的实际毛利额，同时将其实际毛利额与其对应的预计毛利额之间的差额，计入当年度企业本项目与其他项目合并计算的应纳税所得额。

在年度纳税申报时，企业须出具对该项开发产品实际毛利额与预计毛利额之间差异调整情况的报告以及税务机关需要的其他相关资料。

第十条 企业新建的开发产品在尚未完工或办理房地产初始登记、取得产权证前，与承租人签订租赁预约协议的，自开发产品交付承租人使用之日起，出租方取得的预租价款按租金确认收入的实现。

第三章　成本、费用扣除的税务处理

第十一条 企业在进行成本、费用的核算与扣除时，必须按规定区分期间费用和开发产品计税成本、已销开发产品计税成本与未销开发产品计税成本。

第十二条 企业发生的期间费用、已销开发产品计税成本、营业税金及附加、土地增值税准予当期按规定扣除。

第十三条 开发产品计税成本的核算应按第四章的规定进行处理。

第十四条 已销开发产品的计税成本，按当期已实现销售的可售面积和可售面积单位工程成本确认。可售面积单位工程成本和已销开发产品的计税成本按下列公式计算确定：

可售面积单位工程成本=成本对象总成本÷成本对象总可售面积

已销开发产品的计税成本=已实现销售的可售面积×可售面积单位工程成本

第十五条 企业对尚未出售的已完工开发产品和按照有关法律、法规或合同规定对已售开发产品（包括共用部位、共用设施设备）进行日常维护、保养、修理等实际发生的维修费用，准予在当期据实扣除。

第十六条 企业将已计入销售收入的共用部位、共用设施设备维修基金按规定移交给有关部门、单位的，应于移交时扣除。

第十七条 企业在开发区内建造的会所、物业管理场所、电站、热力站、水厂、文体场馆、幼儿园等配套设施，按以下规定进行处理：

（一）属于非营利性且产权属于全体业主的，或无偿赠与地方政府、公用事业单位的，可将其视为公共配套设施，其建造费用按公共配套设施费的有关规定进行处理。

（二）属于营利性的，或产权归企业所有的，或未明确产权归属的，或无偿赠与地方政府、公用事业单位以外其他单位的，应当单独核算其成本。除企业自用应按建造固定资产进行处理外，其他一律按建造开发产品进行处理。

第十八条　企业在开发区内建造的邮电通讯、学校、医疗设施应单独核算成本，其中，由企业与国家有关业务管理部门、单位合资建设，完工后有偿移交的，国家有关业务管理部门、单位给予的经济补偿可直接抵扣该项目的建造成本，抵扣后的差额应调整当期应纳税所得额。

第十九条　企业采取银行按揭方式销售开发产品的，凡约定企业为购买方的按揭贷款提供担保的，其销售开发产品时向银行提供的保证金（担保金）不得从销售收入中减除，也不得作为费用在当期税前扣除，但实际发生损失时可据实扣除。

第二十条　企业委托境外机构销售开发产品的，其支付境外机构的销售费用（含佣金或手续费）不超过委托销售收入10%的部分，准予据实扣除。

第二十一条　企业的利息支出按以下规定进行处理：

（一）企业为建造开发产品借入资金而发生的符合税收规定的借款费用，可按企业会计准则的规定进行归集和分配，其中属于财务费用性质的借款费用，可直接在税前扣除。

（二）企业集团或其成员企业统一向金融机构借款分摊集团内部其他成员企业使用的，借入方凡能出具从金融机构取得借款的证明文件，可以在使用借款的企业间合理的分摊利息费用，使用借款的企业分摊的合理利息准予在税前扣除。

第二十二条　企业因国家无偿收回土地使用权而形成的损失，可作为财产损失按有关规定在税前扣除。

第二十三条　企业开发产品（以成本对象为计量单位）整体报废或毁损，其净损失按有关规定审核确认后准予在税前扣除。

第二十四条　企业开发产品转为自用的，其实际使用时间累计未超过12个月又销售的，不得在税前扣除折旧费用。

第四章　计税成本的核算

第二十五条　计税成本是指企业在开发、建造开发产品（包括固定资产，下同）过程中所发生的按照税收规定进行核算与计量的应归入某项成本对象的各项费用。

第二十六条　成本对象是指为归集和分配开发产品开发、建造过程中的各项耗费而确定的费用承担项目。计税成本对象的确定原则如下：

（一）可否销售原则。开发产品能够对外经营销售的，应作为独立的计税成本对象进行成本核算；不能对外经营销售的，可先作为过渡性成本对象进行归集，然后再将其相关成本摊入能够对外经营销售的成本对象。

（二）分类归集原则。对同一开发地点、竣工时间相近、产品结构类型没有明显差异的群体开发的项目，可作为一个成本对象进行核算。

（三）功能区分原则。开发项目某组成部分相对独立，且具有不同使用功能时，可以作为独立的成本对象进行核算。

（四）定价差异原则。开发产品因其产品类型或功能不同等而导致其预期售价存在较大差异的，应分别作为成本对象进行核算。

（五）成本差异原则。开发产品因建筑上存在明显差异可能导致其建造成本出现较大差异的，要分别作为成本对象进行核算。

（六）权益区分原则。开发项目属于受托代建的或多方合作开发的，应结合上述原则分别划分成本对象进行核算。

成本对象由企业在开工之前合理确定，并报主管税务机关备案。成本对象一经确定，不能随意更改或相互混淆，如确需改变成本对象的，应征得主管税务机关同意。

- 关于房地产开发企业成本对象管理问题的公告
- 国家税务总局公告2014年第35号

一、房地产开发企业应依据计税成本对象确定原则确定已完工开发产品的成本对象，并就确定原则、依据，共同成本分配原则、方法，以及开发项目基本情况、开发计划等出具专项报告，在开发产品完工当年企业所得税年度纳税申报时，随同《企业所得税年度纳税申报表》一并报送主管税务机关。

房地产开发企业将已确定的成本对象报送主管税务机关后，不得随意调整或相互混淆。如确需调整成本对象的，应就调整的原因、依据和调整前后成本变化情况等出具专项报告，在调整当年企业所得税年度纳税申报时报送主管税务机关。

二、房地产开发企业应建立健全成本对象管理制度，合理区分已完工成本对象、在建成本对象和未建成本对象，及时收集、整理、保存成本对象涉及的证据材料，以备税务机关检查。

三、各级税务机关要认真清理以前的管理规定，今后不得以任何理由进行变相审批。

主管税务机关应对房地产开发企业报送的成本对象确定专项报告做好归档工作，及时进行分析，加强后续管理。对资料不完整、不规范的，应及时通知房地产开发企业补齐、修正；对成本对象确定不合理或共同成本分配方法不合理的，主管税务机关有权进行合理调整；对成本对象确定情况异常的，主管税务机关应进行专项检查；对不如实出具专项报告或不出具专项报告的，应按《中华人民共和国税收征收管理法》的相关规定进行处理。

四、本公告自发布之日起30日后施行。《国家税务总局关于印发〈房地产开发经营业务企业所得税处理办法〉的通知》（国税发〔2009〕31号）第二十六条第二款同时废止。本公告施行前房地产开发企业尚未完成开发产品成本对象事先备案的，也按本公告执行。

第二十七条 开发产品计税成本支出的内容如下：

（一）土地征用费及拆迁补偿费。指为取得土地开发使用权（或开发权）而发生的各项费用，主要包括土地买价或出让金、大市政配套费、契税、耕地占用税、土地使用费、土地闲置费、土地变更用途和超面积补交的地价及相关税费、拆迁补偿支出、安置及动迁支出、回迁房建造支出、农作物补偿费、危房补偿费等。

（二）前期工程费。指项目开发前期发生的水文地质勘察、测绘、规划、设计、可行性研究、筹建、场地通平等前期费用。

（三）建筑安装工程费。指开发项目开发过程中发生的各项建筑安装费用。主要包括开发项目建筑工程费和开发项目安装工程费等。

（四）基础设施建设费。指开发项目在开发过程中所发生的各项基础设施支出，主要包括开发项目内道路、供水、供电、供气、排污、排洪、通讯、照明等社区管网工程费和环境卫生、园林绿化等园林环境工程费。

（五）公共配套设施费：指开发项目内发生的、独立的、非营利性的，且产权属于全体业主的，或无偿赠与地方政府、政府公用事业单位的公共配套设施支出。

（六）开发间接费。指企业为直接组织和管理开发项目所发生的，且不能将其归属于特定成本对象的成本费用性支出。主要包括管理人员工资、职工福利费、折旧费、修理费、办公费、水电费、劳动保护费、工程管理费、周转房摊销以及项目营销设施建造费等。

第二十八条 企业计税成本核算的一般程序如下：

（一）对当期实际发生的各项支出，按其性质、经济用途及发生的地点、时间区进行整理、归类，并将其区分为应计入成本对象的成本和应在当期税前扣除的期间费用。同时还应按规定对在有关预提费用和待摊费用进行计量与确认。

（二）对应计入成本对象中的各项实际支出、预提费用、待摊费用等合理的划分为直接成本、间接成本和共同成本，并按规定将其合理的归集、分配至已完工成本对象、在建成本对象和未建成本对象。

（三）对期前已完工成本对象应负担的成本费用按已销开发产品、未销开发产品和固定资产进行分配，其中应由已销开发产品负担的部分，在当期纳税申报时进行扣除，未销开发产品应负担的成本费用待其实际销售时再予扣除。

（四）对本期已完工成本对象分类为开发产品和固定资产并对其计税成本进行结算。其中属于开发产品的，应按可售面积计算其单位工程成本，据此再计算已销开发产品计税成本和未销开发产品计税成本。对本期已销开发产品的计税成本，准予在当期扣除，未销开发产品计税成本待其实际销售时再予扣除。

（五）对本期未完工和尚未建造的成本对象应当负担的成本费用，应按分别建立明细台账，待开发产品完工后再予结算。

第二十九条 企业开发、建造的开发产品应按制造成本法进行计量与核算。其中，应计入开发产品成本中的费用属于直接成本和能够分清成本对象的间接成本，直接计入成本对象，共同成本和不能分清负担对象的间接成本，应按受益的原则和配比的原则分配至各成本对象，具体分配方法可按以下规定选择其一：

（一）占地面积法。指按已动工开发成本对象占地面积占开发用地总面积的比例进行分配。

1. 一次性开发的，按某一成本对象占地面积占全部成本对象占地总面积的比例进行分配。

2. 分期开发的，首先按本期全部成本对象占地面积占开发用地总面积的比例进行分配，然后再按某一成本对象占地面积占期内全部成本对象占地总面积的比例进行分配。

期内全部成本对象应负担的占地面积为期内开发用地占地面积减除应由各期成本对象共同负担的占地面积。

（二）建筑面积法。指按已动工开发成本对象建筑面积占开发用地总建筑面积的比例进行分配。

1. 一次性开发的，按某一成本对象建筑面积占全部成本对象建筑面积的比例进行分配。

2. 分期开发的，首先按期内成本对象建筑面积占开发用地计划建筑面积的比例进行分配，然后再按某一成本对象建筑面积占期内成本对象总建筑面积的比例进行分配。

（三）直接成本法。指按期内某一成本对象的直接开发成本占期内全部成本对象直接开发成本的比例进行分配。

（四）预算造价法。指按期内某一成本对象预算造价占期内全部成本对象预算造价的比例进行分配。

第三十条 企业下列成本应按以下方法进行分配：

（一）土地成本，一般按占地面积法进行分配。如果确需结合其他方法进行分配的，应商税务机关同意。

土地开发同时连结房地产开发的，属于一次性取得土地分期开发房地产的情况，其土地开发成本经商税务机关同意后可先按土地整体预算成本进行分配，待土地整体开发完毕再行调整。

（二）单独作为过渡性成本对象核算的公共配套设施开发成本，应按建筑面积法进行分配。

（三）借款费用属于不同成本对象共同负担的，按直接成本法或按预算造价法进行分配。

（四）其他成本项目的分配法由企业自行确定。

第三十一条 企业以非货币交易方式取得土地使用权的，应按下列规定确定其成本：

（一）企业、单位以换取开发产品为目的，将土地使用权投资企业的，按下列规定进行处理：

1. 换取的开发产品如为该项土地开发、建造的，接受投资的企业在接受土地使用权时暂不确认其成本，待首次分出开发产品时，再按应分出开发产品（包括首次分出的和以后应分出的）的市场公允价值和土地使用权转移过程中应支付的相关税费计算确认该项土地使用权的成本。如涉及补价，土地使用权的取得成本还应加上应支付的补价款或减除应收到的补价款。

2. 换取的开发产品如为其他土地开发、建造的，接受投资的企业在投资交易发生时，按应付出开发产品市场公允价值和土地使用权转移过程中应支付的相关税费计算确认该项土地使用权的成本。如涉及补价，土地使用权的取得成本还应加上应支付的补价款或减除应收到的补价款。

（二）企业、单位以股权的形式，将土地使用权投资企业的，接受投资的企业应在投资交易发生时，按该项土地使用权的市场公允价值和土地使用权转移过程中应支付的相关税费计算确认该项土地使用权的取得成本。如涉及补价，土地使用权的取得成本还应加上应支付的补价款或减除应收到的补价款。

第三十二条 除以下几项预提（应付）费用外，计税成本均应为实际发生的成本。

（一）出包工程未最终办理结算而未取得全额发票的，在证明资料充分的前提下，其发票不足金额可以预提，但最高不得超过合同总金额的 10%。

（二）公共配套设施尚未建造或尚未完工的，可按预算造价合理预提建造费用。此类公共配套设施必须符合已在售房合同、协议或广告、模型中明确承诺建造且不可撤销，或按照法律法规规定必须配套建造的条件。

（三）应向政府上交但尚未上交的报批报建费用、物业完善费用可以按规定预提。物业完善费用是指按规定应由企业承担的物业管理基金、公建维修基金或其他专项基金。

第三十三条 企业单独建造的停车场所，应作为成本对象单独核算。利用地下基础设施形成的停车场所，作为公共配套设施进行处理。

2011 年 03 月 21 日国家税务总局纳税服务司

问：房地产企业利用地下设施修建了地下车库，并将该车库转让取得收入。根据国税发〔2009〕31 号文件第三十三条规定，利用地下基础设施形成的停车场所，作为公共配套设施进行处理。请问，文件中所称“作为公共配套设施进行处理”是否指该车库无论是否对外销售，均一次性计入开发成本，待停车场出售时，一次性确认收入而不能结转成本？

答：根据《国家税务总局关于印发〈房地产开发经营业务企业所得税处理办法〉的通知》（国税发〔2009〕31 号）第三十三条规定，利用地下基础设施形成的停车场所，作为公共配套设施进行处理。同时，该文件第二十七条规定，公共配套设施费包括在开发产品计税成本支出中。

因此，利用地下基础设施形成的停车场所应计入开发成本，待停车场所出售时，一次性确认收入，同时不能再结转成本。

企业所得税实务操作政策指引（第一期）国家税务总局北京市税务局 2019.11.11

地下车库成本归集问题问：按照国税发〔2009〕31 号第三十三条的规定，开发企业利用地下基础设施形成的停车场所，作为公共配套设施进行处理。对于企业利用地下基础设施形成的停车场所，后因补缴土地出让金而取得地下车库的产权，其补缴的土地出让金是否需计入地下车库计税成本?

答：具有产权的地下车库应归集土地成本，不具有产权的地下车库按公共配套设施进行税务处理，不分摊土地成本。

第三十四条 企业在结算计税成本时其实际发生的支出应当取得但未取得合法凭据的，不得计入计税成本，待实际取得合法凭据时，再按规定计入计税成本。

第三十五条 开发产品完工以后，企业可在完工年度企业所得税汇算清缴前选择确定计税成本核算的终止日，不得滞后。凡已完工开发产品在完工年度未按规定结算计税成本，主管税务机关有权确定或核定其计税成本，据此进行纳税调整，并按《中华人民共和国税收征收管理法》的有关规定对其进行处理。

第五章 特定事项的税务处理

第三十六条 企业以本企业为主体联合其他企业、单位、个人合作或合资开发房地产项目，且该项目未成立独立法人公司的，按下列规定进行处理：

（一）凡开发合同或协议中约定向投资各方（即合作、合资方，下同）分配开发产品的，企业在首次分配开发产品时，如该项目已经结算计税成本，其应分配给投资方开发产品的计税成本与其投资额之间的差额计入当期应纳税所得额；如未结算计税成本，则将投资方的投资额视同销售收入进行相关的税务处理。

（二）凡开发合同或协议中约定分配项目利润的，应按以下规定进行处理：

1. 企业应将该项目形成的营业利润额并入当期应纳税所得额统一申报缴纳企业所得税，不得在税前分配该项目的利润。同时不能因接受投资方投资额而在成本中摊销或在税前扣除相关的利息支出。

2. 投资方取得该项目的营业利润应视同股息、红利进行相关的税务处理。

第三十七条 企业以换取开发产品为目的，将土地使用权投资其他企业房地产开发项目的，按以下规定进行处理：

企业应在首次取得开发产品时，将其分解为转让土地使用权和购入开发产品两项经济业务进行所得税处理，并按应从该项目取得的开发产品（包括首次取得的和以后应取得的）的市场公允价值计算确认土地使用权转让所得或损失。

第六章 附 则

第三十八条 从事房地产开发经营业务的外商投资企业在2007年12月31日前存有销售未完工开发产品取得的收入，至该项开发产品完工后，一律按本办法第九条规定的办法进行税务处理。

第三十九条 本通知自2008年1月1日起执行。

国税总局所得税司二处对〔2009〕31号文的部分解析房地产开发经营业务企业所得税处理办法

第一章 总 则

第三条 企业房地产开发经营业务包括土地的开发，建造、销售住宅、商业用房以及其他建筑物、附着物、配套设施等开发产品。除土地开发之外，其他开发产品符合下列条件之一的，应视为已经完工：

（一）开发产品竣工证明材料已报房地产管理部门备案。

（二）开发产品已开始投入使用。

（三）开发产品已取得了初始产权证明。

（《会计准则》《国税函〔2008〕875号》文件，已经确定了销售货物收入实现的条件，这里强调开发产品完工条件目的是什么？是否意味着只要开发产品完工，不管会计上是否结转收入，也不管是否符合国税函〔2008〕875号文件的规定，在计算企业所得税时都要按照实际结转收入、成本?)

总局所得税司二处，何处长回答：只要符合产品完工的三个条件之一，不论会计上是否符合收入实现条件，是否计算出实际利润，计算所得税时就应该按照实际利润计算应纳税所得额。

第二章 收入的税务处理

第五条 开发产品销售收入的范围为销售开发产品过程中取得的全部价款，包括现金、现金等价物及其他经济利益。企业代有关部门、单位和企业收取的各种基金、费用和附加等，凡纳入开发产品价内或由企业开具发票的，应按规定全部确认为销售收入；未纳入开发产品价内并由企业之外的其他收取部门、单位开具发票的，可作为代收代缴款项进行管理。

(这里的发票指的是什么，包括企业开出的加盖本企业公章的其他票据吗？代收费用在什么时点确认为收入，成本如何计算?)

总局所得税司二处，何处长回答：包括企业开出的各种收据，只要以企业名义收款就要纳入收入；什么时候付出，再作扣除。

第六条 企业通过正式签订《房地产销售合同》或《房地产预售合同》所取

得的收入，应确认为销售收入的实现，具体按以下规定确认：

（按照以上规定确认的收入，是否全部要结转实际成本和实际利润？后面讲的预售收入指的是什么？）

（一）采取一次性全额收款方式销售开发产品的，应于实际收讫价款或取得索取价款凭据（权利）之日，确认收入的实现。

（按照本条规定企业所得税收入应包含一部分预收账款。既然本办法第九条规定："预售收入"仍按照预计毛利计入应纳税所得额，那么在这里还将它明确为收入用意是什么？在国税函〔2006〕31号文件中，以下几种销售方式只适用于销售完工产品，现在适用于销售未完工产品吗？）

总局所得税司二处，何处长回答：从企业所得税的角度，不存在预收账款的概念，只要签订了《销售合同》《预售合同》并收取款项，全部确认为收入。能够确认实际利润的，按实际利润确认企业所得额，不能确认实际利润的，按预毛利计利确认所得额。但是与会计上的收入是有区别的。

第九条 企业销售未完工开发产品取得的收入，应先按预计计税毛利率分季（或月）计算出预计毛利额，计入当期应纳税所得额。开发产品完工后，企业应及时结算其计税成本并计算此前销售收入的实际毛利额，同时将其实际毛利额与其对应的预计毛利额之间的差额，计入当年度企业本项目与其他项目合并计算的应纳税所得额。

（毛利额=销售收入-销售成本；所得额=销售收入-销售成本-销售税金-期间费用。将毛利额并入所得额怎么解释？实际毛利与预计毛利的差额在企业所得税报表中怎样体现？）

总局所得税司二处，何处长回答：将毛利额计入应纳税所得额后，再允许扣除"其对应的营业税金及附加和期间费用，包括符合条件的业务招待费和广告费"。

在年度纳税申报时，企业须出具对该项开发产品实际毛利额与预计毛利额之间差异调整情况的报告以及税务机关需要的其他相关资料。

第三章　成本、费用扣除的税务处理

第十二条 企业发生的期间费用、已销开发产品计税成本、营业税金及附加、土地增值税准予当期按规定扣除。

（本年度账面未结转收入，业务招待费和广告费能扣除吗？按预收账款缴纳的营业税金及附加能扣除吗？按预收账款缴纳的土地增值税能扣除吗？）

总局所得税司二处，何处长回答：全都可以扣除。

第二十一条 企业的利息支出按以下规定进行处理：

（一）企业为建造开发产品借入资金而发生的符合税收规定的借款费用，可按企业会计准则的规定进行归集和分配，其中属于财务费用性质的借款费用，可直接在税前扣除。

（《企业所得税法实施条例》第三十八条所说的"非金融企业"包括个人吗？企业向个人借款的利息可以扣除吗？）

总局所得税司二处，何处长回答：还没有议定，应该包括个人。

（二）企业集团或其成员企业统一向金融机构借款分摊集团内部其他成员企业使用的，借入方凡能出具从金融机构取得借款的证明文件，可以在使用借款的企业间合理的分摊利息费用，使用借款的企业分摊的合理利息准予在税前扣除。

第二十七条 开发产品计税成本支出的内容如下：

（一）土地征用费及拆迁补偿费。指为取得土地开发使用权（或开发权）而发生的各项费用，主要包括土地买价或出让金、大市政配套费、契税、耕地占用税、土地使用费、土地闲置费、土地变更用途和超面积补交的地价及相关税费、拆迁补偿支出、安置及动迁支出、回迁房建造支出、农作物补偿费、危房补偿费等。

（拆迁补偿费取得什么样的票据才能够扣除?）

总局所得税司二处，何处长回答：不一定非得取得发票，只要是能证明业务的真实性就可以，包括合同、协议、收款收据等等。

（二）前期工程费。指项目开发前期发生的水文地质勘察、测绘、规划、设计、可行性研究、筹建、场地通平等前期费用。

（三）建筑安装工程费。指开发项目开发过程中发生的各项建筑安装费用。主要包括开发项目建筑工程费和开发项目安装工程费等。

（开发过程中明确规定由甲方供应材料的，甲方取得的购货发票可以直接作为开发支出的依据计入“开发成本——建筑安装工程费”吗？是否需要到地税局换取建筑业发票才能扣除?）

总局所得税司二处，何处长回答：甲供材可以凭开发企业取得的购货发票直接扣除。

第二十八条 企业计税成本核算的一般程序如下：

（一）对当期实际发生的各项支出，按其性质、经济用途及发生的地点、时间区进行整理、归类，并将其区分为应计入成本对象的成本和应在当期税前扣除的期间费用。“同时还应按规定对在有关预提费用和待摊费用进行计量与确认。”

（最后这句话什么意思?）

第五章 特定事项的税务处理

第三十六条 企业以本企业为主体联合其他企业、单位、个人合作或合资开发房地产项目，且该项目未成立独立法人公司的，按下列规定进行处理：

（一）凡开发合同或协议中约定向投资各方（即合作、合资方，下同）分配开发产品的，企业在首次分配开发产品时，如该项目已经结算计税成本，其应分配给投资方开发产品的计税成本与其投资额之间的差额计入当期应纳税所得额；如未结算计税成本，则将投资方的投资额视同销售收入进行相关的税务处理。

（这句话怎么理解?）

总局所得税司二处，何处长回答：可以理解为差额为正数，调减应纳税所得额；差额为负数，调增应纳税所得额。

纳税人跨县（市、区）提供建筑服务增值税征收管理暂行办法的公告

国家税务总局公告2016年第17号

第一条 根据《财政部　国家税务总局关于全面推开营业税改征增值税试点的通知》（财税〔2016〕36号）及现行增值税有关规定，制定本办法

第二条 本办法所称跨县（市、区）提供建筑服务，是指单位和个体工商户（以下简称纳税人）在其机构所在地以外的县（市、区）提供建筑服务。

注：国家税务总局公告2017年第11号关于进一步明确营改增有关征管问题的公告规定：“纳税人在同一地级行政区范围内跨县（市、区）提供建筑服务，不适应本条款。”

纳税人在同一直辖市、计划单列市范围内跨县（市、区）提供建筑服务的，由直辖市、计划单列市国家税务局决定是否适用本办法。

其他个人跨县（市、区）提供建筑服务，不适用本办法。

第三条 纳税人跨县（市、区）提供建筑服务，应按照财税〔2016〕36号文件规定的纳税义务发生时间和计税方法，向建筑服务发生地主管国税机关预缴税款，向机构所在地主管国税机关申报纳税。

《建筑工程施工许可证》未注明合同开工日期，但建筑工程承包合同注明的开工日期在2016年4月30日前的建筑工程项目，属于财税〔2016〕36号文件规定的可以选择简易计税方法计税的建筑工程老项目。

第四条 纳税人跨县（市、区）提供建筑服务，按照以下规定预缴税款：

（一）一般纳税人跨县（市、区）提供建筑服务，适用一般计税方法计税的，以取得的全部价款和价外费用扣除支付的分包款后的余额，按照2%的预征率计算应预缴税款。

（二）一般纳税人跨县（市、区）提供建筑服务，选择适用简易计税方法计税的，以取得的全部价款和价外费用扣除支付的分包款后的余额，按照3%的征收率计算应预缴税款。

（三）小规模纳税人跨县（市、区）提供建筑服务，以取得的全部价款和价外费用扣除支付的分包款后的余额，按照3%的征收率计算应预缴税款。

第五条 纳税人跨县（市、区）提供建筑服务，按照以下公式计算应预缴税款：

（一）适用一般计税方法计税的，应预缴税款=（全部价款和价外费用-支付的分包款）÷(1+11%)×2%

（二）适用简易计税方法计税的，应预缴税款=（全部价款和价外费用-支付的分包款）÷(1+3%)×3%

注：财税〔2018〕32号11%修改为10%，财税海公告2019年39号10%修改为9%

《关于国内旅客运输服务进项税抵扣等增值税征管问题的公告》（国家税务总局公告2019年第31号）解读：纳税人提供特定建筑服务，可按照现行政策规定，以取得的全部价款和价外费用扣除支付的分包款后的余额为销售额计税。总包方支付的分包款是打包支出的概念，即其中既包括货物价款，也包括建筑服务价款。因此，《公告》明确，纳税人提供建筑服务，按照规定允许从取得的全部价款和价外费用中扣除的分包款，是指支付给分包方的全部价款和价外费用。

纳税人取得的全部价款和价外费用扣除支付的分包款后的余额为负数的，可结转下次预缴税款时继续扣除。

纳税人应按照工程项目分别计算应预缴税款，分别预缴。

第六条 纳税人按照上述规定从取得的全部价款和价外费用中扣除支付的分包款，应当取得符合法律、行政法规和国家税务总局规定的合法有效凭证，否则不得扣除。

上述凭证是指：

（一）从分包方取得的2016年4月30日前开具的建筑业营业税发票。

上述建筑业营业税发票在2016年6月30日前可作为预缴税款的扣除凭证。

（二）从分包方取得的2016年5月1日后开具的，备注栏注明建筑服务发生地所在县（市、区）、项目名称的增值税发票。

（三）国家税务总局规定的其他凭证。

第七条 纳税人跨县（市、区）提供建筑服务，在向建筑服务发生地主管国税机关预缴税款时，需提交以下资料：

（一）《增值税预缴税款表》；

（二）与发包方签订的建筑合同原件及复印件；

（三）与分包方签订的分包合同原件及复印件；

（四）从分包方取得的发票原件及复印件。

注：《国家税务总局关于营改增试点若干征管问题的公告》（国家税务总局公告2016年第53号）规定：《纳税人跨县（市、区）提供建筑服务增值税征收管理暂行办法》（国家税务总局公告2016年第17号）发布第七条规定调整为：

纳税人跨县（市、区）提供建筑服务，在向建筑服务发生地主管国税机关预缴税款时，需填报《增值税预缴税款表》，并出示以下资料：

（一）与发包方签订的建筑合同复印件（加盖纳税人公章）；

（二）与分包方签订的分包合同复印件（加盖纳税人公章）；

（三）从分包方取得的发票复印件（加盖纳税人公章）。

第八条 纳税人跨县（市、区）提供建筑服务，向建筑服务发生地主管国税机关预缴的增值税税款，可以在当期增值税应纳税额中抵减，抵减不完的，结转下期继续抵减。

纳税人以预缴税款抵减应纳税额，应以完税凭证作为合法有效凭证。

第九条 小规模纳税人跨县（市、区）提供建筑服务，不能自行开具增值税发票的，可向建筑服务发生地主管国税机关按照其取得的全部价款和价外费用申请代开增值税发票。

第十条 对跨县（市、区）提供的建筑服务，纳税人应自行建立预缴税款台账，区分不同县（市、区）和项目逐笔登记全部收入、支付的分包款、已扣除的分包款、扣除分包款的发票号码、已预缴税款以及预缴税款的完税凭证号码等相关内容，留存备查。

第十一条 纳税人跨县（市、区）提供建筑服务预缴税款时间，按照财税〔2016〕36号文件规定的纳税义务发生时间和纳税期限执行。

第十二条 纳税人跨县（市、区）提供建筑服务，按照本办法应向建筑服务发生地主管国税机关预缴税款而自应当预缴之月起超过6个月没有预缴税款的，由机构所在地主管国税机关按照《中华人民共和国税收征收管理法》及相关规定进行处理。

纳税人跨县（市、区）提供建筑服务，未按照本办法缴纳税款的，由机构所在地主管国税机关按照《中华人民共和国税收征收管理法》及相关规定进行处理。

注：《税收征收管理法》第六十二条纳税人未按照规定的期限办理纳税申报和报送纳税资料的，或者扣缴义务人未按照规定的期限向税务机关报送代扣代缴、代收代缴税款报告表和有关资料的，由税务机关责令限期改正，可以处二千元以下的罚款；情节严重的，可以处二千元以上一万元以下的罚款。

国家税务总局关于发布《房地产开发企业销售自行开发的房地产项目增值税征收管理暂行办法》的公告

国家税务总局公告2016年第18号

国家税务总局制定了《房地产开发企业销售自行开发的房地产项目增值税征收管理暂行办法》，现予以公布，自2016年5月1日起施行。

特此公告。

国家税务总局

2016年3月31日

房地产开发企业销售自行开发的房地产项目增值税征收管理暂行办法

第一章　适用范围

第一条　根据《财政部　国家税务总局关于全面推开营业税改征增值税试点的通知》（财税〔2016〕36号）及现行增值税有关规定，制定本办法。

第二条　房地产开发企业销售自行开发的房地产项目，适用本办法。

自行开发，是指在依法取得土地使用权的土地上进行基础设施和房屋建设。

第三条　房地产开发企业以接盘等形式购入未完工的房地产项目继续开发后，以自己的名义立项销售的，属于本办法规定的销售自行开发的房地产项目。

第二章　一般纳税人征收管理

第一节　销售额

第四条　房地产开发企业中的一般纳税人（以下简称一般纳税人）销售自行开发的房地产项目，适用一般计税方法计税，按照取得的全部价款和价外费用，扣除当期销售房地产项目对应的土地价款后的余额计算销售额。销售额的计算公式如下：

销售额=(全部价款和价外费用-当期允许扣除的土地价款)÷(1+11%)

第五条 当期允许扣除的土地价款按照以下公式计算：

当期允许扣除的土地价款=（当期销售房地产项目建筑面积÷房地产项目可供销售建筑面积）×支付的土地价款

当期销售房地产项目建筑面积，是指当期进行纳税申报的增值税销售额对应的建筑面积。

房地产项目可供销售建筑面积，是指房地产项目可以出售的总建筑面积，不包括销售房地产项目时未单独作价结算的配套公共设施的建筑面积。

支付的土地价款，是指向政府、土地管理部门或受政府委托收取土地价款的单位直接支付的土地价款。

注：国家税务总局公告2016年第86号《国家税务总局关于土地价款扣除时间等增值税征管问题的公告》规定："当期销售房地产项目建筑面积""房地产项目可供销售建筑面积"，是指计容积率地上建筑面积，不包括地下车位建筑面积。

注：财税〔2018〕32号11%修改为10%，财税海公告2019年39号10%修改为9%。

第六条 在计算销售额时从全部价款和价外费用中扣除土地价款，应当取得省级以上（含省级）财政部门监（印）制的财政票据。

第七条 一般纳税人应建立台账登记土地价款的扣除情况，扣除的土地价款不得超过纳税人实际支付的土地价款。

第八条 一般纳税人销售自行开发的房地产老项目，可以选择适用简易计税方法按照5%的征收率计税。一经选择简易计税方法计税的，36个月内不得变更为一般计税方法计税。

房地产老项目，是指：

(一)《建筑工程施工许可证》注明的合同开工日期在2016年4月30日前的房地产项目；

(二)《建筑工程施工许可证》未注明合同开工日期或者未取得《建筑工程施工许可证》但建筑工程承包合同注明的开工日期在2016年4月30日前的建筑工程项目。

第九条 一般纳税人销售自行开发的房地产老项目适用简易计税方法计税的，以取得的全部价款和价外费用为销售额，不得扣除对应的土地价款。

第二节 预缴税款

第十条 一般纳税人采取预收款方式销售自行开发的房地产项目，应在收到预收款时按照3%的预征率预缴增值税。

第十一条 应预缴税款按照以下公式计算：

应预缴税款=预收款÷（1+适用税率或征收率）×3%

适用一般计税方法计税的，按照11%的适用税率计算；适用简易计税方法计税的，按照5%的征收率计算。

注：财税〔2018〕32号11%修改为10%，财税海公告2019年39号10%修改为9%。

第十二条 一般纳税人应在取得预收款的次月纳税申报期向主管国税机关预缴税款。

第三节 进项税额

第十三条 一般纳税人销售自行开发的房地产项目，兼有一般计税方法计税、简易计税方法计税、免征增值税的房地产项目而无法划分不得抵扣的进项税额的，应以《建筑工程施工许可证》注明的“建设规模”为依据进行划分。

不得抵扣的进项税额=当期无法划分的全部进项税额×（简易计税、免税房地产项目建设规模÷房地产项目总建设规模）

第四节 纳税申报

第十四条 一般纳税人销售自行开发的房地产项目适用一般计税方法计税的，应按照《营业税改征增值税试点实施办法》（财税〔2016〕36号文件印发，以下简称《试点实施办法》）第四十五条规定的纳税义务发生时间，以当期销售额和11%的适用税率计算当期应纳税额，抵减已预缴税款后，向主管国税机关申报纳税。未抵减完的预缴税款可以结转下期继续抵减。

注：财税〔2018〕32号11%修改为10%，财税海公告2019年39号10%修改为9%。

第十五条 一般纳税人销售自行开发的房地产项目适用简易计税方法计税的，应按照《试点实施办法》第四十五条规定的纳税义务发生时间，以当期销售额和5%的征收率计算当期应纳税额，抵减已预缴税款后，向主管国税机关申报纳税。未抵减完的预缴税款可以结转下期继续抵减。

第五节 发票开具

第十六条 一般纳税人销售自行开发的房地产项目，自行开具增值税发票。

第十七条 一般纳税人销售自行开发的房地产项目，其2016年4月30日前收取并已向主管地税机关申报缴纳营业税的预收款，未开具营业税发票的，可以开具增值税普通发票，不得开具增值税专用发票。

第十八条 一般纳税人向其他个人销售自行开发的房地产项目，不得开具增值税专用发票。

第三章 小规模纳税人征收管理

第一节 预缴税款

第十九条 房地产开发企业中的小规模纳税人（以下简称小规模纳税人）采取

预收款方式销售自行开发的房地产项目，应在收到预收款时按照3%的预征率预缴增值税。

第二十条 应预缴税款按照以下公式计算：

应预缴税款=预收款÷（1+5%）×3%

第二十一条 小规模纳税人应在取得预收款的次月纳税申报期或主管国税机关核定的纳税期限向主管国税机关预缴税款。

第二节 纳税申报

第二十二条 小规模纳税人销售自行开发的房地产项目，应按照《试点实施办法》第四十五条规定的纳税义务发生时间，以当期销售额和5%的征收率计算当期应纳税额，抵减已预缴税款后，向主管国税机关申报纳税。未抵减完的预缴税款可以结转下期继续抵减。

第三节 发票开具

第二十三条 小规模纳税人销售自行开发的房地产项目，自行开具增值税普通发票。购买方需要增值税专用发票的，小规模纳税人向主管国税机关申请代开。

第二十四条 小规模纳税人销售自行开发的房地产项目，其2016年4月30日前收取并已向主管地税机关申报缴纳营业税的预收款，未开具营业税发票的，可以开具增值税普通发票，不得申请代开增值税专用发票。

第二十五条 小规模纳税人向其他个人销售自行开发的房地产项目，不得申请代开增值税专用发票。

第四章 其他事项

第二十六条 房地产开发企业销售自行开发的房地产项目，按照本办法规定预缴税款时，应填报《增值税预缴税款表》。

第二十七条 房地产开发企业以预缴税款抵减应纳税额，应以完税凭证作为合法有效凭证。

第二十八条 房地产开发企业销售自行开发的房地产项目，未按本办法规定预缴或缴纳税款的，由主管国税机关按照《中华人民共和国税收征收管理法》及相关规定进行处理。

分送：各省、自治区、直辖市和计划单列市国家税务局、地方税务局。

国家税务总局货物和劳务税司承办
办公厅2016年3月31日印发

财政部关于印发《增值税会计处理规定》的通知

财会〔2016〕22号

国务院有关部委，有关中央管理企业，各省、自治区、直辖市、计划单列市财政厅（局），新疆生产建设兵团财务局，财政部驻各省、自治区、直辖市、计划单列市财政监察专员办事处：

为进一步规范增值税会计处理，促进《关于全面推开营业税改征增值税试点的通知》（财税〔2016〕36号）的贯彻落实，我们制定了《增值税会计处理规定》，现印发给你们，请遵照执行。

附件：增值税会计处理规定

财政部

2016年12月3日

增值税会计处理规定

根据《中华人民共和国增值税暂行条例》和《关于全面推开营业税改征增值税试点的通知》（财税〔2016〕36号）等有关规定，现对增值税有关会计处理规定如下：

一、会计科目及专栏设置

增值税一般纳税人应当在"应交税费"科目下设置"应交增值税""未交增值税""预交增值税""待抵扣进项税额""待认证进项税额""待转销项税额""增值税留抵税额""简易计税""转让金融商品应交增值税""代扣代交增值税"等明细科目。

（一）增值税一般纳税人应在"应交增值税"明细账内设置"进项税额""销项税额抵减""已交税金""转出未交增值税""减免税款""出口抵减内销产品应纳税额""销项税额""出口退税""进项税额转出""转出多交增值税"等专栏。其中：

1. "进项税额"专栏，记录一般纳税人购进货物、加工修理修配劳务、服务、无形资产或不动产而支付或负担的、准予从当期销项税额中抵扣的增值税额；

2. “销项税额抵减”专栏，记录一般纳税人按照现行增值税制度规定因扣减销售额而减少的销项税额；

3. “已交税金”专栏，记录一般纳税人当月已交纳的应交增值税额；

4. “转出未交增值税”和“转出多交增值税”专栏，分别记录一般纳税人月度终了转出当月应交未交或多交的增值税额；

5. “减免税款”专栏，记录一般纳税人按现行增值税制度规定准予减免的增值税额；

6. “出口抵减内销产品应纳税额”专栏，记录实行“免、抵、退”办法的一般纳税人按规定计算的出口货物的进项税抵减内销产品的应纳税额；

7. “销项税额”专栏，记录一般纳税人销售货物、加工修理修配劳务、服务、无形资产或不动产应收取的增值税额；

8. “出口退税”专栏，记录一般纳税人出口货物、加工修理修配劳务、服务、无形资产按规定退回的增值税额；

9. “进项税额转出”专栏，记录一般纳税人购进货物、加工修理修配劳务、服务、无形资产或不动产等发生非正常损失以及其他原因而不应从销项税额中抵扣、按规定转出的进项税额。

（二）“未交增值税”明细科目，核算一般纳税人月度终了从“应交增值税”或“预交增值税”明细科目转入当月应交未交、多交或预缴的增值税额，以及当月交纳以前期间未交的增值税额。

（三）“预交增值税”明细科目，核算一般纳税人转让不动产、提供不动产经营租赁服务、提供建筑服务、采用预收款方式销售自行开发的房地产项目等，以及其他按现行增值税制度规定应预缴的增值税额。

（四）“待抵扣进项税额”明细科目，核算一般纳税人已取得增值税扣税凭证并经税务机关认证，按照现行增值税制度规定准予以后期间从销项税额中抵扣的进项税额。包括：一般纳税人自2016年5月1日后取得并按固定资产核算的不动产或者2016年5月1日后取得的不动产在建工程，按现行增值税制度规定准予以后期间从销项税额中抵扣的进项税额；实行纳税辅导期管理的一般纳税人取得的尚未交叉稽核比对的增值税扣税凭证上注明或计算的进项税额。

（五）“待认证进项税额”明细科目，核算一般纳税人由于未经税务机关认证而不得从当期销项税额中抵扣的进项税额。包括：一般纳税人已取得增值税扣税凭证、按照现行增值税制度规定准予从销项税额中抵扣，但尚未经税务机关认证的进项税额；一般纳税人已申请稽核但尚未取得稽核相符结果的海关缴款书进项税额。

（六）“待转销项税额”明细科目，核算一般纳税人销售货物、加工修理修配劳务、服务、无形资产或不动产，已确认相关收入（或利得）但尚未发生增值税纳税义务而需于以后期间确认为销项税额的增值税额。

（七）“增值税留抵税额”明细科目，核算兼有销售服务、无形资产或者不动产的原增值税一般纳税人，截止到纳入营改增试点之日前的增值税期末留抵税额按照现行增值税制度规定不得从销售服务、无形资产或不动产的销项税额中抵扣的增值税留抵税额。

（八）“简易计税”明细科目，核算一般纳税人采用简易计税方法发生的增值税计提、扣减、预缴、缴纳等业务。

（九）“转让金融商品应交增值税”明细科目，核算增值税纳税人转让金融商品发生的增值税额。

（十）“代扣代交增值税”明细科目，核算纳税人购进在境内未设经营机构的境外单位或个人在境内的应税行为代扣代缴的增值税。

小规模纳税人只需在“应交税费”科目下设置“应交增值税”明细科目，不需要设置上述专栏及除“转让金融商品应交增值税”“代扣代交增值税”外的明细科目。

二、账务处理

（一）取得资产或接受劳务等业务的账务处理。

1. 采购等业务进项税额允许抵扣的账务处理。一般纳税人购进货物、加工修理修配劳务、服务、无形资产或不动产，按应计入相关成本费用或资产的金额，借记“在途物资”或“原材料”“库存商品”“生产成本”“无形资产”“固定资产”“管理费用”等科目，按当月已认证的可抵扣增值税额，借记“应交税费——应交增值税（进项税额）”科目，按当月未认证的可抵扣增值税额，借记“应交税费——待认证进项税额”科目，按应付或实际支付的金额，贷记“应付账款”“应付票据”“银行存款”等科目。发生退货的，如原增值税专用发票已做认证，应根据税务机关开具的红字增值税专用发票做相反的会计分录；如原增值税专用发票未做认证，应将发票退回并做相反的会计分录。

2. 采购等业务进项税额不得抵扣的账务处理。一般纳税人购进货物、加工修理修配劳务、服务、无形资产或不动产，用于简易计税方法计税项目、免征增值税项目、集体福利或个人消费等，其进项税额按照现行增值税制度规定不得从销项税额中抵扣的，取得增值税专用发票时，应借记相关成本费用或资产科目，借记“应交税费——待认证进项税额”科目，贷记“银行存款”“应付账款”等科目，经税务机关认证后，应借记相关成本费用或资产科目，贷记“应交税费——应交增值税（进项税额转出）”科目。

3. 购进不动产或不动产在建工程按规定进项税额分年抵扣的账务处理。一般纳税人自 2016 年 5 月 1 日后取得并按固定资产核算的不动产或者 2016 年 5 月 1 日后取得的不动产在建工程，其进项税额按现行增值税制度规定自取得之日起分 2 年从销项税额中抵扣的，应当按取得成本，借记“固定资产”“在建工程”等科目，按当期可抵扣的增值税额，借记“应交税费——应交增值税（进项税额）”科目，按以后期间可抵扣的增值税额，借记“应交税费——待抵扣进项税额”科目，按应付或实际支付的金额，贷记“应付账款”“应付票据”“银行存款”等科目。尚未抵扣的进项税额待以后期间允许抵扣时，按允许抵扣的金额，借记“应交税费——应交增值税（进项税额）”科目，贷记“应交税费——待抵扣进项税额”科目。

4. 货物等已验收入库但尚未取得增值税扣税凭证的账务处理。一般纳税人购进的货物等已到达并验收入库，但尚未收到增值税扣税凭证并未付款的，应在月末按货物清单或相关合同协议上的价格暂估入账，不需要将增值税的进项税额暂估入账。下月初，用红字冲销原暂估入账金额，待取得相关增值税扣税凭证并经认证后，按应计入相关成本费用或资产的金额，借记“原材料”“库存商品”“固定资产”“无形资产”等科目，按可抵扣的增值税额，借记“应交税费——应交增值税（进项税额）”科目，按应付金额，贷记“应付账款”等科目。

5. 小规模纳税人采购等业务的账务处理。小规模纳税人购买物资、服务、无形资产或不动产，取得增值税专用发票上注明的增值税应计入相关成本费用或资产，不通过“应交税费——应交增值税”科目核算。

6. 购买方作为扣缴义务人的账务处理。按照现行增值税制度规定，境外单位或个人在境内发生应税行为，在境内未设有经营机构的，以购买方为增值税扣缴义务人。境内一般纳税人购进服务、无形资产或不动产，按应计入相关成本费用或资产的金额，借记“生产成本”“无形资产”“固定资产”“管理费用”等科目，按可抵扣的增值税额，借记“应交税费——进项税额”科目（小规模纳税人应借记相关成本费用或资产科目），按应付或实际支付的金额，贷记“应付账款”等科目，按应代扣代缴的增值税额，贷记“应交税费——代扣代交增值税”科目。实际缴纳代扣代缴增值税时，按代扣代缴的增值税额，借记“应交税费——代扣代交增值税”科目，贷记“银行存款”科目。

（二）销售等业务的账务处理。

1. 销售业务的账务处理。企业销售货物、加工修理修配劳务、服务、无形资产或不动产，应当按应收或已收的金额，借记“应收账款”“应收票据”“银行存款”等科目，按取得的收入金额，贷记“主营业务收入”“其他业务收入”“固定资产清理”“工程结算”等科目，按现行增值税制度规定计算的销项税额（或采用简易计税方法计算的应纳增值税额），贷记“应交税费——应交增值税（销项税额）”或“应交税费——简易计税”科目（小规模纳税人应贷记“应交税费——应交增值税”科目）。发生销售退回的，应根据按规定开具的红字增值税专用发票做相反的会计分录。

按照国家统一的会计制度确认收入或利得的时点早于按照增值税制度确认增值税纳税义务发生时点的，应将相关销项税额计入“应交税费——待转销项税额”科目，待实际发生纳税义务时再转入“应交税费——应交增值税（销项税额）”或“应交税费——简易计税”科目。

按照增值税制度确认增值税纳税义务发生时点早于按照国家统一的会计制度确认收入或利得的时点的，应将应纳增值税额，借记“应收账款”科目，贷记“应交税费——应交增值税（销项税额）”或“应交税费——简易计税”科目，按照国家统一的会计制度确认收入或利得时，应按扣除增值税销项税额后的金额确认收入。

2. 视同销售的账务处理。企业发生税法上视同销售的行为，应当按照企业会计准则制度相关规定进行相应的会计处理，并按照现行增值税制度规定计算的销项税额（或采用简易计税方法计算的应纳增值税额），借记“应付职工薪酬”“利润分配”等科目，贷记“应交税费——应交增值税（销项税额）”或“应交税费——简易计税”科目（小规模纳税人应计入“应交税费——应交增值税”科目）。

3. 全面试行营业税改征增值税前已确认收入，此后产生增值税纳税义务的账务处理。企业营业税改征增值税前已确认收入，但因未产生营业税纳税义务而未计提营业税的，在达到增值税纳税义务时点时，企业应在确认应交增值税销项税额的同时冲减当期收入；已经计提营业税且未缴纳的，在达到增值税纳税义务时点时，应借记“应交税费——应交营业税”“应交税费——应交城市维护建设税”“应交税费——应交教育费附加”等科目，贷记“主营业务收入”科目，并根据调整后的收入计算确定计入“应交税费——待转销项税额”科目的金额，同时冲减收入。

全面试行营业税改征增值税后，“营业税金及附加”科目名称调整为“税金及附加”科目，该科目核算企业经营活动发生的消费税、城市维护建设税、资源税、教育费附加及房产税、土地使用税、车船使用税、印花税等相关税费；利润表中的“营业税金及附加”项目调整为“税金及附加”项目。

（三）差额征税的账务处理。

1. 企业发生相关成本费用允许扣减销售额的账务处理。按现行增值税制度规定企业发生相关成本费用允许扣减销售额的，发生成本费用时，按应付或实际支付的金额，借记“主营业务成本”“存货”“工程施工”等科目，贷记“应付账款”“应付票据”“银行存款”等科目。待取得合规增值税扣税凭证且纳税义务发生时，按照允许抵扣的税额，借记“应交税费——应交增值税（销项税额抵减）”或“应交税费——简易计税”科目（小规模纳税人应借记“应交税费——应交增值税”科目），贷记“主营业务成本”“存货”“工程施工”等科目。

2. 金融商品转让按规定以盈亏相抵后的余额作为销售额的账务处理。金融商品实际转让月末，如产生转让收益，则按应纳税额借记“投资收益”等科目，贷记“应交税费——转让金融商品应交增值税”科目；如产生转让损失，则按可结转下月抵扣税额，借记“应交税费——转让金融商品应交增值税”科目，贷记“投资收益”等科目。交纳增值税时，应借记“应交税费——转让金融商品应交增值税”科目，贷记“银行存款”科目。年末，本科目如有借方余额，则借记“投资收益”等科目，贷记“应交税费——转让金融商品应交增值税”科目。

（四）出口退税的账务处理。

为核算纳税人出口货物应收取的出口退税款，设置“应收出口退税款”科目，该科目借方反映销售出口货物按规定向税务机关申报应退回的增值税、消费税等，贷方反映实际收到的出口货物应退回的增值税、消费税等。期末借方余额，反映尚未收到的应退税额。

1. 未实行“免、抵、退”办法的一般纳税人出口货物按规定退税的，按规定计算的应收出口退税额，借记“应收出口退税款”科目，贷记“应交税费——应交增值税（出口退税）”科目，收到出口退税时，借记“银行存款”科目，贷记“应收出口退税款”科目；退税额低于购进时取得的增值税专用发票上的增值税额的差额，借记“主营业务成本”科目，贷记“应交税费——应交增值税（进项税额转出）”科目。

2. 实行“免、抵、退”办法的一般纳税人出口货物，在货物出口销售后结转产品销售成本时，按规定计算的退税额低于购进时取得的增值税专用发票上的增值税额的差额，借记“主营业务成本”科目，贷记“应交税费——应交增值税（进项税额转出）”科目；按规定计算的当期出口货物的进项税抵减内销产品的应纳税额，借记“应交税费——应交增值税（出口抵减内销产品应纳税额）”科目，贷记“应交税费——应交增值税（出口退税）”科目。在规定期限内，内销产品的应纳税额不足以抵减出口货物的进项税额，不足部分按有关税法规定给予退税的，应在实际收到退税款时，借记“银行存款”科目，贷记“应交税费——应交增值税（出口退税）”科目。

（五）进项税额抵扣情况发生改变的账务处理。

因发生非正常损失或改变用途等，原已计入进项税额、待抵扣进项税额或待认证进项税额，但按现行增值税制度规定不得从销项税额中抵扣的，借记“待处理财产损溢”“应付职工薪酬”“固定资产”“无形资产”等科目，贷记“应交税费——应交增值税（进项税额转出）”“应交税费——待抵扣进项税额”或“应交税费——待认证进项税额”科目；原不得抵扣且未抵扣进项税额的固定资产、无形资产等，因改变用途等用于允许抵扣进项税额的应税项目的，应按允许抵扣的进项税额，借记“应交税费——应交增值税（进项税额）”科目，贷记“固定资产”“无形资产”等科目。固定资产、无形资产等经上述调整后，应按调整后的账面价值在剩余尚可使用寿命内计提折旧或摊销。

一般纳税人购进时已全额计提进项税额的货物或服务等转用于不动产在建工程的，对于结转以后期间的进项税额，应借记“应交税费——待抵扣进项税额”科目，贷记“应交税费——应交增值税（进项税额转出）”科目。

（六）月末转出多交增值税和未交增值税的账务处理。

月度终了，企业应当将当月应交未交或多交的增值税自“应交增值税”明细科目转入“未交增值税”明细科目。对于当月应交未交的增值税，借记“应交税费——应交增值税（转出未交增值税）”科目，贷记“应交税费——未交增值税”科目；对于当月多交的增值税，借记“应交税费——未交增值税”科目，贷记“应交税费——应交增值税（转出多交增值税）”科目。

（七）交纳增值税的账务处理。

1. 交纳当月应交增值税的账务处理。企业交纳当月应交的增值税，借记“应交税费——应交增值税（已交税金）”科目（小规模纳税人应借记“应交税费——应交增值税”科目），贷记“银行存款”科目。

2. 交纳以前期间未交增值税的账务处理。企业交纳以前期间未交的增值税，借记“应交税费——未交增值税”科目，贷记“银行存款”科目。

3. 预缴增值税的账务处理。企业预缴增值税时，借记“应交税费——预交增值税”科目，贷记“银行存款”科目。月末，企业应将“预交增值税”明细科目余额转入“未交增值税”明细科目，借记“应交税费——未交增值税”科目，贷记“应交税费——预交增值税”科目。房地产开发企业等在预缴增值税后，应直至纳税义务发生时方可从“应交税费——预交增值税”科目结转至“应交税费——未交增值税”科目。

4. 减免增值税的账务处理。对于当期直接减免的增值税，借记“应交税金——应交增值税（减免税款）”科目，贷记损益类相关科目。

（八）增值税期末留抵税额的账务处理。

纳入营改增试点当月月初，原增值税一般纳税人应按不得从销售服务、无形资产或不动产的销项税额中抵扣的增值税留抵税额，借记“应交税费——增值税留抵税额”科目，贷记“应交税费——应交增值税（进项税额转出）”科目。待以后期间允许抵扣时，按允许抵扣的金额，借记“应交税费——应交增值税（进项税额）”科目，贷记“应交税费——增值税留抵税额”科目。

（九）增值税税控系统专用设备和技术维护费用抵减增值税额的账务处理。

按现行增值税制度规定，企业初次购买增值税税控系统专用设备支付的费用以及缴纳的技术维护费允许在增值税应纳税额中全额抵减的，按规定抵减的增值税应纳税额，借记“应交税费——应交增值税（减免税款）”科目（小规模纳税人应借记“应交税费——应交增值税”科目），贷记“管理费用”等科目。

（十）关于小微企业免征增值税的会计处理规定。

小微企业在取得销售收入时，应当按照税法的规定计算应交增值税，并确认为应交税费，在达到增值税制度规定的免征增值税条件时，将有关应交增值税转入当期损益。

三、财务报表相关项目列示

“应交税费”科目下的“应交增值税”“未交增值税”“待抵扣进项税额”“待认证进项税额”“增值税留抵税额”等明细科目期末借方余额应根据情况，在资产负债表中的“其他流动资产”或“其他非流动资产”项目列示；“应交税费——待转销项税额”等科目期末贷方余额应根据情况，在资产负债表中的“其他流动负债”或“其他非流动负债”项目列示；“应交税费”科目下的“未交增值税”“简易计税”“转让金融商品应交增值税”“代扣代交增值税”等科目期末贷方余额应在资产负债表中的“应交税费”项目列示。

四、附则

本规定自发布之日起施行，国家统一的会计制度中相关规定与本规定不一致的，应按本规定执行。2016 年 5 月 1 日至本规定施行之间发生的交易由于本规定而影响资产、负债等金额的，应按本规定调整。《营业税改征增值税试点有关企业会计处理规定》（财会〔2012〕13 号）及《关于小微企业免征增值税和营业税的会计处理规定》（财会〔2013〕24 号）等原有关增值税会计处理的规定同时废止。

关于《增值税会计处理规定》有关问题的解读

财政部会计司制度二处　2017. 1. 26 公布

我部在 2016 年 12 月发布了《财政部关于印发〈增值税会计处理规定〉的通知》（财会〔2016〕22 号，以下简称《规定》），该《规定》自发布以来，受到广泛关注，为便于理解，现就有关问题解读如下：

一、关于待认证进项税额的结转

根据《规定》第二（一）2 项，一般纳税人购进货物、加工修理修配劳务、服务、无形资产或不动产，用于简易计税方法计税项目、免征增值税项目、集体福利或个人消费等，其进项税额按照现行增值税制度规定不得从销项税额中抵扣的，取得增值税专用发票时，应借记相关成本费用或资产科目，借记“应交税费——待认证进项税额”科目，贷记“银行存款”“应付账款”等科目，经税务机关认证后，根据有关“进项税额”“进项税额转出”专栏及“待认证进项税额”明细科目的核算内容，先转入“进项税额”专栏，借记“应交税费——应交增值税（进项税额）”科目，贷记“应交税费——待认证进项税额”科目；按现行增值税制度规定转出时，记入“进项税额转出”专栏，借记相关成本费用或资产科目，贷记“应交税费——应交增值税（进项税额转出）”科目。

二、关于已验收入库但尚未取得增值税扣税凭证的货物等的暂估入账金额

在对《规定》第二（一）4 项中已验收入库但尚未取得增值税扣税凭证的货物等暂估入账时，暂估入账的金额不包含增值税进项税额。一般纳税人购进劳务、服务等但尚未取得增值税扣税凭证的，比照处理。

三、关于企业提供建筑服务确认销项税额的时点

根据《规定》第二（二）1 项，企业销售货物、加工修理修配劳务、服务、无形资产或不动产，应当按应收或已收的金额，借记“应收账款”“应收票据”“银

行存款”等科目，按取得的收入金额，贷记“主营业务收入”“其他业务收入”“固定资产清理”“工程结算”等科目，按现行增值税制度规定计算的销项税额（或采用简易计税方法计算的应纳增值税额），贷记“应交税费——应交增值税（销项税额）”或“应交税费——简易计税”科目（小规模纳税人应贷记“应交税费——应交增值税”科目）。

企业提供建筑服务，在向业主办理工程价款结算时，借记“应收账款”等科目，贷记“工程结算”科目，贷记“应交税费——应交增值税（销项税额）”等科目，企业向业主办理工程价款结算的时点早于增值税纳税义务发生的时点的，应贷记“应交税费——待转销项税额”等科目，待增值税纳税义务发生时再转入“应交税费——应交增值税（销项税额）”等科目；增值税纳税义务发生的时点早于企业向业主办理工程价款结算的，应借记“银行存款”等科目，贷记“预收账款”和“应交税费——应交增值税（销项税额）”等科目。

四、关于调整后的收入

《规定》第二（二）3项中，企业在全面推开营业税改征增值税前已确认收入且已经计提营业税但未缴纳的，根据调整后的收入计算确定销项税额时，该调整后的收入是指按照现行增值税制度调整后的收入，即不含税销售额。

五、关于企业发生相关成本费用允许扣减销售额的账务处理中涉及的存货类科目

《规定》第二（三）1项中，企业发生相关成本费用按现行增值税制度规定允许扣减销售额的，在发生成本费用时，按应付或实际支付的金额，借记“主营业务成本”“存货”“工程施工”等科目，贷记“应付账款”“应付票据”“银行存款”等科目。其中，“存货”类的科目具体包括“材料采购”“原材料”“库存商品”“开发成本”等科目，企业应根据本单位业务的实际情况予以确定。

六、关于衔接规定

根据《规定》附则，本规定自发布之日起施行，国家统一的会计制度中相关规定与本规定不一致的，应按本规定执行。2016年5月1日至本规定施行之间发生的交易由于本规定而影响资产、负债等金额的，应按本规定调整。

上述规定明确，企业应当自《规定》发布之日起，按《规定》要求对增值税有关业务进行会计核算，国家统一的会计制度中相关规定与本规定不一致的，应按本规定执行。对于2016年5月1日至本规定施行之间发生的交易由于本规定而影响资产、负债和损益等财务报表列报项目金额的，应按本规定调整；对于2016年1月1日至4月30日期间发生的交易，不予追溯调整；对于2016年财务报表中可比期间的财务报表也不予追溯调整；财务报表各列报项目因《规定》发生重大调整的，应在2016年财务报表附注中予以披露。

关于全面推开营业税改征增值税试点的通知

财税〔2016〕36号

各省、自治区、直辖市、计划单列市财政厅（局）、国家税务局、地方税务局，新疆生产建设兵团财务局：

经国务院批准，自2016年5月1日起，在全国范围内全面推开营业税改征增值税（以下称营改增）试点，建筑业、房地产业、金融业、生活服务业等全部营业税纳税人，纳入试点范围，由缴纳营业税改为缴纳增值税。现将《营业税改征增值税试点实施办法》《营业税改征增值税试点有关事项的规定》《营业税改征增值税试点过渡政策的规定》和《跨境应税行为适用增值税零税率和免税政策的规定》印发你们，请遵照执行。

本通知附件规定的内容，除另有规定执行时间外，自2016年5月1日起执行。《财政部　国家税务总局关于将铁路运输和邮政业纳入营业税改征增值税试点的通知》（财税〔2013〕106号）、《财政部　国家税务总局关于铁路运输和邮政业营业税改征增值税试点有关政策的补充通知》（财税〔2013〕121号）、《财政部　国家税务总局关于将电信业纳入营业税改征增值税试点的通知》（财税〔2014〕43号）、《财政部　国家税务总局关于国际水路运输增值税零税率政策的补充通知》（财税〔2014〕50号）和《财政部　国家税务总局关于影视等出口服务适用增值税零税率政策的通知》（财税〔2015〕118号），除另有规定的条款外，相应废止。

各地要高度重视营改增试点工作，切实加强试点工作的组织领导，周密安排，明确责任，采取各种有效措施，做好试点前的各项准备以及试点过程中的监测分析和宣传解释等工作，确保改革的平稳、有序、顺利进行。遇到问题请及时向财政部和国家税务总局反映。

附件　1. 营业税改征增值税试点实施办法
2. 营业税改征增值税试点有关事项的规定
3. 营业税改征增值税试点过渡政策的规定
4. 跨境应税行为适用增值税零税率和免税政策的规定（略）

财政部　国家税务总局

2016年3月23日

附件 1：

营业税改征增值税试点实施办法

第一章 纳税人和扣缴义务人

第一条 在中华人民共和国境内（以下称境内）销售服务、无形资产或者不动产（以下称应税行为）的单位和个人，为增值税纳税人，应当按照本办法缴纳增值税，不缴纳营业税。

单位，是指企业、行政单位、事业单位、军事单位、社会团体及其他单位。

个人，是指个体工商户和其他个人。

第二条 单位以承包、承租、挂靠方式经营的，承包人、承租人、挂靠人（以下统称承包人）以发包人、出租人、被挂靠人（以下统称发包人）名义对外经营并由发包人承担相关法律责任的，以该发包人为纳税人。否则，以承包人为纳税人。

第三条 纳税人分为一般纳税人和小规模纳税人。

应税行为的年应征增值税销售额（以下称应税销售额）超过财政部和国家税务总局规定标准的纳税人为一般纳税人，未超过规定标准的纳税人为小规模纳税人。

年应税销售额超过规定标准的其他个人不属于一般纳税人。年应税销售额超过规定标准但不经常发生应税行为的单位和个体工商户可选择按照小规模纳税人纳税。

第四条 年应税销售额未超过规定标准的纳税人，会计核算健全，能够提供准确税务资料的，可以向主管税务机关办理一般纳税人资格登记，成为一般纳税人。

会计核算健全，是指能够按照国家统一的会计制度规定设置账簿，根据合法、有效凭证核算。

第五条 符合一般纳税人条件的纳税人应当向主管税务机关办理一般纳税人资格登记。具体登记办法由国家税务总局制定。

除国家税务总局另有规定外，一经登记为一般纳税人后，不得转为小规模纳税人。

第六条 中华人民共和国境外（以下称境外）单位或者个人在境内发生应税行为，在境内未设有经营机构的，以购买方为增值税扣缴义务人。财政部和国家税务总局另有规定的除外。

第七条 两个或者两个以上的纳税人，经财政部和国家税务总局批准可以视为一个纳税人合并纳税。具体办法由财政部和国家税务总局另行制定。

注：《财政部、国家税务总局关于建筑服务等营改增试点政策的通知》（财税〔2017〕58 号）本条规定自 2017 年 7 月 1 日起废止。

第八条 纳税人应当按照国家统一的会计制度进行增值税会计核算。

第二章 征税范围

第九条 应税行为的具体范围，按照本办法所附的《销售服务、无形资产、不动产注释》执行。

第十条 销售服务、无形资产或者不动产，是指有偿提供服务、有偿转让无形资产或者不动产，但属于下列非经营活动的情形除外：

（一）行政单位收取的同时满足以下条件的政府性基金或者行政事业性收费。

1. 由国务院或者财政部批准设立的政府性基金，由国务院或者省级人民政府及其财政、价格主管部门批准设立的行政事业性收费；

2. 收取时开具省级以上（含省级）财政部门监（印）制的财政票据；

3. 所收款项全额上缴财政。

（二）单位或者个体工商户聘用的员工为本单位或者雇主提供取得工资的服务。

（三）单位或者个体工商户为聘用的员工提供服务。

（四）财政部和国家税务总局规定的其他情形。

第十一条 有偿，是指取得货币、货物或者其他经济利益。

第十二条 在境内销售服务、无形资产或者不动产，是指：

（一）服务（租赁不动产除外）或者无形资产（自然资源使用权除外）的销售方或者购买方在境内；

（二）所销售或者租赁的不动产在境内；

（三）所销售自然资源使用权的自然资源在境内；

（四）财政部和国家税务总局规定的其他情形。

第十三条 下列情形不属于在境内销售服务或者无形资产：

（一）境外单位或者个人向境内单位或者个人销售完全在境外发生的服务。

（二）境外单位或者个人向境内单位或者个人销售完全在境外使用的无形资产。

（三）境外单位或者个人向境内单位或者个人出租完全在境外使用的有形动产。

（四）财政部和国家税务总局规定的其他情形。

第十四条 下列情形视同销售服务、无形资产或者不动产：

（一）单位或者个体工商户向其他单位或者个人无偿提供服务，但用于公益事业或者以社会公众为对象的除外。

（二）单位或者个人向其他单位或者个人无偿转让无形资产或者不动产，但用于公益事业或者以社会公众为对象的除外。

（三）财政部和国家税务总局规定的其他情形。

第三章 税率和征收率

第十五条 增值税税率：

（一）纳税人发生应税行为，除本条第（二）项、第（三）项、第（四）项规定外，税率为6%。

（二）提供交通运输、邮政、基础电信、建筑、不动产租赁服务，销售不动产，转让土地使用权，税率为11%。

（三）提供有形动产租赁服务，税率为17%。

注：财税〔2018〕32号关于调整增值税税率的通知规定：17%、11%税率的调整为16%、10%。财政部 税务总局 海关总署关于深化增值税改革有关政策的公告2019年第39号规定：16%、10%税率的调整为13%、9%。

（四）境内单位和个人发生的跨境应税行为，税率为零。具体范围由财政部和国家税务总局另行规定。

第十六条 增值税征收率为3%，财政部和国家税务总局另有规定的除外。

第四章 应纳税额的计算

第一节 一般性规定

第十七条 增值税的计税方法，包括一般计税方法和简易计税方法。

第十八条 一般纳税人发生应税行为适用一般计税方法计税。

一般纳税人发生财政部和国家税务总局规定的特定应税行为，可以选择适用简易计税方法计税，但一经选择，36个月内不得变更。

第十九条 小规模纳税人发生应税行为适用简易计税方法计税。

第二十条 境外单位或者个人在境内发生应税行为，在境内未设有经营机构的，扣缴义务人按照下列公式计算应扣缴税额：

应扣缴税额=购买方支付的价款÷（1+税率）×税率

第二节 一般计税方法

第二十一条 一般计税方法的应纳税额，是指当期销项税额抵扣当期进项税额后的余额。应纳税额计算公式：

应纳税额=当期销项税额-当期进项税额

当期销项税额小于当期进项税额不足抵扣时，其不足部分可以结转下期继续抵扣。

第二十二条 销项税额，是指纳税人发生应税行为按照销售额和增值税税率计算并收取的增值税额。销项税额计算公式：

销项税额=销售额×税率

第二十三条 一般计税方法的销售额不包括销项税额，纳税人采用销售额和销项税额合并定价方法的，按照下列公式计算销售额：

销售额=含税销售额÷（1+税率）

第二十四条 进项税额，是指纳税人购进货物、加工修理修配劳务、服务、无形资产或者不动产，支付或者负担的增值税额。

第二十五条 下列进项税额准予从销项税额中抵扣：

（一）从销售方取得的增值税专用发票（含税控机动车销售统一发票，下同）上注明的增值税额。

（二）从海关取得的海关进口增值税专用缴款书上注明的增值税额。

（三）购进农产品，除取得增值税专用发票或者海关进口增值税专用缴款书外，按照农产品收购发票或者销售发票上注明的农产品买价和13%的扣除率计算的进项税额。计算公式为：

进项税额=买价×扣除率

买价，是指纳税人购进农产品在农产品收购发票或者销售发票上注明的价款和按照规定缴纳的烟叶税。

购进农产品，按照《农产品增值税进项税额核定扣除试点实施办法》抵扣进项税额的除外。

注：《财政部 国家税务总局关于简并增值税税率有关政策的通知》(财税〔2017〕37号)：自2017年7月1日起，本条第（三）项规定的扣除率调整为按财税〔2017〕37号：（（一）除第（二）项规定外，纳税人购进农产品，取得一般纳税人开具的增值税专用发票或海关进口增值税专用缴款书的，以增值税专用发票或海关进口增值税专用缴款书上注明的增值税额为进项税额；从按照简易计税方法依照3%征收率计算缴纳增值税的小规模纳税人取得增值税专用发票的，以增值税专用发票上注明的金额和11%（9%）的扣除率计算进项税额；取得（开具）农产品销售发票或收购发票的，以农产品销售发票或收购发票上注明的农产品买价和11%（9%）的扣除率计算进项税额。（二）营业税改征增值税试点期间，纳税人购进用于生产销售或委托受托加工17%（13%）税率货物的农产品维持原扣除力度13%不变按照10%的扣除率计算进项税额。）规定执行。

财税〔2018〕32号关于调整增值税税率的通知规定：从2018.5.1开始纳税人购进农产品，原适用11%扣除率的，扣除率调整为10%。财政部 税务总局 海关总署关于深化增值税改革有关政策的公告2019年第39号规定：纳税人购进农产品，原适用10%扣除率的，扣除率调整为9%。纳税人购进用于生产或者委托加工13%税率货物的农产品，按照10%的扣除率计算进项税额。

财政部 税务总局 海关总署关于深化增值税改革有关政策的公告2019年第39号规定：自2019年4月1日至2021年12月31日，允许生产、生活性服务业纳税人按照当期可抵扣进项税额加计10%，抵减应纳税额（以下称加计抵减政策）。本公告所称生产、生活性服务业纳税人，是指提供邮政服务、电信服务、现代服务、生活服务（以下称四项服务）取得的销售额占全部销售额的比重超过50%的纳税人。四项服务的具体范围按照《销售服务、无形资产、不动产注释》（财税〔2016〕36号印发）执行。

《财政部　税务总局　海关总署关于深化增值税改革有关政策的公告》（2019年第39号）规定：自2019年4月1日起，试行增值税期末留抵税额退税制度。

（四）从境外单位或者个人购进服务、无形资产或者不动产，自税务机关或者扣缴义务人取得的解缴税款的完税凭证上注明的增值税额。

第二十六条　纳税人取得的增值税扣税凭证不符合法律、行政法规或者国家税务总局有关规定的，其进项税额不得从销项税额中抵扣。

增值税扣税凭证，是指增值税专用发票、海关进口增值税专用缴款书、农产品收购发票、农产品销售发票和完税凭证。

纳税人凭完税凭证抵扣进项税额的，应当具备书面合同、付款证明和境外单位的对账单或者发票。资料不全的，其进项税额不得从销项税额中抵扣。

第二十七条　下列项目的进项税额不得从销项税额中抵扣：

（一）用于简易计税方法计税项目、免征增值税项目、集体福利或者个人消费的购进货物、加工修理修配劳务、服务、无形资产和不动产。其中涉及的固定资产、无形资产、不动产，仅指专用于上述项目的固定资产、无形资产（不包括其他权益性无形资产）、不动产。

纳税人的交际应酬消费属于个人消费。

（二）非正常损失的购进货物，以及相关的加工修理修配劳务和交通运输服务。

（三）非正常损失的在产品、产成品所耗用的购进货物（不包括固定资产）、加工修理修配劳务和交通运输服务。

（四）非正常损失的不动产，以及该不动产所耗用的购进货物、设计服务和建筑服务。

（五）非正常损失的不动产在建工程所耗用的购进货物、设计服务和建筑服务。

纳税人新建、改建、扩建、修缮、装饰不动产，均属于不动产在建工程。

（六）购进的旅客运输服务、贷款服务、餐饮服务、居民日常服务和娱乐服务。

注：《财政部　税务总局　海关总署关于深化增值税改革有关政策的公告》（2019年第39号）规定：纳税人购进国内旅客运输服务，其进项税额允许从销项税额中抵扣。（一）纳税人未取得增值税专用发票的，暂按照以下规定确定进项税额：

1. 取得增值税电子普通发票的，为发票上注明的税额；2. 取得注明旅客身份信息的航空运输电子客票行程单的，为按照下列公式计算进项税额：航空旅客运输进项税额=(票价+燃油附加费)÷(1+9%)×9%；3. 取得注明旅客身份信息的铁路车票的，为按照下列公式计算的进项税额：铁路旅客运输进项税额=票面金额÷(1+9%)×9%4. 取得注明旅客身份信息的公路、水路等其他客票的，按照下列公式计算进项税额：公路、水路等其他旅客运输进项税额=票面金额÷(1+3%)×3%

国家税务总局公告2019年第31号《国家税务总局关于国内旅客运输服务进项税抵扣等增值税征管问题的公告》：(一)《财政部　税务总局　海关总署关于深化增值税改革有关政策的公告》（财政部　税务总局　海关总署公告2019年第39号）

第六条所称“国内旅客运输服务”，限于与本单位签订了劳动合同的员工，以及本单位作为用工单位接受的劳务派遣员工发生的国内旅客运输服务。（二）纳税人购进国内旅客运输服务，以取得的增值税电子普通发票上注明的税额为进项税额的，增值税电子普通发票上注明的购买方“名称”“纳税人识别号”等信息，应当与实际抵扣税款的纳税人一致，否则不予抵扣。

（七）财政部和国家税务总局规定的其他情形。

本条第（四）项、第（五）项所称货物，是指构成不动产实体的材料和设备，包括建筑装饰材料和给排水、采暖、卫生、通风、照明、通讯、煤气、消防、中央空调、电梯、电气、智能化楼宇设备及配套设施。

第二十八条 不动产、无形资产的具体范围，按照本办法所附的《销售服务、无形资产或者不动产注释》执行。

固定资产，是指使用期限超过12个月的机器、机械、运输工具以及其他与生产经营有关的设备、工具、器具等有形动产。

非正常损失，是指因管理不善造成货物被盗、丢失、霉烂变质，以及因违反法律法规造成货物或者不动产被依法没收、销毁、拆除的情形。

第二十九条 适用一般计税方法的纳税人，兼营简易计税方法计税项目、免征增值税项目而无法划分不得抵扣的进项税额，按照下列公式计算不得抵扣的进项税额：

不得抵扣的进项税额=当期无法划分的全部进项税额×（当期简易计税方法计税项目销售额+免征增值税项目销售额）÷当期全部销售额

主管税务机关可以按照上述公式依据年度数据对不得抵扣的进项税额进行清算。

第三十条 已抵扣进项税额的购进货物（不含固定资产）、劳务、服务，发生本办法第二十七条规定情形（简易计税方法计税项目、免征增值税项目除外）的，应当将该进项税额从当期进项税额中扣减；无法确定该进项税额的，按照当期实际成本计算应扣减的进项税额。

第三十一条 已抵扣进项税额的固定资产、无形资产或者不动产，发生本办法第二十七条规定情形的，按照下列公式计算不得抵扣的进项税额：

不得抵扣的进项税额=固定资产、无形资产或者不动产净值×适用税率

固定资产、无形资产或者不动产净值，是指纳税人根据财务会计制度计提折旧或摊销后的余额。

注：《关于深化增值税改革有关事项的公告》（国家税务总局2019年第14号）规定自2019年4月1日开始

六、已抵扣进项税额的不动产，发生非正常损失，或者改变用途，专用于简易计税方法计税项目、免征增值税项目、集体福利或者个人消费的，按照下列公式计算不得抵扣的进项税额，并从当期进项税额中扣减：

不得抵扣的进项税额=已抵扣进项税额×不动产净值率不动产净值率=(不动产净值÷不动产原值)×100%

七、按照规定不得抵扣进项税额的不动产，发生用途改变，用于允许抵扣进项税额项目的，按照下列公式在改变用途的次月计算可抵扣进项税额。

可抵扣进项税额=增值税扣税凭证注明或计算的进项税额×不动产净值率

第三十二条 纳税人适用一般计税方法计税的，因销售折让、中止或者退回而退还给购买方的增值税额，应当从当期的销项税额中扣减；因销售折让、中止或者退回而收回的增值税额，应当从当期的进项税额中扣减。

第三十三条 有下列情形之一者，应当按照销售额和增值税税率计算应纳税额，不得抵扣进项税额，也不得使用增值税专用发票：

（一）一般纳税人会计核算不健全，或者不能够提供准确税务资料的。

（二）应当办理一般纳税人资格登记而未办理的。

第三节 简易计税方法

第三十四条 简易计税方法的应纳税额，是指按照销售额和增值税征收率计算的增值税额，不得抵扣进项税额。应纳税额计算公式：

应纳税额=销售额×征收率

第三十五条 简易计税方法的销售额不包括其应纳税额，纳税人采用销售额和应纳税额合并定价方法的，按照下列公式计算销售额：

销售额=含税销售额÷（1+征收率）

第三十六条 纳税人适用简易计税方法计税的，因销售折让、中止或者退回而退还给购买方的销售额，应当从当期销售额中扣减。扣减当期销售额后仍有余额造成多缴的税款，可以从以后的应纳税额中扣减。

第四节 销售额的确定

第三十七条 销售额，是指纳税人发生应税行为取得的全部价款和价外费用，财政部和国家税务总局另有规定的除外。

价外费用，是指价外收取的各种性质的收费，但不包括以下项目：

（一）代为收取并符合本办法第十条规定的政府性基金或者行政事业性收费。

（二）以委托方名义开具发票代委托方收取的款项。

第三十八条 销售额以人民币计算。

纳税人按照人民币以外的货币结算销售额的，应当折合成人民币计算，折合率可以选择销售额发生的当天或者当月 1 日的人民币汇率中间价。纳税人应当在事先确定采用何种折合率，确定后 12 个月内不得变更。

第三十九条 纳税人兼营销售货物、劳务、服务、无形资产或者不动产，适用不同税率或者征收率的，应当分别核算适用不同税率或者征收率的销售额；未分别核算的，从高适用税率。

第四十条 一项销售行为如果既涉及服务又涉及货物，为混合销售。从事货物的生产、批发或者零售的单位和个体工商户的混合销售行为，按照销售货物缴纳增值税；其他单位和个体工商户的混合销售行为，按照销售服务缴纳增值税。

本条所称从事货物的生产、批发或者零售的单位和个体工商户，包括以从事货物的生产、批发或者零售为主，并兼营销售服务的单位和个体工商户在内。

第四十一条 纳税人兼营免税、减税项目的，应当分别核算免税、减税项目的销售额；未分别核算的，不得免税、减税。

第四十二条 纳税人发生应税行为，开具增值税专用发票后，发生开票有误或者销售折让、中止、退回等情形的，应当按照国家税务总局的规定开具红字增值税专用发票；未按照规定开具红字增值税专用发票的，不得按照本办法第三十二条和第三十六条的规定扣减销项税额或者销售额。

第四十三条 纳税人发生应税行为，将价款和折扣额在同一张发票上分别注明的，以折扣后的价款为销售额；未在同一张发票上分别注明的，以价款为销售额，不得扣减折扣额。

第四十四条 纳税人发生应税行为价格明显偏低或者偏高且不具有合理商业目的的，或者发生本办法第十四条所列行为而无销售额的，主管税务机关有权按照下列顺序确定销售额：

（一）按照纳税人最近时期销售同类服务、无形资产或者不动产的平均价格确定。

（二）按照其他纳税人最近时期销售同类服务、无形资产或者不动产的平均价格确定。

（三）按照组成计税价格确定。组成计税价格的公式为：

组成计税价格=成本×（1+成本利润率）

成本利润率由国家税务总局确定。

不具有合理商业目的，是指以谋取税收利益为主要目的，通过人为安排，减少、免除、推迟缴纳增值税税款，或者增加退还增值税税款。

第五章 纳税义务、扣缴义务发生时间和纳税地点

第四十五条 增值税纳税义务、扣缴义务发生时间为：

（一）纳税人发生应税行为并收讫销售款项或者取得索取销售款项凭据的当天；先开具发票的，为开具发票的当天。

收讫销售款项，是指纳税人销售服务、无形资产、不动产过程中或者完成后收到款项。

取得索取销售款项凭据的当天，是指书面合同确定的付款日期；未签订书面合同或者书面合同未确定付款日期的，为服务、无形资产转让完成的当天或者不动产权属变更的当天。

（二）纳税人提供建筑服务、租赁服务采取预收款方式的，其纳税义务发生时间为收到预收款的当天。

注：财税〔2017〕58 号：本项自 2017 年 7 月 1 日起修改为“纳税人提供租赁服务采取预收款方式的，其纳税义务发生时间为收到预收款的当天”；同时还规定“纳税人提供建筑服务取得预收款，应在收到预收款时，以取得的预收款扣除支付的分包款后的余额，按照本条第三款规定的预征率预缴增值税。按照现行规定应在建筑服务发生地预缴增值税的项目，纳税人收到预收款时在建筑服务发生地预缴增值税。按照现行规定无须在建筑服务发生地预缴增值税的项目，纳税人收到预收款时在机构所在地预缴增值税。适用一般计税方法计税的项目预征率为 2%，适用简易计税方法计税的项目预征率为 3%。”

《关于在境外提供建筑服务等有关问题的公告》（国家税务总局公告 2016 年第 69 号）四、纳税人提供建筑服务，被工程发包方从应支付的工程款中扣押的质押金、保证金，未开具发票的，以纳税人实际收到质押金、保证金的当天为纳税义务发生时间。

（三）纳税人从事金融商品转让的，为金融商品所有权转移的当天。

（四）纳税人发生本办法第十四条规定情形的，其纳税义务发生时间为服务、无形资产转让完成的当天或者不动产权属变更的当天。

（五）增值税扣缴义务发生时间为纳税人增值税纳税义务发生的当天。

第四十六条 增值税纳税地点为：

（一）固定业户应当向其机构所在地或者居住地主管税务机关申报纳税。总机构和分支机构不在同一县（市）的，应当分别向各自所在地的主管税务机关申报纳税；经财政部和国家税务总局或者其授权的财政和税务机关批准，可以由总机构汇总向总机构所在地的主管税务机关申报纳税。

（二）非固定业户应当向应税行为发生地主管税务机关申报纳税；未申报纳税的，由其机构所在地或者居住地主管税务机关补征税款。

（三）其他个人提供建筑服务，销售或者租赁不动产，转让自然资源使用权，应向建筑服务发生地、不动产所在地、自然资源所在地主管税务机关申报纳税。

（四）扣缴义务人应当向其机构所在地或者居住地主管税务机关申报缴纳扣缴的税款。

第四十七条 增值税的纳税期限分别为 1 日、3 日、5 日、10 日、15 日、1 个月或者 1 个季度。纳税人的具体纳税期限，由主管税务机关根据纳税人应纳税额的大小分别核定。以 1 个季度为纳税期限的规定适用于小规模纳税人、银行、财务公司、信托投资公司、信用社，以及财政部和国家税务总局规定的其他纳税人。不能按照固定期限纳税的，可以按次纳税。

纳税人以 1 个月或者 1 个季度为 1 个纳税期的，自期满之日起 15 日内申报纳税；以 1 日、3 日、5 日、10 日或者 15 日为 1 个纳税期的，自期满之日起 5 日内预缴税款，于次月1日起15日内申报纳税并结清上月应纳税款。

扣缴义务人解缴税款的期限，按照前两款规定执行。

第六章 税收减免的处理

第四十八条 纳税人发生应税行为适用免税、减税规定的，可以放弃免税、减税，依照本办法的规定缴纳增值税。放弃免税、减税后，36个月内不得再申请免税、减税。

纳税人发生应税行为同时适用免税和零税率规定的，纳税人可以选择适用免税或者零税率。

注：《国家税务总局关于明确二手车经销等若干增值税征管问题的公告》2020年第9号，五、一般纳税人可以在增值税免税、减税项目执行期限内，按照纳税申报期选择实际享受该项增值税免税、减税政策的起始时间。一般纳税人在享受增值税免税、减税政策后，按照《营业税改征增值税试点实施办法》（财税〔2016〕36号文件印发）第四十八条的有关规定，要求放弃免税、减税权的，应当以书面形式提交纳税人放弃免（减）税权声明，报主管税务机关备案。一般纳税人自提交备案资料的次月起，按照规定计算缴纳增值税。

第四十九条 个人发生应税行为的销售额未达到增值税起征点的，免征增值税；达到起征点的，全额计算缴纳增值税。

增值税起征点不适用于登记为一般纳税人的个体工商户。

第五十条 增值税起征点幅度如下：

（一）按期纳税的，为月销售额5 000-20 000元（含本数）。

（二）按次纳税的，为每次（日）销售额300-500元（含本数）。

起征点的调整由财政部和国家税务总局规定。省、自治区、直辖市财政厅（局）和国家税务局应当在规定的幅度内，根据实际情况确定本地区适用的起征点，并报财政部和国家税务总局备案。

对增值税小规模纳税人中月销售额未达到2万元的企业或非企业性单位，免征增值税。2017年12月31日前，对月销售额2万元（含本数）至3万元的增值税小规模纳税人，免征增值税。

注：《关于实施小微企业普惠性税收减免政策的通知》财税〔2019〕13号规定：一、对月销售额10万元以下（含本数）的增值税小规模纳税人，免征增值税。二、对小型微利企业年应纳税所得额不超过100万元的部分，减按25%计入应纳税所得额，按20%的税率缴纳企业所得税；对年应纳税所得额超过100万元但不超过300万元的部分，减按50%计入应纳税所得额，按20%的税率缴纳企业所得税。上述小型微利企业是指从事国家非限制和禁止行业，且同时符合年度应纳税所得额不超过300万元、从业人数不超过300人、资产总额不超过5 000万元等三个条件的企业。六、本通知执行期限为2019年1月1日至2021年12月31日。

第七章　征收管理

第五十一条　营业税改征的增值税，由国家税务局负责征收。纳税人销售取得的不动产和其他个人出租不动产的增值税，国家税务局暂委托地方税务局代为征收。《营业税改征增值税委托地税局代征税款和代开增值税发票的通知》（税总函〔2016〕145号）

第五十二条　纳税人发生适用零税率的应税行为，应当按期向主管税务机关申报办理退（免）税，具体办法由财政部和国家税务总局制定。

第五十三条　纳税人发生应税行为，应当向索取增值税专用发票的购买方开具增值税专用发票，并在增值税专用发票上分别注明销售额和销项税额。

属于下列情形之一的，不得开具增值税专用发票：

（一）向消费者个人销售服务、无形资产或者不动产。

（二）适用免征增值税规定的应税行为。

第五十四条　小规模纳税人发生应税行为，购买方索取增值税专用发票的，可以向主管税务机关申请代开。

第五十五条　纳税人增值税的征收管理，按照本办法和《中华人民共和国税收征收管理法》及现行增值税征收管理有关规定执行。

附：

销售服务、无形资产、不动产注释

一、销售服务

销售服务，是指提供交通运输服务、邮政服务、电信服务、建筑服务、金融服务、现代服务、生活服务。

（一）交通运输服务。

交通运输服务，是指利用运输工具将货物或者旅客送达目的地，使其空间位置得到转移的业务活动。包括陆路运输服务、水路运输服务、航空运输服务和管道运输服务。

1. 陆路运输服务。

陆路运输服务，是指通过陆路（地上或者地下）运送货物或者旅客的运输业务活动，包括铁路运输服务和其他陆路运输服务。

（1）铁路运输服务，是指通过铁路运送货物或者旅客的运输业务活动。

（2）其他陆路运输服务，是指铁路运输以外的陆路运输业务活动。包括公路运输、缆车运输、索道运输、地铁运输、城市轻轨运输等。

出租车公司向使用本公司自有出租车的出租车司机收取的管理费用，按照陆路运输服务缴纳增值税。

2. 水路运输服务。

水路运输服务，是指通过江、河、湖、川等天然、人工水道或者海洋航道运送货物或者旅客的运输业务活动。

水路运输的程租、期租业务，属于水路运输服务。

程租业务，是指运输企业为租船人完成某一特定航次的运输任务并收取租赁费的业务。

期租业务，是指运输企业将配备有操作人员的船舶承租给他人使用一定期限，承租期内听候承租方调遣，不论是否经营，均按天向承租方收取租赁费，发生的固定费用均由船东负担的业务。

3. 航空运输服务。

航空运输服务，是指通过空中航线运送货物或者旅客的运输业务活动。

航空运输的湿租业务，属于航空运输服务。

湿租业务，是指航空运输企业将配备有机组人员的飞机承租给他人使用一定期限，承租期内听候承租方调遣，不论是否经营，均按一定标准向承租方收取租赁费，发生的固定费用均由承租方承担的业务。

航天运输服务，按照航空运输服务缴纳增值税。

航天运输服务，是指利用火箭等载体将卫星、空间探测器等空间飞行器发射到空间轨道的业务活动。

4. 管道运输服务。

管道运输服务，是指通过管道设施输送气体、液体、固体物质的运输业务活动。

无运输工具承运业务，按照交通运输服务缴纳增值税。

无运输工具承运业务，是指经营者以承运人身份与托运人签订运输服务合同，收取运费并承担承运人责任，然后委托实际承运人完成运输服务的经营活动。

（二）邮政服务。

邮政服务，是指中国邮政集团公司及其所属邮政企业提供邮件寄递、邮政汇兑和机要通信等邮政基本服务的业务活动。包括邮政普遍服务、邮政特殊服务和其他邮政服务。

1. 邮政普遍服务。

邮政普遍服务，是指函件、包裹等邮件寄递，以及邮票发行、报刊发行和邮政汇兑等业务活动。

函件，是指信函、印刷品、邮资封片卡、无名址函件和邮政小包等。

包裹，是指按照封装上的名址递送给特定个人或者单位的独立封装的物品，其重量不超过五十千克，任何一边的尺寸不超过一百五十厘米，长、宽、高合计不超过三百厘米。

2. 邮政特殊服务。

邮政特殊服务，是指义务兵平常信函、机要通信、盲人读物和革命烈士遗物的寄递等业务活动。

3. 其他邮政服务。

其他邮政服务，是指邮册等邮品销售、邮政代理等业务活动。

（三）电信服务。

电信服务，是指利用有线、无线的电磁系统或者光电系统等各种通信网络资源，提供语音通话服务，传送、发射、接收或者应用图像、短信等电子数据和信息的业务活动。包括基础电信服务和增值电信服务。

1. 基础电信服务。

基础电信服务，是指利用固网、移动网、卫星、互联网，提供语音通话服务的业务活动，以及出租或者出售带宽、波长等网络元素的业务活动。

2. 增值电信服务。

增值电信服务，是指利用固网、移动网、卫星、互联网、有线电视网络，提供短信和彩信服务、电子数据和信息的传输及应用服务、互联网接入服务等业务活动。

卫星电视信号落地转接服务，按照增值电信服务缴纳增值税。

（四）建筑服务。

建筑服务，是指各类建筑物、构筑物及其附属设施的建造、修缮、装饰，线路、管道、设备、设施等的安装以及其他工程作业的业务活动。包括工程服务、安装服务、修缮服务、装饰服务和其他建筑服务。

1. 工程服务。

工程服务，是指新建、改建各种建筑物、构筑物的工程作业，包括与建筑物相连的各种设备或者支柱、操作平台的安装或者装设工程作业，以及各种窑炉和金属结构工程作业。

2. 安装服务。

安装服务，是指生产设备、动力设备、起重设备、运输设备、传动设备、医疗实验设备以及其他各种设备、设施的装配、安置工程作业，包括与被安装设备相连的工作台、梯子、栏杆的装设工程作业，以及被安装设备的绝缘、防腐、保温、油漆等工程作业。

固定电话、有线电视、宽带、水、电、燃气、暖气等经营者向用户收取的安装费、初装费、开户费、扩容费以及类似收费，按照安装服务缴纳增值税。

3. 修缮服务。

修缮服务，是指对建筑物、构筑物进行修补、加固、养护、改善，使之恢复原来的使用价值或者延长其使用期限的工程作业。

4. 装饰服务。

装饰服务，是指对建筑物、构筑物进行修饰装修，使之美观或者具有特定用途的工程作业。

注：物业服务企业为业主提供的装修服务，按照“建筑服务”缴纳增值税。《财政部、国家税务总局关于明确金融、房地产开发、教育辅助服务等增值税政策的通知》（财税〔2016〕140号）

5. 其他建筑服务。

其他建筑服务，是指上列工程作业之外的各种工程作业服务，如钻井（打井）、拆除建筑物或者构筑物、平整土地、园林绿化、疏浚（不包括航道疏浚）、建筑物平移、搭脚手架、爆破、矿山穿孔、表面附着物（包括岩层、土层、沙层等）剥离和清理等工程作业。

（五）金融服务。

金融服务，是指经营金融保险的业务活动。包括贷款服务、直接收费金融服务、保险服务和金融商品转让。

1. 贷款服务。

贷款，是指将资金贷与他人使用而取得利息收入的业务活动。

各种占用、拆借资金取得的收入，包括金融商品持有期间（含到期）利息（保本收益、报酬、资金占用费、补偿金等）收入、信用卡透支利息收入、买入返售金融商品利息收入、融资融券收取的利息收入，以及融资性售后回租、押汇、罚息、票据贴现、转贷等业务取得的利息及利息性质的收入，按照贷款服务缴纳增值税。

融资性售后回租，是指承租方以融资为目的，将资产出售给从事融资性售后回租业务的企业后，从事融资性售后回租业务的企业将该资产出租给承租方的业务活动。

以货币资金投资收取的固定利润或者保底利润，按照贷款服务缴纳增值税。

2. 直接收费金融服务。

直接收费金融服务，是指为货币资金融通及其他金融业务提供相关服务并且收取费用的业务活动。包括提供货币兑换、账户管理、电子银行、信用卡、信用证、财务担保、资产管理、信托管理、基金管理、金融交易场所（平台）管理、资金结算、资金清算、金融支付等服务。

3. 保险服务。

保险服务，是指投保人根据合同约定，向保险人支付保险费，保险人对于合同约定的可能发生的事故因其发生所造成的财产损失承担赔偿保险金责任，或者当被保险人死亡、伤残、疾病或者达到合同约定的年龄、期限等条件时承担给付保险金责任的商业保险行为。包括人身保险服务和财产保险服务。

人身保险服务，是指以人的寿命和身体为保险标的的保险业务活动。

财产保险服务，是指以财产及其有关利益为保险标的的保险业务活动。

4. 金融商品转让。

金融商品转让，是指转让外汇、有价证券、非货物期货和其他金融商品所有权的业务活动。

其他金融商品转让包括基金、信托、理财产品等各类资产管理产品和各种金融衍生品的转让。

（六）现代服务。

现代服务，是指围绕制造业、文化产业、现代物流产业等提供技术性、知识性服务的业务活动。包括研发和技术服务、信息技术服务、文化创意服务、物流辅助服务、租赁服务、鉴证咨询服务、广播影视服务、商务辅助服务和其他现代服务。

1. 研发和技术服务。

研发和技术服务，包括研发服务、合同能源管理服务、工程勘察勘探服务、专业技术服务。

（1）研发服务，也称技术开发服务，是指就新技术、新产品、新工艺或者新材料及其系统进行研究与试验开发的业务活动。

（2）合同能源管理服务，是指节能服务公司与用能单位以契约形式约定节能目标，节能服务公司提供必要的服务，用能单位以节能效果支付节能服务公司投入及其合理报酬的业务活动。

（3）工程勘察勘探服务，是指在采矿、工程施工前后，对地形、地质构造、地下资源蕴藏情况进行实地调查的业务活动。

（4）专业技术服务，是指气象服务、地震服务、海洋服务、测绘服务、城市规划、环境与生态监测服务等专项技术服务。

2. 信息技术服务。

信息技术服务，是指利用计算机、通信网络等技术对信息进行生产、收集、处理、加工、存储、运输、检索和利用，并提供信息服务的业务活动。包括软件服务、电路设计及测试服务、信息系统服务、业务流程管理服务和信息系统增值服务。

（1）软件服务，是指提供软件开发服务、软件维护服务、软件测试服务的业务活动。

（2）电路设计及测试服务，是指提供集成电路和电子电路产品设计、测试及相关技术支持服务的业务活动。

（3）信息系统服务，是指提供信息系统集成、网络管理、网站内容维护、桌面管理与维护、信息系统应用、基础信息技术管理平台整合、信息技术基础设施管理、数据中心、托管中心、信息安全服务、在线杀毒、虚拟主机等业务活动。包括网站对非自有的网络游戏提供的网络运营服务。

（4）业务流程管理服务，是指依托信息技术提供的人力资源管理、财务经济管理、审计管理、税务管理、物流信息管理、经营信息管理和呼叫中心等服务的活动。

（5）信息系统增值服务，是指利用信息系统资源为用户附加提供的信息技术服务。包括数据处理、分析和整合、数据库管理、数据备份、数据存储、容灾服务、电子商务平台等。

3. 文化创意服务。

文化创意服务，包括设计服务、知识产权服务、广告服务和会议展览服务。

（1）设计服务，是指把计划、规划、设想通过文字、语言、图画、声音、视觉等形式传递出来的业务活动。包括工业设计、内部管理设计、业务运作设计、供应链设计、造型设计、服装设计、环境设计、平面设计、包装设计、动漫设计、网游设计、展示设计、网站设计、机械设计、工程设计、广告设计、创意策划、文印晒图等。

（2）知识产权服务，是指处理知识产权事务的业务活动。包括对专利、商标、著作权、软件、集成电路布图设计的登记、鉴定、评估、认证、检索服务。

（3）广告服务，是指利用图书、报纸、杂志、广播、电视、电影、幻灯、路牌、招贴、橱窗、霓虹灯、灯箱、互联网等各种形式为客户的商品、经营服务项目、文体节目或者通告、声明等委托事项进行宣传和提供相关服务的业务活动。包括广告代理和广告的发布、播映、宣传、展示等。

（4）会议展览服务，是指为商品流通、促销、展示、经贸洽谈、民间交流、企业沟通、国际往来等举办或者组织安排的各类展览和会议的业务活动。

4. 物流辅助服务。

物流辅助服务，包括航空服务、港口码头服务、货运客运场站服务、打捞救助服务、装卸搬运服务、仓储服务和收派服务。

（1）航空服务，包括航空地面服务和通用航空服务。

航空地面服务，是指航空公司、飞机场、民航管理局、航站等向在境内航行或者在境内机场停留的境内外飞机或者其他飞行器提供的导航等劳务性地面服务的业务活动。包括旅客安全检查服务、停机坪管理服务、机场候机厅管理服务、飞机清洗消毒服务、空中飞行管理服务、飞机起降服务、飞行通信服务、地面信号服务、飞机安全服务、飞机跑道管理服务、空中交通管理服务等。

通用航空服务，是指为专业工作提供飞行服务的业务活动，包括航空摄影、航空培训、航空测量、航空勘探、航空护林、航空吊挂播撒、航空降雨、航空气象探测、航空海洋监测、航空科学实验等。

（2）港口码头服务，是指港务船舶调度服务、船舶通信服务、航道管理服务、航道疏浚服务、灯塔管理服务、航标管理服务、船舶引航服务、理货服务、系解缆服务、停泊和移泊服务、海上船舶溢油清除服务、水上交通管理服务、船只专业清洗消毒检测服务和防止船只漏油服务等为船只提供服务的业务活动。

港口设施经营人收取的港口设施保安费按照港口码头服务缴纳增值税。

（3）货运客运场站服务，是指货运客运场站提供货物配载服务、运输组织服务、中转换乘服务、车辆调度服务、票务服务、货物打包整理、铁路线路使用服务、加挂铁路客车服务、铁路行包专列发送服务、铁路到达和中转服务、铁路车辆编解服务、车辆挂运服务、铁路接触网服务、铁路机车牵引服务等业务活动。

（4）打捞救助服务，是指提供船舶人员救助、船舶财产救助、水上救助和沉船沉物打捞服务的业务活动。

（5）装卸搬运服务，是指使用装卸搬运工具或者人力、畜力将货物在运输工具之间、装卸现场之间或者运输工具与装卸现场之间进行装卸和搬运的业务活动。

（6）仓储服务，是指利用仓库、货场或者其他场所代客贮放、保管货物的业务活动。

（7）收派服务，是指接受寄件人委托，在承诺的时限内完成函件和包裹的收件、分拣、派送服务的业务活动。

收件服务，是指从寄件人收取函件和包裹，并运送到服务提供方同城的集散中心的业务活动。

分拣服务，是指服务提供方在其集散中心对函件和包裹进行归类、分发的业务活动。

派送服务，是指服务提供方从其集散中心将函件和包裹送达同城的收件人的业务活动。

5. 租赁服务。

租赁服务，包括融资租赁服务和经营租赁服务。

（1）融资租赁服务，是指具有融资性质和所有权转移特点的租赁活动。即出租人根据承租人所要求的规格、型号、性能等条件购入有形动产或者不动产租赁给承租人，合同期内租赁物所有权属于出租人，承租人只拥有使用权，合同期满付清租金后，承租人有权按照残值购入租赁物，以拥有其所有权。不论出租人是否将租赁物销售给承租人，均属于融资租赁。

按照标的物的不同，融资租赁服务可分为有形动产融资租赁服务和不动产融资租赁服务。

融资性售后回租不按照本税目缴纳增值税。

（2）经营租赁服务，是指在约定时间内将有形动产或者不动产转让他人使用且租赁物所有权不变更的业务活动。

按照标的物的不同，经营租赁服务可分为有形动产经营租赁服务和不动产经营租赁服务。

将建筑物、构筑物等不动产或者飞机、车辆等有形动产的广告位出租给其他单位或者个人用于发布广告，按照经营租赁服务缴纳增值税。

车辆停放服务、道路通行服务（包括过路费、过桥费、过闸费等）等按照不动产经营租赁服务缴纳增值税。

水路运输的光租业务、航空运输的干租业务，属于经营租赁。

光租业务，是指运输企业将船舶在约定的时间内出租给他人使用，不配备操作人员，不承担运输过程中发生的各项费用，只收取固定租赁费的业务活动。

干租业务，是指航空运输企业将飞机在约定的时间内出租给他人使用，不配备机组人员，不承担运输过程中发生的各项费用，只收取固定租赁费的业务活动。

6. 鉴证咨询服务。

鉴证咨询服务，包括认证服务、鉴证服务和咨询服务。

（1）认证服务，是指具有专业资质的单位利用检测、检验、计量等技术，证明产品、服务、管理体系符合相关技术规范、相关技术规范的强制性要求或者标准的业务活动。

（2）鉴证服务，是指具有专业资质的单位受托对相关事项进行鉴证，发表具有证明力的意见的业务活动。包括会计鉴证、税务鉴证、法律鉴证、职业技能鉴定、工程造价鉴证、工程监理、资产评估、环境评估、房地产土地评估、建筑图纸审核、医疗事故鉴定等。

（3）咨询服务，是指提供信息、建议、策划、顾问等服务的活动。包括金融、软件、技术、财务、税收、法律、内部管理、业务运作、流程管理、健康等方面的咨询。

翻译服务和市场调查服务按照咨询服务缴纳增值税。

7. 广播影视服务。

广播影视服务，包括广播影视节目（作品）的制作服务、发行服务和播映（含放映，下同）服务。

（1）广播影视节目（作品）制作服务，是指进行专题（特别节目）、专栏、综艺、体育、动画片、广播剧、电视剧、电影等广播影视节目和作品制作的服务。具体包括与广播影视节目和作品相关的策划、采编、拍摄、录音、音视频文字图片素材制作、场景布置、后期的剪辑、翻译（编译）、字幕制作、片头、片尾、片花制作、特效制作、影片修复、编目和确权等业务活动。

（2）广播影视节目（作品）发行服务，是指以分账、买断、委托等方式，向影院、电台、电视台、网站等单位和个人发行广播影视节目（作品）以及转让体育赛事等活动的报道及播映权的业务活动。

（3）广播影视节目（作品）播映服务，是指在影院、剧院、录像厅及其他场所播映广播影视节目（作品），以及通过电台、电视台、卫星通信、互联网、有线电视等无线或者有线装置播映广播影视节目（作品）的业务活动。

8. 商务辅助服务。

商务辅助服务，包括企业管理服务、经纪代理服务、人力资源服务、安全保护服务。

（1）企业管理服务，是指提供总部管理、投资与资产管理、市场管理、物业管理、日常综合管理等服务的业务活动。

注：提供物业管理服务的纳税人，向服务接受方收取的自来水水费，以扣除其对外支付的自来水水费后的余额为销售额，按照简易计税方法依3%的征收率计算缴纳增值税。《国家税务总局关于物业管理服务中收取的自来水水费增值税问题的公告》（国家税务总局公告2016年第54号）

（2）经纪代理服务，是指各类经纪、中介、代理服务。包括金融代理、知识产权代理、货物运输代理、代理报关、法律代理、房地产中介、职业中介、婚姻中介、代理记账、拍卖等。

货物运输代理服务，是指接受货物收货人、发货人、船舶所有人、船舶承租人或者船舶经营人的委托，以委托人的名义，为委托人办理货物运输、装卸、仓储和船舶进出港口、引航、靠泊等相关手续的业务活动。

代理报关服务，是指接受进出口货物的收、发货人委托，代为办理报关手续的业务活动。

（3）人力资源服务，是指提供公共就业、劳务派遣、人才委托招聘、劳动力外包等服务的业务活动。

（4）安全保护服务，是指提供保护人身安全和财产安全，维护社会治安等的业务活动。包括场所住宅保安、特种保安、安全系统监控以及其他安保服务。

9. 其他现代服务。

其他现代服务，是指除研发和技术服务、信息技术服务、文化创意服务、物流辅助服务、租赁服务、鉴证咨询服务、广播影视服务和商务辅助服务以外的现代服务。

（七）生活服务。

生活服务，是指为满足城乡居民日常生活需求提供的各类服务活动。包括文化体育服务、教育医疗服务、旅游娱乐服务、餐饮住宿服务、居民日常服务和其他生活服务。

1. 文化体育服务。

文化体育服务，包括文化服务和体育服务。

（1）文化服务，是指为满足社会公众文化生活需求提供的各种服务。包括：文艺创作、文艺表演、文化比赛，图书馆的图书和资料借阅，档案馆的档案管理，文物及非物质遗产保护，组织举办宗教活动、科技活动、文化活动，提供游览场所。

（2）体育服务，是指组织举办体育比赛、体育表演、体育活动，以及提供体育训练、体育指导、体育管理的业务活动。

2. 教育医疗服务。

教育医疗服务，包括教育服务和医疗服务。

（1）教育服务，是指提供学历教育服务、非学历教育服务、教育辅助服务的业务活动。

学历教育服务，是指根据教育行政管理部门确定或者认可的招生和教学计划组织教学，并颁发相应学历证书的业务活动。包括初等教育、初级中等教育、高级中等教育、高等教育等。

非学历教育服务，包括学前教育、各类培训、演讲、讲座、报告会等。

教育辅助服务，包括教育测评、考试、招生等服务。

(2) 医疗服务，是指提供医学检查、诊断、治疗、康复、预防、保健、接生、计划生育、防疫服务等方面的服务，以及与这些服务有关的提供药品、医用材料器具、救护车、病房住宿和伙食的业务。

3. 旅游娱乐服务。

旅游娱乐服务，包括旅游服务和娱乐服务。

(1) 旅游服务，是指根据旅游者的要求，组织安排交通、游览、住宿、餐饮、购物、文娱、商务等服务的业务活动。

(2) 娱乐服务，是指为娱乐活动同时提供场所和服务的业务。

具体包括：歌厅、舞厅、夜总会、酒吧、台球、高尔夫球、保龄球、游艺（包括射击、狩猎、跑马、游戏机、蹦极、卡丁车、热气球、动力伞、射箭、飞镖）。

4. 餐饮住宿服务。

餐饮住宿服务，包括餐饮服务和住宿服务。

(1) 餐饮服务，是指通过同时提供饮食和饮食场所的方式为消费者提供饮食消费服务的业务活动。

(2) 住宿服务，是指提供住宿场所及配套服务等的活动。包括宾馆、旅馆、旅社、度假村和其他经营性住宿场所提供的住宿服务。

5. 居民日常服务。

居民日常服务，是指主要为满足居民个人及其家庭日常生活需求提供的服务，包括市容市政管理、家政、婚庆、养老、殡葬、照料和护理、救助救济、美容美发、按摩、桑拿、氧吧、足疗、沐浴、洗染、摄影扩印等服务。

6. 其他生活服务。

其他生活服务，是指除文化体育服务、教育医疗服务、旅游娱乐服务、餐饮住宿服务和居民日常服务之外的生活服务。

二、销售无形资产

销售无形资产，是指转让无形资产所有权或者使用权的业务活动。无形资产，是指不具实物形态，但能带来经济利益的资产，包括技术、商标、著作权、商誉、自然资源使用权和其他权益性无形资产。

技术，包括专利技术和非专利技术。

自然资源使用权，包括土地使用权、海域使用权、探矿权、采矿权、取水权和其他自然资源使用权。

其他权益性无形资产，包括基础设施资产经营权、公共事业特许权、配额、经营权（包括特许经营权、连锁经营权、其他经营权）、经销权、分销权、代理权、会员权、席位权、网络游戏虚拟道具、域名、名称权、肖像权、冠名权、转会费等。

三、销售不动产

销售不动产，是指转让不动产所有权的业务活动。不动产，是指不能移动或者移动后会引起性质、形状改变的财产，包括建筑物、构筑物等。

建筑物，包括住宅、商业营业用房、办公楼等可供居住、工作或者进行其他活动的建造物。

构筑物，包括道路、桥梁、隧道、水坝等建造物。

转让建筑物有限产权或者永久使用权的，转让在建的建筑物或者构筑物所有权的，以及在转让建筑物或者构筑物时一并转让其所占土地的使用权的，按照销售不动产缴纳增值税。

附件 2：

营业税改征增值税试点有关事项的规定

一、营改增试点期间，试点纳税人［指按照《营业税改征增值税试点实施办法》（以下称《试点实施办法》）缴纳增值税的纳税人］有关政策

（一）兼营。

试点纳税人销售货物、加工修理修配劳务、服务、无形资产或者不动产适用不同税率或者征收率的，应当分别核算适用不同税率或者征收率的销售额，未分别核算销售额的，按照以下方法适用税率或者征收率：

1. 兼有不同税率的销售货物、加工修理修配劳务、服务、无形资产或者不动产，从高适用税率。

2. 兼有不同征收率的销售货物、加工修理修配劳务、服务、无形资产或者不动产，从高适用征收率。

3. 兼有不同税率和征收率的销售货物、加工修理修配劳务、服务、无形资产或者不动产，从高适用税率。

（二）不征收增值税项目。

1. 根据国家指令无偿提供的铁路运输服务、航空运输服务，属于《试点实施办法》第十四条规定的用于公益事业的服务。

2. 存款利息。

3. 被保险人获得的保险赔付。

4. 房地产主管部门或者其指定机构、公积金管理中心、开发企业以及物业管理单位代收的住宅专项维修资金。

5. 在资产重组过程中，通过合并、分立、出售、置换等方式，将全部或者部分实物资产以及与其相关联的债权、负债和劳动力一并转让给其他单位和个人，其中涉及的不动产、土地使用权转让行为。

（三）销售额。

1. 贷款服务，以提供贷款服务取得的全部利息及利息性质的收入为销售额。

2. 直接收费金融服务，以提供直接收费金融服务收取的手续费、佣金、酬金、管理费、服务费、经手费、开户费、过户费、结算费、转托管费等各类费用为销售额。

3. 金融商品转让，按照卖出价扣除买入价后的余额为销售额。

转让金融商品出现的正负差，按盈亏相抵后的余额为销售额。若相抵后出现负差，可结转下一纳税期与下期转让金融商品销售额相抵，但年末时仍出现负差的，不得转入下一个会计年度。

金融商品的买入价，可以选择按照加权平均法或者移动加权平均法进行核算，选择后 36 个月内不得变更。

金融商品转让，不得开具增值税专用发票。

4. 经纪代理服务，以取得的全部价款和价外费用，扣除向委托方收取并代为支付的政府性基金或者行政事业性收费后的余额为销售额。向委托方收取的政府性基金或者行政事业性收费，不得开具增值税专用发票。

5. 融资租赁和融资性售后回租业务。

（1）经人民银行、银监会或者商务部批准从事融资租赁业务的试点纳税人，提供融资租赁服务，以取得的全部价款和价外费用，扣除支付的借款利息（包括外汇借款和人民币借款利息）、发行债券利息和车辆购置税后的余额为销售额。

（2）经人民银行、银监会或者商务部批准从事融资租赁业务的试点纳税人，提供融资性售后回租服务，以取得的全部价款和价外费用（不含本金），扣除对外支付的借款利息（包括外汇借款和人民币借款利息）、发行债券利息后的余额作为销售额。

（3）试点纳税人根据 2016 年 4 月 30 日前签订的有形动产融资性售后回租合同，在合同到期前提供的有形动产融资性售后回租服务，可继续按照有形动产融资租赁服务缴纳增值税。

继续按照有形动产融资租赁服务缴纳增值税的试点纳税人，经人民银行、银监会或者商务部批准从事融资租赁业务的，根据 2016 年 4 月 30 日前签订的有形动产融资性售后回租合同，在合同到期前提供的有形动产融资性售后回租服务，可以选择以下方法之一计算销售额：

①以向承租方收取的全部价款和价外费用，扣除向承租方收取的价款本金，以

及对外支付的借款利息（包括外汇借款和人民币借款利息）、发行债券利息后的余额为销售额。

纳税人提供有形动产融资性售后回租服务，计算当期销售额时可以扣除的价款本金，为书面合同约定的当期应当收取的本金。无书面合同或者书面合同没有约定的，为当期实际收取的本金。

试点纳税人提供有形动产融资性售后回租服务，向承租方收取的有形动产价款本金，不得开具增值税专用发票，可以开具普通发票。

②以向承租方收取的全部价款和价外费用，扣除支付的借款利息（包括外汇借款和人民币借款利息）、发行债券利息后的余额为销售额。

（4）经商务部授权的省级商务主管部门和国家经济技术开发区批准的从事融资租赁业务的试点纳税人，2016 年 5 月 1 日后实收资本达到 1.7 亿元的，从达到标准的当月起按照上述第（1）、（2）、（3）规定执行；2016 年 5 月 1 日后实收资本未达到 1.7 亿元但注册资本达到 1.7 亿元的，在 2016 年 7 月 31 日前仍可按照上述第（1）、（2）、（3）规定执行，2016 年 8 月 1 日后开展的融资租赁业务和融资性售后回租业务不得按照上述第（1）、（2）、（3）规定执行。

6. 航空运输企业的销售额，不包括代收的机场建设费和代售其他航空运输企业客票而代收转付的价款。

7. 试点纳税人中的一般纳税人（以下称一般纳税人）提供客运场站服务，以其取得的全部价款和价外费用，扣除支付给承运方运费后的余额为销售额。

8. 试点纳税人提供旅游服务，可以选择以取得的全部价款和价外费用，扣除向旅游服务购买方收取并支付给其他单位或者个人的住宿费、餐饮费、交通费、签证费、门票费和支付给其他接团旅游企业的旅游费用后的余额为销售额。

选择上述办法计算销售额的试点纳税人，向旅游服务购买方收取并支付的上述费用，不得开具增值税专用发票，可以开具普通发票。

9. 试点纳税人提供建筑服务适用简易计税方法的，以取得的全部价款和价外费用扣除支付的分包款后的余额为销售额。

10. 房地产开发企业中的一般纳税人销售其开发的房地产项目（选择简易计税方法的房地产老项目除外），以取得的全部价款和价外费用，扣除受让土地时向政府部门支付的土地价款后的余额为销售额。

房地产老项目，是指《建筑工程施工许可证》注明的合同开工日期在 2016 年 4 月 30 日前的房地产项目。

注：其中“向政府部门支付的土地价款”，包括土地受让人向政府部门支付的征地和拆迁补偿费用、土地前期开发费用和土地出让收益等。

房地产开发企业中的一般纳税人销售其开发的房地产项目（选择简易计税方法的房地产老项目除外），在取得土地时向其他单位或个人支付的拆迁补偿费用也允许在计算销售额时扣除。纳税人按上述规定扣除拆迁补偿费用时，应提供拆迁协议、拆迁双方支付和取得拆迁补偿费用凭证等能够证明拆迁补偿费用真实性的材料。

《财政部、国家税务总局关于明确金融、房地产开发、教育辅助服务等增值税政策的通知》（财税〔2016〕140号）

注：2018.4.27总局货物劳务司解答："房地产开发企业一次性转让尚未完工的在建工程，该工程项目适用一般计税方法的，以取得的全部价款和价外费用，一次性扣除向政府部门支付的土地价款后的余额计算缴纳增值税。"

11. 试点纳税人按照上述4-10款的规定从全部价款和价外费用中扣除的价款，应当取得符合法律、行政法规和国家税务总局规定的有效凭证。否则，不得扣除。

上述凭证是指：

（1）支付给境内单位或者个人的款项，以发票为合法有效凭证。

（2）支付给境外单位或者个人的款项，以该单位或者个人的签收单据为合法有效凭证，税务机关对签收单据有疑义的，可以要求其提供境外公证机构的确认证明。

（3）缴纳的税款，以完税凭证为合法有效凭证。

（4）扣除的政府性基金、行政事业性收费或者向政府支付的土地价款，以省级以上（含省级）财政部门监（印）制的财政票据为合法有效凭证。

（5）国家税务总局规定的其他凭证。

纳税人取得的上述凭证属于增值税扣税凭证的，其进项税额不得从销项税额中抵扣。

（四）进项税额。

1. 适用一般计税方法的试点纳税人，2016年5月1日后取得并在会计制度上按固定资产核算的不动产或者2016年5月1日后取得的不动产在建工程，其进项税额应自取得之日起分2年从销项税额中抵扣，第一年抵扣比例为60%，第二年抵扣比例为40%。

取得不动产，包括以直接购买、接受捐赠、接受投资入股、自建以及抵债等各种形式取得不动产，不包括房地产开发企业自行开发的房地产项目。

融资租入的不动产以及在施工现场修建的临时建筑物、构筑物，其进项税额不适用上述分2年抵扣的规定。

注：《财政部　税务总局　海关总署关于深化增值税改革有关政策的公告》（财政部　税务总局海关总署公告2019年第39号）本条自2019年4月1日废止。

2. 按照《试点实施办法》第二十七条第（一）项规定不得抵扣且未抵扣进项税额的固定资产、无形资产、不动产，发生用途改变，用于允许抵扣进项税额的应税项目，可在用途改变的次月按照下列公式计算可以抵扣的进项税额：

可以抵扣的进项税额=固定资产、无形资产、不动产净值/（1+适用税率）×适用税率

上述可以抵扣的进项税额应取得合法有效的增值税扣税凭证。

3. 纳税人接受贷款服务向贷款方支付的与该笔贷款直接相关的投融资顾问费、手续费、咨询费等费用，其进项税额不得从销项税额中抵扣。

（五）一般纳税人资格登记。

《试点实施办法》第三条规定的年应税销售额标准为500万元（含本数）。财政部和国家税务总局可以对年应税销售额标准进行调整。

（六）计税方法。

一般纳税人发生下列应税行为可以选择适用简易计税方法计税：

1. 公共交通运输服务。

公共交通运输服务，包括轮客渡、公交客运、地铁、城市轻轨、出租车、长途客运、班车。

班车，是指按固定路线、固定时间运营并在固定站点停靠的运送旅客的陆路运输服务。

2. 经认定的动漫企业为开发动漫产品提供的动漫脚本编撰、形象设计、背景设计、动画设计、分镜、动画制作、摄制、描线、上色、画面合成、配音、配乐、音效合成、剪辑、字幕制作、压缩转码（面向网络动漫、手机动漫格式适配）服务，以及在境内转让动漫版权（包括动漫品牌、形象或者内容的授权及再授权）。

动漫企业和自主开发、生产动漫产品的认定标准和认定程序，按照《文化部 财政部 国家税务总局关于印发〈动漫企业认定管理办法（试行）〉的通知》（文市发〔2008〕51号）的规定执行。

3. 电影放映服务、仓储服务、装卸搬运服务、收派服务和文化体育服务。

4. 以纳入营改增试点之日前取得的有形动产为标的物提供的经营租赁服务。

5. 在纳入营改增试点之日前签订的尚未执行完毕的有形动产租赁合同。

（七）建筑服务。

1. 一般纳税人以清包工方式提供的建筑服务，可以选择适用简易计税方法计税。

以清包工方式提供建筑服务，是指施工方不采购建筑工程所需的材料或只采购辅助材料，并收取人工费、管理费或者其他费用的建筑服务。

2. 一般纳税人为甲供工程提供的建筑服务，可以选择适用简易计税方法计税。

甲供工程，是指全部或部分设备、材料、动力由工程发包方自行采购的建筑工程。

注：《财政部税务总局关于建筑服务等营改增试点政策的通知》（财税〔2017〕58号）规定：建筑工程总承包单位为房屋建筑的地基与基础、主体结构提供工程服务，建设单位自行采购全部或部分钢材、混凝土、砌体材料、预制构件的，适用简易计税方法计税。地基与基础、主体结构的范围，按照《建筑工程施工质量验收统一标准》（GB50300—2013）附录B《建筑工程的分部工程、分项工程划分》中的“地基与基础”“主体结构”分部工程的范围执行。

3. 一般纳税人为建筑工程老项目提供的建筑服务，可以选择适用简易计税方法计税。

建筑工程老项目，是指：

（1）《建筑工程施工许可证》注明的合同开工日期在2016年4月30日前的建筑工程项目；

（2）未取得《建筑工程施工许可证》的，建筑工程承包合同注明的开工日期在2016年4月30日前的建筑工程项目。

4. 一般纳税人跨县（市）提供建筑服务，适用一般计税方法计税的，应以取得的全部价款和价外费用为销售额计算应纳税额。纳税人应以取得的全部价款和价外费用扣除支付的分包款后的余额，按照2%的预征率在建筑服务发生地预缴税款后，向机构所在地主管税务机关进行纳税申报。

5. 一般纳税人跨县（市）提供建筑服务，选择适用简易计税方法计税的，应以取得的全部价款和价外费用扣除支付的分包款后的余额为销售额，按照3%的征收率计算应纳税额。纳税人应按照上述计税方法在建筑服务发生地预缴税款后，向机构所在地主管税务机关进行纳税申报。

6. 试点纳税人中的小规模纳税人（以下称小规模纳税人）跨县（市）提供建筑服务，应以取得的全部价款和价外费用扣除支付的分包款后的余额为销售额，按照3%的征收率计算应纳税额。纳税人应按照上述计税方法在建筑服务发生地预缴税款后，向机构所在地主管税务机关进行纳税申报。

注：《纳税人跨县（市、区）提供建筑服务增值税征收管理暂行办法》（国家税务总局公告2016年第17号）

《国家税务总局关于营改增试点若干征管问题的公告》（国家税务总局公告2016年第53号）

关于国内旅客运输服务进项税抵扣等增值税征管问题的公告国家税务总局公告2019年第31号解读：纳税人提供特定建筑服务，可按照现行政策规定，以取得的全部价款和价外费用扣除支付的分包款后的余额为销售额计税。总包方支付的分包款是打包支出的概念，即其中既包括货物价款，也包括建筑服务价款。因此，《公告》明确，纳税人提供建筑服务，按照规定允许从取得的全部价款和价外费用中扣除的分包款，是指支付给分包方的全部价款和价外费用。

（八）销售不动产。

1. 一般纳税人销售其2016年4月30日前取得（不含自建）的不动产，可以选择适用简易计税方法，以取得的全部价款和价外费用减去该项不动产购置原价或者取得不动产时的作价后的余额为销售额，按照5%的征收率计算应纳税额。纳税人应按照上述计税方法在不动产所在地预缴税款后，向机构所在地主管税务机关进行纳税申报。

2. 一般纳税人销售其2016年4月30日前自建的不动产，可以选择适用简易计税方法，以取得的全部价款和价外费用为销售额，按照5%的征收率计算应纳税额。纳税人应按照上述计税方法在不动产所在地预缴税款后，向机构所在地主管税务机关进行纳税申报。

3. 一般纳税人销售其2016年5月1日后取得（不含自建）的不动产，应适用一般计税方法，以取得的全部价款和价外费用为销售额计算应纳税额。纳税人应以取得的全部价款和价外费用减去该项不动产购置原价或者取得不动产时的作价后的余额，按照5%的预征率在不动产所在地预缴税款后，向机构所在地主管税务机关进行纳税申报。

4. 一般纳税人销售其2016年5月1日后自建的不动产，应适用一般计税方法，以取得的全部价款和价外费用为销售额计算应纳税额。纳税人应以取得的全部价款和价外费用，按照5%的预征率在不动产所在地预缴税款后，向机构所在地主管税务机关进行纳税申报。

5. 小规模纳税人销售其取得（不含自建）的不动产（不含个体工商户销售购买的住房和其他个人销售不动产），应以取得的全部价款和价外费用减去该项不动产购置原价或者取得不动产时的作价后的余额为销售额，按照5%的征收率计算应纳税额。纳税人应按照上述计税方法在不动产所在地预缴税款后，向机构所在地主管税务机关进行纳税申报。

6. 小规模纳税人销售其自建的不动产，应以取得的全部价款和价外费用为销售额，按照5%的征收率计算应纳税额。纳税人应按照上述计税方法在不动产所在地预缴税款后，向机构所在地主管税务机关进行纳税申报。

7. 房地产开发企业中的一般纳税人，销售自行开发的房地产老项目，可以选择适用简易计税方法按照5%的征收率计税。

注：《关于国内旅客运输服务进项税抵扣等增值税征管问题的公告》（国家税务总局公告2019年第31号）规定：房地产开发企业中的一般纳税人以围填海方式取得土地并开发的房地产项目，围填海工程《建筑工程施工许可证》或建筑工程承包合同注明的围填海开工日期在2016年4月30日前的，属于房地产老项目，可以选择适用简易计税方法按照5%的征收率计算缴纳增值税。

《关于明确国有农用地出租等增值税政策的公告》（财税税务总局公告2020年第2号）规定：房地产开发企业中的一般纳税人购入未完工的房地产老项目继续开发后，以自己名义立项销售的不动产，属于房地产老项目，可以选择适用简易计税方法按照5%的征收率计算缴纳增值税。

8. 房地产开发企业中的小规模纳税人，销售自行开发的房地产项目，按照5%的征收率计税。

9. 房地产开发企业采取预收款方式销售所开发的房地产项目，在收到预收款时按照3%的预征率预缴增值税。

10. 个体工商户销售购买的住房，应按照附件3《营业税改征增值税试点过渡政策的规定》第五条的规定征免增值税。纳税人应按照上述计税方法在不动产所在地预缴税款后，向机构所在地主管税务机关进行纳税申报。

11. 其他个人销售其取得（不含自建）的不动产（不含其购买的住房），应以取得的全部价款和价外费用减去该项不动产购置原价或者取得不动产时的作价后的余额为销售额，按照5%的征收率计算应纳税额。

（九）不动产经营租赁服务。

1. 一般纳税人出租其2016年4月30日前取得的不动产，可以选择适用简易计税方法，按照5%的征收率计算应纳税额。纳税人出租其2016年4月30日前取得的与机构所在地不在同一县（市）的不动产，应按照上述计税方法在不动产所在地预缴税款后，向机构所在地主管税务机关进行纳税申报。

2. 公路经营企业中的一般纳税人收取试点前开工的高速公路的车辆通行费，可以选择适用简易计税方法，减按3%的征收率计算应纳税额。

试点前开工的高速公路，是指相关施工许可证明上注明的合同开工日期在2016年4月30日前的高速公路。

3. 一般纳税人出租其2016年5月1日后取得的、与机构所在地不在同一县（市）的不动产，应按照3%的预征率在不动产所在地预缴税款后，向机构所在地主管税务机关进行纳税申报。

4. 小规模纳税人出租其取得的不动产（不含个人出租住房），应按照5%的征收率计算应纳税额。纳税人出租与机构所在地不在同一县（市）的不动产，应按照上述计税方法在不动产所在地预缴税款后，向机构所在地主管税务机关进行纳税申报。

5. 其他个人出租其取得的不动产（不含住房），应按照5%的征收率计算应纳税额。

6. 个人出租住房，应按照5%的征收率减按1.5%计算应纳税额。

（十）一般纳税人销售其2016年4月30日前取得的不动产（不含自建），适用一般计税方法计税的，以取得的全部价款和价外费用为销售额计算应纳税额。上述纳税人应以取得的全部价款和价外费用减去该项不动产购置原价或者取得不动产时的作价后的余额，按照5%的预征率在不动产所在地预缴税款后，向机构所在地主管税务机关进行纳税申报。

房地产开发企业中的一般纳税人销售房地产老项目，以及一般纳税人出租其2016年4月30日前取得的不动产，适用一般计税方法计税的，应以取得的全部价款和价外费用，按照3%的预征率在不动产所在地预缴税款后，向机构所在地主管税务机关进行纳税申报。

一般纳税人销售其2016年4月30日前自建的不动产，适用一般计税方法计税的，应以取得的全部价款和价外费用为销售额计算应纳税额。纳税人应以取得的全部价款和价外费用，按照5%的预征率在不动产所在地预缴税款后，向机构所在地主管税务机关进行纳税申报。

（十一）一般纳税人跨省（自治区、直辖市或者计划单列市）提供建筑服务或者销售、出租取得的与机构所在地不在同一省（自治区、直辖市或者计划单列市）的不动产，在机构所在地申报纳税时，计算的应纳税额小于已预缴税额，且差额较大的，由国家税务总局通知建筑服务发生地或者不动产所在地省级税务机关，在一定时期内暂停预缴增值税。

（十二）纳税地点。

属于固定业户的试点纳税人，总分支机构不在同一县（市），但在同一省（自治区、直辖市、计划单列市）范围内的，经省（自治区、直辖市、计划单列市）财政厅（局）和国家税务局批准，可以由总机构汇总向总机构所在地的主管税务机关申报缴纳增值税。

（十三）试点前发生的业务。

1. 试点纳税人发生应税行为，按照国家有关营业税政策规定差额征收营业税的，因取得的全部价款和价外费用不足以抵减允许扣除项目金额，截至纳入营改增试点之日前尚未扣除的部分，不得在计算试点纳税人增值税应税销售额时抵减，应当向原主管地税机关申请退还营业税。

2. 试点纳税人发生应税行为，在纳入营改增试点之日前已缴纳营业税，营改增试点后因发生退款减除营业额的，应当向原主管地税机关申请退还已缴纳的营业税。

3. 试点纳税人纳入营改增试点之日前发生的应税行为，因税收检查等原因需要补缴税款的，应按照营业税政策规定补缴营业税。

（十四）销售使用过的固定资产。

一般纳税人销售自己使用过的、纳入营改增试点之日前取得的固定资产，按照现行旧货相关增值税政策执行。

使用过的固定资产，是指纳税人符合《试点实施办法》第二十八条规定并根据财务会计制度已经计提折旧的固定资产。

（十五）扣缴增值税适用税率。

境内的购买方为境外单位和个人扣缴增值税的，按照适用税率扣缴增值税。

（十六）其他规定。

1. 试点纳税人销售电信服务时，附带赠送用户识别卡、电信终端等货物或者电信服务的，应将其取得的全部价款和价外费用进行分别核算，按各自适用的税率计算缴纳增值税。

2. 油气田企业发生应税行为，适用《试点实施办法》规定的增值税税率，不再适用《财政部 国家税务总局关于印发〈油气田企业增值税管理办法〉的通知》（财税〔2009〕8号）规定的增值税税率。

二、原增值税纳税人［指按照《中华人民共和国增值税暂行条例》（国务院令

第538号）（以下称《增值税暂行条例》）缴纳增值税的纳税人］有关政策

（一）进项税额。

1. 原增值税一般纳税人购进服务、无形资产或者不动产，取得的增值税专用发票上注明的增值税额为进项税额，准予从销项税额中抵扣。

2016年5月1日后取得并在会计制度上按固定资产核算的不动产或者2016年5月1日后取得的不动产在建工程，其进项税额应自取得之日起分2年从销项税额中抵扣，第一年抵扣比例为60%，第二年抵扣比例为40%。

融资租入的不动产以及在施工现场修建的临时建筑物、构筑物，其进项税额不适用上述分2年抵扣的规定。

注：《财政部　税务总局　海关总署关于深化增值税改革有关政策的公告》财政部　税务总局有关总署公告2019年第39号规定本条从2019年4月1日废止

2. 原增值税一般纳税人自用的应征消费税的摩托车、汽车、游艇，其进项税额准予从销项税额中抵扣。

3. 原增值税一般纳税人从境外单位或者个人购进服务、无形资产或者不动产，按照规定应当扣缴增值税的，准予从销项税额中抵扣的进项税额为自税务机关或者扣缴义务人取得的解缴税款的完税凭证上注明的增值税额。

纳税人凭完税凭证抵扣进项税额的，应当具备书面合同、付款证明和境外单位的对账单或者发票。资料不全的，其进项税额不得从销项税额中抵扣。

4. 原增值税一般纳税人购进货物或者接受加工修理修配劳务，用于《销售服务、无形资产或者不动产注释》所列项目的，不属于《增值税暂行条例》第十条所称的用于非增值税应税项目，其进项税额准予从销项税额中抵扣。

5. 原增值税一般纳税人购进服务、无形资产或者不动产，下列项目的进项税额不得从销项税额中抵扣：

（1）用于简易计税方法计税项目、免征增值税项目、集体福利或者个人消费。其中涉及的无形资产、不动产，仅指专用于上述项目的无形资产（不包括其他权益性无形资产）、不动产。

纳税人的交际应酬消费属于个人消费。

（2）非正常损失的购进货物，以及相关的加工修理修配劳务和交通运输服务。

（3）非正常损失的在产品、产成品所耗用的购进货物（不包括固定资产）、加工修理修配劳务和交通运输服务。

（4）非正常损失的不动产，以及该不动产所耗用的购进货物、设计服务和建筑服务。

（5）非正常损失的不动产在建工程所耗用的购进货物、设计服务和建筑服务。

纳税人新建、改建、扩建、修缮、装饰不动产，均属于不动产在建工程。

（6）购进的旅客运输服务、贷款服务、餐饮服务、居民日常服务和娱乐服务。

（7）财政部和国家税务总局规定的其他情形。

上述第（4）点、第（5）点所称货物，是指构成不动产实体的材料和设备，包括建筑装饰材料和给排水、采暖、卫生、通风、照明、通讯、煤气、消防、中央空调、电梯、电气、智能化楼宇设备及配套设施。

纳税人接受贷款服务向贷款方支付的与该笔贷款直接相关的投融资顾问费、手续费、咨询费等费用，其进项税额不得从销项税额中抵扣。

6. 已抵扣进项税额的购进服务，发生上述第5点规定情形（简易计税方法计税项目、免征增值税项目除外）的，应当将该进项税额从当期进项税额中扣减；无法确定该进项税额的，按照当期实际成本计算应扣减的进项税额。

7. 已抵扣进项税额的无形资产或者不动产，发生上述第5点规定情形的，按照下列公式计算不得抵扣的进项税额：

不得抵扣的进项税额=无形资产或者不动产净值×适用税率

8. 按照《增值税暂行条例》第十条和上述第5点不得抵扣且未抵扣进项税额的固定资产、无形资产、不动产，发生用途改变，用于允许抵扣进项税额的应税项目，可在用途改变的次月按照下列公式，依据合法有效的增值税扣税凭证，计算可以抵扣的进项税额：

可以抵扣的进项税额=固定资产、无形资产、不动产净值/（1+适用税率）×适用税率

上述可以抵扣的进项税额应取得合法有效的增值税扣税凭证。

（二）增值税期末留抵税额。

原增值税一般纳税人兼有销售服务、无形资产或者不动产的，截止到纳入营改增试点之日前的增值税期末留抵税额，不得从销售服务、无形资产或者不动产的销项税额中抵扣。

（三）混合销售。

一项销售行为如果既涉及货物又涉及服务，为混合销售。从事货物的生产、批发或者零售的单位和个体工商户的混合销售行为，按照销售货物缴纳增值税；其他单位和个体工商户的混合销售行为，按照销售服务缴纳增值税。

上述从事货物的生产、批发或者零售的单位和个体工商户，包括以从事货物的生产、批发或者零售为主，并兼营销售服务的单位和个体工商户在内。

附件3：

营业税改征增值税试点过渡政策的规定

一、下列项目免征增值税

（一）托儿所、幼儿园提供的保育和教育服务。

托儿所、幼儿园，是指经县级以上教育部门审批成立、取得办园许可证的实施

0-6 岁学前教育的机构，包括公办和民办的托儿所、幼儿园、学前班、幼儿班、保育院、幼儿院。

公办托儿所、幼儿园免征增值税的收入是指，在省级财政部门和价格主管部门审核报省级人民政府批准的收费标准以内收取的教育费、保育费。

民办托儿所、幼儿园免征增值税的收入是指，在报经当地有关部门备案并公示的收费标准范围内收取的教育费、保育费。

超过规定收费标准的收费，以开办实验班、特色班和兴趣班等为由另外收取的费用以及与幼儿入园挂钩的赞助费、支教费等超过规定范围的收入，不属于免征增值税的收入。

（二）养老机构提供的养老服务。

养老机构，是指依照民政部《养老机构设立许可办法》（民政部令第 48 号）设立并依法办理登记的为老年人提供集中居住和照料服务的各类养老机构；养老服务，是指上述养老机构按照民政部《养老机构管理办法》（民政部令第 49 号）的规定，为收住的老年人提供的生活照料、康复护理、精神慰藉、文化娱乐等服务。

（三）残疾人福利机构提供的育养服务。

（四）婚姻介绍服务。

（五）殡葬服务。

殡葬服务，是指收费标准由各地价格主管部门会同有关部门核定，或者实行政府指导价管理的遗体接运（含抬尸、消毒）、遗体整容、遗体防腐、存放（含冷藏）、火化、骨灰寄存、吊唁设施设备租赁、墓穴租赁及管理等服务。

（六）残疾人员本人为社会提供的服务。

（七）医疗机构提供的医疗服务。

医疗机构，是指依据国务院《医疗机构管理条例》（国务院令第 149 号）及卫生部《医疗机构管理条例实施细则》（卫生部令第 35 号）的规定，经登记取得《医疗机构执业许可证》的机构，以及军队、武警部队各级各类医疗机构。具体包括：各级各类医院、门诊部（所）、社区卫生服务中心（站）、急救中心（站）、城乡卫生院、护理院（所）、疗养院、临床检验中心，各级政府及有关部门举办的卫生防疫站（疾病控制中心）、各种专科疾病防治站（所），各级政府举办的妇幼保健所（站）、母婴保健机构、儿童保健机构，各级政府举办的血站（血液中心）等医疗机构。

本项所称的医疗服务，是指医疗机构按照不高于地（市）级以上价格主管部门会同同级卫生主管部门及其他相关部门制定的医疗服务指导价格（包括政府指导价和按照规定由供需双方协商确定的价格等）为就医者提供《全国医疗服务价格项目规范》所列的各项服务，以及医疗机构向社会提供卫生防疫、卫生检疫的服务。

（八）从事学历教育的学校提供的教育服务。

1. 学历教育，是指受教育者经过国家教育考试或者国家规定的其他入学方式，进入国家有关部门批准的学校或者其他教育机构学习，获得国家承认的学历证书的教育形式。具体包括：

（1）初等教育：普通小学、成人小学。

（2）初级中等教育：普通初中、职业初中、成人初中。

（3）高级中等教育：普通高中、成人高中和中等职业学校（包括普通中专、成人中专、职业高中、技工学校）。

（4）高等教育：普通本专科、成人本专科、网络本专科、研究生（博士、硕士）、高等教育自学考试、高等教育学历文凭考试。

2. 从事学历教育的学校，是指：

（1）普通学校。

（2）经地（市）级以上人民政府或者同级政府的教育行政部门批准成立、国家承认其学员学历的各类学校。

（3）经省级及以上人力资源社会保障行政部门批准成立的技工学校、高级技工学校。

（4）经省级人民政府批准成立的技师学院。

上述学校均包括符合规定的从事学历教育的民办学校，但不包括职业培训机构等国家不承认学历的教育机构。

3. 提供教育服务免征增值税的收入，是指对列入规定招生计划的在籍学生提供学历教育服务取得的收入，具体包括：经有关部门审核批准并按规定标准收取的学费、住宿费、课本费、作业本费、考试报名费收入，以及学校食堂提供餐饮服务取得的伙食费收入。除此之外的收入，包括学校以各种名义收取的赞助费、择校费等，不属于免征增值税的范围。

学校食堂是指依照《学校食堂与学生集体用餐卫生管理规定》（教育部令第 14 号）管理的学校食堂。

（九）学生勤工俭学提供的服务。

（十）农业机耕、排灌、病虫害防治、植物保护、农牧保险以及相关技术培训业务，家禽、牲畜、水生动物的配种和疾病防治。

农业机耕，是指在农业、林业、牧业中使用农业机械进行耕作（包括耕耘、种植、收割、脱粒、植物保护等）的业务；排灌，是指对农田进行灌溉或者排涝的业务；病虫害防治，是指从事农业、林业、牧业、渔业的病虫害测报和防治的业务；农牧保险，是指为种植业、养殖业、牧业种植和饲养的动植物提供保险的业务；相关技术培训，是指与农业机耕、排灌、病虫害防治、植物保护业务相关以及为使农民获得农牧保险知识的技术培训业务；家禽、牲畜、水生动物的配种和疾病防治业务的免税范围，包括与该项服务有关的提供药品和医疗用具的业务。

（十一）纪念馆、博物馆、文化馆、文物保护单位管理机构、美术馆、展览馆、书画院、图书馆在自己的场所提供文化体育服务取得的第一道门票收入。

（十二）寺院、宫观、清真寺和教堂举办文化、宗教活动的门票收入。

（十三）行政单位之外的其他单位收取的符合《试点实施办法》第十条规定条件的政府性基金和行政事业性收费。

（十四）个人转让著作权。

（十五）个人销售自建自用住房。

（十六）2018 年 12 月 31 日前，公共租赁住房经营管理单位出租公共租赁住房。

公共租赁住房，是指纳入省、自治区、直辖市、计划单列市人民政府及新疆生产建设兵团批准的公共租赁住房发展规划和年度计划，并按照《关于加快发展公共租赁住房的指导意见》（建保〔2010〕87 号）和市、县人民政府制定的具体管理办法进行管理的公共租赁住房。

（十七）台湾航运公司、航空公司从事海峡两岸海上直航、空中直航业务在大陆取得的运输收入。

台湾航运公司，是指取得交通运输部颁发的“台湾海峡两岸间水路运输许可证”且该许可证上注明的公司登记地址在台湾的航运公司。

台湾航空公司，是指取得中国民用航空局颁发的“经营许可”或者依据《海峡两岸空运协议》和《海峡两岸空运补充协议》规定，批准经营两岸旅客、货物和邮件不定期（包机）运输业务，且公司登记地址在台湾的航空公司。

（十八）纳税人提供的直接或者间接国际货物运输代理服务。

1. 纳税人提供直接或者间接国际货物运输代理服务，向委托方收取的全部国际货物运输代理服务收入，以及向国际运输承运人支付的国际运输费用，必须通过金融机构进行结算。

2. 纳税人为大陆与香港、澳门、台湾地区之间的货物运输提供的货物运输代理服务参照国际货物运输代理服务有关规定执行。

3. 委托方索取发票的，纳税人应当就国际货物运输代理服务收入向委托方全额开具增值税普通发票。

（十九）以下利息收入。

1. 2016 年 12 月 31 日前，金融机构农户小额贷款。

小额贷款，是指单笔且该农户贷款余额总额在 10 万元（含本数）以下的贷款。

所称农户，是指长期（一年以上）居住在乡镇（不包括城关镇）行政管理区域内的住户，还包括长期居住在城关镇所辖行政村范围内的住户和户口不在本地而在本地居住一年以上的住户，国有农场的职工和农村个体工商户。位于乡镇（不包括城关镇）行政管理区域内和在城关镇所辖行政村范围内的国有经济的机关、团体、学校、企事业单位的集体户；有本地户口，但举家外出谋生一年以上的住户，无论是否保留承包耕地均不属于农户。农户以户为统计单位，既可以从事农业生产经营，也可以从事非农业生产经营。农户贷款的判定应以贷款发放时的承贷主体是否属于农户为准。

注：财税〔2018〕91号规定自2018年9月1日至2020年12月31日，对金融机构向小型企业、微型企业和个体工商户发放小额贷款取得的利息收入，免征增值税。

2. 国家助学贷款。

3. 国债、地方政府债。

4. 人民银行对金融机构的贷款。

5. 住房公积金管理中心用住房公积金在指定的委托银行发放的个人住房贷款。

6. 外汇管理部门在从事国家外汇储备经营过程中，委托金融机构发放的外汇贷款。

7. 统借统还业务中，企业集团或企业集团中的核心企业以及集团所属财务公司按不高于支付给金融机构的借款利率水平或者支付的债券票面利率水平，向企业集团或者集团内下属单位收取的利息。

统借方向资金使用单位收取的利息，高于支付给金融机构借款利率水平或者支付的债券票面利率水平的，应全额缴纳增值税。

统借统还业务，是指：

（1）企业集团或者企业集团中的核心企业向金融机构借款或对外发行债券取得资金后，将所借资金分拨给下属单位（包括独立核算单位和非独立核算单位，下同），并向下属单位收取用于归还金融机构或债券购买方本息的业务。

（2）企业集团向金融机构借款或对外发行债券取得资金后，由集团所属财务公司与企业集团或者集团内下属单位签订统借统还贷款合同并分拨资金，并向企业集团或者集团内下属单位收取本息，再转付企业集团，由企业集团统一归还金融机构或债券购买方的业务。

注：关于明确养老机构免征增值税等政策的通知财税〔2019〕20号规定："自2019年2月1日至2020年12月31日，对企业集团内单位（含企业集团）之间的资金无偿借贷行为，免征增值税。"

（二十）被撤销金融机构以货物、不动产、无形资产、有价证券、票据等财产清偿债务。

被撤销金融机构，是指经人民银行、银监会依法决定撤销的金融机构及其分设于各地的分支机构，包括被依法撤销的商业银行、信托投资公司、财务公司、金融租赁公司、城市信用社和农村信用社。除另有规定外，被撤销金融机构所属、附属企业，不享受被撤销金融机构增值税免税政策。

（二十一）保险公司开办的一年期以上人身保险产品取得的保费收入。

一年期以上人身保险，是指保险期间为一年期及以上返还本利的人寿保险、养老年金保险，以及保险期间为一年期及以上的健康保险。

人寿保险，是指以人的寿命为保险标的的人身保险。

养老年金保险，是指以养老保障为目的，以被保险人生存为给付保险金条件，并按约定的时间间隔分期给付生存保险金的人身保险。养老年金保险应当同时符合下列条件：

1. 保险合同约定给付被保险人生存保险金的年龄不得小于国家规定的退休年龄。

2. 相邻两次给付的时间间隔不得超过一年。

健康保险，是指以因健康原因导致损失为给付保险金条件的人身保险。

上述免税政策实行备案管理，具体备案管理办法按照《国家税务总局关于一年期以上返还性人身保险产品免征营业税审批事项取消后有关管理问题的公告》（国家税务总局公告2015年第65号）规定执行。

（二十二）下列金融商品转让收入。

1. 合格境外投资者（QFII）委托境内公司在我国从事证券买卖业务。

2. 香港市场投资者（包括单位和个人）通过沪港通买卖上海证券交易所上市A股。

3. 对香港市场投资者（包括单位和个人）通过基金互认买卖内地基金份额。

4. 证券投资基金（封闭式证券投资基金，开放式证券投资基金）管理人运用基金买卖股票、债券。

5. 个人从事金融商品转让业务。

（二十三）金融同业往来利息收入。

1. 金融机构与人民银行所发生的资金往来业务。包括人民银行对一般金融机构贷款，以及人民银行对商业银行的再贴现等。

2. 银行联行往来业务。同一银行系统内部不同行、处之间所发生的资金账务往来业务。

3. 金融机构间的资金往来业务。是指经人民银行批准，进入全国银行间同业拆借市场的金融机构之间通过全国统一的同业拆借网络进行的短期（一年以下含一年）无担保资金融通行为。

4. 金融机构之间开展的转贴现业务。

注：《财政部、国家税务总局关于建筑服务等营改增试点政策的通知》（财税〔2017〕58号）第4点自2018年1月1日起废止。金融机构是指：

（1）银行：包括人民银行、商业银行、政策性银行。

（2）信用合作社。

（3）证券公司。

（4）金融租赁公司、证券基金管理公司、财务公司、信托投资公司、证券投资基金。

（5）保险公司。

（6）其他经人民银行、银监会、证监会、保监会批准成立且经营金融保险业务的机构等。

（二十四）同时符合下列条件的担保机构从事中小企业信用担保或者再担保业务取得的收入（不含信用评级、咨询、培训等收入）3年内免征增值税：

1. 已取得监管部门颁发的融资性担保机构经营许可证，依法登记注册为企（事）业法人，实收资本超过2000万元。

2. 平均年担保费率不超过银行同期贷款基准利率的50%。平均年担保费率=本期担保费收入/（期初担保余额+本期增加担保金额）×100%。

3. 连续合规经营2年以上，资金主要用于担保业务，具备健全的内部管理制度和为中小企业提供担保的能力，经营业绩突出，对受保项目具有完善的事前评估、事中监控、事后追偿与处置机制。

4. 为中小企业提供的累计担保贷款额占其两年累计担保业务总额的80%以上，单笔800万元以下的累计担保贷款额占其累计担保业务总额的50%以上。

5. 对单个受保企业提供的担保余额不超过担保机构实收资本总额的10%，且平均单笔担保责任金额最多不超过3000万元人民币。

6. 担保责任余额不低于其净资产的3倍，且代偿率不超过2%。

担保机构免征增值税政策采取备案管理方式。符合条件的担保机构应到所在地县（市）主管税务机关和同级中小企业管理部门履行规定的备案手续，自完成备案手续之日起，享受3年免征增值税政策。3年免税期满后，符合条件的担保机构可按规定程序办理备案手续后继续享受该项政策。

具体备案管理办法按照《国家税务总局关于中小企业信用担保机构免征营业税审批事项取消后有关管理问题的公告》（国家税务总局公告2015年第69号）规定执行，其中税务机关的备案管理部门统一调整为县（市）级国家税务局。

注：财税〔2017〕90号六、自2018年1月1日至2019年12月31日，纳税人为农户、小型企业、微型企业及个体工商户借款、发行债券提供融资担保取得的担保费收入，以及为上述融资担保（以下称“原担保”）提供再担保取得的再担保费收入，免征增值税。再担保合同对应多个原担保合同的，原担保合同应全部适用免征增值税政策。否则，再担保合同应按规定缴纳增值税。《财政部 税务总局关于全面推开营业税改征增值税试点的通知》（财税〔2016〕36号）附件3《营业税改征增值税试点过渡政策的规定》第一条第（二十四）款规定的中小企业信用担保增值税免税政策自2018年1月1日起停止执行。纳税人享受中小企业信用担保增值税免税政策在2017年12月31日前未满3年的，可以继续享受至3年期满为止。

（二十五）国家商品储备管理单位及其直属企业承担商品储备任务，从中央或者地方财政取得的利息补贴收入和价差补贴收入。

国家商品储备管理单位及其直属企业，是指接受中央、省、市、县四级政府有关部门（或者政府指定管理单位）委托，承担粮（含大豆）、食用油、棉、糖、肉、盐（限于中央储备）等6种商品储备任务，并按有关政策收储、销售上述6种储备商品，取得财政储备经费或者补贴的商品储备企业。利息补贴收入，是指国家商品储备管理单位及其直属企业因承担上述商品储备任务从金融机构贷款，并从中央或者地方财政取得的用于偿还贷款利息的贴息收入。价差补贴收入包括销售价差补贴收入和轮换价差补贴收入。销售价差补贴收入，是指按照中央或者地方政府指令销售上述储备商品时，由于销售收入小于库存成本而从中央或者地方财政获得的全额价差补贴收入。轮换价差补贴收入，是指根据要求定期组织政策性储备商品轮换而从中央或者地方财政取得的商品新陈品质价差补贴收入。

（二十六）纳税人提供技术转让、技术开发和与之相关的技术咨询、技术服务。

1. 技术转让、技术开发，是指《销售服务、无形资产、不动产注释》中“转让技术”“研发服务”范围内的业务活动。技术咨询，是指就特定技术项目提供可行性论证、技术预测、专题技术调查、分析评价报告等业务活动。

与技术转让、技术开发相关的技术咨询、技术服务，是指转让方（或者受托方）根据技术转让或者开发合同的规定，为帮助受让方（或者委托方）掌握所转让（或者委托开发）的技术，而提供的技术咨询、技术服务业务，且这部分技术咨询、技术服务的价款与技术转让或者技术开发的价款应当在同一张发票上开具。

2. 备案程序。试点纳税人申请免征增值税时，须持技术转让、开发的书面合同，到纳税人所在地省级科技主管部门进行认定，并持有关的书面合同和科技主管部门审核意见证明文件报主管税务机关备查。

（二十七）同时符合下列条件的合同能源管理服务：

1. 节能服务公司实施合同能源管理项目相关技术，应当符合国家质量监督检验检疫总局和国家标准化管理委员会发布的《合同能源管理技术通则》（GB/T24915-2010）规定的技术要求。

2. 节能服务公司与用能企业签订节能效益分享型合同，其合同格式和内容，符合《中华人民共和国合同法》和《合同能源管理技术通则》（GB/T24915-2010）等规定。

（二十八）2017年12月31日前，科普单位的门票收入，以及县级及以上党政部门和科协开展科普活动的门票收入。

科普单位，是指科技馆、自然博物馆，对公众开放的天文馆（站、台）、气象台（站）、地震台（站），以及高等院校、科研机构对公众开放的科普基地。

科普活动，是指利用各种传媒以浅显的、让公众易于理解、接受和参与的方式，向普通大众介绍自然科学和社会科学知识，推广科学技术的应用，倡导科学方法，传播科学思想，弘扬科学精神的活动。

（二十九）政府举办的从事学历教育的高等、中等和初等学校（不含下属单位），举办进修班、培训班取得的全部归该学校所有的收入。

全部归该学校所有，是指举办进修班、培训班取得的全部收入进入该学校统一账户，并纳入预算全额上缴财政专户管理，同时由该学校对有关票据进行统一管理和开具。

举办进修班、培训班取得的收入进入该学校下属部门自行开设账户的，不予免征增值税。

（三十）政府举办的职业学校设立的主要为在校学生提供实习场所、并由学校出资自办、由学校负责经营管理、经营收入归学校所有的企业，从事《销售服务、无形资产或者不动产注释》中“现代服务”（不含融资租赁服务、广告服务和其他现代服务）、“生活服务”（不含文化体育服务、其他生活服务和桑拿、氧吧）业务活动取得的收入。

（三十一）家政服务企业由员工制家政服务员提供家政服务取得的收入。

家政服务企业，是指在企业营业执照的规定经营范围中包括家政服务内容的企业。

员工制家政服务员，是指同时符合下列 3 个条件的家政服务员：

1. 依法与家政服务企业签订半年及半年以上的劳动合同或者服务协议，且在该企业实际上岗工作。

2. 家政服务企业为其按月足额缴纳了企业所在地人民政府根据国家政策规定的基本养老保险、基本医疗保险、工伤保险、失业保险等社会保险。对已享受新型农村养老保险和新型农村合作医疗等社会保险或者下岗职工原单位继续为其缴纳社会保险的家政服务员，如果本人书面提出不再缴纳企业所在地人民政府根据国家政策规定的相应的社会保险，并出具其所在乡镇或者原单位开具的已缴纳相关保险的证明，可视同家政服务企业已为其按月足额缴纳了相应的社会保险。

3. 家政服务企业通过金融机构向其实际支付不低于企业所在地适用的经省级人民政府批准的最低工资标准的工资。

（三十二）福利彩票、体育彩票的发行收入。

（三十三）军队空余房产租赁收入。

（三十四）为了配合国家住房制度改革，企业、行政事业单位按房改成本价、标准价出售住房取得的收入。

（三十五）将土地使用权转让给农业生产者用于农业生产。

注：《财政部、国家税务总局关于建筑服务等营改增试点政策的通知》（财税〔2017〕58 号）规定自 2017 年 7 月 1 日起“纳税人采取转包、出租、互换、转让、入股等方式将承包地流转给农业生产者用于农业生产，免征增值税。”

《财政部、国家税务总局关于进一步明确全面推开营改增试点有关劳务派遣服务、收费公路通行费抵扣等政策的通知》（财税〔2016〕47 号）规定纳税人以经营租赁方式将土地出租给他人使用，按照不动产经营租赁服务缴纳增值税。

关于明确国有农用地出租等增值税政策的公告财税公告 2020 年第 2 号规定纳税人将国有农用地出租给农业生产者用于农业生产，免征增值税。

（三十六）涉及家庭财产分割的个人无偿转让不动产、土地使用权。

家庭财产分割，包括下列情形：离婚财产分割；无偿赠与配偶、父母、子女、祖父母、外祖父母、孙子女、外孙子女、兄弟姐妹；无偿赠与对其承担直接抚养或者赡养义务的抚养人或者赡养人；房屋产权所有人死亡，法定继承人、遗嘱继承人或者受遗赠人依法取得房屋产权。

（三十七）土地所有者出让土地使用权和土地使用者将土地使用权归还给土地所有者。

（三十八）县级以上地方人民政府或自然资源行政主管部门出让、转让或收回自然资源使用权（不含土地使用权）。

（三十九）随军家属就业。

1. 为安置随军家属就业而新开办的企业，自领取税务登记证之日起，其提供的应税服务 3 年内免征增值税。

享受税收优惠政策的企业，随军家属必须占企业总人数的 60%（含）以上，并有军（含）以上政治和后勤机关出具的证明。

2. 从事个体经营的随军家属，自办理税务登记事项之日起，其提供的应税服务 3 年内免征增值税。

随军家属必须有师以上政治机关出具的可以表明其身份的证明。

按照上述规定，每一名随军家属可以享受一次免税政策。

（四十）军队转业干部就业。

1. 从事个体经营的军队转业干部，自领取税务登记证之日起，其提供的应税服务 3 年内免征增值税。

2. 为安置自主择业的军队转业干部就业而新开办的企业，凡安置自主择业的军队转业干部占企业总人数 60%（含）以上的，自领取税务登记证之日起，其提供的应税服务 3 年内免征增值税。

享受上述优惠政策的自主择业的军队转业干部必须持有师以上部队颁发的转业证件。

二、增值税即征即退

（一）一般纳税人提供管道运输服务，对其增值税实际税负超过 3%的部分实行增值税即征即退政策。

（二）经人民银行、银监会或者商务部批准从事融资租赁业务的试点纳税人中的一般纳税人，提供有形动产融资租赁服务和有形动产融资性售后回租服务，对其增值税实际税负超过 3%的部分实行增值税即征即退政策。商务部授权的省级商务主管部门和国家经济技术开发区批准的从事融资租赁业务和融资性售后回租业务的试点纳税人中的一般纳税人，2016 年 5 月 1 日后实收资本达到 1.7 亿元的，从达到标准的当月起按照上述规定执行；2016 年 5 月 1 日后实收资本未达到 1.7 亿元但注册资本达到1.7亿元的，在2016年7月31日前仍可按照上述规定执行，2016年8月1日后开展的有形动产融资租赁业务和有形动产融资性售后回租业务不得按照上述规定执行。

（三）本规定所称增值税实际税负，是指纳税人当期提供应税服务实际缴纳的增值税额占纳税人当期提供应税服务取得的全部价款和价外费用的比例。

三、扣减增值税规定

（一）退役士兵创业就业。

1. 对自主就业退役士兵从事个体经营的，在3年内按每户每年8000元为限额依次扣减其当年实际应缴纳的增值税、城市维护建设税、教育费附加、地方教育附加和个人所得税。限额标准最高可上浮20%，各省、自治区、直辖市人民政府可根据本地区实际情况在此幅度内确定具体限额标准，并报财政部和国家税务总局备案。

纳税人年度应缴纳税款小于上述扣减限额的，以其实际缴纳的税款为限；大于上述扣减限额的，应以上述扣减限额为限。纳税人的实际经营期不足一年的，应当以实际月份换算其减免税限额。换算公式为：减免税限额=年度减免税限额÷12×实际经营月数。

纳税人在享受税收优惠政策的当月，持《中国人民解放军义务兵退出现役证》或《中国人民解放军士官退出现役证》以及税务机关要求的相关材料向主管税务机关备案。

2. 对商贸企业、服务型企业、劳动就业服务企业中的加工型企业和街道社区具有加工性质的小型企业实体，在新增加的岗位中，当年新招用自主就业退役士兵，与其签订1年以上期限劳动合同并依法缴纳社会保险费的，在3年内按实际招用人数予以定额依次扣减增值税、城市维护建设税、教育费附加、地方教育附加和企业所得税优惠。定额标准为每人每年4000元，最高可上浮50%，各省、自治区、直辖市人民政府可根据本地区实际情况在此幅度内确定具体定额标准，并报财政部和国家税务总局备案。

本条所称服务型企业是指从事《销售服务、无形资产、不动产注释》中“不动产租赁服务”“商务辅助服务”（不含货物运输代理和代理报关服务）、“生活服务”（不含文化体育服务）范围内业务活动的企业以及按照《民办非企业单位登记管理暂行条例》（国务院令第251号）登记成立的民办非企业单位。

纳税人按企业招用人数和签订的劳动合同时间核定企业减免税总额，在核定减免税总额内每月依次扣减增值税、城市维护建设税、教育费附加和地方教育附加。纳税人实际应缴纳的增值税、城市维护建设税、教育费附加和地方教育附加小于核定减免税总额的，以实际应缴纳的增值税、城市维护建设税、教育费附加和地方教育附加为限；实际应缴纳的增值税、城市维护建设税、教育费附加和地方教育附加大于核定减免税总额的，以核定减免税总额为限。

纳税年度终了，如果企业实际减免的增值税、城市维护建设税、教育费附加和地方教育附加小于核定的减免税总额，企业在企业所得税汇算清缴时扣减企业所得税。当年扣减不足的，不再结转以后年度扣减。

计算公式为：企业减免税总额=∑每名自主就业退役士兵本年度在本企业工作月份÷12×定额标准。

企业自招用自主就业退役士兵的次月起享受税收优惠政策，并于享受税收优惠政策的当月，持下列材料向主管税务机关备案：

（1）新招用自主就业退役士兵的《中国人民解放军义务兵退出现役证》或《中国人民解放军士官退出现役证》。

（2）企业与新招用自主就业退役士兵签订的劳动合同（副本），企业为职工缴纳的社会保险费记录。

（3）自主就业退役士兵本年度在企业工作时间表。

（4）主管税务机关要求的其他相关材料。

3. 上述所称自主就业退役士兵是指依照《退役士兵安置条例》（国务院、中央军委令第608号）的规定退出现役并按自主就业方式安置的退役士兵。

4. 上述税收优惠政策的执行期限为2016年5月1日至2016年12月31日，纳税人在2016年12月31日未享受满3年的，可继续享受至3年期满为止。

按照《财政部　国家税务总局　民政部关于调整完善扶持自主就业退役士兵创业就业有关税收政策的通知》（财税〔2014〕42号）规定享受营业税优惠政策的纳税人，自2016年5月1日起按照上述规定享受增值税优惠政策，在2016年12月31日未享受满3年的，可继续享受至3年期满为止。

《财政部　国家税务总局关于将铁路运输和邮政业纳入营业税改征增值税试点的通知》（财税〔2013〕106号）附件3第一条第（十二）项城镇退役士兵就业免征增值税政策，自2014年7月1日起停止执行。在2014年6月30日未享受满3年的，可继续享受至3年期满为止。

（二）重点群体创业就业。

1. 对持《就业创业证》（注明“自主创业税收政策”或“毕业年度内自主创业税收政策”）或2015年1月27日前取得的《就业失业登记证》（注明“自主创业税收政策”或附着《高校毕业生自主创业证》）的人员从事个体经营的，在3年内按每户每年8000元为限额依次扣减其当年实际应缴纳的增值税、城市维护建设税、教育费附加、地方教育附加和个人所得税。限额标准最高可上浮20%，各省、自治区、直辖市人民政府可根据本地区实际情况在此幅度内确定具体限额标准，并报财政部和国家税务总局备案。

纳税人年度应缴纳税款小于上述扣减限额的，以其实际缴纳的税款为限；大于上述扣减限额的，应以上述扣减限额为限。

上述人员是指：

（1）在人力资源社会保障部门公共就业服务机构登记失业半年以上的人员。

（2）零就业家庭、享受城市居民最低生活保障家庭劳动年龄内的登记失业人员。

（3）毕业年度内高校毕业生。高校毕业生是指实施高等学历教育的普通高等学校、成人高等学校毕业的学生；毕业年度是指毕业所在自然年，即1月1日至12月31日。

2. 对商贸企业、服务型企业、劳动就业服务企业中的加工型企业和街道社区具有加工性质的小型企业实体，在新增加的岗位中，当年新招用在人力资源社会保障部门公共就业服务机构登记失业半年以上且持《就业创业证》或2015年1月27日前取得的《就业失业登记证》（注明“企业吸纳税收政策”）人员，与其签订1年以上期限劳动合同并依法缴纳社会保险费的，在3年内按实际招用人数予以定额依次扣减增值税、城市维护建设税、教育费附加、地方教育附加和企业所得税优惠。定额标准为每人每年4000元，最高可上浮30%，各省、自治区、直辖市人民政府可根据本地区实际情况在此幅度内确定具体定额标准，并报财政部和国家税务总局备案。

按上述标准计算的税收扣减额应在企业当年实际应缴纳的增值税、城市维护建设税、教育费附加、地方教育附加和企业所得税税额中扣减，当年扣减不足的，不得结转下年使用。

本条所称服务型企业是指从事《销售服务、无形资产、不动产注释》中“不动产租赁服务”、“商务辅助服务”（不含货物运输代理和代理报关服务）、“生活服务”（不含文化体育服务）范围内业务活动的企业以及按照《民办非企业单位登记管理暂行条例》（国务院令第251号）登记成立的民办非企业单位。

3. 享受上述优惠政策的人员按以下规定申领《就业创业证》：

（1）按照《就业服务与就业管理规定》（劳动和社会保障部令第28号）第六十三条的规定，在法定劳动年龄内，有劳动能力，有就业要求，处于无业状态的城镇常住人员，在公共就业服务机构进行失业登记，申领《就业创业证》。其中，农村进城务工人员和其他非本地户籍人员在常住地稳定就业满6个月的，失业后可以在常住地登记。

（2）零就业家庭凭社区出具的证明，城镇低保家庭凭低保证明，在公共就业服务机构登记失业，申领《就业创业证》。

（3）毕业年度内高校毕业生在校期间凭学生证向公共就业服务机构按规定申领《就业创业证》，或委托所在高校就业指导中心向公共就业服务机构按规定代为其申领《就业创业证》；毕业年度内高校毕业生离校后直接向公共就业服务机构按规定申领《就业创业证》。

（4）上述人员申领相关凭证后，由就业和创业地人力资源社会保障部门对人员范围、就业失业状态、已享受政策情况进行核实，在《就业创业证》上注明“自主创业税收政策”“毕业年度内自主创业税收政策”或“企业吸纳税收政策”字样，同时符合自主创业和企业吸纳税收政策条件的，可同时加注；主管税务机关在《就业创业证》上加盖戳记，注明减免税所属时间。

4. 上述税收优惠政策的执行期限为 2016 年 5 月 1 日至 2016 年 12 月 31 日，纳税人在 2016 年 12 月 31 日未享受满 3 年的，可继续享受至 3 年期满为止。

按照《财政部　国家税务总局　人力资源社会保障部关于继续实施支持和促进重点群体创业就业有关税收政策的通知》（财税〔2014〕39 号）规定享受营业税优惠政策的纳税人，自 2016 年 5 月 1 日起按照上述规定享受增值税优惠政策，在 2016 年 12 月 31 日未享受满 3 年的，可继续享受至 3 年期满为止。

《财政部　国家税务总局关于将铁路运输和邮政业纳入营业税改征增值税试点的通知》（财税〔2013〕106 号）附件 3 第一条第（十三）项失业人员就业增值税优惠政策，自 2014 年 1 月 1 日起停止执行。在 2013 年 12 月 31 日未享受满 3 年的，可继续享受至 3 年期满为止。

注：最新政策见财税〔2019〕22 号《关于进一步支持和促进重点群体创业就业有关税收政策的通知》延迟到 2021 年 12 月 31 日。

四、金融企业发放贷款后，自结息日起 90 天内发生的应收未收利息按现行规定缴纳增值税，自结息日起 90 天后发生的应收未收利息暂不缴纳增值税，待实际收到利息时按规定缴纳增值税。

上述所称金融企业，是指银行（包括国有、集体、股份制、合资、外资银行以及其他所有制形式的银行）、城市信用社、农村信用社、信托投资公司、财务公司。

五、个人将购买不足 2 年的住房对外销售的，按照 5%的征收率全额缴纳增值税；个人将购买 2 年以上（含 2 年）的住房对外销售的，免征增值税。上述政策适用于北京市、上海市、广州市和深圳市之外的地区。

个人将购买不足 2 年的住房对外销售的，按照 5%的征收率全额缴纳增值税；个人将购买 2 年以上（含 2 年）的非普通住房对外销售的，以销售收入减去购买住房价款后的差额按照 5%的征收率缴纳增值税；个人将购买 2 年以上（含 2 年）的普通住房对外销售的，免征增值税。上述政策仅适用于北京市、上海市、广州市和深圳市。

办理免税的具体程序、购买房屋的时间、开具发票、非购买形式取得住房行为及其他相关税收管理规定，按照《国务院办公厅转发建设部等部门关于做好稳定住房价格工作意见的通知》（国办发〔2005〕26 号）、《国家税务总局　财政部　建设部关于加强房地产税收管理的通知》（国税发〔2005〕89 号）和《国家税务总局关于房地产税收政策执行中几个具体问题的通知》（国税发〔2005〕172 号）的有关规定执行。

六、上述增值税优惠政策除已规定期限的项目和第五条政策外，其他均在营改增试点期间执行。如果试点纳税人在纳入营改增试点之日前已经按照有关政策规定享受了营业税税收优惠，在剩余税收优惠政策期限内，按照本规定享受有关增值税优惠。

财政部　国家税务总局关于营改增后契税　房产税　土地增值税　个人所得税计税依据问题的通知

财税〔2016〕43号

各省、自治区、直辖市、计划单列市财政厅（局）、地方税务局，西藏、宁夏、青海省（自治区）国家税务局，新疆生产建设兵团财务局：

经研究，现将营业税改征增值税后契税、房产税、土地增值税、个人所得税计税依据有关问题明确如下：

一、计征契税的成交价格不含增值税。

二、房产出租的，计征房产税的租金收入不含增值税。

三、土地增值税纳税人转让房地产取得的收入为不含增值税收入。

《中华人民共和国土地增值税暂行条例》等规定的土地增值税扣除项目涉及的增值税进项税额，允许在销项税额中计算抵扣的，不计入扣除项目，不允许在销项税额中计算抵扣的，可以计入扣除项目。

四、个人转让房屋的个人所得税应税收入不含增值税，其取得房屋时所支付价款中包含的增值税计入财产原值，计算转让所得时可扣除的税费不包括本次转让缴纳的增值税。

个人出租房屋的个人所得税应税收入不含增值税，计算房屋出租所得可扣除的税费不包括本次出租缴纳的增值税。个人转租房屋的，其向房屋出租方支付的租金及增值税额，在计算转租所得时予以扣除。

五、免征增值税的，确定计税依据时，成交价格、租金收入、转让房地产取得的收入不扣减增值税额。

六、在计征上述税种时，税务机关核定的计税价格或收入不含增值税。

本通知自2016年5月1日起执行。

财政部　国家税务总局

2016年4月25日

国家税务总局有关营改增政策口径解读

重点介绍一下营改增后契税、房产税、土地增值税等相关税种计税依据问题。

为便于征管，目前地税机关对房地产交易环节相关税种实行一体化管理，营改增后，各地都很关心，对纳税人销售其取得的不动产和其他个人出租不动产，地税机关代征增值税时，相关的税种的计税依据是含增值税还是不含增值税。对此问题，总局也十分重视，专门召集部分地区听取意见，与财政部多次深入沟通和研究，总的原则是，有利于减税而不是增税、有利于基层简便征管而不是增烦，确定契税、房产税、土地增值税是按不含增值税的价格或收入确定计税依据。这样做有三个好处：一是进一步减轻了纳税人负担，降低房地产交易环节税负；二是各税种计税依据保持一致，便于基层简便操作；三是减少征纳矛盾，有利于营改增平稳推进。政策文件预计今天下发，请大家关注《财政部　国家税务总局关于营改增后契税　房产税　土地增值税　个人所得税计税依据问题的通知》（财税〔2016〕43号，以下简称《通知》）。

下面就相关税种计税依据逐一做简要说明：

第一，关于契税计税依据问题，《通知》规定：计征契税的成交价格不含增值税。

这里说明三点：

一是关于房屋权属转移契税。大家需要注意两种情形：一种情形是买方取得增值税发票，在计征契税时，从成交价格中扣除增值税发票上注明的增值税额，作为计税依据。免征增值税的，发票上没有增值税额，则不予扣除。另一种情形是对于一并征收买卖双方相关税收后，再代开增值税发票的情形，税务机关需要先依照相关规定，计算纳税人应当缴纳的增值税额，在含税的成交价格中进行扣减，确定计税依据。

二是关于土地权属转移契税。考虑到现行政策下土地出让不征收增值税，也没有增值税发票，纳税人所持票据是财政部门开具的收据，契税的计税依据就是土地出让价款，不存在扣减增值税的问题。

三是对营改增前纳税人已经取得营业税发票，但尚未缴纳契税的情形，仍按原成交价格计征契税，不扣除营业税。

第二，关于房产税计税依据问题，《通知》规定：房产出租的，计征房产税的租金收入不含增值税。这里简要说明两点：一是如果以合同规定的租金收入计征，纳税人在合同中注明其租金不含增值税的，可直接以合同租金为计税依据。二是如果纳税人租金收入未达起征点的，不需要缴纳增值税，也不存在从租金收入中扣减增值税的问题。

第三，关于土地增值税收入和扣除项目确定问题有三点说明：

一是收入确定，土地增值税纳税人转让房地产取得的收入为不含增值税的收入。

二是扣除项目确定，《土地增值税暂行条例》等规定的扣除项目涉及的增值税进项税额，允许在增值税销项税额中计算抵扣的，不计入土地增值税扣除项目；不允许在增值税销项税额中计算抵扣的，可以计入土地增值税扣除项目。但对非正常损失等对应的增值税进项税额，土地增值税不允许计入扣除项目。

三是营业税改征增值税前，土地增值税收入和扣除仍按2016年5月1日前土地增值税相关规定执行。

第四，关于印花税计税依据问题

这次两部委下发的《通知》中没有提到印花税计税依据问题。主要是营改增之前，这一问题就已明确，没有变化。各地执行口径仍按照印花税条例规定，依据合同所载金额确定计税依据。合同中所载金额和增值税分开注明的，按不含增值税的合同金额确定计税依据，未分开注明的，以合同所载金额为计税依据。

第五，关于增值税免税情形下计税依据问题免征增值税的，确定契税、房产税和土地增值税计税依据时，其成交价格、租金收入、转让房地产取得的收入，均不扣减增值税额。

第六，关于核定计税价格问题

在计征契税、房产税、土地增值税等税种时，税务机关对纳税人申报的成交价格明显偏低又无正当理由的，有权核定计税价格。这次通知中明确规定税务机关核定的计税价格或收入不含增值税，这样方便基层征收窗口人员操作，提高征管效率。营改增后，对免征增值税的二手房纳税申报，合同价格就是不含税价格，税务机关在受理时，可直接与评估价格相比较，依据孰高原则，确定计税价格。

第七，关于修改征管软件问题

营改增后按不含增值税的价格和收入确定契税等税种计税依据，需要相应修改金税三期征管信息系统，已将软件修改的业务需求提供给相关部门，并通过财产行为税内网交流平台下发各地。金税三期上线地区，由总局统一修改系统。金税三期未上线地区请各地按期抓紧按照业务需求修改本地征管系统。各地要充分认识到这项计税依据政策的调整，是落实党中央、国务院关于确保营改增后所有行业税负只减不增要求的具体体现，也是在今年2月份契税新政的基础上，又一项政策性减税惠民措施。各级税务机关要认真把征管和服务各项工作做实、做细，确保广大纳税人能真正享受到减税红利，切实把好事办好。

财政部　税务总局关于建筑服务等营改增试点政策的通知

财税〔2017〕58号

各省、自治区、直辖市、计划单列市财政厅（局）、国家税务局、地方税务局，新疆生产建设兵团财务局：

现将营改增试点期间建筑服务等政策补充通知如下：

一、建筑工程总承包单位为房屋建筑的地基与基础、主体结构提供工程服务，建设单位自行采购全部或部分钢材、混凝土、砌体材料、预制构件的，适用简易计税方法计税。

地基与基础、主体结构的范围，按照《建筑工程施工质量验收统一标准》（GB50300-2013）附录B《建筑工程的分部工程、分项工程划分》中的“地基与基础”“主体结构”分部工程的范围执行。

二、《营业税改征增值税试点实施办法》（财税〔2016〕36号印发）第四十五条第（二）项修改为“纳税人提供租赁服务采取预收款方式的，其纳税义务发生时间为收到预收款的当天”。

三、纳税人提供建筑服务取得预收款，应在收到预收款时，以取得的预收款扣除支付的分包款后的余额，按照本条第三款规定的预征率预缴增值税。

按照现行规定应在建筑服务发生地预缴增值税的项目，纳税人收到预收款时在建筑服务发生地预缴增值税。按照现行规定无须在建筑服务发生地预缴增值税的项目，纳税人收到预收款时在机构所在地预缴增值税。

适用一般计税方法计税的项目预征率为2%，适用简易计税方法计税的项目预征率为3%。

四、纳税人采取转包、出租、互换、转让、入股等方式将承包地流转给农业生产者用于农业生产，免征增值税。

五、自2018年1月1日起，金融机构开展贴现、转贴现业务，以其实际持有票据期间取得的利息收入作为贷款服务销售额计算缴纳增值税。此前贴现机构已就贴现利息收入全额缴纳增值税的票据，转贴现机构转贴现利息收入继续免征增值税。

六、本通知除第五条外，自2017年7月1日起执行。《营业税改征增值税试点实施办法》（财税〔2016〕36号印发）第七条自2017年7月1日起废止。《营业税改征增值税试点过渡政策的规定》（财税〔2016〕36 号印发）第一条第（二十三）项第 4 点自 2018 年 1 月 1 日起废止。

财政部 税务总局

2017 年 7 月 11 日

参 考 文 献

[1] 丁士昭. 建设工程施工管理 [M]. 北京：中国建筑工业出版社，2020.

[2] 杨文国. 房地产业财税操作与稽查实务 [M]. 北京：经济科学出版社，2010.

[3] 蔡昌，黄洁瑾. 房地产企业全程会计核算与税务处理 [M]. 北京：中国市场出版社，2019.

中经房地产行业培训图书

售罄·地产精英培训系列

房地产法律知识系列

房地产财税操作系列